Gomes · Die bittere Gefangenschaft des Zuckers

Umbrüche der Moderne
Arbeit - Staat - Kultur

Herausgegeben von
Reinhart Kößler und Tilman Schiel

Die Moderne steht wieder einmal auf der Tagesordnung. Von Postmoderne, Stillstand, gar Ende der Geschichte ist wenige Jahre nach deren Proklamation erstaunlich selten mehr die Rede. Zwar mögen die Ereignisse unübersichtlicher geworden sein als noch zu Zeiten klarer weltpolitischer Frontlinien, und durch den Zusammenbruch des Konkurrenzunternehmens Sowjetunion und die Differenzierung der "Dritten Welt" mit dem Aufstieg "neu industrialisierter Länder" mochten sich zunächst Anhänger von Theorien bestätigt sehen, für die Moderne immer schon einfach identisch war mit Kapitalismus und Modernisierung mit dessen möglichst universeller Propagierung. Doch haben die bisherigen Schicksale der "Neuen Weltordnung" zwar eine solche Perspektive auch in Umrissen nicht erkennbar werden lassen, aber sicher eines gezeigt: Die Entscheidungssituation, die sich aus den Widersprüchen und Spannungen der Moderne ergibt, aus der Entwicklung industrieller Produktivkräfte und damit einhergehender Vernutzung natürlicher Ressourcen ebenso wie aus der Dynamisierung menschlicher Bedürfnisse, liegt noch immer vor uns. Und fernerlassen sich die anstehenden welthistorischen Entscheidungen nach Tragweite und Perspektive nicht aus der provinziellen Perspektive allein der industriekapitalistisch entwikkelten Gesellschaften verstehen. Daher kommt die kritische Auseinandersetzung mit der gesellschaftlichen Gegenwart ohne einen adäquaten, und das heißt umfassenden Begriff der Moderne nicht aus. Zu dieser Auseinandersetzung ebenso wie zur Theorieentwicklung speziell im Feld kritischer Konzepte von Moderne und Modernisierung soll diese Reihe einen Beitrag leisten.

Gesellschaftliche Moderne wird dabei ausdrücklich nicht festgelegt auf eine spezifische, etwa die kapitalistische Gesellschaftsform. Moderne Gesellschaften sind vielmehr alle diejenigen, die entscheidend geprägt sind durch die expansive und unablässig innovative Dynamik, die mit der industriellen Revolution und der Entstehung des kapitalistischen Weltmarkts in Gang gesetzt wurde. Dies schließt neben der dominanten, industriekapitalistischen, andere Ausformungen der gesellschaftlichen Moderne ein. Es handelt sich nach bisherigem Stand um die komplementäre Entwicklung postkolonialer Gesellschaften, die gleichzeitig mit den kapitalistischen Kerngesellschaften entstanden sind, sowie um den gescheiterten Versuch zur Schaffung einer konkurrierenden Form der Moderne in Gestalt der Gesellschaften sowjetischen Typs. Diese Erfahrung belegt, daß bisher Anläufe zu einer Überwindung der Moderne zu kurz gegriffen haben: Eine wirklich post-moderne oder auch post-industrielle Gesellschaft erscheint uns nur vorstellbar auf der Grundlage einer fundamentalen Kritik moderner Produktions- und Lebensformen.

Die aktuellen weltweiten Krisen berechtigen nicht dazu, eine solche utopische Perspektive aufzugeben. Zugleich sind diese Krisen selbst - ebenso wie die mit ihnen einhergehenden Transformationsprozesse der Moderne - Ansporn zu empirischer Forschung und theoretischer Anstrengung. Dabei geht es uns nicht so sehr um die schrittweise Förderung des Erkenntnisfortschritts, sondern um Beiträge zu der grundlegenden Neuorientierung, die nach den abrupten Klärungsprozessen der Jahre 1989/91 unabweisbar geworden sind.

Marcos Gomes

Die bittere Gefangenschaft des Zuckers

Zur Organisation des wirtschaftlichen Lebens der Landarbeiter und Kleinproduzenten und ihrer politischen Vertretung im Nordosten Brasiliens

IKO – Verlag für Interkulturelle Kommunikation

Die Deutsche Bibliothek – CIP-Einheitsaufnahme:

Gomes, Marcos:
Die bittere Gefangenschaft des Zuckers : Zur Organisation des wirtschaftlichen Lebens der Landarbeiter und Kleinproduzenten und ihrer politischen Vertretung im Nordosten Brasiliens / Marcos Gomes. – Frankfurt/M. : IKO-Verl. für Interkulturelle Kommunikation, 1992
(Umbrüche der Moderne ; Bd. 1)
Zugl.: Münster (Westfalen), Univ., Diss., 1993
ISBN 3-88939-360-8
NE: GT

Umschlag: Volker Loschek, 61352 Bad Homburg
Herstellung: F.M.-Druck, 61184 Karben

Vorwort

Die einfachen Kategorien wollen nicht passen. Das zeigt sich auch an den Menschen aus dem Nordosten Brasiliens, über deren Leben und Organisations-Erfahrungen Marcos Gomes im vorliegenden Buch berichtet. In unterschiedlichen Abstufungen ist ihre Existenz mehr oder weniger prekär; je nach ihrem Zugang zu Land, aber auch zu Lohnarbeit und je nach der Sicherheit dieser Zugangsmöglichkeiten könnten wir sie als "Bauern", "Landarbeiter" oder "Marginalisierte" einordnen. Freilich würde dies die Lebenswirklichkeit der fichados und clandestinos bestenfalls unvollständig treffen. Doch zeigt sich im Verlauf der Darstellung, daß das Problem keineswegs auf akademische Begriffsakrobatik beschränkt ist. Die Geschichte der Anstrengungen zur Organisation und Selbst-Organisation der Landbewohner im Agreste und Serto von Pernambuco verweist auf die ganz handfesten Folgen ihrer Einkategorisierung als "Bauern" oder als "Landarbeiter": Diese von außen kommende Operation bestimmte wesentlich ihre individuellen und kollektiven Chancen, eigenständig und effektiv ihre Lebensinteressen zu vertreten. Die Möglichkeiten zu einer aktiven Interessenvertretung wurden wesentlich eingeschränkt durch die Art und Weise, in der der brasilianische Staat seit 1940 gewerkschaftliche Organisationsformen (sindicatos) reglementiert hat; einer Ausdehnung dieser Strukturen auf ländliche Gebiete standen fast unüberwindliche praktische wie gesetzliche Schwierigkeiten entgegen. Andererseits taten sich aber auch linke Oppositionsgruppen schwer, die Organisationsstrukturen ernst zu nehmen, die vor allem in Gestalt der Bauernligen auf dem Land tatsächlich entstanden waren. Diese weitgehende Unfähigkeit der städtischen "organisierten Gesellschaft", zu einem konstruktiven Verhältnis mit ihren potentiellen Bündnispartnern auf dem Land zu kommen, hemmt auch noch soziale und politische Bewegungen in der Gegenwart. Das wird in der vorliegenden Arbeit eindrucksvoll bis in die neueste Zeit während der Präsidentschaft von Collor de Melo und anhand von Erfahrungen im Kampf gegen die Auswirkungen von dessen Wirtschaftsprogramm nachgewiesen.

Es ist ein besonderes Verdienst von Marcos Gomes, daß er diese Problematik nicht nur gegenwartsbezogen und aufgrund eigener empirischer Studien analysiert, sondern sie zugleich in eine historische Perspektive stellt. Dadurch wird deutlich, wie sich unterschiedliche Lebenszusammenhänge, Reproduktionsformen und -strategien in der Auseinandersetzung mit je ganz spezifischen Erfordernissen der gesellschaftlichen Umwelt herausbildeten und wie sie sich vor allem angesichts der Entwicklungsschübe der jüngsten Zeit erneut verändert haben, etwa im Gefolge des Bio-Alkoholprogramms der Regierung. Die unterschiedlichen Rationalitäten bilden sich ab in den Kommunikationsschwierigkeiten der "organisierten Gesellschaft" gegenüber den ländlichen Produzentinnen und Produzenten und damit zugleich in den Problemen gewerkschaftlicher und politischer Organisation. Diese Rationalitäten stehen aber andererseits einander nicht einfach schroff gegenüber, sondern ihre Konfliktträchtigkeit erweist sich gerade da, wo sie innnerhalb einzelner Familien, ja bis in die individuelle Persönlichkeit und Lebensplanung hinein zusammenstoßen. Der Autor kann dies festmachen an Fragen wie dem unterschiedlichen "Arbeitsethos" oder den klaren Divergenzen in der Lebensplanung und Bedürfnisstruktur, die aus den zitierten Interviews plastisch hervorgehen. Zugleich zeigt die historische Darstellung, daß die Verdrängung einer auf ländliche Zusammenhänge orientierten Lebensform wenig mit der Ablösung von Tradition durch eine "modernere" Lebensweise zu tun hat; vielmehr sind auch die ländlichen Lebens- und Arbeitsformen im Nordosten Brasiliens durchaus "modern", angefangen von der grundlegenden Umformung portugiesischer Institutionen von Eigentum und Betrieb schon während in der ersten Phase der Kolonisierung. Die vorliegende Darstellung kann daher auch als ein Beitrag zur längerfristigen Auseinandersetzung mit den Provokationen der Moderne und damit mit ihren beständigen Umwälzungen gelesen werden. Und in dieser Perspektive darf diese Arbeit Interesse weit über den engeren Kreis derer hinaus beanspruchen, die vor allem an der Entwicklung einer Region innerhalb Brasiliens interessiert sind, deren Schicksal bereits für sich genommen von keinem entwicklungstheoretischen Diskurs ignoriert werden darf.

Reinhart Kößler

**Für meine Mutter, meine Schwester
und Rosana**

Die bittere Gefangenschaft des Zuckers

Organisation des wirtschaftlichen Lebens der Landarbeiter und Kleinproduzenten und ihrer politischen Vertretung im Nordosten Brasiliens

Inhaltsverzeichnis

Danksagung

Mein politisches und akademisches Engagement in Brasilien führte mich unter verschiedenen Umständen nach Münster. Hier hatte es sich ergeben, daß ich weiter studieren konnte. Den ersten, noch auf portugiesisch verfaßten Entwurf meines Forschungsprojekts hat Antonio Salgado kritisch durchgesehen. Er demontierte mein damals noch unreifes Vorhaben, motivierte mich aber zugleich mit Anregungen, wie ich meine Absichten wissenschaftlich reif machen könnte. Ihm sei an dieser Stelle gedankt, auch wenn ihn mein Dank nicht mehr auf dieser Welt erreicht.

Die außergewönlich wichtige Betreuung des Privatdozenten Dr. habil. Reinhart Kößler am Institut für Soziologie der Universität Münster, der nach der Lektüre meines mittlerweile auf deutsch verfaßten Forschungsprojekts mich im Sommersemester 1989 als Doktorand annahm, und seine strenge wissenschaftliche Disziplin und verschiedentliche Literaturhinweise war durchaus entscheidend dafür, daß ich heute ein Ergebnis vorlegen kann. Dafür möchte ich mich bedanken.

Ohne die finanzielle Unterstützung des Katholischen Akademischen Ausländer-Dienstes (KAAD), von dem ich ein Stipendium, eine soziale Betreuung und eine Kostendeckung für meine Forschungsreise im Nordosten Brasiliens erhalten habe, wäre das gesamte Projekt nicht realisierbar gewesen. Für die darüberhinaus gehende "logistische" Hilfe von: in der BRD: dem Lehrgebiet Deutsch als Fremdsprache, Familie Facion-/Steenbock, Frau Ingeborg Scharpenseel, Familie Halkes, Kathrin Heffels, Türkan Karakurt, Stefan Moritz, Gert Loschelder, Carlos Aguiar, Grevener und Melcherner-WGs; in Brasilien: Rosana Sorbille, Theo Mutter, Sérgio Vasconcelos, DED-Recife, Neide Silva, Ilse Fürnkranz, Flávio Teixeira, Sebastião Rios, Gilmar Mendes, Aparecida Ortiz Gomes und die Bauern- und Landarbeiterfamilien, bei denen ich gegessen und übernachtet habe; für die sprachliche Korrektur von Frau Ingeborg Scharpenseel, Udo Habers, Michael Seligmann und Werner Koep-Kerstin möchte ich mich bedanken sowie bei vielen anderen, deren Unterstützung ich während meiner Forschungsreise erfuhr, deren Namen mir aber unbekannt geblieben sind.

Für das kritische Lesen einiger Teile meiner Arbeit durch Michael Seligmann, Bernward Hecke, Guido Skrabs, Mechtild Schuchert und Peter Downes, die durch Solidaritätsarbeit auf verschiedener Weise mit Brasilien verbunden sind und einige Komentare und Anregungen zu dieser Arbeit gemacht haben, möchte ich mich ebenfalls bedanken. Nach solchem Austausch von Ideen trage ich selbstverständlich die alleinige Verantwortung für die vorliegenden Arbeit.

Zum letzten ist den Interviewpartnern und Interviewpartnerinnen mein herzlicher Dank auszusprechen. Ihre Zuwendung und ihr Bemühen, diese wissenschaftliche Forschung trotz eines verbreiteten Mißtrauens aufgrund bitterer Erfahrungen des Ausgenutzt-Werdens durch Fremde, zu unterstützen, gaben mir vorwärtstreibende Motivationsschübe. Auch wenn es ihnen von vorneherein bekannt war, daß die Ergebnisse dieser Arbeit zunächst keinen direkten Weg zu einer konkreten Umsetzung auch nur irgendeiner erhofften Verbesserung ihrer Lebensgrundlage bieten würde.

Abkürzungsverzeichnis

Ab. - Abschnitt
ABCD - wichtige Städte des "großen Raumes" São Paulo (*Santo André, São Bernardo do Campo, São Caetano do Sul* und *Diadema*)
ABRA - *Associação Brasileira de Reforma Agrária*
ANL - *Aliança Libertadora Nacional*
AP - *Ação Popular* ("Volksaktion)
Bundesstaaten BA - *Bahia*
MG - *Minas Gerais*
PB - *Paraíba*
PE - *Pernambuco*
PR - *Paraná*
RJ - *Rio de Janeiro*
RN - *Rio Grande do Norte*
SP - *São Paulo*
BSP - Bruttosozialprodukt
CAATINGA- *Centro de Assessoria e Apoio aos Trabalhadores e Instituições Não Governamentais* (auch CTA - *Centro de Tecnologia Alternativa*)
CECAPAS - *Centro de Capacitação e Acompanhamento a Projetos Alternativos*
CGT (bis 1964) - *Comando Geral dos Trabalhadores**
CGT (seit 1986) - *Central Geral dos Trabalhadores**
CGT (seit 1990 eine zweite) - *Confederação Geral dos Trabalhadores**
CHESF - *Companhia Hidrelétrica do São Francisco*
CIA - *Central Intelligence Agency*
CIOSL - *Confederação Internacional de Organizações Sindicais Livres* (IBFG - Internationaler Bund Freier Gewerkschaften)
CLT - *Consolidação das Leis do Trabalho* (Arbeitsgesetzgebung)
CNBB - *Conferência Nacional dos Bispos do Brasil* (Brasilianische Bischofskonferenz)
CONCLAT - *Congresso Nacional das Classes Trabalhadoras* (Nationaler Kongreß der Arbeiterklasse)
CODEVASF- *Companhia de Desenvolvimento do Vale São Francisco*
CONTAG - *Confederação Nacional dos Trabalhadores Agricolas* (Nationale Konföderation der Landarbeiter)
CPT - *Comissão Pastoral da Terra*
CUT - *Central Única dos Trabalhadores**
DED - Deutscher Entwicklungsdienst
DNOCS - *Departamento Nacional de Obras Contra as Secas*
DRT - *Delegacia Regional do Trabalho*
ESG - *Escola Superior de Guerra* ("Kriegshochschule")
FETAPE - *Federação dos Trabalhadores Agricolas do Pernambuco*
FIBGE - (o. IBGE) *Fundação Instituto Brasileiro de Geografia e Estatística*
FIPE - *Federação Instituto Pernambuco*
FS - *Força Sindical**
FUNRURAL-*Fundo de Assistência e Previdência ao Trabalhador Rural* (Hilfs- und Vorsorgeversicherung für Landarbeiter)
INSS - *Instituto Nacional de Seguro Social* (vor 1990 - INPS)
Int.Nr. - Interview Nummer

IPES -	*Instituto de Pesquisas e Estudos Sociais* (Institut für Forschungen und soziale Studien)
MEB -	*Movimento de Educação de Base* ("Bewegung für die Basiserziehung")
MER -	*Movimento de Evangelização Rural*
MTRST -	*Movimento dos Trabalhadores Rurais Sem Terra*
NGO -	Nicht-Regierungsorganisation
OIT -	*Organização Internacional do Trabalho* [auch ORIT] (ILO - Internationale Arbeitsorganisation)
PCB -	*Partido Comunista Brasileiro* (KP - Kommunistische Partei)
PCdoB -	*Partido Comunista do Brasil* (eine zweite KP - seit den 60er Jahren "Albanienfraktion")
PJ -	*Patoral da Juventude* (Jugendpastoral)
PO -	*Pastoral Operária* (Arbeiterpastoral)
PR -	*Pastoral Rural* (Landpastoral)
PROALCOOL-	*Programa Nacional do Alcool* (Nationales Biotreibstoffprogramm)
PT -	*Partido dos Trabalhadores* (Arbeiterpartei)
Sh. -	Siehe
SORPE -	*Serviço de Orientação Rural* (Dienst für ländliche Beratung)
ST -	*Sindicato dos Trabalhadores* (Arbeitergewerkschaft)
STR -	*Sindicato dos Trabalhadores Rurais* (Landarbeitergewerkschaft)
SUDENE -	*Superindentência para o Desenvolvimento do Nordeste*
UDR -	*União Democrática Ruralista*
UFPE -	*Universidade Federal do Pernambuco*
ULTAB -	*União dos Lavradores e Trabalhadores da Agricultura do Brasil*
UST -	*União Sindical dos Trabalhadores**
Zeitungen	FAZ - Frankfurter Allgemeine Zeitung
	FdSP - Folha de São Paulo
	FR - Frankfurter Rundschau
	GM - Gazeta Mercantil
	JB - Jornal do Brasil
	NZZ - Neue Zürcher Zeitung
	OESP - O Estado de São Paulo
	SDZ - Süddeutsche Zeitung
	TAZ - Tageszeitung

(*) - *Centrais Sindicais* (gewerkschaftliche Dachverbände)

Glossar

agregados - (Kolonialzeit): "Häusler", an *engenhos* gebunden, auch *lavradores* genannt.
Agreste - Region im Bundesstaat Pernambuco
arrendatário - Zinspächter
caatinga - Buschsteppe
casa de farinha - (Maniok)-Mehlherstellungsbetrieb
clandestinos - Landarbeiter ohne geregelte Arbeitsverhältnisse
combativo - "kämpferischer Syndikalismus; Gewerkschafter"
donatários - (Kolonialzeit): Beschenkte, die die riesigen Landparzellen *sesmarias* erhielten.
empeleiteiro - Freier Arbeitskraftkontraktor. Auch *empreiteiro* genannt
engenho - (Kolonialzeit): ein ausgedehnter Besitz, mit einem "großes Haus" (*Casa Grande*), einer Sklavenhütte (*Senzala*), den am Rand befindlichen Häuser der *agregados* und der Lohnarbeiter und Werkstätten; einige engenhos hatten eine Infrastruktur zur Zuckerproduktion. Heute ist er Großgrundbesitz, aus dem Zuckerrohr für *usinas* geliefert wird und auf dem Landarbeiterfamilien wohnen.
equipe - Arbeitsgruppe der *Pastoral Rural* in Ouricuri
Estatuto do Trabalhador Rural - Landarbeiterstatut
fazenda - Großfarm, Großgrundbesitz
fichado - Landarbeiter mit geregelten Arbeitsverhältnissen
foreiro - Erbpächter
Frente de Trabalho de Emergência - Front für Notstandsarbeit
índios - "Eingeborene Indianer"
integralismo - brasilianische Version des Faschismus
Lei de Terras - (1850) Landgesetz
Ligas Camponesas - Bauern-Ligen; *Sociedade Agrícola e Pecuária dos Plantadores de Pernambuco*
meieiro, parceiro - Teilpächter
morador - Landarbeiter, Bewohner der *engenhos*
pelegos - Die "Gelben" der Gewerkschaftsbewegung in den letzten Jahrzehnten
roçado - Das zeitweilig von Unternehmern zugeteilte Ackerland zur Subsistenzwirtschaft der Landarbeiter *moradores*; oder Ackerbau der Subsistenzwirtschaft
senhor-de-engenho - Herr des *engenho*
Sertão - Region im Bundesstaat Pernambuco
sertanejo - Mensch des *Sertão*
sesmarias - riesige Landparzellen (traditionelle feudale Lehensvergabe Portugals)
sítio - *ranch*, Hof, Gutbesitz
usinas - (Fabriken) Agroindustrien der Zucker- und Alkoholherstellung
vaqueiros - Rinderhirten

Einleitung

> "Was denkt man über uns in Europa? Vielleicht, daß wir eine Bande von Weihnachtskrippenkühen sind, die nur mit dem Kopf nicken können, daß wir nur ja sagen können... Wenn du hierher gekommen bist, um über meine Misere zu reden, kannst du gleich wieder gehen. Dafür brauchst du dich nur umschauen und fertig. Ansonsten aber rede ich mit dir gern über das Leben und die schönen Dinge, von denen ich träume" (Eine Landarbeiterin, die sich nach dieser ersten Ablehnung doch für ein Interview zur Verfügung gestellt hat. Int.Nr. 23)

Das brasilianische Entwicklungsmodell ist in Wirklichkeit eine Gesellschaft im Zustand latenter Anomie. Dies sei nur an einigen der Rationalität des Modells entspringenden schizophrenen Ergebnissen der offiziellen Statistiken illustriert: Während Brasilien eine der größten Industrienationen der Welt (Furtado 1992) ist, mußten die Einwohner des brasilianischen Nordostens in den 80er Jahren mit ca. einem Drittel des durchschnittlichen nationalen Pro-Kopf-Einkommens von jährlich 2.100 US-Dollars auskommen (UNDP 1990). In dieser Region haben durchschnittlich 100 von 1.000 Säuglingen eine Lebenserwartung von unter einem Jahr, während die Säuglingssterblichkeit im ganzen Land bei 48 pro 1.000 und in der BRD bei sieben pro 1.000 liegt (UNDP 1990 und Prange 1992). 1988 galten 79% der Einwohner, die älter als 10 Jahre sind, als semi- und vollalphabetisiert. Der nordöstliche Bundesstaat Pernambuco verzeichnete aber eine Analphabetenrate von 27,5% bei der städtischen und 56% bei der ländlichen Bevölkerung. Zudem existiert nach den Kriterien des "Lesen- und Schreibenkönnens" nur ein minimaler Unterschied zwischen der Analphabetengruppe und den 35% der "Alphabetisierten" mit weniger als einem Schuljahr und den 26,3% mit unvollständigen drei Schuljahren. (IBGE 1989)
Im Kontrast dazu registrierte das IBGE (1991), daß der Nordosten 1990 ein regionales Wachstum des Bruttoinlandsprodukts um 3,3% aufwies, während in ganz Brasilien nur 1,2% zu verzeichnen waren. Noch paradoxer ist, daß die Landwirtschaft mit einem Zuwachs von 15,6% die Hauptverantwortung für dieses Wachstum im Nordosten trug. Dabei haben ca. 40% der lohnabhängig Beschäftigten in diesem Sektor keine geregelten Arbeitsverhältnisse, von denen wiederum nur 65% sich eine geregelte Arbeit wünschen (IBGE 1992b). Die Familien z.B. der "Landarbeiter des Zuckerrohrs" müssen mit einem Einkommen von 0,5 bis 2,5 Mindestlöhnen auskommen. (Siehe 2. Kap.)
Selbst die guten entwicklungssoziologischen Arbeiten betrachten Brasilien oder gar Lateinamerika als ein Ganzes und verkennen die oft erheblichen regionalen Unterschiede. Die vorliegende Arbeit versucht, durch eine auf empirischen Ergebnissen basierende Regionalanalyse zur Situation der

Landarbeiter im brasilianischen Nordosten dieses Defizit der Entwicklungsforschung ansatzweise abzubauen, indem ein Bild von den Reproduktionschancen der Landarbeiter, Landarbeiterinnen und Kleinproduzenten unter Bezugnahme auf ihre politischen Vertretungsorgane - insbesondere die Landarbeitergewerkschaft - entworfen wird. Weil die Gewerkschaftsstruktur Brasiliens in ihrer Entwicklung stark an staatliche Strukturen gebunden ist und es auf den Staats- sowie Gewerkschaftsebenen immer wieder Versuche gibt, wirtschaftliche Entwicklungspläne und staatliche Rechtsgarantien in einheitlicher Form auf ganz Brasilien auszudehnen, neigt diese Arbeit dazu, die Reproduktionschancen der ländlichen Arbeitenden sowie ihre politische Vertretung in Beziehung zur gesellschaftlichen Totalität zu analysieren.
Das Selbstbild kritischer sozialer Entwicklungsforschung ist in diesem Sinn eine Verpflichtung. Hier wird sie aber nicht explizit behandelt, um die Gefahr der Verselbständigung der methodologischen Reflexionen zu vermeiden. Dieses Selbstverständnis soll vielmehr in der Untersuchungsbeschreibung und Situationsdarstellung deutlich werden.

0. Beschreibung der zugrundeliegenden Untersuchungsmethoden

0.1. Zum Forschungsvorhaben

Die vorliegende Arbeit basiert auf der Auswertung eines Teils des Materials, das ich von einem sechsmonatigen Forschungsaufenthalt 1991 im Bundesstaat Pernambuco mitgebracht habe. Es besteht hauptsächlich aus 162 Interviews mit Landarbeitern und Landarbeiterinnen (46), männlichen und weiblichen Kleinproduzenten (86), ländlichen Gewerkschaftsfunktionären, Beratern und Beraterinnen der Vermittlungsinstanzen (32) (Sh. Tab.1 im Anhang). Von den drei geographischen Regionen Pernambucos (mit einer Größe, die gut einem Viertel der Größe der heutigen BRD entspricht), habe ich überwiegend Interviews in der Waldregion (*Zona da Mata*) und dem *Sertão* durchgeführt, aber auch einige im *Agreste*. Die erste niederschlagsreiche Region ist wegen der riesigen Zuckerrohrplantagen und die zweite wegen des semi-ariden Klimas bekannt; die dritte, die zwischen den beiden anderen liegt, wegen ihrer abwechslungsreichen Landschaft. (Sh. 1. Kap.)
Das ursprüngliche Vorhaben, die Organisation des wirtschaftlichen Lebens ländlicher Kleinproduzenten und Landarbeiter[1] und ihrer politischen Vertretung zuerst zu historisieren und danach mit den Forschungsergebnissen zu konfrontieren, mußte eingeschränkt werden. Eine befriedigende Verarbeitung der angesammelten Materialfülle zu einer Gesamtanalyse, bei der kein relevanter Aspekt der sehr unterschiedlichen zu betrachtenden sozialen Gruppen verloren ginge, wäre in der knappen, mir aufgrund einer eng begrenzten Finanzierung zur Verfügung stehenden Zeit nicht möglich gewesen. Daher habe ich im zweiten Teil dieser Arbeit auf den Vergleich zwischen Landarbeitern und Kleinproduzenten verzichtet[2]. Die Letzteren werden zwar in der Typologie des 2. Kapitel beschrieben, aber im 2. Teil nur auf die Stadt Ouricuri begrenzt behandelt.
Die folgende Erklärung zum Fragebogen bezieht sich auf die gesamte ursprünglich geplante und durchgeführte empirische Untersuchung sowie den im Anhang gedruckten Fragebogen selbst.

---

[1] Die weibliche Form Landarbeiterin/ Kleinproduzentin/ Bäuerin wird aus Gründen der Lesbarkeit des Textes nicht durchgehend verwendet, sondern nur, um Differenzierungen zwischen den Geschlechtern zu verdeutlichen.

[2] Zu einem späteren Zeitpunkt werde ich mich ausführlich mit den Kleinproduzenten und dem hier unterbleibenden Vergleich von Landarbeitern und Kleinproduzenten beschäftigen.

0.2. Zum Fragebogen und zur Begrenzung der Ergebnisse für diese Arbeit

Die Entwicklung des Fragebogens orientierte sich an folgenden Arbeiten, entlang deren Arbeitsergebnissen auch die Forschungsfragestellungen entwickelt wurden.
Ausgehend von Alexander Tschajanov (1923) und seiner "Lehre von der bäuerlichen Wirtschaft" ist im Rahmen der Interviews der Frage nachgegangen worden, wie sich die ländlichen Akteure ökonomisch organisieren. Vorrangig hat sich Tschajanow bei seiner Untersuchung auf die bäuerliche Wirtschaft bezogen. In der Anwendung seiner Schemata auf die Situation in Brasilien sind jedoch zusätzlich die Landarbeiter auf Grund ihrer Lebensrealität in den Blick genommen worden. Bezüglich der Kleinproduzenten und Landarbeiter gilt es, die Grundlagen für ihre Reproduktionsformen zu bestimmen.
Als erstes wurde die Einbindung der Familie in die wirtschaftliche Organisation untersucht. Alle arbeitsfähigen Familienmitglieder werden in die Reproduktion einbezogen, d.h. von ihrer Integration in die Familie hängt die wirtschaftliche Überlebensfähigkeit des Einzelnen wie der Familie ab. Die Problematik der Erwerbsstrategie und anderer wichtiger Entscheidungsfelder, die zu sehr konfliktiven Verhältnissen unter Familienmitgliedern führen können, wurde dabei berücksichtigt. Aus heutiger Perspektive mußte allerdings auch ein Defizit in den Untersuchungen Tschajanows aufgearbeitet werden.
Wie Gerd Spittler (1987) in der Einleitung zum Nachdruck der Tschajanowschen Lehre bemerkt, wird die Rolle der Frauen bei der landwirtschaftlichen Arbeit, bei der Arbeit im Haushalt und bei der Erziehung der Kinder nicht genügend bearbeitet. Deshalb liegt ein Schwerpunkt der vorliegenden Untersuchung in der Erarbeitung dieser Problematik.
Weitere Bedingungen für die Produktion und Reproduktion auf dem Land werden durch den Standort vorgegeben. Wie bei Tschajanow sind die natürlichen Gegebenheiten, z.B. das Klima und der Boden, die Bevölkerungsdichte und die daraus resultierenden Formen des Zusammenlebens, Gegenstände dieser Arbeit. Des weiteren sind in diesem Kontext die technische Entwicklung sowie Zugangs- und Verteilungsformen technischer Errungenschaften zu berücksichtigen und auch erfragt worden.
Zur Typisierung der landwirtschaftlichen Akteure im Nordosten Brasiliens am Beispiel Pernambucos gehen das Forschungsvorhaben und der Fragebogen zu der vorliegenden Arbeit auch auf die Diskussionsgrundlage von Teodor Shanin (1971 u. 1983) ein. Dieser warnt vor den Generalisierungen sozialer Typisierung auf dem Land. Shanin hat differenzierende Kategorien erarbeitet, die jeweils abhängig seien von der Begrenzung, dem

Konzept und der historischen Einordnung einer Analyse landwirtschaftlicher Produktion und Reproduktion[3].
Die historische Einordnung des Untersuchungsgegenstandes im 1. Kapitel dieser Arbeit orientiert sich so wie der Fragebogen für die empirische Analyse an den methodologischen Grundlagen Tschajanows und Shanins. Dieses 1. Kapitel beeinhaltet die ursprüngliche Form der Landwirtschaft, deren Entwicklung und der damit verbundenen Sozialstrukturen in den drei Regionen Pernambucos. Die Zuckerrohrplantagen, auf denen die Landarbeiter in der Waldregion arbeiten, wären nicht in der spezifischen Weise konstituiert worden, wenn die Entwicklung der sozialen und wirtschaftlichen Strukturen in den anderen zwei Regionen nicht in enger Verbundenheit mit der Waldregion gestanden hätte. Correia de Andrade (1980) liefert hierfür eine grundlegende historische sowie geographische Regionaluntersuchung, deren Ergebnisse mit der brasilianischen Historiographie konfrontriert werden.
U.a. auch an dieser Grundlage hat sich Volkmar Blum (1989) in seiner Untersuchung in Peru orientiert. Auf der einen Seite war es sein Werk, das ein wichtiger Beitrag zum Abbau des oben erwähnten Defizits in der Entwicklungsforschung ist, andererseits die Leistung Brühls (1989) mit seiner Familienforschung im Nordosten, die die letzten Anregungen für die Eingrenzung des Themas des Forschungsvorhabens und dieser vorliegenden Arbeit gaben.
Anders als Blum habe ich die empirische Analyse jedoch nicht nur auf eine einzige Agrarregion beschränkt, sondern vergleichend unterschiedliche Regionen im Bundestaat Pernambuco erfassen wollen. Anders als Brühl habe ich die enge Begrenzung der Untersuchung auf das System der Fazenda zu vermeiden gesucht und die Untersuchung auf andere Mikro-Systeme des ländlichen Raums ausgedehnt.
Dic Typologie der ländlichen Akteure im 2. Kapitel des ersten Teils dieser Arbeit konzentriert sich auf den Landarbeiter- und Kleinproduzentenbereich, um so den vorgefundenen Differenzierungen gerecht werden zu können. Das von den Landarbeitern vermittelte Gesellschaftsbild in Bezug auf ihre politische Vertretung, insbesondere der Landarbeitergewerkschaft und deren Einbettung in die nationale Gewerkschaftsstruktur, wäre vor dem Hintergrund der bereits erwähnten zeitlichen Grenzen in der vor-

---

[3] a) Formen der: - familiären Arbeit, - Kontrolle der Produktionsmittel, - Subsistenzwirtschaft, - multidimensionalen Arbeitsqualifizierung.
b) Welchem Ökosystem unterliegt diese Landwirtschaft?
c) Welchem Gleichgewicht zwischen Agrar- und Sammelwirtschaft und Artesanat?
d) Formen des Ackerbaus, des Planens und der Verwaltung.
e) Handelt es sich um Besitz- bzw. Pachtverhältnis oder freies besetztes Lands.
f) Die verschiedenen Enteignungsformen der überschüssigen Produktion.
g) Verhältnisse zwischen Interbauern/ Interorten; die Bindung zwischen Angebot, Nachfrage und Preis. Vgl. Shanin (1983).

liegenden Arbeit nicht befriedigend zu erfassen. Martins Werk (bes. 1983), das die Wichtigkeit der politischen Aktivitäten bäuerlicher Gesellschaftsgruppen als soziale und politische Akteure innerhalb des breiten sozialen Transformationsprozesses Brasiliens hervorhob und damit die brasilianische Agrarsoziologie in Bewegung brachte, regte dazu an, die Aktivitäten der ländlichen Akteure nach zehn Jahren Demokratisierungsprozeß in Brasilien regionalbezogen zu überprüfen.
Die daraus zu erlangenden Ergebnisse werden dann im zweiten Teil der vorliegenden Arbeit unter der Perspektive der politischen Vertretung der landwirtschaftlichen Akteure erneut aufgegriffen und innerhalb des politischen Kontextes - mit Schwerpunkt auf den ländlichen Gewerkschaften - historisch eingeordnet und diskutiert.
Verwiesen sei noch auf das von Klaus Heinemann (1987) herausgegebene Sonderheft zur "Soziologie wirtschaftlichen Handelns", dessen Beiträge im Zusammenhang mit den schon erwähnten Werken die Untersuchungsgegenstände in der Komplexität ihrer soziologischen Verflechtungen zu präzisieren halfen.
Um die für die nachstehende Untersuchung notwendigen Daten zu erhalten, habe ich unter Berücksichtigung der von H. Popitz u.a. ("Das Gesellschaftsbild des Arbeiters") benutzten Befragungsmethode ein eigenes Fragemuster entwickelt. Durch den Einsatz dieser Methode sowie die vorab gehegte Absicht des Verfassers, das Interview sich zum Gespräch entwickeln zu lassen, ergänzt um die auf die befragte Person individuell bezogenen Fragen, zeichnen die Interviewpartner und Interviewpartnerinnen das Bild ihrer eigenen Lebenswirklichkeit und geben ihre eigene Bewertung desselben.

0.3. Zu den Interviewsituationen

87 Interviews sind auf Band aufgenommen worden. Die Interviews, bei denen die Interviewpartner eine Tonbandaufnahme nicht erlaubten, wurden unmittelbar im Anschluß an einem ruhigen Platz möglichst wortgetreu nachprotokolliert. In diesen Fällen können - trotz der anhand eines Vergleichs von vier sowohl mitgeschnittenen wie nachträglich protokollierten Interviews überprüften Fähigkeiten des Verfassers - einige Sätze fehlen oder in der Formulierung variieren. Diese Änderungen schaden aber der Qualität der Antworten in dem hier relevanten Zusammenhang nicht wesentlich. Vorzugsweise stützen sich ca. 90% der als Beleg ausgewählten Interviewzitate auf Transkriptionen mitgeschnittener Interviews. Die meisten Interviewpartner und -partnerinnen haben sich anschließend fotografieren lassen, was eine umfangreiche Bilderdokumention ermöglicht.
Die Interviews fanden in der Regel im Haus des/der Interviewpartners/in, manchmal unter den Augen seiner/ihrer Kinder statt. Ab und zu sind neugierige Nachbarn oder Nachbarinnen ins Haus gekommen. Dann wurde

das Interview unterbrochen, ich erklärte meine Absichten und bat anschließend, sich ruhig in den Fortgang des Interviews einzuschalten. Dies war in manchen Fällen hilfreich, indem etwa Daten korrigiert werden konnten, bis hin zum Aufbruch konfliktiver Diskussionen unter ihnen. In solchen Fällen habe ich unauffällig weiter registriert und später erst auf die weiteren Fragen des Interviews zurückgegriffen.
Welche Möglichkeiten in der offenen Gestaltung der Interviewsituationen liegen, verdeutlicht folgendes Beispiel: In einer Diskussionssituation unter zwei Nachbarinnen habe ich rechtzeitig gemerkt, daß die Interviewpartnerin immer zorniger wurde, sich aber mit Blick auf das Aufnahmegerät zurückhielt. Nachdem ich das Gerät ausgeschaltet hatte, entspann sich eine einmalige Diskussion über Verhütungsmittel, Männerbild und andere Sexualitätsthemen mit sehr verschiedenen Meinungen der beiden beteiligten Frauen, die ich im Anschluß protokollieren konnte. Ging es in den Interviews speziell um die Lage der Frauen, habe ich versucht, diese immer in Abwesenheit ihrer Männer und älteren Jungen durchzuführen. Zu sechs Interviews bin ich in Begleitung von Beratern von Vermittlungsinstanzen oder von Gewerkschaftern gefahren. Mit ihnen gab es dabei die Absprache, daß, sollte ich bemerken, daß der Interviewablauf aufgrund seiner/ihrer Anwesenheit beeinträchtigt war, er/sie nach einem abgemachten Zeichen aus dem Haus gehen würde. In vieren dieser Fälle kam es dazu. Jedes Mal liefen die Interviews danach besser.

I.Teil Lebens- oder Überlebenschancen? Die Frage der wirtschaftlichen Produktion und Reproduktion auf dem Land in Pernambuco

1. Historische Entstehung und Entwicklung von Produktion und Arbeitsverhältnissen in der Landwirtschaft Pernambucos. Regionale Unterschiede mit einer Analyse der offiziellen Daten über die Landverteilung und landwirtschaftliche Produktion in Pernambuco

Dieses Kapitel soll als geographische und historische Grundlage meiner Arbeit dienen. Bis heute gibt es Naturphänomene, die sehr unterschiedliche Arten der Anpassung des Menschen an die Natur in den verschiedenen Landesregionen mit sich gebracht haben. Es sind Unterschiede, die auf viele Kontraste in der Anpassung hinweisen, jedoch in gewisser Weise auf einen komplexen Zusammenhang der sozialen Verhältnisse hinführen. Das Klima ist einer der Faktoren, die zusammen mit der Bodenbeschaffenheit die Chancen der landwirtschaftlichen Produktion in Pernambuco bestimmen. Damit verbunden möchte ich die historische Entwicklung der Arbeitskultur auf dem Land dieses Bundesstaates darstellen.
Dieses sind die notwendigen Voraussetzungen, um die historische Dynamik zu enthüllen und eine Basis dafür zu gewinnen, einige aktuelle Formen der Arbeitsverhältnisse verständlich werden zu lassen. Sie könnten einerseits als eine Weiterentwicklung der alten Formen, andererseits auch als ein Meßinstrument behandelt werden, um festzustellen, bis zu welchem Grad sich der brasilianische Kapitalismus "modernisiert" hat, d.h. bis zu welchem Punkt er einen Prozeß der Rationalisierung bezüglich der landwirtschaftlichen Produktion und der sich daraus entwickelnden Arbeitskultur durchlaufen hat.
Die wesentlichen geographischen und historischen Interpretationen hierzu sollen diskutiert werden. Besonders jene, die auf regionalen Untersuchungen basieren, weil diese eine fundiertere Quellenbasis und eine größere Vielfältigkeit der dargestellten Untersuchungen haben. Damit soll aber der durch die geführten Interviews begründete Hauptteil nicht abgewertet werden.

1.1. Die drei Regionen

Die klassische geographische Aufteilung des Bundesstaates Pernambuco wurde für die Einteilung dieses Kapitels übernommen: *Região da Mata* (Waldregion), *Região do Agreste* und *do Sertão* (Semi-Aride im Landesinneren). Der Grund dieser Übernahme liegt weder im mangelnden Willen, eine Alternative vorzuschlagen, noch im unkritischen Akzeptieren dieser Einteilung. Es sind diese Regionen im geographischen Sinne, die sich durch natürliche, sehr unterschiedliche Eigenheiten voneinander abgrenzen. Diese Einteilung soll nicht etwa zu verstehen geben, daß die Formen der Produktionsverhältnisse in jeder Region Gesetzen entsprächen, die für sämtliche Produktionseinheiten der jeweiligen Region gültig wären. Die Vielfältigkeit dieser Formen erlaubt mir hierbei lediglich, die Umrisse jener Produktionsverhältnisse zu beschreiben, die laut den existierenden Quellen in den Produktionseinheiten vorherrschend waren und bis zum heutigen Tag entwickelt worden sind.

1.2. Wie sich ein Entwicklungsmodell in der *Região da Mata* (Waldregion) durchsetzte

Durch maurische Navigationskenntnisse versuchten die Portugiesen, Anteil am asiatischen Handel für sich zu gewinnen[4]. Diese Expansionsversuche mit merkantilistischen Absichten brachten sie zu den sogenannten entdeckten Ländern, in denen ihre Erwartung auf Handelserfolge zunächst scheinbar enttäuscht wurden. Die ersten Begegnungen mit den *índios* ("Eingeborenen") 1500 führten z.B. im Nordosten Brasiliens vor allem zum Tausch von wertvollen Naturprodukten gegen *bugigangas* (Scherbenschmuck). Diese Naturprodukte, z.B. das Rotholz (*pau brasil*), hatten einen hohen Wert auf dem europäischen Markt. Die *bugigangas* erhielten die *índios* dafür, daß sie diese Produkte zu den Stapelplätzen im Küstengebiet brachten[5].
Der im Verhältnis zu den bereits bestehenden Handelsbeziehungen mit Indien "primitive" Handel mit den *índios* führte schließlich zu einer besonderen Form der Expansionspolitik der kolonialen Periode, die ca. 30 Jahre nach der sogenannten Entdeckung von den Portugiesen in Brasilien eingeführt wurde:

> "Zunächst mit rein extraktivem Charakter... eine Tropenlandwirtschaft, die sich komplementär zu dem europäischen Seehandel entwickelte, der seinerseits weitgehend dazu diente, die europäischen Marktbedürfnisse zu befriedigen"[6].

Die vorgefundenen Naturgegebenheiten boten den Portugiesen optimale Bedingungen, um ihre merkantilistischen Absichten zu erreichen. Die Lage Olindas an der pernambucanischen Küste erleichterte ihnen z.B. den Zugang zum Nordosten. Die Winde und die Meeresströmungen ermöglich-

---

[4] Vgl. Brühl (1989): S.44.

[5] Sh. Correia de Andrade (1980): S.51f.

[6] Brühl (1989): S.48.

ten es den Segelschiffen, von Europa direkt zu dieser Küste zu gelangen. Dieses führte dazu, daß der Nordosten die erste Region Brasiliens war, die von den Portugiesen ausgebeutet bzw. kolonisiert wurde. Die Naturgegebenheiten waren nicht nur sehr vorteilhaft für die Schiffahrt, sondern sie boten auch vorzügliche Bedingungen, um sich gegen feindliche Angriffe zu schützen. Zu solchen Auseinandersetzungen kam es zwischen den Europäern, die bereits an Kolonien interessiert waren, seit dem letzten Jahrzehnt des 15. Jahrhunderts und Anfang des 16. Jahrhunderts im Kampf um die Kontrolle über die "entdeckten" Länder. Schon in dieser Zeit wurde Olinda zu einem der Orte, wo die Portugiesen ihre Schiffe ankerten, um Waren aufzunehmen.

In Richtung des Landesinneren gab es eine tropische Regenwaldvegetation mit allen heterogenen Fauna- und Florakomponenten, welche diesem Waldtyp entsprachen. Der Abschnitt, der sich durch diese geographische Zusammensetzung auszeichnet, weist unterschiedliche Ausdehnungen in seiner Breite und unterschiedliche Niederschlagswerte in seiner gesamten Ausdehnung vom nördlichen Punkt des östlichen Küstengebietes bis zum Süden des Landes auf[7].

Dieser Abschnitt setzt sich fast ununterbrochen fort von der atlantischen Küste bis zur Hochebene von Borborema im Inneren des heutigen Staates Pernambuco. Es sind ungefähr 80km im Norden und ungefähr 100km im Süden des Staates, die eine Linie mit den Hängen des Borborema bilden, die fast parallel zum Küstengebiet verlaufen. So besteht eine fast einheitliche Landschaft mit ähnlicher Bodenbeschaffenheit, die reichlich durch verschiedene, nie austrocknende Flüsse bewässert wird.

Die Niederschläge nehmen von der Küste zum Landesinnern hin - in großer Nähe zur Hochebene - von 1800 mm bis 800 mm ab. Recife, die Hauptstadt von Pernambuco, liegt sieben Kilometer südlich von Olinda, ungefähr in der Mitte des pernambucanischen Küstengebietes, das eine Länge von ca. 200km besitzt. Südlich von Recife befindet sich eine weitläufige Region - vom Küstengebiet bis zur Stadt Ribeirão -, in der die Niederschlagsmenge noch höher ist (mehr als 1800 mm jährlich). Dagegen liegt im Norden der Stadt Recife, oberhalb des Flusses Goiana, ein Abschnitt, der im Vergleich zum entsprechenden Streifen im Süden viel schmaler ist und in dem die Niederschlagswerte zwischen 1600 und 1800 mm liegen. In Richtung des Landesinneren nehmen die Niederschläge auch stärker ab als im Süden[8]. In der Stadt Aliança, der "geographischen

---

[7] Sh. Correia de Andrade (1980): S.15.

[8] Zu den brasilianischen Klimatypen: Tipos de Clima no Brasil in: "Boletim Geográfico", Nr.105, S.991, 11. Jahr.
Zu den Klimatypen im Nordosten und Pernambuco: Tipos de Clima do Nordeste in: "Revista Brasileira de Geografia", Nr.4, S.450, 17.Jahr und SUDENE (Bundeskontrollamt zur Entwicklung des Nordostens), (1971): in "Pernambuco" (1981), S.I-

Grenze" am Fuße der Hochebene des Borborema, gibt es lediglich einen Jahresmittelwert von 724mm[9].

In dieser Region, die die Waldzone genannt wird, begannen die Portugiesen damals ihre Kolonisation zu entwickeln. Von Anfang an wurde der Anspruch der portugiesischen Krone auf dieses "neue Land" mit deutlich merkantilistischen Absichten erhoben. Sie war aber nicht dazu angetan, die portugiesischen Untertanen, in Masse, darüber hinaus zur Besiedlung des "neuen Landes" zu veranlassen.

Die portugiesischen Untertanen, die am Adelstitel interessiert waren, wurden dann mit der Landvergabe nach Brasilien gelockt. Daraus resultierte aber keine rationalisierte Besiedlung des "neuen Landes". Dies, im Zusammenhang mit der im folgenden Punkt behandelten wirtschaftlichen Kolonisationsstrategie, prägte die Gesellschaftsbildung Brasiliens.

1.2.1. Einführung der Landwirtschaft. Die Option für die exportorientierte Wirtschaft

Die portugiesische Krone begann risikofreudigen Männern[10] Landparzellen zu schenken, die bevölkert werden sollten und auf denen für den europäischen Markt produziert werden sollte. Die so Beschenkten, die sogenannten *donatários*, glaubten, daß sie in der "neuen Welt" schnell reich werden könnten. Denn in dieser schien es keine Konkurrenz, die vergleichbar zu dem in Portugal existierenden adligen Ellbogenkampf wäre, zu geben. Obwohl man die vergebenen Ländereien gar nicht kannte, nahm man die Angebote in Portugal an, die *sesmarias* (die riesigen "Parzellen") unter den gestellten Bedingungen zu bewirtschaften.

Brühl (1989) führte eine grundlegende Diskussion über Ähnlichkeiten der gesellschaftlichen Strukturbildung in der portugiesichen Kolonie mit dem Feudalismus in Europa[11]. Er vergleicht die in Portugal traditionelle feudale Lehensvergabe mit den *sesmarias*, die die *donatários* in Brasilien bekamen (S.54f.), jedoch unter der ausdrücklichen Bedingung, das vergebene Land zu bebauen. Dieser Unterschied zwischen Landbaronen in Portugal und den nach Brasilien geschickten *donatários* bemerkt er mehrmals:

> "... Die agrarische Ausbeutung des kolonialen Brasiliens für die portugiesische Metropole erforderte geradezu das symbiotische Handeln agrarischer Produzenten und einer am europäischen Markt orientierten Handelsbourgeoisie... So galt es, die Kolonie zu feudalisieren, ohne dem geld- und handelswirtschaftlich orientierten Bürgertum bedeutende Hemmnisse in den Weg zu legen..." (S.52)

Materialien, Hrsg. Institut für Brasilienkunde, Mettingen.

[9] Sh. Correia de Andrade (1958): S.22f.

[10] "Abenteurer oder Glückssucher": Brühl 1989: S.37.

[11] Seine Untersuchung basiert z.B. auf den Klassikern Freyre (1984), Holanda (1933), Vianna (1973), Prado Jr. (1985) u.a.

> Er betont: "Damit war der Grundstein der 'ausgeklinkten' Entwicklung Brasiliens gelegt. Während Europa auf Aufklärung, Reform und Rationalismus der kapitalistischen Dynamik in der Wirtschaft hinsteuerte, hielt sich in Brasilien das extraökonomische feudale Machtsystem, das zusätzlich im Produktionssystem sich den Rückfall in die präfeudalen Formen der Sklaverei erlaubte." (S.53).

Für die vorliegende Arbeit ist die erwähnte Diskussion wichtig, um die Unterschiede zwischen dem europäischen Feudalismus und der historischen Entwicklung des Kolonialsystems im nordöstlichen Brasilien zu präzisieren. Es liegt genau an der Erkenntnis der wichtigen Unterschiede zwischen den beiden, daß diese historische Einführung dem empirischen Teil eine grundlegende Basis liefern kann.
Gerade die Auswahl der klassischen brasilianischen Historiographie aus den möglichen Quellen birgt die Gefahr, diese Diskussion in die Irre abgleiten zu lassen, wenn zu sehr auf die analogen Ergebnisse zwischen abendländischem Europa und Brasilien geachtet wird, anstatt sich mehr mit den Unterschieden bzw. dem "brasilianischen Fall" selbst zu beschäftigen. Die Mehrheit dieser Autoren schreibt seit den 20er Jahren dieses Jahrhunderts, entweder unter dem bedeutenden Einfluß des "nationalistischen Positivismus" oder der "positivistisch marxistischen Orthodoxie" oder aber des später entstanden "Populismus"[12]. Ihre Akzeptanz bzw. Ablehnung der Existenz des Feudalismus in Brasilien sollte zunächst von ihrer ideologisch-politischen Begeisterung für das europäische Vorbild bzw. von ihrer Stützung auf nachzuholenden Entwicklungstheorien getrennt werden, wenn das Risiko vermieden werden sollte, in unfruchtbare Begriffstreitigkeiten zu verfallen[13].

1.2.1.1. Die ersten *sesmarias* und die Bildung der "Zuckergesellschaft"

Der *donatário* Duarte Coelho erhielt vom König eine *sesmaria*, die ein fast 400km langes Küstengebiet umfaßte, nämlich von der Mündung des Santa Cruz-Flusses im Norden bis zur Mündung des São Francisco-Flusses im

---

[12] Sh. Chauí (1978): S.43ff. und Pécaut (1990): S.19-49.

[13] Das folgende Beispiel zeigt, wie verwirrend es sein kann, diese historiographische Diskussion undifferenziert zu übernehmen: Sampaio (1987) behauptet in seiner wichtigen Analyse des Regimes der *parceria* ("Landverpachtung an Häusler"), daß viele Historiker den Semi- und Feudalismus in Brasilien ablehnen. Ohne diese zu zitieren, stellte er gegen sie Furtado und Malassis, die die nordöstliche Landwirtschaft als semi-feudal bezeichnen. Obwohl er kritisch der Hypothese gegenübertritt, daß "die Evolution der Landwirtschaft nach den abendländisch-traditionellen Modellen" emporzieht, ist seine Behauptung wegen unaufgeklärter Stellungnahme für den Semi-Feudalismus auch evolutionistisch zu verstehen. S. 248f. Sampaio stützt sich dabei auch auf u.a. Furtado (1867) und Malassis (1973).

Süden[14]. Um eine Vorstellung von der Ausdehnung dieses Gebietes zu geben: es umfaßt heute die Küsten der Staaten Alagoas, Pernambuco und eines Teils von Paraíba. Der *donatário* versuchte ab 1535, das geschenkte Gebiet mit einigen in Portugal gekauften Sklaven, seiner Familie, Freunden und einigen freien Arbeitern, die bereit waren, sich auf das Abenteuer einzulassen, zu bevölkern. Bis zu seinem Tod waren zwei Dörfer - Igaraçu und Olinda - und fünf *engenhos* entstanden. Verglichen mit seinen ursprünglichen Absichten war dieser erste Versuch ein Mißerfolg[15].
Auf Grund der Vielfältigkeit der Erscheinungsformen, die der Begriff *engenho* umschreibt, wird er hier im geschichtlichen Sinn präzisiert[16]. In der Zeit der Kolonisation war dieser Begriff die Denomination für eine ökonomische Einheit: ein ausgedehnter Besitz, wo sich ein "großes Haus" (*Casa Grande*), eine Sklavenhütte (*Senzala*), die sich am Rand befindenden Häuser der *agregados* und der Lohnarbeiter und die Werkstätten befanden. In der Zuckerregion gab es in den meisten *engenhos* auch eine Infrastruktur für die Zuckerproduktion, die entweder für den Export oder für eigenen Konsum eingerichtet war.
Damit ein Ort unter den Begriff *engenho* fiel und bekannt wurde, reichte die Existenz von einigen dieser Elemente in Kombination mit anderen Bauten (z.B. einer Kapelle oder einem Laden) oder mit Siedlungen - in der Praxis meistens Dorfgemeinden -, die direkt mit der "extraktiven" landwirtschaftlichen Produktion verbunden waren[17]. Obwohl die Zuckerrohrverarbeitungsanlagen (heute auch für Alkohol) sich heute in den sogenannten *usinas* (Fabriken) konzentrieren, bleibt der Begriff *engenho* gebräuchlich für die Bezeichnung eines Großgrundbesitzes, auf dem die Familien der Landarbeiter-*moradores*, der ca. vier bis fünf Vorarbeiter, eines Krämers und eines Verwalters wohnen und Zuckerrohr für die *usinas* produzieren. In den meisten Fällen gehören die *engenhos* den *usinas*; sie können aber auch den sogenannten "Privaten" (*particulares*) gehören, die das produzierte Zuckerrohr an eine *usina* verkaufen.
In der Anfangsphase der Kolonisation griffen indianische Gruppen - Caetés und Tabajaras - häufig die *engenhos* an. Einige Interpretationen behaupten,

[14] S. Correia de Andrade (1980): S.52.

[15] Brief von Duarte Coelho vom 14.April 1549 in: História da Colonização Portuguesa, Bd.III: S.318-319.

[16] Nach Brühl (1989) "beinhaltet der Begriff '*engenho*' die Verbindung von Zuckerrohrplantage und -verarbeitungsanlagen, umfaßt also den gesamten Prozeß der Zuckerherstellung. Zugleich ist das 'Engenho' die ursprünglichste Form des brasilianischen Großgrundbesitzes als Plantage ('fazenda')." S. 36.

[17] Für den Süden und die westlichen Staaten des brasilianischen Nordostens kann man diesen Begriff mit dem Ausdruck "*sede da Fazenda*" (Sitz der Plantage) gleichsetzen, obwohl dort keine Elemente der Zuckerindustrie anzutreffen sind. Vgl. Stolcke/Hall (1983): S.80-120.

daß sie in gewissen Fällen von den Franzosen angestiftet worden seien, diese ökonomischen Einheiten zu überfallen[18]. Auf Grund einiger Untersuchungen der 80er Jahre kann man aber annehmen, daß die Angriffe zum Widerstand der Indianer gegen ihre Versklavung und gegen die Besetzung ihres Landes durch die Portugiesen gehörten. Es hat allerdings in einigen Fällen Kontakte mit den Franzosen gegeben. Die Idee aber, daß sie sich von "anderen" Europäern in naiver Weise benutzen ließen, kann nicht die Revolte der *índios* gegen die Zerstörung ihrer Kultur und ihres Lebensraumes, gegen die Freiheitsberaubung in den Arbeitsgefängnissen (*cativeiros*) und gegen die Verwendung als Arbeitstiere der Kolonisatoren verdecken[19].

Das Vorurteil der Europäer über die Unfähigkeit der *índios*, ihre eigentlichen Feinde zu erkennen und deshalb leicht manipulierbar zu sein, wurde von Intellektuellen übernommen. Auch heute findet man dieses Vorurteil noch in brasilianischen Zeitungen bei den aktuellen Debatten über die übriggebliebenen Indianer im Amazonasgebiet. Deshalb kommt es auch zur ständigen Wiederholung der Behauptung, daß sie von "externen" Gruppen ("Guerillas", "kommunistische" Priester) beeinflußt werden[20].

Die Erfahrungen, die Duarte Coelho gemacht hatte, ermöglichten schon seinem Nachfolger, daß er bei seiner Ankunft auf einen gewissen Erfahrungsschatz zurückgreifen konnte, um sich im schwierigen Geschäft der Kolonisation besser behaupten zu können. Unter den Ausgangsbedingungen der Landvergabe erreichte Jeronimo de Albuquerque dann die "neuen Länder" und eroberte nach 1553 in hartem Kampf gegen die *índios* die Niederungen rund um den Fluß Capibaribe, um mit der Zuckerrohrproduktion zu beginnen[21]. Die Ländereien in der Região da Mata, die zwischen den Flüssen lagen, boten einen Boden vom Typ *massapé*, der sehr geignet für die Landwirtschaft ist.

> "Die Anbaumöglichkeit des wertvollen Produktes gab für Portugal erst den entscheidenden Anstoß zur Intensivierung der Kolonisation der neuentdeckten Gebiete in Amerika; denn der Zuckerhandel war bereits zu jenem Zeitpunkt ein außerordentlich lukratives Geschäft"[22].

---

[18] História da América Portuguesa: S.81. Vgl. Correia de Andrade (1980): S.53ff.

[19] Barreiro (1988): S.57.

[20] S. z.B. "A cegueira verde", in: Veja 17.6.1992 oder OESP, 11.4.1991 und 13.6.1992.

[21] S. Correia de Andrade (1980): S.53. Vgl. auch Furtado (1984): I. Teil "Fundamentos econômicos da ocupação territorial", Prado Jr. (1985): II. Teil "A ocupação efetiva (1530-1640)" und Sodré (1982): II. Teil "Colonização". Furtado (1984) behauptet einen relativen technischen Vorsprung der Portugiesen in bezug auf die Zuckerherstellungsmaschinerie. "... ohne den wäre der Erfolg der Zuckerrohrbetreibung schwieriger und ferner gewesen.": S. 9.

[22] Brühl (1989): S.56.

Die portugiesische Krone sollte nun zum einen den Unterhalt der Maschinen für die Zuckerproduktion und zum anderen den Schutz der Handelsflotten, die den Atlantik überqueren würden, finanzieren. Jeronimo wurde von Verwandten und Freuden begleitet, denen er große *sesmarias* versprach. Die Größe dieser Parzellen sollte vom Umfang des Gebiets abhängig sein, das sie gemeinsam mit ihren Söldnern von den *índios* erobern und bewirtschaften konnten. Auch die für die Zuckerproduktion nötigen Facharbeiter wurden aus Europa mitgebracht.
Aber durch die Ankunft der Europäer traten zwei Probleme besonders hervor: Zwar rückte man, trotz der Schwierigkeiten mit den *índios*, auf Grund der technischen Überlegenheit der europäischen Waffen immer weiter sowohl nach Norden als nach Westen und Süden vor und konnte so viele Ländereien erobern. Wer sollte nun aber auf diesen Ländereien arbeiten? Das erste Problem war also die Schwierigkeit, Arbeitskräfte für den Zuckerrohranbau zu bekommen. Das zweite Problem ergab sich *ipso facto* durch ihre Ankunft. Wie könnte man die Bevölkerung, die das Land besiedeln sollte, versorgen?
Die "einfachen" Lösungen, die im ersten Moment für diese Probleme gefunden wurden, sollten nicht von langer Dauer sein. Zur Lösung des ersten Problemes wurden die Indianer als Sklaven zur Errichtung der Zuckerrohrplantagen und zur Verrichtung der schweren Arbeiten bei der Zuckerproduktion gezwungen.
Die Lösung des zweiten Problemes, die sich diejenigen ausdachten, die bald die herrschenden brasilianischen Klassen bilden sollten, zeigt bereits die Intensität ihrer Beunruhigung bezüglich der Reproduktion der Arbeitskraft: Es wurden Überfälle auf die Pflanzungen der *índios* verübt, bei denen die Produkte, die dort angebaut worden waren - hauptsächlich Maniok und Mais - geraubt wurden. Sodann wurden diese Pflanzen auch auf den eigenen, bereits vorbereiteten Feldern angepflanzt und seit dieser Zeit als Grundnahrungsmittel konsumiert[23]. Hieran kann man die Sorglosigkeit dieser Herren gegenüber einer organisierten Produktion der Versorgung der Arbeitskräfte erkennen.
Die Portugiesen zeigten sich an einer "zumindest gleichgewichtige(n) plurikulturelle(n) Subsistenzproduktion" weder interessiert noch waren sie bereit, diese zu fördern.

> "Das Interesse ging genau in die entgegengesetzte Richtung: Es sollte sich eine von den Großgrundbesitzern in weitem Umfange abhängige Bauernklasse entwickeln, die mit Minimalkosten die Erschließung des Landes für die portugiesische Metropole und die sie stutzenden Klassen vorantrieb und die zu vermarktenden Produkte produzierte."[24] "Auf diese Weise wurde die für Brasilien spezifische Machtstruktur aufgebaut, die bis heute die Verteilung sozialer

[23] S. Salvador (1931): S.201.

[24] Brühl (1989): S.60.

Macht in den agrarisch dominierten Regionen kennzeichnet: Die Besitzer riesiger Territorien gewinnen mit diesem Besitz beinahe absolute Machtvollkommenheit über Menschen und Sachen"[25].

Die *clan*-Herren schufen so eine Machtstruktur, die die Formierung des brasilianischen Staates deutlich beeinflußt hat. (Sh. 3. Kap.)
Die Entscheidungen über die Privilegien und die Macht der großen *sesmeiros* wurden in Portugal getroffen, bzw. wenn sie in Brasilien gefällt wurden, immer in systematischer Abhängigkeit von den Herren, die sich für Pioniere hielten. In einem Reproduktionsprozeß vermehrten sie ihre Macht und bestimmten die Entwicklung der bürokratischen Organe der portugiesischen Monarchie, die in dieser Zeit begannen, sich in der Kolonie einzurichten. Deshalb kam es nicht zu der Ausbildung einer Zentralmacht, die sozial gerechte Richtlinien hätte erlassen können. Das Embryo des postkolonialen Staates mußte sich auf dieser Basis entwickeln[26].
Bis zu diesem Moment der brasilianischen Geschichte reichen die Wurzeln eines Begriffs, der heute noch von den großen exportorientierten Landbesitzern in der politisch-ökonomischen Diskussion gebraucht wird: der ländliche Produzent (*o produtor rural*)[27]. Selbstverständlich gehörte dieser Begriff, wie er heute gebraucht wird, nicht in das Vokabular der damaligen Zeit. Vielmehr wurde damals der Landbesitzer als Herr des *engenhos* (*senhor-de-engenho*)[28] bezeichnet.

"Deshalb war die Verbindung der produktiven Einheit von Zuckersiederei und Zuckerrohrplantage mit dem Landvergabeprinzip der 'sesmaria' nicht nur ein ökonomisches Modell, das die Stringenz der Ausbeutung durch das Mutterland Portugal gewährleisten sollte, sondern von vorneherein das soziale Organisationsmodell der brasilianischen Gesellschaft, das Aufstieg und Niedergang der Zuckerproduktion überdauerte und auch als Modell die politischen Wandlungsprozesse und ökonomischen Modernisierungsvorgänge in der brasilianischen Gesellschaft beharrlich überstand"[29].

---

[25] Ebd.: S.57.

[26] Vgl. Kößler (1991/92).

[27] Eigene Bezeichnung der Mitglieder der *UDR- União Democrática Ruralista* (Demokratische Landesunion). Dieser Verband wurde 1985 sofort nach der Verkündung des Agrarreformplans der Regierung Sarney gebildet. Die wichtigsten Mitglieder stammen aus den Reihen der neuen ländlichen Unternehmer, die in Vieh- und Landwirtschaft durch Erbschaft oder durch die Ansiedlungsförderungen der Militärregierungen tätig geworden sind. Sie rufen "alle ländlichen Produzenten" zur Verteidigung des Landeigentums auf bis hin zur Bewaffnung. Vgl. Caderno Especial, " UDR - A Arma do Latifúndio - Objetivo: Concentar a terra a qualquer preço", Hrsg: CUT, CPT und Sem Terra. Zur *UDR* siehe auch 7.2.

[28] Brühl (1989) übersetzt ihn als Herr der Zuckerrohranlagen: S.41.

[29] Brühl (1989): S.58.

Die soziale Bewertung der *sesmeiros* war abhängig von der Anzahl ihrer Sklaven, der Größe ihrer Ländereien und der Quantität des "von ihnen produzierten" Zuckerrohrs. Diese Einteilung hat sogar innerhalb der Klasse der Herren (*sesmeiros*) zu Spaltungen geführt. Die Basis für die oben genannte Bewertung - die exportorientierte Wirtschaft, deren Struktur und die soziale Herrschaft - wurde zu diesem Zeitpunkt in der Kolonie nicht in Frage gestellt. Jede Aktion oder Idee, die vom einmal eingeschlagenen Weg abwich, wurde als eine feindliche behandelt, härtestens bekämpft, aber einige Male auch integriert.

> [...]"Dies betrifft auf dem produktiven Sektor zum Beispiel die Subsistenzmittelproduktion, die in der Geschichte Brasiliens bis heute unter der von den Großgrundbesitzern favorisierten Exportproduktion zu leiden hat. Da sie die Produktionsform der 'Abhängigen' ist, hatte sie nie die Chance einer qualitativen Entwicklung"[30].

Die bedarfsbezogene Wirtschaft (Subsistenz- und Warenproduktion), die sich parallel zum Hauptziel der exportorientierten Wirtschaft entwickelte, mußte ihr bedingungslos dienen. Dies ist keine bloße Kritik an jeglicher Wirtschaftsentwicklung, die sich dem Export zuwendet. Im Zusammenhang aber mit dem "Sachzwang Weltmarkt" (Altvater 1987), der integraler Bestandteil des Kolonisationsprozesses ist, bleibt der fehlende, auf örtlichen Bedarf bezogene Binnenmarkt sicherlich ein Grund dafür, daß eine mißgebildete Entwicklung der Gesellschaft sich gerade dort vollzieht, wo die exportorientierte Wirtschaft innerhalb dieses Prozesses sich nicht aus der Entwicklung heraus ergab, sondern mit allen Mitteln erzwungen wurde[31]. Letztes ist der Fall der Zuckerproduktion in Pernambuco.
Diese Kritik gilt dann der radikalen Art der Herren, die exportorientierte Wirtschaft durch die Zuckerproduktion betreiben. Dadurch wurde sie mehr oder weniger zum Zentrum sämtlicher wirtschaftlicher Aktivitäten in der ersten Phase der brasilianischen Kolonialentwicklung[32], und blieb in den östlichen Staaten des Nordostens, trotz des Bedeutungsverlustes der Landwirtschaft und harter Konjunkturschwankungen, immer noch ein wesentlicher Fehler.
Die Zuckerrohrproduktion verlor zwar im Verlauf des 20. Jahrhunderts ihre dominierende Stellung innerhalb der Wirtschaft Pernambucos. Sie bildet aber nach wie vor den ökonomischen Schwerpunkt in den Landwirtschafts- und Agroindustriebranchen: 1990 nutzte sie 38,7% der Anbaufläche (461.579 von insgesamt 1.190.990 ha; im Vergleich zu Mais mit

---

[30] Ebd.: S.58.

[31] Vgl. hierzu Altvater (1987), Blum (1989), Bunker (1986) und Feder (1973).

[32] Vgl. Furtado (1984): I. Teil "Fundamentos econômicos da ocupação territorial", Prado Jr. (1985): II. Teil "A ocupação efetiva (1530-1640)" und Sodré (1982): II. Teil "Colonização".

206.051 ha); sie stellte 92,8% der landwirtschaftlichen Produkte (24.099.257 der gesamten 27.335.844 t; ihr folgte Maniok mit 1.168.071t)[33]. Der Anteil der Landwirtschaft am gesamten pernambucanischen Steueraufkommen *ICM* (seit 1991 *ICMS* genannt; MwSt entsprechend) betrug 1988 z.B. nur 7,9%, während die anderen Branchen - Industrie mit 37,7%, Dienstleistungen und Handel mit 45,6 und nicht-determinierte Bereiche (*indiscriminado*) 8,8% - erbrachten. Von dieser Einnahme der Industriebranche stammt ca. 30% aus der Agroindustrie (Nahrungs-, Holz-, Tabak- und Getränkeindustrie), von der Zucker und Alkohol als sogenannte Transformationsindustrie einen bedeutenden Anteil haben[34].
Selbst wenn weltweit die Zuckerproduktion in den 70er bis Anfang der 80er Jahre einen Zuwachs von 78.529t auf 100.196t erzielte[35] und sie bis 1988 eine leichte Abbautendenz um ca. 10.000t durch die Herstellerländer verzeichnete[36], werden nur ca. 30.000t in der Welt gehandelt. Bis zum Zerfall des sogenannten Ostblocks hatte Kuba 23,7%, die EG 15% und Brasilien um 8% Weltmarktanteil. Durch eine für den Export festgesetzte Menge der Produktion, um weiteren Preisverfall zu verhindern, versuchten

---

[33] FIPE: "Desempenho da Economia de Pernambuco", Hefte Jan/Sept. 1990, Tabelle 2.2: S. 79. Das statistische Problem, daß viele ländliche Erzeugnisse nicht registriert werden, sollte hier beachtet werden. Diese von der FIPE bearbeiteten offiziellen Daten sind aber die vertrauenswürdigsten wirtschaftlichen Indikatoren in Pernambuco.
Das Maß des Anbaus von Marihuana in diesem Bundesland wurde z.B. nicht mitgerechnet. Wenn die amerikanische Drugs Enforcement Administration (DEA) durch ihre Satellitenforschung eine realitätsnahe Zahl einer jährlich schätzungsweise 400.000 hagroßen Anbaufläche des Hanfs behauptet und wenn diese, landwirtschaftlich gesehen, auch als Produkt betrachtet und mit der oben zitierten Tabelle verglichen werden könnte, würde der Anteil der Anbaufläche der Zuckerrohrproduktion (461.579 ha) um ca. 10% (auf 29%) in Pernambuco sinken. Im gleichen Jahr lag die Anbaufläche der anderen Agrarprodukte bei 729.411 ha (davon 48.059 ha für Obst, 112.273 ha für agroindustrielle Produkte - Baumwolle, Rizinusbohnen, Kaffee usw. - und 569.079 ha für Subsistenzmittel - Mais, Maniok, Bohnen, Reis, usw.). DEA-Daten aus: Isto é/Senhor, Nr.1132, 5.6.1991: S.32f.

[34] Secretaria da Fazenda do Estado de Pernambuco, aus: FIPE 1991: AEPE 1988: S.274f. (S. Graf. 4 des Anhanges). Von dieser hier scheinbar niedrigen Stellung der Zuckerrohrbranche in der Wirtschaft darf man sich nicht täuschen lassen, weil deren Unternehmer über eine genügend feste wirtschaftspolitische Machtpositon verfügen, um sich von solchen Steuerzahlungen zu befreien. Die Subsidien z.B. für einen Zuckersack von 50kg schwankten zwischen 1971 und 1986 von ca. 63% bis auf 28% des endgültigen Preises plus steuerliche Freiheit. Diese Subsidien wurden unter den Agrar- und Industriebereichen der Zuckerproduktion aufgeteilt. Dazu ist der ausgeführte Zucker durch *ICM* überhaupt nicht versteuert. Vgl. FIPE 1991: "Avaliação e perspectivas da agroindustria canavieira em Pernambuco - Análise do Dirigismo Estatal. Bd.1 (Als Tab.14 des Anhanges abgebildet) und Bd.3.

[35] FIPE 1991: Avaliação e perspectivas da agroindustria canavieira em Pernambuco. Análise evolutiva e prospectiva dos mercados internos e externo do açúcar. Bd. 3. Vgl. Tab. 13 des Anhanges.

[36] FAO yearbook 1988: Statistics Series No. 88: S. 83ff.

der brasilianische Staat und, seit 1985 durch allmähliche Privatisierungen der Kontrolle dieser Exportbranche, der Verband der Zucker- und Alkoholunternehmer, die Zuckermenge für den Export auf 2.500t festzulegen. Pernambuco und sein kleiner Nachbar - der Bundesstaat Alagoas - haben allein ca. 60% Anteil am Export[37]. Diese Zahl entspricht aber nicht der Produktivität der Zuckerrohrproduktion Pernambucos im Vergleich mit den Bundesstaaten des brasilianischen zentralen Südens (*centro-sul*). Die letzteren haben das seit Anfang der 70er Jahre gegründete Alkohol-Treibstoffprogramm für Pkws und die agroindustriellen Sondersubsidien für dieses landwirtschaftliche Erzeugnis besser genutzt: Im Zeitraum von 1972/73 bis 1984/85 stieg dort die durchschnittliche Ertragszahl dec Zuckerrohrproduktion von 55,7 auf 70,0 t/ha, während sie im Nordosten nur von 46,9 auf 52,0 t/ha stieg[38].
Trotzdem bleibt die Zuckerrohrproduktion im Vergleich mit allen anderen landwirtschaftlichen Erzeugnissen in Pernambuco nach aktuellem Stand an erster Stelle[39]. Während meiner Forschungstätigkeiten war es noch zu früh, um bewerten zu können, ob die Tendenz einer landwirtschaftlich vielfältigen Bodennutzung durch Agrarreformsiedlungen und andere Projekte (z.B. *Caxangá, Proterra* usw.), durch Unterstützung von familiären Betrieben und "moderner" Agroindustrie in der Waldregion zu erreichen ist[40].
Die Durchsetzung der exportorientierten Landwirtschaft in der erwähnten Form hat einen Abgrund zwischen der Dynamik der Wirtschaftsprozesse im abendländischen Europa und jener der Konstituierung des Kapitalismus in Brasilien aufgetan.

---

[37] FIPE 1991. Avaliação e perpectivas da agroindustria Canavieira em Pernambuco. Bd. 3.

[38] Das Fehlen landwirtschaftlicher Planung wird hierfür als Hauptgrund genannt - d.h. eine Rationalisierung setzte sich gegenüber der traditionellen Produktionsweise nicht durch. Vgl. FIPE 1991: ebd., Bd. 1, S.11f. Für die Zuckerproduktion in Pernambuco bedeutet der Wettbewerb mit diesen Bundesstaaten und mit Produkten wie Süßstoff und Früchtezucker eine vorauszusehende wirtschaftliche Selektion der pernambucanischen Zuckerrohrunternehmungen, während bislang noch staatliche Gelder rasche Umstellungen von Zucker- auf Alkoholproduktion in der Agroindustrie (*usina*) die Zuckerrohrherstellung auch unter den hier deutlich höheren Produktionskosten ermöglicht hat. Ebd. S.26ff auch Indikatoren zur Kontrolle der Zuckerrohrpressung nach Zucker- und Alkoholproduktion, Ernte 1976/77 bis 1988/89, FIPE/ IAA (Instituto Nacional do Açucar e do Alcool), 1990, Tabela 6.

[39] S. im Anhang Tab. 12 und Graf. 6-7.

[40] Vgl. FIPE 1991: ebd., Bd. 2.
Der Essay von Graziano da Silva (1991) über die neue Agroindustrie (*complexos agroindustriais*) in Brasilien kann für die heutige Entwicklung der Waldregion Pernambucos nicht gebraucht werden.

"Während in Portugal das Gesetz vernachlässigte Besitztümer konfiszieren ließ, sollte in Brasilien damit erst einmal erreicht werden, daß ein möglichst schnell zunehmender Teil des riesigen Landes bebaut werden konnte. Bei dem riesigen Landvorrat war überhaupt nicht daran zu denken, die im Gesetz vorgesehenen Zeitkontrollen für die tatsächliche Nutzung durchzuführen und etwa einmal vergebene Ländereien zu konfiszieren. Die Effektivität der Zuckerproduktion und ihre wirtschaftliche Bedeutung für die portugiesische Metropole sprachen zudem für sich selbst"[41].

Die Vorherrschaft der Exportwirtschaft beeinflußte in entscheidender Weise die nicht nur wirtschaftliche, sondern auch sozio-kulturelle Entwicklung Brasiliens, besonders im Nordosten.
Einerseits müssen die in den folgenden Abschnitten behandelten Themen der Bodenverteilung, Gewinnung von Arbeitskraft und Expansion gen Westen - diese in bezug auf die binnenmarktorientierte Landwirtschaft - unmittelbar hiermit verbunden betrachtet werden.
Andererseits ist hier noch zu erwähnen, daß viele Interpretationen der brasilianischen Geschichtsschreibung einseitig auf die Rolle fixiert sind, die die exportorientierte Landwirtschaft im Entwicklungsprozeß spielte: Brasilien bestehe nacheinander aus folgenden, mit bestimmten Wirtschaftszyklen verknüpften Zivilisationen: der des Zuckerrohrs und der der Baumwolle im Nordosten, der des Goldes in Minas Gerais, der des Gummis im Amazonasgebiet und zuletzt der Zivilisation des Kaffees im Südosten Brasiliens.
Aufgrund der letztgenannten seien die Bedingungen geschaffen worden, um mit der Industrialisierung zu beginnen. Die von anderen Zyklen bestimmten übrigen Regionen hätten, wegen ihrer nahezu feudalen Produktionsbedingungen, dieser Entwicklung nicht folgen können. Sie repräsentierten heute das Bild des rückständigen Brasiliens[42].
Wichtige Theorien, z.B. die zyklischen Krisen der brasilianischen Wirtschaft[43] und die der "Dependenz"[44], die durch diese Geschichtsschreibung beeinflußt worden waren, finden ihre Grenzen dadurch, daß sie das Land den Regeln eines Spieles im internationalen Plan unterworfen sehen - ein Spiel, das Brasilien auf Grund seiner zu geringen Macht nicht verändern konnte. Wie dieses Problem schon von mir angemerkt wurde: "Der Sachzwang Weltmarkt" (Altvater) muß, immer wenn es nötig erscheint, berücksichtigt werden. Der Gegenstand dieser vorliegenden Arbeit ist je-

---

[41] Brühl (1989): S.59.

[42] vgl. z.B. Moreira Leite (1983); Vianna (1935) und Bonfim (1935).

[43] vgl. Furtado (1920): S.39-141.

[44] S. Cardoso u. Faletto (1973) und Moraga (1977). Zur Debatte der Entwicklungstheorie für "peripherische Länder", insbesonders Dependenztheorie siehe Kößler (1991/92), Hurtienne (1986), Kößler/Lenz (1981) Simonis (1981) und Freyhold (1981).

doch konzentriert auf die Problematik der inneren Entwicklung im Nordosten Brasiliens.

1.2.2. Die Entwicklung der Besitzverhältnisse

Nach der Ankunft von Jeronimo de Albuquerque wurden die Ländereien den *índios* endgültig abgenommen. Sie wurden in *sesmarias* eingeteilt, damit seine Freunde und Verwandten einen Anreiz hatten, sich an der Zuckerrohrproduktion zu beteiligen. Seine beiden Söhne Jorge und Duarte de Albuquerque Coelho eroberten in den 70er Jahren des 16. Jahrhunderts die Niederungen wichtiger Flüsse: Jaboatão, Pirapama, Ipojuca, Serinhaém, Una und Manguabe bis hin zur Mündung des Flusses S. Francisco. Die Produktion und die Lieferung der Produkte nach Portugal bildeten den entscheidenden Gesichtspunkt, welcher die Erlangung der Herrschaftsprivilegien garantierte. Das soll aber nicht bedeuten, daß die Herren der *engenhos* bereits eine kapitalistische Mentalität besessen hätten, die sie in die Produktionsrationalisierung hätten investieren oder zielstrebig an der Erweiterung ihrer Märkte arbeiten lassen.
Sie versuchten, sich gegenüber der portugiesischen Krone genauso zu verhalten wie der in Portugal lebende Herrschaftsadel. So schickten sie ihre Söhne zum Studieren nach Europa und versuchten, in Prunk und Lebensgewohnheiten ihren Vorbildern genauestens nachzueifern. Trotzdem kam der Widerspruch zur Lebensrealität in der Kolonie in jeder Situation zum Vorschein.
So war es in der Regel zumindest bis zur sogenannten Ära Pombalina (1769 - 1782)[45] - in der Marques de Pombal in der Absicht, die portugiesische Verwaltung und Gesellschaft zu modernisieren, eine Reihe von Reformen initiierte.
Die Grenzen der *sesmarias* verliefen meist fließend. Da die Schenkungen zwischen Familienangehörigen und Freunden getätigt wurden, waren größere Konflikte untereinander nicht zu erwarten. Die natürlichen Grenzen (Flüsse, Berge und voneinander zu unterscheidende Vegetationen) waren bei der Interessenabgrenzung bestimmend. Welches Gebiet für die Zuckerrohr- bzw. Nahrungsmittelproduktion genutzt wurde, hing von den Exportpreisen und der zur Verfügung stehenden Arbeiskraft ab.
Durch Abholzung der Wälder konnten Grenzen weiter hinausgeschoben werden. Das anfallende Holz diente dann zum Zuckerkochen, zur Herstellung der Zuckertransportkisten und der Transportkarren.
Wenn die gerodeten Felder sich für die Produktion des Zuckerrohrs eigneten, begann man unverzüglich mit deren Bestellung. Besaßen sie aber nicht die gewünschte Qualität, wurden sie den *agregados* übergeben, die sie

[45] Sh. Falcon (1982): I. und II. Teil.

dann zur Anpflanzung von Nahrungsmitteln nutzten. Sinnvoll schien es, dort zu roden, wo man mit den geringsten Problemen und dem zügigsten Abtransport des Zuckerrohrs zu den Zuckerrohrmühlen rechnen konnte. Flüsse und flaches Gelände wirkten hierbei fördernd.
In dem Maße, in dem man ins Innere der Wälder vordrang, nahm auch die Anzahl ungünstig gelegener Böden zu. Diese wurden entweder den "Häuslern" (*lavradores*) zugeteilt, die darauf auch Zuckerrohr für die *engenhos* der Herren produzieren sollten, oder *sesmeiros* der zweiten Kategorie, die aus der sekundären Erblinie der eigenen Familie stammten oder Neuankömmlinge aus Portugal waren. Das weitere Vordringen in Richtung Westen erleichterte Kolonisatoren mit schmaler finanzieller Basis den Beginn ihrer Ansiedlung. Die landwirtschaftliche Struktur aber blieb weiterhin abhängig von den *sesmarias*. Land erhielt man in der Regel aus Gefälligkeit, es konnte aber nach Bedarf irgendeines Herren des *engenhos* auch wieder weggenommen werden. Die zentralisierte Verwaltung Portugals versuchte dabei stets, das Land in den Händen von Männern ihres Vertrauens zu konzentrieren[46].
Gegen diese zentrale Verwaltung Portugals bzw. der ihr nach der brasilianischen Unabhängigkeitserklärung (1822) folgenden zentralen Verwaltung in Rio kam es in den ersten zwei Jahrzehnten des 19. Jahrhunderts zu Revolten, bei denen klassenunabhängige politische Formationen einen unabhängigen Staat zu gründen versuchten. In dieser Zeit lassen sich in allen offiziellen Verlautbarungen Pernambucos zwei Bestimmungen über die landwirtschaftliche Bodenstruktur finden: genaue Festlegung der Grenzen der Ländereien und die Aufteilung der größten Großgrundbesitzungen[47].
Bedeutsam war gerade das Problem der exakten Abgrenzung der Ländereien, da es zu häufigen Vertreibungen der *agregados* kam, die an der Peripherie der Zuckerrohrplantagen für das eigene Überleben und für die lokalen Märkte anbauten. Ausgelöst wurden diese Vertreibungen, als die großen Herren neue Absatzchancen auf dem internationalen Markt für den Zucker oder die Baumwolle entdeckten. Dadurch konnten die Herren das Anbaugebiet ihres Hauptproduktes weiter ausdehnen und hatten zugleich die Kontrolle über deren Ländereien. Verringerten sich dann aber die Absatzchancen, so lagen die kürzlich noch beanspruchten Ländereien wieder brach. Die zuvor Vertriebenen kehrten daraufhin zurück oder es kamen andere *agregados*, um wieder Subsistenzmittel zu produzieren.
1850 kam es zur offiziellen katastermäßigen Registrierung des landwirtschaftlichen Eigentums. Dieser Akt wird von den meisten Autoren als die Geburt des kapitalistischen Eigentums auf dem Land im modernen Sinn gedeutet. Laut marxistischer Interpretation wurde durch die Institutionali-

[46] Vgl. Correia de Andrade (1984): zum Fall Pernambucos besonders Kap. 7.

[47] Sh. Mota (1972), Tavares (1969) und Leite (1976 und 1984).

sierung des Eigentums die Voraussetzung für den Eigentümer geschaffen, Pacht einzutreiben. Für sie bedeutete dies, daß man dem Kapital erlaubte, das Land, welches einem anderen gehörte, auszubeuten. Der Grundbesitzer erhielt im Austausch dafür einen Teil des Mehrwertes, welcher durch seine eigene Produktion erwirtschaftet worden war[48].
Bis heute jedoch geschieht es sehr häufig, daß die großen Landbesitzer in verschiedenen Regionen Brasiliens Land erwerben, nicht um es zu bebauen, sondern um es zur Immobilienspekulation zu nutzen: sie hoffen, daß der Staat die Infrastruktur in der Region, in der sie Land erworben haben, verbessert, so daß sie es später mit realem Gewinn verkaufen können[49].
Nicht nur die Angehörigen der Herrenschichten, auch die *agregados* der *engenhos* haben seit der Kolonialzeit eine gesetzliche Regelung bezüglich des Landes gefordert. Diese sollte ihnen die Garantie verschaffen, daß sie fortdauernd auf den Ländereien bleiben könnten, wo sie mehrheitlich schon seit einigen Jahren, teilweise sogar in der zweiten oder dritten Generation den Boden bepflanzt hatten.
Das sogenannte Landgesetz (*Lei de Terras*), welches 1850 von Kaiser Pedro II. im unabhängigen Brasilien verabschiedet worden war, entstand wesentlich später in Folge der Konflikte zwischen den großen Herren und ihren *agregados* und *lavradores*. Dieses Gesetz brachte in keiner Weise eine Lösung dieser Konflikte, sondern verschärfte sie sogar. Das *Lei de Terras* erreichte Pernambuco gerade zum Zeitpunkt einer stagnierenden Konjunkturlage. Trotz dieser Wirtschaftslage wurden die Landpreise auf einem solch hohem Niveau festgelegt, daß sie den Herren ihr Vermögen garantierten. Dem Gesetz zufolge sollten die Landbesitzer sich die Eigentumstitel auf ihre Ländereien auf den offiziellen Ämtern ausstellen und registrieren lassen. Die Ämter hatten dann die Aufgabe, die genaue Festlegung der Größe und Lage der Besitzungen zu regeln. Die nicht durch Privatleute registrierten Ländereien sollten sofort zu Staatseigentum werden.
Die Provinz (damals ehemalige Kapitanie) von Pernambuco war zu dieser Zeit auf dem Land bereits dicht besiedelt. Vom Küstengebiet bis in den äußersten Winkel des Sertão war das Gebiet durch die großen und kleinen *engenhos* aufgeteilt und durch die extensive Tierhaltung genutzt. Das Anwachsen der Familien zog die Verkleinerung der Grenzgebiete dieser *engenhos* nach sich.
Die Beziehungen der Herren der *engenhos* zu den Behörden, die ja unter deren politischer und wirtschaftlicher Vormundschaft entstanden waren, begünstigte die Legalisierung ihrer eigenen Besitzansprüche. In Streitfällen

---

[48] Vgl. Martins (1981): S.159ff.; Forman (1975): Kap.4; Reydon (1985), Müller (1985) und Graziano da Silva (1985 I).

[49] Ebd.

zwischen lokalen politischen Gegnern entschieden die Machtverhältnisse über die Zuteilung von Ländereien.
Für die *agregados* und *lavradores* ("Häusler") verschlechterte sich auf Grund des Landgesetzes die Situation in jeder Beziehung. Sie kamen meist "zu spät" bei den Ämtern an, die die Zentralmacht repräsentierten. So erfuhren sie nur noch, was inzwischen mit den Ländereien, die sie bebaut hatten, geschehen war. Daraufhin versuchten sie, in der Hoffnung auf ein offizielles Eigentum durch unredliche Aktionen sich gegenseitig ihre kleinen Besitztümer abzujagen; wenn ihr eigenes Land bereits auf den Namen des Herren des *engenho* registriert worden war, versuchten sie bedenkenlos, sich den Acker eines Leidensgenossen anzueignen. Vor allen Dingen aber mußten sie sich jetzt noch mehr der Macht der großen Herren unterwerfen, da diese sie nun nach Anerkennung ihrer Ländereien durch die öffentlichen Ämter unter gesetzlicher Tarnung vertreiben konnten.
Nun war es nicht mehr notwendig, daß die Söldner der Herren die Vertreibung vornahmen, da der Staat mit seinen "Ordnungskräften" sich verpflichtet hatte, diese Aufgabe durchzuführen. In der Praxis aber wird bis heute das Recht zur sogenannten Verteidigung des Eigentums durch eine Mischung aus staatlichen und privaten Kräften ausgeübt.
Abschließend läßt sich feststellen, daß das Landgesetz von 1850 in erster Linie einen entscheidenden Schritt zur Verstaatlichung sozial-produktiver Verhältnisse auf dem brasilianischen Land bedeutete. Die Kontrolle über die Verhältnisse und die Konflikte zwischen Herren und Sklaven, Herren und "Häuslern" (*agregados* und *lavradores*), Sklaven und Landarbeitern sowie zwischen den *índios*und allen genannten Gruppen gingen nun effektiv in die Sphäre der staatlichen Verwaltung über. Das soll nicht heißen, daß es bis zu diesem Zeitpunkt keine Mitwirkung seitens der portugiesischen Krone bzw. nach der Unabhängigkeit seitens des brasilianischen Kaisertums gegeben hatte. Diese Mitwirkung existierte, und ohne sie wäre die spezifische Entwicklung der kolonialen Wirtschaft gar nicht möglich gewesen. Was aber dieses Gesetz so bedeutungsvoll macht, ist die Art und Weise der Regelung und die Tatsache, daß der Staat sich hinter die auf der Kolonialwirtschaft basierende landwirtschaftliche Struktur stellte. Die Staatsgewalt trat dadurch bezüglich der Landfrage für die vererbten Strukturen des Kolonialismus ein. Damit sollte das auf Exportwirtschaft angewiesene Großgrundbesitzersystem stabilisiert werden. Die ländliche Strukturierung wurde nun zugunsten der bestehenden Machtkonzentration und der Ausweitung der Verfügungsgewalt der Herren reglementiert.
Das Resultat ist eine Unterscheidung zwischen dem Land als Produktionsmittel, das lediglich der "modernen Wirtschaft" dienen soll, und einem Begriff von Land im Sinn einer kulturellen Bezeichnung mit zahlreichen Funktionen: Arbeitsinstrument, individuelles Eigentum, Geschenk der Natur bzw. Gottes, soziale Funktion etc. Diese Unterscheidung des sozialen Begriffs vom Land - obwohl es in Brasilien absolut und "theoretisch"

in großer Menge vorhanden ist - läßt den Prozeß der Bodenverteilung nicht zum Ende kommen. Hier soll diese Differenzierung in Verbindung mit der Arbeitskultur, die sie bestimmt, dargestellt werden.
Innerhalb der politischen/sozialen und wirtschaftlichen Debatte, die bis heute andauert, z.B. in der Diskussion über die Agrarreform in der Verfassungsgebenden Versammlung von 1987-88, stabilisierten sich mindestens zwei einander entgegengesetzte Gruppen. Wegen der Dynamik dieser Gruppen kann man ohne detaillierte Forschung das Profil vom Anteil der sozialen Kräfte an ihnen nur unzureichend beschreiben. Diese Dynamik verringert noch mehr die Chancen einer sozialen Definition des Landbesitzes bzw. Landeigentums und erschwert durch die unterschiedliche Auffassung, wer überhaupt als ländlicher Produzent zu gelten hat, jeden Versuch einer Lösung der Agrarfrage.
Ein Beispiel für die erwähnte Dynamik ist die am 27.1.1993 vom Parlament verabschiedete Agrarreformregelung der erwähnten neuen Verfassung: Der sogenannten Agrarier-Fraktion (*bancada ruralista*) ist es gelungen, einen Paragraph über die landwirtschaftliche Produktionskontrolle nach mikroregionalen Kriterien für die Landenteignung zu Gunsten der Großgrundbesitzer zu ändern, indem diese Fraktion die Produktionskontrolle nach bundesweiten Kriterien durchgesetzt hat[50]. Die mikroregionalen Kriterien sind Ergebnisse einer zumindest 30 jährigen Diskussion, die aufgrund der territorialen Größe und geografischen Unterschiede Brasiliens in diesem Prozeß ausgearbeitet worden sind[51].
Während man in Brasilien insgesamt von einer gebietsweisen Bodenkonzentration sowie einer relativen Stagnation derselben in den 80er Jahren sprechen kann[52], stellte man im selben Zeitraum bei offiziellen Daten in Pernambuco demgegenüber fest, daß eine geringfügige Bodenumverteilung in Zahl von Produktionseinheiten und -flächen stattfand. Dennoch hat sich - trotz der Senkung der Anzahl von Eigentümern (*proprietário*) im Gegensatz zu der Steigerung der Anzahl von Zinspächtern (*arrendatário*), Teilpächtern (*parceiro*) und Besetzern (*ocupante*) bezüglich der offiziellen katastermäßigen Registrierung des Landbesitzes die Situation der Landkonflikte und ungesicherten Bodennutzungsformen etwas verschlechtert[53]. Während meiner Forschungstätigkeiten in diesem Bundesstaat waren Landkonflikte eher in den Gebieten zu verzeichnen, in denen sie entweder

---

[50] Vgl. FSP, JB, OESP und Correio do Povo von 28.1.1993.

[51] Vgl. z.B. den Bericht des parlamentarischen Untersuchungsausschusses in: Diário do Congresso Nacional, 29.9.1979, Suplemento Nr. 121: "Câmara dos Deputados - Projeto de Resoluação Nr.85, de 1979 da CPI do Sistema Fundiário und Ministério da Reforma e do Desenvolvimento Agrário - MIRAD: "Proposta para a elaboração do 1° Plano Nacional de Reforma Agrária da Nova República - PRNA", Mai 1985.

[52] IBGE 1985: Resultados Preliminares do Censo Agropecuário.

[53] Sh. Tab. 11 des Anhanges.

durch Verdrängung aus den landwirtschaftlich günstigen Klimagebieten (z.B. in Exu, einem Teil von Gravatá und Chã Grande, Surubim) oder aufgrund der Enteignung und Umsiedlung von Kleinproduzenten aus Randgebieten der im Bau befindlichen und gebauten Staudämme (z.B. im *Sertão* am Fluß São Francisco, Pajeú, São Pedro e Caraíba) entstanden[54].

1.2.3. Gewinnung von Arbeitskraft

Durch die Entscheidung, mittels der landwirtschaftlichen Produktion Brasilien zu kolonisieren, wurde die Frage nach den Arbeitskräften zu einer der wichtigsten für die Kolonisatoren. Eine Lösung wurde *a priori* durch die Versklavung der *índios* in den "neuen Ländern" gefunden. Die Hauptstämme der Waldregion Pernambucos, die Tabajaras und Caetés, waren das Ziel von Sklavenjägern. Deren Tätigkeit wurde von den *donatários* begrüßt: sie deckten diese, wenn sie Gewalt "im Übermaß" angewendet hatten, und durch Vertreter der Inquisition verfolgt wurden. Die Grausamkeit, mit der diese Sklavenjäger die potentiellen Arbeitskräfte zusammentrieben, muß in dieser Arbeit unbedingt festgehalten werden. Es ist jedoch nicht notwendig, sie hier detailliert zu beschreiben. Wichtig allerdings ist, daß mit den versklavten Indianern die ersten Zuckerrohrplantagen aufgebaut wurden und man mit ihrer Arbeitskraft zu produzieren begann[55].
Für die Versklavung der *índios*, die in ihren Formen physischen Zwanges unvergleichbar war mit der im Europa des 16.Jahrhunderts verbreiteten Leibeigenschaft, gab es unterschiedliche Argumente. Darunter überwog das Argument, es handle sich bei den *índios* um eine "minderwertige Rasse". Laut den damals herrschenden Prinzipien der europäischen Mentalität durfte man sie deshalb auch wie die Völker Afrikas versklaven.
Zwei Ziele wurden mit einem Mal erreicht: für den wirtschaftlichen Sektor erhielt man die Arbeitskräfte zur Produktion von Luxusgütern, um euro-

---

[54] Die Entwicklung der Landverteilung, der Anbaufläche und zuletzt die Anzahl von Beschäftigten auf dem Land zeigt uns mit Hilfe der Tabellen 9 und 10 des Anhangs, daß es insgesamt keine massive Landvertreibung wegen Landkonflikten in Pernambuco gegeben hat, auch wenn eine gegenteilige Realität in manchen Gebieten vorgefunden werden mag. Die Beschäftigtenzahl auf dem Land wuchs z.B. nicht genau so stark wie das Bevölkerungswachstum dieses Bundesstaates (Sh. Tab. 2); aber immerhin wurden 1920 rund 470.994 und später 1985 insgesamt 1.297.909 Beschäftigte auf dem Land registriert, trotz eines Zuwachses an Mechanisierung von 36 auf 4.467 Traktoren (Tab. 9). Hinzu gilt es ein Wachstum von landwirtschaftlichen Produktionseinheiten unter 10ha Größe von 11.219 auf 447.313 und ländlichen Betrieben zwischen 10 und 100ha von 40.280 auf 57.029 zu registrieren (Tab. 10). Diese beiden Kategorien machten 1985 zusammen dann 42% der gesamten landwirtschaftlichen Fläche Pernambucos (Tab. 9, 10 u. 11) aus, während die gleichen Kategorien bundesweit (Produktionseiheiten bis 100ha) nur 20,2% der gesamten landwirtschaftlichen Fläche Brasiliens betrugen (IBGE 1985).

[55] Salvador (1931): S.200ff.

päische Bedürfnisse zu befriedigen. Und auch der Sklave an sich stellte einen Handelswert dar, dessen Verkauf beträchtliche Gewinne einbringen konnte[56]. Auf der Seite der europäischen Herrschaft sicherte die Zerstörung der "fremden, in der übrigen Welt aufgefundenen Kulturen" die Entwicklung der vorherrschenden Formen sozio kultureller europäischer Zivilisation zu globaler Herrschaft.
Sicherlich war es nicht so, daß die Ausrottung fremder Kulturen von den Europäern als bewußte Strategie durchgeführt worden ist. Allerdings hatten sie im Kontakt mit anderen Kulturen, z.B. mit der chinesischen und indischen, die Methode des Austausches vorgezogen. Bei "zu fremden, für primitiv gehaltenen Kulturen" wurde aber die Methode der Liquidierung angewendet. Sie vollzog sich als direkte Vernichtung durch Massentötung oder als indirekte Vernichtung, indem die *índios* von den Europäern schlechter als Lasttiere behandelt wurden.
Für die Analyse der Arbeitskultur in der pernambucanischen Landwirtschaft ist die Form, wie die Europäer Arbeitskräfte für ihre wirtschaftliche Aktivität in den Kolonien erhielten, wesentlich. Die Frage ist: welches Erbe der beschriebenen Vorgehensweise wirkt noch nach in der gegenwärtigen pernambucanischen Arbeitskultur, inwiefern unterscheidet sich diese fundamental von den in abendländisch geprägten Staaten üblichen Arbeitsverhältnissen?
Es liegen keine Statistiken vor, die die Anzahl der *índios* in Pernambuco, die der Freiheit beraubt wurden, um im Zuckerrohranbau zu arbeiten, präzisieren. Bekannt ist lediglich die Anzahl der sich vervielfachenden *engenhos* in Pernambuco: 1550 waren es fünf; schon in der Epoche der holländischen Eroberung von 1630 gab es 144 funktionierende *engenhos*[57]. Der Handel mit den aus Schwarzafrika stammenden Sklaven ist erst ab dem zweiten Jahrzehnt des 17. Jahrhunderts bedeutsamer geworden. Das zeigt, daß der Anstieg der Anzahl von *engenhos* vorwiegend durch die indianische Arbeitskraft ermöglicht wurde.
Die Anzahl der benötigten Arbeitskräfte hing von der Produktion des jeweiligen *engenhos* ab. Wenn in einem *engenho* Zuckerrohr angebaut und auf dem eigenen Besitz der Zucker für den Export dann auch verarbeitet wurde, benötigte man mindestens 80-100 Sklaven. Die *engenhos*, die nur den Zuckerrohr und Rohzucker (*melaço*) produzierten, besaßen zwischen 5 und 60 Sklaven, je nachdem, ob die Familie des *sesmeiros* selbst mitar-

[56] Obwohl Novais (1979) die Wichtigkeit des Sklavenhandels selbst im Übermaß betont und Gorender (1980) eine strenge Transponierung marxistischer Produktionsweise-Theorien für seine These über die koloniale Sklaverei-Produktionsweise (*escravismo colonial*) anwendet, sind ihre Werke zu diesem Thema aufgrund der Berücksichtigung zahlreicher Quellen immer noch unentbehrlich.

[57] Correia de Andrade (1980). S.55ff.

beitete oder abhängig von der Anzahl der Sklaven, die man sich leisten konnte. Im Durchschnitt besaßen sie jedoch ca. 30 Sklaven.
Die Ernten wurden in Abstimmung mit den Produktionsplanungen der Zuckerrohrbetriebe vorgenommen, was dem Herrn ermöglichte, seine Sklaven im kritischen Moment der Ernte einem anderen Herrn auszuleihen und umgekehrt. Der Zeitabschnitt zwischen dem Schneiden und dem Pressen des Zuckerrohrs muß, damit das Produkt nicht an Qualität verliert, möglichst kurz sein. Diese Tatsache verlangt für die Zuckerrohrkultur ganz besondere Arbeitsbedingungen: sie erfordert eine wesentlich größere Anzahl von Arbeitern für die Ernte und für den Transport zum Preßmühle- und Kocherbetrieb als für die Zeit des Wachstums. Dieses veranlaßte den Herrn des *engenhos* aber nicht dazu, die für die Spitzenzeit der Ernte notwendige Anzahl der Sklaven zu erwerben, da er sie in diesem Fall ja auch zwischen den Ernteperioden hätte versorgen müssen.
Am Ende des 16. Jahrhunderts erhitzte sich der Markt für die von Afrika eingeführten Sklaven. Auf den Sklavenmärkten war das Angebot immer reichlicher. Diese wurden in dem Maße vorherrschend, in dem die *índios* sich der Zwangsarbeit durch Flucht entzogen, ja lernten, Überfälle auf solche *engenhos* zu organisieren, die indianische Sklaven hielten. Die Kontrollmethoden und der Gebrauch von Gewalt, um die Sklaven zur Arbeit zu zwingen, waren für *índios* sowie für schwarze Sklaven praktisch die gleichen. Sie mußten von Tagesanbruch bis zum Einbruch der Nacht unter den Augen und Peitschen der Sklavenverwalter (feitores) schuften[58].
Dennoch waren die Chancen des Widerstandes für die Schwarzen wesentlich geringer als für die *índios*. Letztere kannten die Waldregion sehr gut und besaßen eine aus dem Tupi-Guarani stammende Sprache. Dies ermöglichte ihnen, erfolgreichere Fluchten zu organisieren. Die fehlende gemeinsame Sprache führt dazu, daß die Schwarzen im absoluten Nachteil waren. Sie wurden von den Sklavenhändlern bewußt aus verschiedenen Stämmen und Sprachgemeinschaften zusammengemischt, so daß sie am Anfang keine gemeinsame Sprache hatten sowie keinerlei Lebensraumkenntnisse, die sie für eine erfolgreiche Flucht in der Regel benötigt hätten[59].
Obwohl die Beschaffungskosten der schwarzen Sklaven für die Herren des *engenho* höher waren, ersetzten dennoch die afrikanischen Sklaven allmählich die von den Europäern ursprünglich praktizierte Versklavung von *índios*[60].

---

[58] Sh. z.B. Vicente (1931) und Vianna (1973). Eine kritische und fundierte Debatte über die Sklaverei fand in den 80er Jahren unter brasilianischen Historikern in ihrem bundesweiten Verband statt; vgl. Revista Brasileira de História, Nr. 6 (1983), Nr.12 (1986) und Nr.14 (1987).

[59] Maxwell (1978) und Gorender (1980): bes. Kap X - XII.

[60] Ebd.: Kap. V.

In der Gesinnung der Weißen, die zum Teil durch den religiösen Einfluß Europas entstanden ist, setzte sich ein subtiles Gesellschaftsbild über die Sklavenarbeit der *índios* und Afrikaner fest: man glaubte, daß die Eingeborenen gemessen an den christlichen Werten deshalb wilde Rebellen seien, weil ihre Seelen unrein seien. Diese Unreinheit könnte man aber durch eine gezielte Katechese behandeln und so ihre Seelen noch retten, indem man sie in gesittete Seelen umwandelt. Körperliche (auch handwerkliche) Arbeit wurde als Bestrafung dieser Unreinheit vor Gott betrachtet. Zum Teil wurde dieses Bild in Akzeptanz ihres ausbeuterischen Arbeitseinsatzes zusammen mit einem Schuldgefühl bezüglich ihrer "sündigen" Lebensformen von den Versklavten selbst verinnerlicht. Je mehr sie ihre eigenen Religionskulte und andere kulturelle Ausdrucksformen leben wollten, desto mehr stand der Arbeitszwang als eine Art "Reinigung" ihnen entgegen. Geflohene Sklaven, deren versteckt liegende Siedlungen (*quilombos*) und die ihnen nähergekommenen Weißen, Mestizen und Mulatten repräsentierten für die Kolonialherren die "Anti-Zivilisation", die Faulheit und die Rückständigkeit des Menschen schlechthin.

Dies prägte die Arbeitskultur so sehr, daß es bei den älteren Generationen unterer Sozialschichten auf dem Land in Pernambuco noch heute die Meinung gibt, sie seien zur Ausbeutung durch den Patron verdammt, weil sie als Sünder vor Gott stünden. Dieses Gesellschaftsbild der ländlichen Akteure unterer Schichten spielt immer noch eine wichtige Rolle innerhalb der sozialen Verhältnisse in der Landwirtschaft. Nicht nur die Landarbeiter der Waldregion müssen die Folgen dieser Entwicklung ihrer Stellung innerhalb der Gesellschaft spüren, sondern auch die Kleinproduzenten, die in der Regel an die Peripherie dieses Wirtschaftssystems gestellt werden.

Die lohnabhängigen und semi-lohnabhängigen Landarbeiter sowie die "Selbständigen" stellen den offiziellen Statistiken zufolge noch immer einen wesentlichen Beschäftigungsanteil auf dem Land innerhalb der gesamten pernambucanischen Wirtschaft. Eine gering fallende Tendenz in absoluten Zahlen verzeichnete die ländliche Beschäftigung sowie die dortige Bevölkerung insgesamt[61]. 1987 stellte die Landwirtschaftsbranche 810.716 (29,5%) von den insgesamt 2.745.642 Beschäftigten Pernambucos[62] -ohne die in der Zucker- und Alkoholindustrie Beschäftigten dazu zu zählen; an zweiter Stelle lag der Dienstleistungssektor mit 453.849 Beschäftigten. In der Landwirtschaft sind 177.505 Selbstständige gegenüber 415.478 Landarbeitern registriert worden, die hier nicht in lohnabhängige und semi-lohnabhängige aufgeteilt werden. Im Zusammenhang

[61] Vgl. Graf. 2 zur Verstädterung im Anhang.

[62] Vgl. Tab. 4 u. 5 im Anhang.
Nach einer Probeforschung der IBGE lag 1989 diese Zahl schon bei 917.518 im ländlichen Bereich, also (32%) der gesamten 2.857.497 Beschäftigten. IBGE (1989): PNAD, Abschnitt Pernambuco.

damit steht die Landwirtschaft auch an erster Stelle, aber mit folgenden negativen Indikatoren für die Arbeitenden dieses Sektors: 181.495 sind nichtentlohnte Beschäftigte, eine recht hohe Zahl, wenn man sie mit dem Einzelhandel (an zweiter Stelle) vergleicht, wo insgesamt 23.543 nicht entlohnt wurden. Bei der Konfrontation der Daten über Schulbildung und Beschäftigung schneidet der ländliche Bereich ebenfalls schlechter ab als der städtische: 445.631 haben entweder keine Schulbildung oder nur ein Jahr die Schule besucht, und 215.788 Beschäftigte hatten nur ein bis zwei Jahre eine Schulbildung genossen. Die Männer sind in diesem Fall am schwersten betroffen mit einer Anzahl von 329.281 (116.350 Frauen) und 165.217 (50.571 Frauen) (1987) in den beiden erwähnten Kategorien[63]. Im relativen Vergleich mit der städtischen Bevölkerung hat die ländliche deutlich geringere Chancen, eine angemessene Schulbildung zu erhalten. Diese offiziellen Indikatoren verweisen auf weiterreichende Auswertungsmöglichkeiten solcher Daten, wenn sie mit weiteren regionalen und überregionalen Daten konfrontiert werden. Sie und die im vorherigen Abschnitt zitierten Statistiken verweisen zunächst auf eine Landwirtschaft, die mehrere Aspekte hat als nur die einer vom Weltmarkt abhängigen "Zuckerrohrgesellschaft". Diese ist immer noch zum Teil dominant. Den Einfluß ihrer sozialen Prägung in der pernambucanischen Entwicklung ist deutlich zu erkennen. Das im folgenden Abschnitt behandelte Thema versucht zu erörtern, inwieweit diese Entwicklung auch in weiteren Winkeln des Landesinneren von dieser "Zuckerrohrgesellschaft" abhängig war und in welchen Charakteristiken der *Agreste* und *Sertão* davon abweichen.

1.3. "Die Expansion gen Westen". Besetzung und Kolonisation des *Agreste* und *Sertão* Pernambucos

Die Öffnung des *Agreste* auf der Borborema-Hochebene erfolgte mit der Vertreibung der holländischen Besatzungsmacht. Die Vernichtung des *quilombo dos palmares*, die im 17. Jahrhundert ein großes Gebiet von Atalaia (Alagoas) bis Garanhuns (Pernambuco) beeinflußte, ermöglichte das Vordringen unzähliger *sesmarias* in jenes Gebiet, noch bevor es unter die Herrschaft der portugiesischen Administration fiel. Der zunehmende Druck der Viehzüchter, die nun den Cariris-*índios* das Land nahmen und sie im "gerechten Krieg" versklavten, führte zu Aufständen. Die Niederschlagung

[63] Vgl. Tab. 4 und 5 im Anhang. Die PNAD 1989 der IBGE unterscheidet die Schulbildungsrate unter Beschäftigten und Nicht-Beschäftigten auf dem Land nicht. Trotzdem sind diese Zahlen bei der ländlichen Bevölkerung über 10 Jahre auf 720.199 (395.449 Männer und 324.750 Frauen) nur in der ersten Kategorie (d.h. ohne Schulbildung bis zu einem einjährigen Schulbesuch) und 177.049 (103.066 Männer und 73.983 Frauen) in der zweiten Kategorie (ein- bis zweijährige Schulbildung) zu schätzen.

der sogenannten *Confederação dos Cariris*[64] hatte nicht nur die Brechung der indigenen Macht zufolge, indem sich die Cariris den anderen mächtigen *índio*-Stämmen anschlossen oder sich in die für Weiße und Tierzüchter weniger zugänglichen und bevorzugten Gebiete der Berge und Sumpfgebiete zurückzogen, sondern zog auch die Urbarmachung des *Agreste* und Teile des *Sertão* nach sich. Neben diesen beiden Ereignissen, der Ausschaltung des "schwarzen Staates" der geflohenen Sklaven und der einheimischen Stämme, trat zur Erschließung dieses Gebietes die Beschenkung der *sesmarias* durch Gouverneure verstärkend hinzu. An den Flüssen (Paraíba do Norte, Capibaribe, Ipojuca und Una) konnten sie dann in der Anfangszeit riesige *fazendas* errichten. Viele waren größer als 10.000 ha.
Der *Agreste* ist eine sehr abwechslungsreiche Landschaft, die stark von Sumpf- und Halbtrockengebieten zugleich geprägt ist. In diesem Gebiet wurde zunächst die Subsistenzmittelproduktion bevorzugt. Nur die Viehzucht, die sich meist selbst trug, bestimmte den Handel und diente zur Versorgung der Stadt Olinda und der humiden Regionen.
Die extensive Viehzucht fordert keine besonderen Vorsichtsmaßnahmen und nur eine geringe Zahl von Arbeitskräften. Die Anzahl der Sklaven war daher anfangs auch nur sehr gering in dieser Region. Die *fazenda* wurde fast ausschließlich durch einen *vaqueiro* (Rinderhirten) verwaltet, der dafür sorgte, daß das Vieh sich nicht verirrte und der Viehbestand nicht durch Seuchen dezimiert wurde. Während der Grundbesitzer meist in der Stadt oder auf den Wald-*engenhos* lebte, kümmerte sich der *vaqueiro* um die Versorgung der Tiere, wozu die Überführung des Viehs zu den Tränken während der Trockenzeit und die Linderung des Hungers durch Stroh etc. zählten. Auf größeren *fazendas* gab es ein Team von Arbeitern, jeder mit einer eigenen Spezialisierung: den Aufseher (*campeiro*), Hufschmied (*ferrador*), Gesundbeter (*benzedor*) etc. Es wurde eine Viehzucht mit offener Weide betrieben, wobei die Tiere durch Brandzeichen gekennzeichnet wurden, damit man sie von denen anderer Besitzer unterscheiden konnte.
Am Ende eines jeden Jahres trieben die *vaqueiros* aus verschiedenen Gegenden gemeinsam ihre Herden zum Konsumentenmarkt, wo sie dann neu erworbene Rinder mit dem Brandzeichen ihrer Besitzer versahen. Dieses gestaltete sich zu regelrechten Festen aus. Auch das Einfangen von widerspenstigen Tieren wurde festlich gestaltet. Derjenige, der ein solches Tier einfing, erhielt als Prämie das Tier selbst oder Geld. Bis heute gibt es solche Feste im *Sertão*.
Der für die *Fazenda* verantwortliche *vaqueiro* erhielt keinen in Geld ausbezahlten Lohn. Seine Vergütung bestand in einem Viertel der Produktion der Fazenda. Jedes vierte Kalb, das geboren wurde, stand ihm zu,

---

[64] Sh. Correia de Andrade (1980), S.128.

die anderen gehörten dem Eigentümer der *fazenda*. Der *vaqueiro* konnte dann nach Belieben seinen Tierbestand verkaufen. Auf größeren *fazendas* konnte infolge einer hohen Produktion der *vaqueiro* selbst zu einem *fazendeiro* aufsteigen. Im allgemeinen gab es auf jeder *fazenda* außer dem *vaqueiro* einige Mestizen, die Hilfsdienste leisteten. Ihre Vergütung bekamen sie in Form von freier Kost und Unterkunft. Diejenigen, die die Rinder zu Fuß über mehrere Kilometer trieben, wurden "*tangedores*" oder "*tangesinos*" (beides Bezeichnungen für Antreiber) genannt. Auf ihren langen Märschen oder bei ihren Verfolgungen der wilden Tiere in der Buschlandschaft bot die Umgebung des *Agreste* und des *Sertão* eine eigene Ernährung. Trockenfleisch und ein Wassersack standen ihnen unterwegs zur Verfügung. Für die eigene Ernährung sorgten die *vaqueiros* und *agregados* durch die Anpflanzung von Subsistenzmitteln, vor allem Mais, Bohnen und Maniok, in gerodeten Abschnitten in den Wäldern der Sümpfe. Sie pflegten auch teilweise getrocknete Flußbetten zu kultivieren.
Im Vergleich zu den Bewässerungsanlagen der *engenhos* der Waldregion waren die Anlagen der *fazendas* des *Agreste* ärmlicher. Wohnte der *fazendeiro* selbst auf der *fazenda*, so war das Haus mit Dachziegeln gedeckt. Daneben standen die Häuser der *vaqueiros* und *agregados*, die fast ausschließlich mit Stroh gedeckt waren.
Durch den Zuwachs der Bevölkerung des *Agreste* im 17. Jahrhundert wurden auch die höherliegenden Sumpfgebiete dichter besiedelt. Dort konzentrierten sich Gruppen, die sich dem Anbau von Subsistenzmitteln und Zuckerrohr widmeten. Oft wandelten sich die *agregados* der *fazendeiros* der Buschsteppe (*caatinga*) zu Erbpächtern (*foreiros*), Bauern (*agricultores*) und Zinspächtern (*rendeiros*), die den *Agreste* durch Subsistenz- und Warenproduktion versorgten. Als der Handel mit Baumwolle aufblühte, begannen sie auch die Waldregionen und den *Sertão* zu versorgen.
Die Bevölkerung des *Agreste* war in der Regel arm. Ihre Produktion beschränkte sich meist auf Mais, Bohnen, Maniok und Zuckerrohr, um Sirup (*mel*) und Zucker für den Eigenbedarf (*rapadura*) herzustellen, und auf Baumwolle, die seit der Mitte des 18. Jahrhunderts expandierte, aber nur zu Beginn des 19. Jahrhunderts einen Entwicklungsschub im *Agreste* und im *Sertão* verursachte.
Das für den Binnenmarkt bestimmte Vieh verursachte keine großen Kosten, aber brachte auch keine größeren Einnahmen. Die ärmere Bevölkerung bestritt ihren Lebensunterhalt mal aus dem Viehhandel (so in Campina Grande), mal durch Weiden der Tiere des Herrn eines *engenho* der Waldregion, die den Winter[65] über im *Agreste* weideten (Bom Jar-

[65] Winter ist im Nordosten die verbreitete Bezeichnung für die Regenzeit, die nicht unbedingt mit den offiziellen Jahreszeiten der südlichen Hemisphäre zu tun hat. Je nach Gebiet kann der "nordöstliche" Winter ungefähr von Weihnachten oder Karneval (Januar/März) bis Juli/August oder September dauern.

dim), und mal als Viehtreiber, die das Vieh nach Recife oder Salvador führten (Garanhuns, Cimbres und Bezerros). Der Einfluß dieser beiden Großstädte auf die Region war bedeutend. Fast zur gleichen Zeit gelangte das Vieh von Garanhuns und Cimbres nach Recife, ebenso Vieh aus Bezerros Salvador. Der Einfluß der Hauptstadt Bahia reichte bis in die Zuckerzone Pernambucos hinein, obwohl der pernambucanische Einfluß dieses "ökonomisch umstrittene" Gebiet bis zum östlichsten Teil des *Agreste* durchdrang.

Die Baumwolle bewirkte in der zweiten Hälfte des 18. Jahrhunderts eine regelrechte Agrarrevolution im *Agreste*. Sie war eine einheimische Kultur, die aber im ersten Jahrhundert der Kolonisation nur marginale Bedeutung hatte und im darauffolgenden Jahrhundert verdrängt wurde, um schließlich im 18. Jahrhundert und bis heute andauernd eine der Hauptkulturen des Nordostens zu bilden. Verschiedene Faktoren trugen zu ihrer Entwicklung bei: der Bevölkerungsanstieg und damit verbunden die erhöhte Nachfrage an Textilgewebe, die "*algodãozinho*" genannt wird; die Erfindung der Dampfmaschine in England und ihr Einsatz in der Textilindustrie und die industrielle Revolution; die Öffnung der Häfen durch D. Joao VI. für befreundete Nationen; und die internationalen Ereignisse wie etwa der Amerikanische Bürgerkrieg (1861-64), der dadurch die nordamerikanische Konkurrenz für eine relativ lange Periode vom internationalen Markt ausschloß. Man kann daher sagen, daß seit 1750-1940 Baumwolle eines der Hauptanbauprodukte des brasilianischen Nordostens war und das einzige, das sich mit Zuckerrohr im Streit um Land und Arbeitskraft messen konnte.

Baumwolle war von Natur aus eine "demokratischere" Kultur als Zuckerrohr. Neben den Großgrundbesitzern mit ihren Sklaven und Lohnarbeitern bauten auch Kleinproduzenten, Erb- und Zinspächter Baumwolle an. Die preiswertere und mit weniger Aufwand verbundene Industrialisierung der Baumwolle gegenüber dem Zuckerrohr führte zu deren Bevorzugung durch die Zwischenhändler, die sich dann mit ihren verarbeitenden Maschinen in den Städten, Dörfern und Ansiedlungen niederließen. Sie kauften das Rohmaterial von den Produzenten auf, verarbeiteten es und verkauften es anschließend an die Exporteure. Sie trugen zur Entwicklung des städtischen Lebens bei. Die Zuckerrohrproduktion hatte einen solchen Beitrag zur Entwicklung der Städte nicht zu leisten vermocht. Noch heute sind die Städte des *Agreste* größer und bieten eine breitere wirtschafliche Basis als die der Waldregion.

Subsistenz- und auf dem Binnenmarkt ausgerichtete Waren- und Exportwirtschaft wurden meist gekoppelt. Man baute z.B. Mais und Baumwolle zusammen an[66]. Baumwolle war das "demokratischere" Produkt gegen-

[66] Vgl. dazu die Beobachtungen von Koster: Viagens ao Nordeste do Brasil, 451 und 455; nach: Correia de Andrade (1980): S.133.

über dem Zuckerrohr, da sie eine Kultur der Reichen wie auch der Armen wurde. Die Abfallprodukte der Baumwolle und des Mais (Blätter und Halme etc.) konnten in der Trockenzeit noch als Futter für das Vieh Verwendung finden. Die Baumwollkultur zeigte sich zunehmend als eine nicht auf Sklavenarbeit basierende Kultur, da man es als zu teuer empfand, für die maximal 8-9 Monate benötigte Arbeitskraft eine ganzjährige Versorgung leisten zu müssen.
Im 19. Jahrhundert gewann auch der Kaffeeanbau an Bedeutung. Zuvor war er lediglich zum Hausgebrauch angepflanzt worden, nun aber begann man, im Sumpfgebiet des *Agreste* und in Höhen über 500 m Kaffee anzubauen. Man kann beobachten, wie Zuckerrohr, Kaffee und schließlich auch die Agave andere Produkte der kargen Böden verdrängten. Sie waren Produkte, die je nach Marktlage den Groß- und Mittelproduzenten Gewinne einbrachten, für die Mehrheit der Bevölkerung aber konnten sie keine wesentlichen Verbesserungen bewirken.
Die landschaftliche und klimatische Vielfalt des *Agreste* führte zu einer stärkeren Abwechslung in der Landnutzung und damit verbunden in den Arbeitsverhältnissen auf dem Land. Die Kleinproduzenten (mit bis ca. 20 ha) in allen Erscheinungsformen bildeten eine "Mittelklasse" des Landes, die zwar einen erheblich niedrigeren Lebensstandart als die Groß- und Mittelproduzenten hatten, aber deren wirtschaftliche und soziale Situatuion weit besser war als die der Landlosen. Sie pflanzten meist neben dem Zuckerrohr und der Agave die traditionellen Produkte an. In der Regel hatten sie auch ein Handwerk als Maurer, Möbelbauer, Tischler, Mechniker usw. gelernt, das ihnen ein sicheres Einkommen bot. In dieser Region wurden sie "*artistas*" (Künstler) genannt. Ihre "Kunst" garantierte ihnen wirtschafliche Sicherheit in unsicheren Zeiten.
Der Kleinbauer (*sitiante und parceiro*) füllte seine Haushaltskasse auf, indem er seine Arbeitskraft in den Groß- und Mittelbetrieben im Süden Pernambucos zur Verfügung stellte oder im Sommer zu den Zuckergebieten wanderte, um dort arbeiten zu können. Während seiner Abwesenheit verwaltete seine Frau das Land. Man reihte sich so in das große Heer der Landlosen ein, die Ende September zur Waldregion wanderten, und kehrte im März mit Beginn der Regenzeit auf sein Land zurück.
Man konnte zahlreiche, mittels Tierkraft betriebene Mehlherstellungsbetriebe (*casas de farinha*) antreffen, denn das Maniokmehl bildete für die Kleinbauern ein hervorragendes Handelsprodukt. Sie hatten zwar einen durchschnittlichen Lebensstandard, aber viel höhere Einkommen als die Landlosen.
Mit organischem Dünger aus dem Tierzuchtgebiet versuchten die Kleinbauern, auf ihrem kleinen Grundstück den größten Ertrag zu erzielen. Das schwierigste Problem, mit dem man konfrontiert wurde, waren die hohen Preisschwankungen des Produktes, zumal die öffentliche Macht ihnen

keinen Mindestpreis garantierte und Zwischenhändler sie als Spekulationsspiel betrieben.
Ähnlich dem Trägheitsgesetz in der Physik, wonach angestoßene Körper in Bewegung bleiben, gestalten sich bis heute die Migrationsbewegungen der Menschen im *Sertão*; die Ziele der Wanderung ändern sich je nach Konjunktur. Großstädte wie Recife und São Paulo, Mittelstädte wie Campina Grande, Caruaru und Garanhuns oder die Agroindustrien mit modernen Bewässerungsanlagen am São Francisco-Fluß bieten den Migranten gesundheitsgefährdende Arbeit. Während meiner Forschungstätigkeiten wurden mehrere Kleinbauern angetroffen, die sich z.B. wegen dort erlittener Vergiftung im Umgang mit Chemikalien und wegen der sehr schlechten Wohnbedingungen überlegen mußten, andere Formen zur Auffüllung ihrer Haushaltkasse zu suchen.
Es gab Beispiele für breite Produktpaletten: In Gravatá (*Agreste*) die Obst-Gemüse- und sogar Blumenproduktion und in Ouricuri (*Sertão*) die Kombination zwischen Tierhaltung (Ziegen, Hühner, Bienen usw.), Landwirtschaft und Formen der Regenwassernutzung für Haushalt und Tierhaltung, die es dem Kleinproduzenten ermöglichte, durch das Erlernen von biologisch angepaßten Technologien deutliche wirtschaftliche Verbesserungen zu erzielen, ohne daß das Problem des Vermarktungsweges unter fairen Handelsbedingungen gelöst wurde; so mußten sie weiterhin als Wanderarbeiter jährlich größere Entfernungen zurücklegen. Die Frauen sind für diesen produktiven Wandlungsprozeß am sensibelsten, da sie die Not ihrer Kinder und ihre eigene während der Wanderzeit ihrer Männer am stärksten spüren.
Auf dem Fluß São Francisco und seinen beiden nördlichen Nebenflüssen Moxotó und Pajéu drangen die Portugiesen in der zweiten Hälfte des 17. Jahrhunderts in das Gebiet des *Sertão* vor. In einer gewaltigen Expansionswelle wurde von Tag zu Tag immer mehr Land besetzt und Viehställe in Gebieten errichtet, wo es regelmäßig Wasser gab. Die in diesem Prozeß verdrängten *índios* führten Revolten gegen diese Eindringlinge durch. Diese Revolten erstreckten sich über einen Zeitraum von zehn Jahren und fanden ihren Platz in der Geschichte unter dem Namen: "*Guerra dos Bárbaros*" (Krieg der Barbaren). Die *índios* aber erlagen der Macht der vordringenden Portugiesen und wurden in die Berge oder in die trockene Buschsteppe zurückgedrängt.
Wie im *Agreste* wurde auch hier die Viehzucht eingeführt, allerdings mit dem Unterschied, daß im *Sertão* die Viehbestände erheblich größer waren als im *Agreste*. Mancher Viehzüchter besaß mehr als 5.000 Rinder. Ein wesentlicher Unterschied zum *Agreste* lag auch in der größeren Trockenheit des *Sertão* und dessen Entfernung zur Küste, was die Kommunikation zu Exporteuren erschwerte, wenn nicht gar verhinderte.
Im *Sertão* entwickelte sich daher eine eigenständige Zivilisation. Hier unterhielten die großen *sesmeiros* an den günstigsten Stellen ihres Besitzes

einige Viehställe. Geleitet wurden diese Ställe fast ausschließlich von *vaqueiros* oder von vertrauenswürdigen Sklaven (*escravo de confiança*) oder von *agregados*, die ihren Lohn als "vierten" Teil der im Jahr geborenen Kälber und Fohlen bekamen. Andere Gebiete (*sítios*) ihres Besitzes vergaben die *sesmeiros* zur Erbpacht. Der Pächter erhielt ein etwa eine Quadrat-*légua* (5 km^2) großes Gebiet und zahlte dann jährlich einen Pachtpreis an den Eigentümer.
Die großen Entfernungen zur Küste und die damit verbundenen Schwierigkeiten in der Kommunikation trugen zur Entwicklung einer Zivilisation bei, die danach strebte, ein Maximum an Produkten aus ihrer Umgebung herauszuziehen, um damit den Eigenbedarf decken zu können. So waren Fleisch und Milch in der Ernährung nur während der Üppigkeit des Winters gebräuchlich. Ansonsten dienten dazu wilde Früchte und einige Produkte, die an den Flußläufen, in den Sümpfen oder in guten Wintern auch in der *caatinga* angebaut wurden. Die Anpflanzungen wurden durch Holzpfähle oder Steine umgrenzt, damit sie vor den Tieren geschützt waren.
Das Vieh mußte, um auf den Konsumentenmarkt zu gelangen, endlose Wege hinter sich bringen. Zu diesen Überführungen waren Spezialisten nötig. Antonil erwähnt, daß Rinderherden von 100-300 Stück Vieh durch Schwarze, Weiße, *índios* und Mulatten zur Küste geführt wurden[67].
Mit dem Eindringen ins Hinterland dürften die agrarische Aktivität und die Tierzucht zeitgleich entstanden sein. Nur, daß die Agrarwirtschaft nicht die Hauptaktivität darstellte, sondern sich im Schatten der Viehställe (*currais*) entwickelte. Die kleinen Felder wurden mit Zäunen oder Gräben versehen, um den Rindern und Pferden, aber auch den Ziegen und Schafen (*miunças*) den Zugang zu versperren.
Die Landwirtschaft wurde bevorzugt in den Feuchtgebieten, wo die Bodenqualität günstig war, in Flußbetten und in ausgetrockneten Seen betrieben. Sie zielte auf die Versorgung der ansässigen Bevölkerung. Diese bewirtschafte den Boden auch an den Ufern des Flusses São Francisco und in den Flußbetten seiner teilweise ausgetrockneten Nebenflüsse. Diese "Strände" und "Inseln" in den Flüssen bildeten die Böden für die "*culturas de vazante*" ("Kulturen der Ebbe")[68].
Der Anbau beschränkte sich meist auf Maniok, Mais, Bohnen, Baumwolle und manchmal auch auf Wassermelonen und andere Melonenarten. Auf den "*serras frescas*"[69] (kühlen Bergen) wurden neben diesen Produkten auch zunehmend Zuckerrohr und Obst angebaut. Die landwirtschaftlich

---

[67] Vgl. Antonil, André Joao, Cultura e Opulência do Brasil em suas Drogas e Minas, S.268f.; bei: Correia de Andrade (1980): S.167.

[68] Vgl. Correia de Andrade (1980): S.170.

[69] Ebd.: S.170.

genutzten Gebiete bildeten daher kleine Flecken, isolierte Inseln in der Weite der Buschsteppe.
Die Anpflanzungen wurden anfangs von dem *vaqueiro* und seiner Familie vorgenommen oder durch einen *agregado,* falls der Eigentümer sich sonst nicht um deren Versorgung kümmerte. Sie durften dann in Rahmen der Möglichkeiten, die ihnen die Natur bot, selbst für ihre Ernährung Sorge tragen. Die bereits erwähnte Distanz zur Küste, aber auch der schlechte Straßenzustand hemmten den Export der Agrarprodukte, so daß diese nur für den regionalen Markt bestimmt waren. Diese Orientierung auf die regionalen Märkte verhinderte die Ausweitung der Kulturen über ein größeres Areal. Der Eigentümer konnte somit auch nicht größere Mengen an Kapital erwirtschaften, um sich eine größere Anzahl von Sklaven leisten zu können. Für diese Anbauweise waren - entgegen dem Zuckerrohr - nicht soviel Sklaven nötig, womit der *Sertão* die Entwicklung der Lohnarbeit förderte.
Nach einer im Vergleich zu der im *Agreste* kürzeren Periode des Baumwollbooms kehrten die Landwirte des *Sertão* zu ihrer gewohnten Lebensweise, d.h. zur Nahrungsproduktion zurück. So pflegten die *Sertanejos* im Oktober ihre Anpflanzungen vorzubereiten, bis Ende Dezember Brandrodung zu betreiben und Ende Januar die Zäune um die Anpflanzungen zu errichten. Mit Beginn des "Winters" - der Regenzeit - begann der Familienvorstand, unterstützt von seiner Frau und seinen Kindern, mit der Aussaat. Man begann mit den "schnellen" Bohnen, es folgten der Mais der "sieben Wochen", die Kürbisse und die Melonen. Maniok, Baumwolle, Mais (eine andere Sorte als die soeben erwähnte) und *feijão* (schwarze Bohnen) folgten später.
Zwischen der ersten und zweiten Pflanzung hielt die Familie die Anbaufläche sauber, während das Familienoberhaupt als Lohnarbeiter auf den mittleren und großen Betrieben arbeitete. Der anfallende Lohn diente zum Unterhalt der Familie. Bis August wurden Mais, Bohnen, Kürbisse und Melonen geerntet und konsumiert. Im September begann die Ernte des Maniok und dessen Verarbeitung zu Mehl; diese Arbeit erforderte die Hilfe von Verwandten und Freunden. Diese Zusammenarbeit bei der Mehlherstellung wird gewöhnlich "*agutório*" genannt. Das produzierte Mehl mußte mit Zurückhaltung konsumiert werden, denn es sollte bis zum April als Nahrung für die Familie dienen, bis dann die Felder die ersten Kürbisse, Melonen und Bohnenschoten hergaben. Die Ernte und der Verkauf von Baumwolle ermöglichten dem armen Kleinproduzenten den Erwerb von Kleidung und anderen Gebrauchsgegenständen für seine Familie.
Dem Pächter erging es nicht besser. Er mußte sich um die Rodung und Anpflanzung kümmern, Unkraut beseitigen und nötigenfalls Schädlingsbekämpfungsmittel, die er vom Fazendeiro gestellt bekam, einsetzen. Näherte sich die Erntezeit, bezahlte der Landwirt die vertraglich geregel-

ten Abgabepflichten. Im Falle, daß der Landwirt dem Grundbesitzer Geld schuldete, konnte dieser seine Schuld auch dadurch begleichen, daß er die Zahlung in Waren tätigte.
Die Abhängigkeiten der Landbevölkerung vom Grundbesitzer, die so typisch für die Waldregion sind, können auch im *Agreste* und Sertao angetroffen werden. Die Erbpächter (*os foreiros*) z.B. verpflichteten sich, einen Arbeitstag in der Woche dem Grundbesitzer zur Verfügung zu stehen. Gegen diese gängige Praxis stritten energisch die *Ligas Camponesas* (Sh. Abschnitt 5.1.). Der *foreiro* gerät durch Verträge in ein persönliches Abhängigkeitsverhältnis zum Grundbesitzer. Wenn man alle Dienste und Leistungen in Rechnung stellen würde, so wäre die Benachteiligung des *foreiro* offensichtlich. Im Jahr kam er auf 52 Arbeitstage, die er dem Grundbesitzer zur Verfügung stellen mußte. Hinzu kam eine unverschämt hohe Miete für ein kleines Stück Kulturland und für eine Strohhütte, die sich der *foreiro* oft selbst erst errichten mußte. Die zu leistenden Dienste führten zu einer großen Benachteiligung der landlosen Arbeiter, die sich solchen Vertragsbedingungen beugen mußten, wollten sie den Lebensunterhalt ihrer Familien sichern[70]. Neben dem Grundbesitzer waren sie auch abhängig von der Natur. Ein extrem trockener Winter konnte die Existenzsicherung bedrohen. Hatten sie keinen schriftlichen Vertrag mit dem Grundbesitzer abgeschlossen, waren sie gänzlich dessen Willkür ausgeliefert. Sie hatten dann keine Garantie, auf dem Land bleiben zu können und konnten jeden Augenblick entlassen werden. Dann blieb ihnen nichts anderes übrig, als eine neue Arbeit in ähnlichen Bedingungen auf einer anderen Fazenda anzutreten.
Solche Abhängigkeiten verhinderten aber nicht die Entwicklung der erwähnten Formen der Subsistenz- und Warenproduktion im *Agreste* und *Sertão*. Die Unterschiede zwischen den ländlichen Akteuren dieser Regionen und dem der Waldregionen und die Tatsache, daß sie gleichzeitig in der sozialen Entwicklung Pernambucos miteinander verbunden sind, haben in der empirischen Analyse für die vorliegende Arbeit zu der Notwendigkeit geführt, einen dieser Akteure zu typisieren. Die Eingrenzung im nächsten Kapitel auf die Landarbeitertypen tut aber der Bewertung der für alle diese Akteure geltenden Struktur der Landarbeitergewerkschaften (im 2. Teil der vorliegenden Arbeit) keinen Abbruch.

[70] Sampaio (1987) mußte nach einer gründlichen empirischen Untersuchung am Ende noch feststellen, daß das familiäre Einkommen aus diesen ausbeuterischen Pachtverhältnissen trotzdem höher war als das Einkommen einer Landarbeiterfamilie der 70er Jahre.

2. Eine Typisierung der Landarbeiter der Zuckerplantagen und der Kleinproduzenten in Pernambuco auf der Basis ihrer Existenzsicherung

Die in diesem Kapitel folgende Typisierung der Landarbeiter von Pernambuco basiert vor allem auf den von mir durchgeführten Interviews in diesem Bundesstaat. Zudem wird in ihr auch die historische Entwicklung berücksichtigt. Entscheidendes Kriterium für die Typisierung ist die aktuelle Art der Existenzsicherung der ländlichen Akteure. Zentraler Maßstab der Existenzsicherung der Lohnabhängigen und der Semi-Lohnabhängigen ist der Mindestlohn. Daher wird zunächst die Bedeutung des Mindestlohns erklärt.

2.1. Zur Bedeutung des Mindestlohns auf dem Land

2.1.1. Allgemeine Entwicklung des Mindestlohns

In der Regel ist das Maß der Entlohnung, wenn es um Lohnarbeit geht, der Mindestlohn, der von der Regierung seit 1940 festgelegt wird. Laut der Verfassung von 1988, Art.7 betrifft der Mindestlohn ein Anrecht der städtischen und ländlichen Arbeiter[71].

> Artikel 7 Absatz 1:" Die Arbeiter haben ein Recht auf ein Arbeitsverhältnis, welches sie vor einer willkürlichen Entlassung oder vor einer Entlassung ohne gerechte Ursache schützt. In einem Komplementärgesetz werden eine Entschädigungszahlung und weitere Rechte der Arbeiter in einem solchen Fall festgeschrieben werden. (...) Absatz 4:" Der Mindestlohn, der durch ein Bundesgesetz einheitlich festgesetzt wird, befriedigt die Grundbedürfnisse der Arbeiter und ihrer Familien an Wohnung, Ernährung, Erziehung, Gesundheit, Erholung, Kleidung, Hygiene, Transport und Sozialversicherung. Er wird regelmäßig so erhöht, daß die Kaufkraft des Arbeiters erhalten bleibt"[72].

Auf dem Papier verbindet die Verfassung von 1988 also das Recht auf ein geschütztes Arbeitsverhältnis mit dem Recht auf einen Mindestlohn, der zur Deckung der Grundbedürfnisse der Arbeiter ausreicht. Das Recht auf einen Mindestlohn haben laut Gesetz diejenigen, die einer geregelten Arbeit nachgehen.

Als der Mindestlohn 1940 erstmals festgelegt wurde, wurde er laut Statistik[73] folgendermaßen verwendet:

---

[71] Sh. *Constituição da República Federal do Brasil.*

[72] Ebd.

[73] DIEESE 1992. O salário mínimo, S.6.

55%	Ernährung
20%	Wohnung
8%	Kleidung
10%	Hygiene
7%	Transport

Wenn wir die Indexzahl 100 für die Kaufkraft des Mindestlohns 1940 festlegen, dann bekommen wir für das Jahr 1951 den Wert 63. Während der Phase populistischer Politik in Brasilien zwischen 1951-1964 steigt die Kaufkraft des Mindestlohns wieder auf 104 (1964) an[74]. In der ersten Phase des Mindestlohns(1940-1951) entwickelt er sich im Verhältmis zum Bruttosozialprodukt (BSP) in die entgegengesetzte Richtung. Für die zweite Phase läßt sich feststellen, daß der Mindestlohn ungefähr dem Zuwachs des BSP folgt. In der dritten Phase des Mindestlohns(1965-1991) steigt das BSP bis 1980 kontinuierlich an. Der Mindestlohn folgt diesem Zuwachs allerdings nicht[75].

Während das BSP in den achtziger Jahren Schwankungen unterworfen ist, nimmt die Kaufkraft des Mindestlohns stetig ab. So erreicht die Kaufkraft des Mindestlohns zwischen 1983 bis 1991 lediglich einen Indexwert von durchschnittlich 43[76]. Der Mindestlohn wurde in der Gesellschaft zu einer Form von "Währungseinheit"; so ist gebräuchlich, Angestellten einer Firma beispielweise ihren Lohn nach Mindestlöhnen zu zahlen: "Das Brutto-Einkommen eines Abteilungsleiters sind fünfzehn Mindestlöhne" usw.

Nach offiziellen Daten der FIPE[77] verdienten 1987 von 801.716 Beschäftigten auf dem Land 144.826 nur bis zur Hälfte eines Mindestlohnes. Zwischen der Hälfte bis zu einem Mindestlohn verdienen 185.000 Beschäftigte. Zwischen einem bis zwei Mindestlöhnen verdienen 210.321 Beschäftigte. Wenn man dazu noch die 184.585 Nichtentlohnten addiert, muß man feststellen, daß laut offizieller Statistiken ca. 90% der ländlich Beschäftigten nur bis zu zwei Mindestlöhnen verdienen.

Noch deutlicher sind die Zahlen, wenn man die Einkommen von Männern und Frauen miteinander vergleicht. Die Frauen stellen die deutliche Mehrheit der Beschäftigten, die keinen Lohn erhalten oder nur bis zu einem

---

[74] Ebd.: S.7f.

[75] Ebd.: S.10.

[76] Ebd.: S.11.

[77] FIPE (1991): AEPE 1988, S.77, Tab.10.

Mindestlohn verdienen[78]. Zwar kann der Mindestlohn als Bezugsgröße täuschen, trotzdem ist er aber ein wichtiger Maßstab unter den Lohnabhängigen auf dem Land (vor allem im Nordosten).
1989 fiel die Kaufkraft des Mindestlohns auf ihren bisherigen Tiefpunkt (Indexwert 36). Zwischen Januar und Juni 91 schwankt der Indexwert wieder zwischen 40-38[79]. Eine provisorische Maßnahme der Regierung Collor, während sie die Gefahr einer sozialen Explosion befürchtete, war die Aufstockung des Mindestlohns durch einen zusätzlichen Verdienst (*abono* genannt - in der Regel 10-20% des Mindestlohns); das galt aber nicht als Lohnerhöhung, d.h. dieses zusätzliche Einkommen wurde beliebig wieder gestrichen[80]. In dieser Zeit, sofort nach der Beendigung der Erntezeit (März/April), betrug die durchschnittliche Wochenarbeitszeit der ländlichen Arbeiter in Pernambuco zwischen 44-50 Stunden.

2.1.2. Zur Bedeutung des Mindestlohns für die Zuckerrohrarbeiter in Pernambuco

Im Folgenden soll verdeutlicht werden, welche reale Bedeutung der Mindestlohn für die Zuckerrohrarbeiter in Pernambuco hat. Dieses geschieht, indem beschrieben wird, welche Arbeitsleistung von diesen für einen Mindestlohn erbracht werden muß, und welche Reproduktionsmittel die Zuckerrohrarbeiter für einen Mindestlohn erwerben können. Da es an den beiden Punkten gravierende Unterschiede zwischen Erntezeit und ernteloser Zeit ("Ernteloch") gibt, wird zwischen diesen beiden Zeiten unterschieden.
Die Angaben gelten aber nur für Beschäftigte mit geregeltem Arbeitsverhältnis (*fichados*). Ein nicht-registrierter Arbeiter kann in der Erntezeit das Gleiche oder etwas weniger verdienen. Im "Ernteloch" erhält er aber wegen der Unregelmäßigkeit seiner Beschäftigung lediglich 25-75% des Verdienstes eines registrierten Arbeiters.

2.1.2.1. Die Bedeutung des Mindestlohns für die Zuckerrohrarbeiter in Pernambuco während der Erntezeit (zwischen September und März)

In Pernambuco gibt es zwei Methoden, Zuckerrohr zu ernten. Je nach Methode ist der Umfang der Arbeitsleistung, den die Arbeiter für einen

[78] Ebd. Sh. auch Graphik 2b des Anhangs.

[79] DIEESE 1992: S.11ff.

[80] Der Arbeitsminister, Walter Barelli, entwarf einen Plan, um den Mindestlohn auf US$ 100 monatlich zu erhöhen. Im Dezember 1992 stimmte die Mehrheit des Parlaments der vorgeschlagenen Mindestlohnpolitik zu. Die Erhöhung soll zweimonatig erfolgen und jeweils über der Inflationsrate liegen, bis der erwähnte Wert erreicht wird. Vgl. GM, 7.12.1992, OESP und JB, 24.12.1992.

Mindestlohn erbringen müssen, unterschiedlich. Bei der einen Methode wird kurz vor der Ernte auf den Feldern ein Feuer gelegt, um das Zuckerrohr u.a. ohne störende Blätter schneiden zu können. Bei der anderen Methode wird ohne Feuer gearbeitet. Es gibt zwei verschiedene Arten, wie die Arbeiter das Zuckerrohr abgeben: gebündelt oder ungebündelt. Und es gibt zwei verschiedene Pflanzenqualitäten: Typ A (dick, saftig, schwer zu schneiden) und Typ B (dünner, weniger saftig, leichter zu schneiden). Wenn diese Differenzierungen berücksichtigt werden, ergibt sich bezüglich der Arbeitsleistung und der Arbeitszeit folgendes Bild:

Von Zuckerrohrarbeitern laut Tarifvereinbarungen zu erbringende Arbeitsleistung in Tonnen pro Tag für einen Mindestlohn

	"gebranntes Zuckerrohr"		"rohes Zuckerrohr"	
	im Bündel	ungebunden	im Bündel	ungebunden
Typ A	1,00	2,00	0,84	1,68
Typ B	1,20	2,40	1,00	2,00

Durch die Mithilfe eines Familienmitgliedes, welches den Arbeiter auf die Plantage begleitet und dort die Bündel vorbereitet, kann der Tagesverdienst verdoppelt oder sogar verdreifacht werden. Auf diese Weise sind wenigstens 60 Arbeitsstunden pro Person zu veranschlagen.

> "Um den Lohn zu erhalten, muß ich 1200 Kilo schneiden. Diese angeblichen 1200 Kilo mache ich aber so: Wir machen 140 Bündel, und jedes Bündel müßte neun Kilo wiegen. Die meisten wiegen aber bis zu zehn Kilo... Nie gibt es da eine richtige Kontrolle. Der Verwalter kommt, wiegt ein Rohr aus der Reihe und befiehlt: Aus dieser Reihe nehmt ihr drei Zuckerrohre und bindet daraus ein Bündel! Man weiß schon, daß es bestimmt neun Kilo oder mehr wiegt. Also 140 Bündel mal neun sind 1260 Kilo. Oh! siehst Du, wenn die Bündel nur neun Kilo haben würden, würden wir für den Mindestlohn dem Patron schon 60 Kilo schenken. Weil ich in der Erntezeit mehr essen kann und auch meine Frau auf die Plantage mitkommt, schneide ich zwei, zweieinhalb oder drei Tonnen. Dann weiß ich, daß ich mich auf dem Markt nicht schämen muß. Ich komme nach Hause zurück mit vollen Taschen für die Familie."(Int.Nr.1)

Für einen Mindestlohn erhielt ein Zuckerrohrarbeiter in der Erntezeit 1991 wöchentlich auf dem Markt folgenden Warenkorb:

	Fahrpreis zum Markt		
1-2kg	frisches Fleisch	2	Stücke Seifen
1 kg	Huhn	1	Stück Kernseife
2 kg	Bohnen	4kg	Zucker
5 kg	Reis	250-500gr	Kaffee
5 kg	Maniokmehl	1kg	getrockneten Fisch
6-7kg	Maismehl	0,25l	Lampenöl

(Int.Nr.01, 04, 07, 13, 17, 36, 44)

Eine Familie mit einem Säuling (bis ca. 18 Monate) kauft für den Gegenwert der halben Frischfleischmenge 500gr Trockenmilch.

2.1.2.2. Die Bedeutung des Mindestlohns für die Zuckerrohrarbeiter in Pernambuco während des "Ernteloch" (Zwischen April und August)

In dieser Zeit müssen die Arbeiter bestimmte, in den Tarifverhandlungen festgelegte Arbeitsleistungen (*tarefas*) erbringen, um einen Mindestlohn zu erhalten.
Im "Ernteloch" 1991 erhielten sie für das Jäten von 100 *braças* (eine *braça*= 2,20m) an Werktagen und 60 *braças* am Samstag einen Mindestlohn. Teilweise mußten die Arbeiter aber im Widerspruch zu den Tarifvereinbarungen je nach *usina* 120-140 *braças* und Samstags bis 80 bracos jäten. Während die Arbeiter für die 100 *braças* ca. sechs Stunden täglicher Arbeitszeit benötigten, mußten sie für die 120-140 *braças* zwischen acht und neun Stunden arbeiten. Am Samstag wird ca. vier Stunden gearbeitet.
Für einen Mindestlohn erhielt ein Zuckerrohrarbeiter im "Ernteloch" 1991 auf dem Markt wöchentlich folgende Warenkörbe:

Warenkorb A:		oder Warenkorb B:	
	Fahrpreis zum Markt		
2kg	Reis	1kg	Bohnen
10kg	Maismehl	5kg	Maismehl
3kg	Maniokmehl	4kg	Maniokmehl
1kg	Huhn	1kg	Trockenfisch
0,5kg	Trockenfisch	3kg	Reis
3kg	Zucker	0,5kg	Nudeln
250gr	Kaffee	250gr	Kaffee
100gr	Spülpulver	4kg	Zucker
1l	Pflanzenöl	1	Seife
		1	Kernseife
(Int.Nr.08, 12, 13, 23)		(Int.Nr.01, 03, 19, 27, 36)	

Die Ernährungswissenschaftlerin Emilia Perez von der Bundesuniversität in Recife (*UFPE*) erläuterte, daß die Menge der Nahrungsmittel eines solchen Warenkorbes höchstens für einen Arbeiter einer Zuckerrohrplantage ausreichend ist. Wenn man die Kalorienmenge der in einer solchen Einkaufsliste enthaltenen Nahrungsmittel betrachtet, muß in Bezug auf den Eiweißgehalt festgestellt werden, daß sie sogar für eine Person noch unzureichend ist. Sie enthalt lediglich die Halfte des notwendigen Eiweißes für die ausreichende Ernährung eines Arbeiters[81].

---

[81] Die Ernährungsärztin Emilía Perez behauptet, daß für diesen Arbeitseinsatz unter den gegebenen Klimabedingungen 3.000-4.000 Kal und 40-60g Eiweiß täglich die erforderlichen Ernährungswerte seien und daß das traditionelle brasilianische Eßgericht "Reis mit Bohne" das notwendige Eiweiß enthält, und zwar, wenn zwei volle Teller

Aus zwei Gründen sprach Frau Perez in diesem Zusammenhang von einer Zeitbombe. Erstens, weil dieser Warenkorb, der bereits für eine Person unzureichend ist, in der Regel unter vier oder fünf Menschen aufgeteilt werden muß. Und zweitens, weil die meisten Arbeiter an einem bestimmten Punkt - gemessen an der völlig unzureichenden Ernährung - die viel zu große Arbeitsanstrengung nicht mehr aushalten werden.
Die Ernährung schränkt den Arbeitseinsatz ein und gefährdet den Gesundheitszustand der Arbeiter und Arbeiterinnen und ihrer Familien. Häufig geschieht es, daß die Landarbeiter nach dreistündiger Arbeit, wenn die Sonnne sehr heiß wird, auf den Plantagen zusammenbrechen.
Die Arbeiter trinken zum Frühstück lediglich einen dünnen Kaffee mit ein bißchen Zucker. Die erste Mahlzeit nehmen die Arbeiter erst nach der Arbeit auf den Zuckerfeldern ein, also ungefähr zwischen 13h und 15h. Wenn man den Zeitraum betrachtet, in dem die Arbeiter unter hohen Anstrengungen ohne Ernährung durchhalten müssen, dann wird verständlich, warum diese Zusammenbrüche der Landarbeiter auf den Feldern passieren. Die Ernährungswissenschaftlerin konnte keine genauen Angaben machen, auf welchem Ernährungsniveau diese Menschen überhaupt keine Anstrengungen mehr verkraften können.
Sie wies allerdings in diesem Zusammenhang auf die Bedeutung der Ernährung hin, die ein Landarbeiter in seiner Kindheit gehabt hat. Nach Einschätzung von Frau Perez haben die meisten Landarbeiter in ihrer Kindheit eine an Güte und Menge dreimal bessere Ernährung bekommen als heute, da der Mindestlohn zu dieser Zeit eine wesentlich höhere Kaufkraft besaß, und auf Grund eines zusätzlichen Lebensmittelgewinnes durch Jagd und Sammeln von Früchten.
Seit 1983 hat sich die Ernährungslage auf den Plantagen drastisch verschlechtert. Die generellen Auswirkungen dieser Verschlechterung sind vorauszusehen. Da die Menschen aber in unterschiedlicher Art und Weise auf diese Unterernährung reagieren und ein Arbeiter auf Grund der Abhängigkeit seines Lohnes von dem Produktionssystem in der Erntezeit bis zum Dreifachen seines Lohnes im "Ernteloch" verdienen kann, ist es nicht möglich, genaue Voraussagen zu machen.

2.2. Typisierung

2.2.1. Die Beschäftigten "*fichados*"

Die *fichados* ("geregelten") sind die Landarbeiter, die einen vom Arbeitsministerium erstellten Arbeitsausweis (*carteira de trabalho*) besitzen.

---

von einem arbeitenden Menschen täglich gegessen würden. Ein solcher Warenkorb reicht für eine mehr als vier Mitglieder-Familie dann nicht aus. Das Gespräch mit Frau Perez verlief am 15.4.1991.

Obwohl die Verfassung von 1988 allen Arbeitern ein solches geregeltes Arbeitsverhältnis zusichert, sind lediglich ca. 60% der Beschäftigten in der südlichen Waldregion *fichados*.
Von dem festgesetzten Lohn werden 8,5% für die Nationalversicherung (*INSS*) abgezogen. Den gleichen Betrag bezahlen die Arbeitgeber. Auf Grund der Zahlungen an die Nationalversicherung können die Arbeiter auf einen bezahlten Ruhestand oder auf die Auszahlung einer Invaliden- bzw. Hinterbliebenenrente für ihre Familien hoffen. Trotz der geringen Kaufkraft der Renten wird diese kleine Sicherheit sehr geschätzt. Allerdings muß man diese Sicherheit im Blick auf die Gesamtstruktur der Familien stark relativieren. Wenn die Familie weniger als sechs Mitglieder hat, dann hat sie in den meisten Fällen nicht mehr als einen *fichado* in einem einzigen *engenho*.
Häufig kommt es vor, daß zehn- oder elfköpfige Familien lediglich einen *fichado* haben. So muß im "Ernteloch" der oben aufgeführte Warenkorb unter zehn oder elf Menschen aufgeteilt werden, wenn keine anderen Familienangehörigen als *clandestinos* einen Job finden. Bei Verspätung des Jätens setzen die *usinas* mehrere Landarbeiter ein, um die Aussaatzeit - nach dem Regen vom August - nicht zu verpassen. Auf diese Weise kann eine Familie mit einem *fichado* das wöchentliche Einkommen verdoppeln. Eine weitere "Sicherheit" für den *fichado* ist die Behandlung von komplizierteren Krankheiten in speziellen Krankenhäusern der Nationalversicherung. Allerdings kommt es auch vor, daß Arbeiter, wegen der langen Wartezeit in den *INSS*- Krankenhäusern, in den Warteschlangen sterben. Diejenigen aber, die diese Wartezeit überleben, werden kostenlos untersucht und auch operiert.
In den Familien, in denen Frau und Mann *fichados* sind und die ältesten Kinder nicht mehr zu Hause wohnen, kann der regelmäßige (verdoppelte) Lohn noch für andere Zwecke ausgegeben werden. So können diese Eltern für ihre jüngeren Kinder z.B ein Schulheft und einen Bleistift kaufen. Wenn sie keine Kinder mehr haben, können sie sich einen Wochenendausflug zu ihren Verwandten in der Nähe leisten. In der Regel ist aber auch für die Kinder eines/er *fichado/a* notwendig, daß sie mit ihrem 9. oder 10. und sicherlich mit dem 14. Lebensjahr anfangen müssen, nach Lohnarbeit zu suchen.
Für Frauen sind die Aussichten, *fichada* zu werden, fast hoffnungslos. Kulturell, aber besonders strukturell gesehen, haben die Männer die höhere soziale Anerkennung, die sie zum Familienvorstand (*chefe de família*) macht. Für den seltenen Fall, daß eine *usina* bekannt gibt, daß sie einige Landarbeiter mehr in ihre registrierten Karteien aufnehmen wollen, schicken die Familien zuerst die Jungen, weil "er eine Familie gründen wird".

2.2.1.1. Die *fichados moradores*

Die *fichados moradores* ("geregelte Bewohner [des *engenho*]") sind die Landarbeiter, die in Reihenwohneinrichtungen leben. Für dieses "Haus" müssen der *fichado* und seine Familie keine Miete zahlen. Diese Häuser haben keinen Privatbereich zwischen den Nachbarn und keine Möglichkeiten für Kleintierhaltung. Die zur Verfügung stehende Wohnfläche liegt zwischen 15 bis ca. 22 m² und ist aufgeteilt in zwei oder drei Räume für die ganze Familie. Die praktisch fehlende Trenung zwischen Arbeits- und Wohnbereich, wegen der Nähe zu den Zuckerplantagen, provoziert bei den "Bewohnern" schwer zu lösende allgemeine Konflikte in ihrer Arbeits-und Wohnsituation. Die Familien, die in der Regel fünf bis 11 Mitglieder haben, darunter ein oder zwei *fichados*, können endlose Streitigkeiten miteinander erleben aufgrund der Konkurrenz um gelegentliche Chancen auf eine Arbeit für andere Familienmitglieder. D.h. daß im Grunde genommen alle Familienmitglieder, die nicht *fichados* und ungefähr älter als 10-12 bei den Jungen und 13-15 bei den Mädchen sind, untereinander um einen Job konkurrieren. Während des "Erntelochs" zeigt sich dieses Problem noch gravierender, weil es kaum Arbeitsmöglichkeiten gibt. Das ist im Zusammenhang damit zu sehen, daß es von der Zahl der unbeschäftigten *clandestinos* in der *fichado*-Familie abhängt, wie stark diese Familie hungern muß bzw. eine überlebenssichernde Ernährung zur Verfügung hat. Obwohl die Menschen auf dem Land leben, müssen sie alles auf dem Markt kaufen oder noch teurer bargeldlos beim plantageneigenen Krämer, der ihnen den Preis der bezogenen Waren vom Lohn abzieht und sie in eine endlose Abhängigkeit führt. Dadurch löst sich ein Vorteil, *morador* zu sein, allmählich auf.

Für die zusätzliche Ernährung der Familien ist das Leben auf dem Land in der Vergangenheit günstiger gewesen; durch Jagd, Früchtesammeln und Fischfang haben diese Familien ihren täglichen Eiweißbedarf mehr als decken können[82]. Diese Quellen sind längst versiegt, was durch die anhaltende Naturzerstörung bedingt ist. Die Brände während der Erntezeit auf den Zuckerrohrfeldern haben die kleinen jagdbaren Tiere praktisch ausgerottet und das Verbot dieser Jagd zur Folge gehabt. Die sehr giftigen, unbehandelten Abwässer der Zucker- und Alkohol-*usinas* gelangen in die Flüsse und bedrohen die Fischarten; außerdem wurden viele Obstbäume unterschiedslos gefällt. Sieben Interviewpartner haben aus ihrer Erinnerung genauer die Unterschiede der aktuellen Lebenssituation zu der ihrer Kindheit beschreiben können; früher war es möglich, aus dem Bach mit einem Fischkorb schnell eine Fischmahlzeit für eine zehnköpfige Familie zu fangen.

---

[82] Einschätzung der Ernährungswissenschaftlerin, Frau Perez.

Die Sanitärbedingungen spielen für die weitere Verschmutzung des Grundwassers eine wichtige Rolle, denn es wurde in kein Abwassersystem für diese Häuser investiert. Außerdem müssen die Frauen direkt in den Bächen spülen, Wäsche waschen sowie dort auch Wasser zur Körperreinigung und zum Kochen entnehmen.
Diese Bedingungen bedeuten eine erhebliche zusätzliche Arbeit im Haushalt; das läßt die Frauen eher als die Männer davon träumen, in die Stadt zu ziehen. Da sie in der Regel entweder *fichadas* oder "Helferin" sind und auch auf den Zuckerplantagen arbeiten müssen, hoffen sie, zumindest in der Stadt auf Leitungswasser und Stromversorgung zu treffen, was den Arbeitsaufwand im Haushalt verringern hilft. Die Stromversorgung kann vielleicht zur Anschaffung eines Kühlschranks führen, der von der Sorge um Vorratshaltung in einem so heißen Klima entlasten kann.
Dennoch ist das Leben auf dem Land für die *moradores* trotz seiner negativen Aspekte zu ertragen. Zudem können sie ihr Einkommen aufbessern, wenn sie durch zusätzliche Arbeitseinsätze z.B. auf der *roçado* den Anbau für den Eigenbedarf in ihren Tagesablauf miteinbeziehen können.

2.2.1.1.1. Die *fichados moradores* mit *roçado*

Die *fichados moradores*, die zeitweilig von Unternehmern zugeteiltes Ackerland neben den Zuckerplantagen bepflanzen und dadurch eine komplementäre, verdoppelte bis verdreifachte Nahrungsmittelversorgung erreichen, werden hier zusätzlich mit *roçado* benannt. Dies ist dementsprechend auch der Name für das von ihnen bebaute Ackerland.
Die Arbeitszeit für diese Landarbeiter, die zusätzliches Ackerland bebauen, wird zum Teil durch den Tagesablauf und die Bedingungen der Natur - z.B. Sonnenauf- und -untergang - und zum anderen durch den Arbeitseinsatz der Familie für den Haushalt bestimmt. Dazu zählt der Arbeitszyklus auf den Zuckerplantagen, der durch unregelmäßige Intensität und unregelmäßige Entlohnung geprägt wird. Die ganztägige Beschäftigung ist mit der Nahrungsaufnahme von mindestens ca. 1.400 Kalorien (5-10g Eiweiß) täglich pro Erwachsenem in den ersten Monaten nach der Zuckerernte und bis zu ca. 3.000 Kalorien (40-50g Eiweiß) während der Ernte zu leisten. Der einheimische Spruch heißt: "Man arbeitet, um nicht Hunger zu leiden"[83]. Arbeit ist gleichgesetzt mit der Vermeidung oder Bändigung des Hungers. Die Produktion des *roçados* trägt zur Befriedigung der Ernährungsbedürfnisse der Familie bei, die mit dem mageren Lohn des Landarbeiters auf dem wöchentlichen Markt nicht gedeckt werden können.
Der Arbeitseinsatz eines jeden Familienmitglieds über 14 Jahren (oder darunter, wenn sie nicht zur Schule gehen müssen) liegt um ca. 12 bzw. 14

---

[83] "*Se trabalha pra num passá fome*".

Stunden täglich für Mann und Frau (um 5-7 bzw. 8-9 Stunden für Jungen und Mädchen), wenn die Gesundheit es ihnen ermöglicht.
Die Kinder erlernen die landwirtschaftlichen Techniken von den Eltern. Die Produktivität ist wegen des ausgelaugten Bodens und der veralteten Arbeitsweise sehr niedrig. Keine technische Erneuerung wird ihnen direkt angeboten, weil die Vermittlungsinstanzen sie nicht als Kleinproduzenten behandeln, sondern nur als Landarbeiter. Was sie an technischen Neuerungen auf den Zuckerplantagen beobachten, versuchen sie zum Teil auf ihrer kleinen *roçado* (ca. 0,5 - 3 Hektar) umzusetzen. Ohne entsprechendes Kapital bleiben diese Versuche sehr begrenzt. Einige Interviewpartner gaben zu, daß sie von dem Düngemittel der Patrone eine Handvoll bekommen oder aber "unter der Hand" mitnehmen. In den Erzählungen schien der *roçado* immer als Nebenbeschäftigung betrachtet zu werden, aber weil sie die geringen Produktionsüberschüsse auf dem Wochenendmarkt absetzen, können sie in manchen Wochen zu überraschenden Zahlen bezüglich ihres Einkommens gelangen, da es sich manchmal verdoppelt oder sogar verdreifacht.
Zu dieser Landarbeitergruppe gehören viele von denen, die Interesse - entweder spontan oder durch die Befragung motiviert - an einer Agrarreform zeigten und einer Unterhaltung über die Landwirtschaft aufmerksam folgten.

2.2.2. Die Beschäftigten "*clandestinos*"

Das besondere Charakteristikum der *clandestinos* (nicht-registrierte Landarbeiter) ist die völlige Unsicherheit, welche die Arbeitschancen, das Einkommen und die Arbeitsrechte allgemein beeinflußt. Diese Unsicherheit prägt ihre Lebenssituation, in der sie nicht eindeutig darauf antworten können, ob sie noch ein geregeltes Arbeitsverhältnis haben wollen oder nicht.
Die Arbeitszeit ist in dieser Gruppe beim männlichen Geschlecht in der Regel kürzer im Vergleich zu der der anderen Gruppen: durchschnittlich 6-7 Stunden, täglich 5-6mal in der Woche. Die Frauen haben dagegen in der Regel ähnlich lange zu arbeiten wie in den anderen Gruppen. Dieser Durchschnittswert gilt aber nur, wenn man die Landarbeiter betrachtet, die wegen ihrer handwerklichen Begabungen und Kenntnisse auch während des "Erntelochs" regelmäßig entlohnte Beschäftigung finden. Auch hier kann wegen der Unsicherheit ihrer Situation eine befriedigend exakte Durchschnittszahl bezüglich der täglichen Nahrungsaufnahme kaum angegeben werden. Im besten Falle werden 3.000 Kalorien und 40-50g Eiweiß täglich erreicht, und das auch nur dann, wenn zwei aus einer fünfköpfigen oder drei aus einer sechs- oder siebenköpfigen Familie usw. in der Zucker-

Ernteperiode voll beschäftigt sind. In der Regel aber wird die Grenze von ca. 1.400 Kalorien und 6-10g Eiweiß mehrheitlich nicht überschritten[84]. Während des "Erntelochs" ist die Not in der Krisenzeit (seit April 1990) so groß, daß die bundestaatliche Regierung sich veranlaßt sah, das Programm *chapéu de palha* zu verabschieden[85]. Das ist ein Beschäftigungsprogramm für *clandestinos*, das durch die Auseinandersetzung zwischen unterschiedlichen politischen Kräften in der Hauptstadt Recife in Verruf gekommen ist, und bei den Betroffenen Mißtrauen geweckt hat.
Der freie Arbeitskraftkontraktor organisiert bevorzugt Gelegenheitseinstellungen und verkörpert für die *clandestinos* eine wesentliche Machtfigur in ihrem Überlebenskampf. Denn dieser Kontrator ist neben der wirtschaftlichen Konjunktur und den Zuckerrohrszyklen eine weitere Instanz, die darüber mitentscheidet, ob *clandestinos* genügend zum Überleben verdienen können.

2.2.2.1. Die *clandestinos moradores*

Dieser Typ (nicht-registrierte Beschäftigte, Bewohner [des *engenho*]) ist mit dem des *fichado morador* verbunden, weil sie in allen vorgefundenen Fällen mit einer *fichado*-Familie verbunden sind, was sich auch dadurch begründet, daß keine Familie, die aus *clandestinos* besteht, ein Haus auf dem *engenho* bewohnen darf. Dieser Typ ist hauptsächlich gekennzeichnet durch die wirtschaftliche Abhängigkeit von seiner Familie, besonders in den Phasen, wo es keine Arbeit gibt.
Im Unterschied dazu steht der Typ, der am Stadtrand wohnt, da dieser Chancen auf Gelegenheitsjobs, z.B. als Hilfsmaurer, hat. Denjenigen auf dem engenho fehlen die dafür notwendigen Kontakte.
Nicht selten tauchen freie Arbeitskraftkontraktoren auf und bieten ganzwöchige oder monatliche Jobs mit Verpflegung in entfernten Regionen an. Solche Angebote werden nur angenommen, wenn familiäre Konflikte um die Verantwortung für den Haushalt nicht mehr tragbar zu sein scheinen oder der Verwalter durch einen Freund als vertrauenswürdig bezeichnet

---

[84] Diese Form von Unterernährung, an die man sich von Kindheit an gewöhnen muß, kann zu körperlichen und geistigen Behinderungen führen, die vermutlich bereits genetisch übertragen werden können. Ein Arzt der Bundesuniversitität von Pernambuco, Meraldo Zisman, erforschte den Fall in den Slumgebieten der Ballungszentren von Recife und auf den Monokulturplantagen des brasilianischen Nordostens und wollte Anfang 1992 ein Buch "Zwerg-Brasilien" (*Homem Gabiru*) veröffentlich haben. Er spricht über die Entstehung einer "neuen Rasse, der Zwergmenschenrasse", die diese Behinderungen in der menschlichen Entwicklung befestigen könne. Es berichteten darüber FdSP, Dez. 1991, und Veja, Juli 1992, beides unvollständig. Vgl. Christoph Türcke, "Zwerge im Müll - Wo Elend und Hunger eine neue Menschenrasse züchten", in: Die Zeit vom 27. Dezember 1991.

[85] Siehe 7.3.1.

wurde, denn es ist allmählich bekannt geworden, daß Arbeitskraftkontraktoren auch "Sklavenarbeit" organisieren[86].
Bezüglich familiärer Konflikte wurde beobachtet, daß die *clandestinos*-Gruppe ihren Eltern und deren Vorstellungen, was sie mit dem erhaltenen Einkommen machen sollen, sehr kritisch gegenüberstehen. Früher, erzählen sie, wurden alle Verdienste in einen gleichen Topf der Familie zusammengetan, dadurch blieb aber kaum etwas übrig für den "auch notwendigen" Bedarf an Vergnügungen. Als *clandestinos* erkennen sie nicht unbedingt, daß ihr Verhalten die Gefahr erhöht, die wirtschaftlichen Überlebenschancen der Familie zu vernichten, mitsamt den Folgen, z.B. des Hungers, der auf Dauer zu körperlichen Behinderungen führt, was wiederum die Arbeitskraft der Landarbeiter verringert.

2.2.2.2. Die *clandestinos da rua*

Die Zahl dieses Typs *clandestinos da rua* (nicht-registrierte Beschäftigte, die "auf der Straße" [in der Stadt] wohnen) wächst seit dem Militärputsch (1964) in der Waldregion Pernambucos unaufhaltsam an. Einerseits aufgrund der Entlassungsstrategie von manchen *engenhos*-Besitzern, die an einer Desorganisation des Arbeitskraftangebots interessiert sind und durch den Erwerb der noch billigeren, ungeregelten Arbeitskräfte ihre Gewinne höher zu treiben versuchen. Andererseits folgte dem Bevölkerungswachstum in diesem Gebiet nicht die entsprechende Arbeitskraftnachfrage innerhalb des strukturierten Plantagensystems. So hat sich dann eine Gruppe gebildet, die an den Stadträndern wohnt, aber weiter ihr jährliches Haupteinkommen auf den Zuckerrohrplantagen verdient. Für die Unternehmer ist es sicherlich ein gutes Geschäft, weil sie von der Last befreit sind, während des "Erntelochs" arbeitsrechtliche Verpflichtungen zu erfüllen sowie Wohnungsplätze und Überwachungskräfte in ihren *engenhos* bereit zu stellen. Ihnen stehen genügend Arbeitskräfte vor der eigenen Tür zur Verfügung, und wenn sie Kräfte für zusätzliche Arbeiten benötigen, stellen ihnen die freien Arbeitskraftskontraktoren "gezähmte Männer" ein.
Die *clandestinos da rua* haben ein gebrochenes Bild von sich selbst, indem sie sich weder der ländlichen noch der städtischen Bevölkerung zugehörig fühlen. Ihr unsicheres Einkommen auf den Zuckerrohrplantagen reicht nicht zur Existenzsicherung aus. Zudem können, bis auf wenige Ausnahmen, kaum zusätzliche Arbeitschancen in den Städten garantiert werden. In ständiger Konfrontation mit den Konsumbedürfnissen der mittleren und

---

[86] Gelegenheitsarbeiter werden mit guten, begrenzten und lohnsicheren Arbeitsangeboten gelockt. Wenn sie mitfahren, bemerken sie nach einer Woche, daß sie wie Gefangene gehalten werden, angeblich als Sicherheit für die entstandenen Kosten. Sie müssen im Gebiet unter Aufsicht von schwer bewaffneten Wächtern arbeiten, bis die fiktive Schuld abgetragen ist. Vgl. CPT 1992: Jahresbericht: S.47ff.

oberen Schichten in der Stadt antworten sie häufig auf die Frage nach ihrer gesellschaftlichen Stellung: Sie gehören nirgendwo hin.

2.3. Kleinproduzenten des *Sertão*

Juristisch nach Art. 8 und 187 der Verfassung von 1988 und in Art. 7-b des *CLT* sind die Kleinproduzenten Landarbeiter, wenn ihre Produktion sich überwiegend auf die Subsistenz richtet oder wenn sie für die Einordnung angesichts der Arbeitsrechte und der gewerkschaftlichen Repräsentationsformen vergleichbar sind mit der Mehrheit der Landarbeiter, die ihr Überleben hauptsächlich durch ein Lohneinkommen garantieren.
In dieser Arbeit jedoch werden sie definiert als Kleinproduzenten, zum ersten, da sie ihren Unterhalt nicht unmittelbar abhängig vom Lohneinkommen sichern, und zweitens, da sie eine Agrar- und Viehwirtschaft betreiben, die mit der Kommerzialisierung von Überschüssen verbunden ist, selbst wenn dies ihnen nicht einen Umsatz garantiert, der genügt, um sie nach dem Gesetz als Agrarunternehmer einzustufen. Während Dürreperioden müssen viele Kleinproduzenten oft Lohnarbeiten leisten im Dienstleistungssektor und in dem staatlichen Programm "Front für Notstandsarbeit" (*Frente de Trabalho de Emergência*)[87], bei Gelegenheitsarbeiten auf den regionalen Großfarmen, oder müssen sich Arbeit in der Agroindustrie in anderen Gebieten bzw. in den Großstädten suchen. In der Regel bleibt dabei die Familie auf ihrem Hof, um mit der anfallenden Arbeit fortzufahren.
Selbst wenn in einem Jahr das familiäre außerlandwirtschaftliche Einkommen bis zu zwei Drittel oder drei Viertel des landwirtschaftlichen Einkommens beträgt, so bleibt ihre Aufmerksamkeit allgemein auf die Probleme beschränkt, die sich aus den agrarpolitischen Modellen ergeben, und richtet sich nicht auf jene der Lohnpolitik. Die Agrarprobleme sind folgende unter anderen: Saatgut zu besorgen, das Land für die Saat vorzubereiten, für ausreichende Bewässerung zu sorgen, zu pflanzen, zu ernten, die Ernte für den Eigenverbrauch und für den späteren Verkauf des Überschusses einzulagern. Verkauft wird dann je nach Bedarf an flüssigem Kapital, um die Kosten der Ernteproduktion zu decken und, wenn möglich, einen Vorteil aus dem Marktpreis zu ziehen, um den Unterhalt der

[87] Solche "Fronten" werden in Krisenzeiten von der Regierungsbehörde für die Entwicklung des Nordostens - *SUDENE* - gebildet, um gleichzeitig als "Arbeitsbeschaffungsmaßnahme" und für die Realisierung öffentlicher Bauvorhaben zu dienen. Für zehn bis zwölf Stunden tägliche Arbeit bei einer 6-Tage-Woche verdienten die angeworbenen Arbeitskräfte die Hälfte des geltenden Mindestlohnes. Frauen verdienten nicht selten noch weniger (Int.Nr.40 und *STR-Ouricuri*). Sh. auch Unterabschnitt 5.2.1.

Familie bis zum Beginn der nächsten Ernte zu sichern usw. Solche Überlegungen haben einen besonderen Stellenwert im familiären Haushalt.

2.3.1. Der Zugang zum Boden

Um eine(n) Kleinproduzenten(in) zu der Kategorie als solche(n) zuzuordnen, muß sie/er Land besitzen. Im Unterschied zu den brasilianischen Regionen, in denen die Fruchtbarkeit des Bodens, andere landwirtschaftlich günstige Bedingungen und die daraus resultierende Bevölkerungsdichte ständig Landkonflikte hervorrufen, kann der Kampf um Landbesitz in den weiträumigen Gebieten des pernambucanischen *Sertão* nicht als das schwerwiegendste Problem der Kleinproduzenten betrachtet werden. Im *Sertão* treten Landkonflikte nur an wenigen Orten auf, dort, wo es eine planmäßige wasserwirtschaftliche Erschließung, verbunden mit fruchtbarem Boden und mit leichtem Zugang zu Transportwegen, gibt. Solche Kriterien bilden in 85% des Gebietes des pernambucanischen *Sertão* die Ausnahme[88]. Nur in 15% des *Sertão*-Gebietes dieses Bundesstaates wird irgendeine Art von Landkonflikt registriert. Deshalb beschäftigt sich diese Studie mit diesem Thema nicht intensiver.
Lediglich in einigen Interviews wurden hauptsächlich folgende Formen von Landkonflikten in diesen auf den *Sertão* begrenzten Gebieten genannt: 1) Das schwerstwiegende Problem hängt mit dem Bau von Staudämmen als Wasserreservoir für die Bewässerung und/oder zur Erzeugung elektrischer Energie aus dem *Rio* São Francisco und einigen seiner Nebenflüsse zusammen. Diese großen staatlichen Projekte sind ohne irgendeine Beteiligung der Einwohner der betroffenen Region eingeleitet worden. Familien, die davon betroffene Ortschaften bewohnen und legale Landbesitzer sind oder das Land bereits seit vielen Generationen nutzen, werden im allgemeinen durch Versprechungen einer Umsiedlung auf Ländereien gleichen Wertes, oder durch Entschädigungen weit unter dem Marktwert, getäuscht. Die Durchführung dieser Projekte gerät in der Praxis zur Vertreibung der Kleinproduzentenfamilien, die daraus resultierenden Landkonflikte blieben bis heute ungelöst. 2) Ein anderes weit verbreitetes Problem wird durch die Landspekulation verursacht. Spekulanten versuchen, das Land der Kleinproduzenten zu sehr niedrigen Marktpreisen zu erwerben. Jene erreichen vielleicht aus unterschiedlichen Gründen (z.B. das Ausbleiben von Regen, Krankheiten in der Familie etc.) eine geringe Agrarproduktion und machen Schulden bei den Mitgliedern des Orts*clans*, die sie dann als Erbschulden begleichen müssen. Ein anderes Problem wird ebenfalls von den Landspekulanten erzeugt, nämlich eine bestimmte Illusion bei den Kleinproduzentenfamilien zu wecken, daß das für das Eingenland erhaltene

[88] Der *Sertão* ist 68.800 km² groß = 70% der Gesamtfläche von Pernambuco. FIPE 1992.

Geld genügt, um damit ein Haus in der Stadt zu kaufen und sich so von den Zinsen des Ersparten auf der Bank zu ernähren. Diese Illusion endet in den meisten Fällen in einer wirtschaftlichen Kastastrophe für die Familie. Dem Scheitern folgt in den meisten Fällen zunächst einmal die Absicht, das verkaufte Land für sich wiederzugewinnen, es zu besetzen, wenn auf ihm nicht gearbeitet wird, oder aber zu versuchen, ein anderes Grundstück zu bekommen.

Im Bundesstaat Pernambuco gibt es eine relativ große Anzahl von Landbesitzern und auch eine große Anzahl von kleinen Grundstücken von 1-10 ha, die sich meist im Gebiet des *Agreste* konzentrieren, und zwischen 10-100 ha, die sich vornehmlich im *Sertão* befinden. Wie die offizielle Statistik belegt[89], ist es nicht möglich, von einer drastischen Tendenz zur Konzentration von Landeigentum zu sprechen im Vergleich zu einigen brasilianischen Bundesstaaten des Südens und Südwestens. In Pernambuco stellt man dagegen eine Dezentralisierung der Produktionseinheiten bis zu 10 ha und nur eine geringe Bodenkonzentration unter dem Grundeigentum, das zwischen 100-1.000 ha groß ist, fest. Diese Eigentumsgröße geht etwas zurück gegenüber Eigentumsgrößen von über 1.000 ha[90].

Hinter diesen allgemeinen Zahlen verstecken sich jedoch einige Ausnahmeregionen, in denen es einen Prozeß von Landkonzentration gibt, z.B. in den Städten Gravatá und Belem do São Farancisco. Im Gebiet von Gravatá verkaufen gerade zahlreiche Kleinproduzenten der Regionen, in denen es genügend regnet, ihr Land (ca. 3 bis 15 ha) unter Marktwert an Landspekulanten, die einen wachsenden Interessentenmarkt bei der Mittelschicht der Großstadt Recife vorfinden. Diese Mittelschicht verwandelt ihren Landbesitz in Pferdezuchtfarmen, um sie an Wochenenden zur Erholung zu nutzen. Sie nimmt somit den Familien, die das Land für die Landwirtschaft nutzen wollen, die Möglichkeit der Pachtung. Die Befragten berichteten von einigen Kollegen, die gerade ihr durch den Landverkauf erlöstes Geld sehr schnell durch die Inflation verloren hatten und zurückkehrten, um auf ihren ehemaligen Ländern zu arbeiten, aber diesmal als Häusler der städtischen oberen Mittelschichten (Int.Nr.135-9 und 161).

---

89 Sh. Anhang Tab. 9, 10 und 11.

90 Die Agrarstatistiken des IBGE versichern, daß es seit 1940 in Brasilien 1.904.000 land- und viehwirtschaftliche (ländliche) Betriebe gab und diese 1985 auf 5.800.000 zunahmen. Die Zahl der Grundstücke mit weniger als 10 ha nahm von 654.000 1940 auf 3.000.000 1985 zu - früher stellten sie 34% aller Grundstücke und machten 1985 dann 53% aus. Die Grundstücke von 10 bis 100 ha nahmen von 975.000 auf 2.166.000 zu. Die Zahl der Kleingrundstücke stieg also gewaltig an. Es wird beobachtet, daß die von diesen Kleingrundstücken mit weniger als 10 ha besetzte Fläche auf dem brasilianischen Territorium von 2.800.000 ha auf 10.000.000 ha anstieg. IBGE - sensos agropecuários, in FIPE 1987 und 1988. (S. auch: Seca. Implicações políticas e formas de enfrentamento. PTA, Aug. 1990, Recife).

In Gebiet um Belem nimmt die Bodenkonzentration dramatischere Züge an: Während des Baus des Staudammes Itaparica im Fluß São Francisco wurden zahlreiche Familien mobilisiert, die bis zu 20 ha Land an den Ufern diese Flusses besaßen (mit oder ohne katastermäßige Registrierung). Sie sollten in den neu zugründenden "Agro-Dörfern" angesiedelt werden, die außerhalb der neuen Ufer des Staudammes errichtet werden sollten. Dort sollten Schulen und auch Gesundheitsstellen errichtet, Land für die Familien entsprechend dem Immobilienwert des abgegebenen Landes bereitgestellt und dazu noch nahgelegene Bewässerungskanäle gebaut werden. In der heutigen Realität jedoch besteht eine solche Infrastruktur entweder nicht, oder sie funktioniert nur in abweichender Form, und die besten Böden wurden in illegalen Operationen an Großgrundbesitzer transferiert, die darauf agroindustrielle Komplexe errichteten oder Marihuana anbauen (Int.Nr.134 und 151). Diese Komplexe sind durch ihre extreme Größe (mehr als 100.000 ha) bekannt, durch die Bevorzugung der Exportwirtschaft und durch die schlechten Arbeitsbedingungen. Die Kleinproduzentenfamilien müssen andererseits mit der Hälfte oder weniger von dem, was sie vorher bekamen, auskommen.

Da diese Beispiele vom Zugang zum Land durch die Kleinproduzenten von Pernambuco und einige weitere Beispiele, die hier angeführt werden könnten, lediglich 15% der gesamten Landnutzung des *Sertão* und in den von dieser Studie erörterten Gebieten nur wenige Fälle ausmachen, scheide ich für die Typisierung der Kleinproduzenten ehemalige Landbesitzer oder Teilpächter, die heute landlos in diesem Bundesstaat leben, aus.

Die Durchschnittsgrößen des Grundeigentums oder des Pachtlandes variieren von Stadtkreis zu Stadkreis, immer den eingangs genannten Kriterien folgend: gemäß der Fruchtbarkeit des Bodens und des Wasserhaushalts in jeder Region. In Exu erreicht z.B. die Fläche von vielen Produktionseinheiten eine Durchschnittsgröße um 5 ha (Int.Nr.28 und 118), während man in einigen ländlichen Vororten von Ouricuri Betriebe mit 15 ha finden kann und in anderen Vororten 20 bis 30 ha pro Familie.
(Int.Nr.52-117)

Viele der Kleinbauernfamilien leben nach wie vor nach den Regeln des *Sertão* aus der Zeit der Rinderhirten (Sh. Abschnitt 1.3). Extensive Viehzucht mit offener Weide wird kombiniert mit einer Art *plantação de subsistência predatória da natureza*, was bedeutet, daß nach stückweiser exzessiver Bodennutzung (jeweils ca. 0,5 bis 1 ha) im Rahmen der Subsistenzwirtschaft durch die Brandrodung der Buschsteppe gewonnene neue Böden die ausgelaugten ersetzen. Diese Tradition, so sie bestehen bliebe, würde zwangsläufig zur Überschreitung der festgesetzten Eigentumsgrenzen führen bzw. würden immer neue Böden für diese Form des Feldbaus benötigt werden (Int.Nr.28, 30, 40, 56, 65, 78-80, 157, 161-2).

Es gibt jedoch eine davon abweichende Tendenz in der Nutzung des Bodens durch eine Diversifikation der Produkte, eine Vergrößerung der

Anbaufläche ohne Brandrodung, eine organische Düngung und eine intensive Viehzucht. Die Familien von Kleinproduzenten, welche versuchen, in dieser Form zu arbeiten, stoßen auf ganz andere Probleme als die, die mit der Besitzgröße zu tun haben. Eines dieser Probleme ist, die notwendige Arbeitskraft zu besorgen, wenn z.B., auf Grund der kurzen Regenzeit, etwa ein 5 ha großes Feld nur unter Mithilfe eines einzigen vorhandenen Saumtieres und Einscharpfluges bearbeiten werden muß.
All dies zeigt, daß die Bodenfläche nicht das Hauptproblem der Familien der Kleinproduzenten ist. Man kann jedoch in einigen Fällen die durch Landknappheit verursachten Probleme erkennen, etwa bei dem folgenden Beispiel aus dem *Agreste*: Dort befragte ich einen Bauern, der ein gut mit Wasser versorgtes Stück Land von nur 1 ha besaß, auf dem er mit seiner zehnköpfigen Familie einen intensiven Zitrusfrucht- und Blumenanbau für den lokalen Markt betrieb. Es garantierte ihnen eine zwar nicht zufriedenstellende Existenz, die sie jedoch vor der Verelendung bewahrte. Hier stellte die geringe Größe des Besitzes eine latente Bedrohung dar. Durch die Zupachtung von 2 bis 3 ha in der Nachbarschaft konnten im Jahr 1990 die familiären Bedürfnisse zunächst besser befriedigt werden. Durch die Ausweitung der Dauerweide für die Pferdezucht in der unmittelbaren Nachbarschaft war dies jedoch 1991 nicht mehr möglich, und so verminderten sich erneut ihre Überlebenschancen. (Int.Nr.138)
Von den Kleinproduzentenfamilien ausgehend, ist es wesentlich komplexer, innerhalb dieser Typologie den Warenkorb für das Überleben dieser Familien auf dieselbe Weise zu beschreiben, wie es am Anfang dieses Kapitels für die lohnabhängigen Landarbeiter möglich war. Im folgenden Unterabschnitt (2.3.2.) möchte ich die allgemeinen Parameter dieses Überlebens beschreiben, eingedenk dessen, daß diese Daten konjunkturabhängig extremen Variationen unterliegen. Diese extremen Parameter können auf jeden Fall der Orientierung dienen, um die Spannweise zwischen "hungern" (*passar fome*) und "uns geht es besser" (*a vida está bem melhor*) verständlich zu machen.

2.3.1.1. Die Teilpächter

Die Situation der Teilpächter mit Parzellenverträgen ist dem Produktionsanteil gemäß, den sie an den Landeigentümer zu bezahlen haben, verhältnismäßig schlechter als die der Kleinproduzenten. Dies ist nicht nur der Fall, weil sie für ihre Produktionsparzelle, die in Zeiten der Mißernte nur ungenügend ihre Existenz sichert, zahlen müssen, sondern auch, weil die Teilpächter und Halbpächter zudem noch bedroht sind von einer Vertreibung von dem Land, auf dem sie arbeiten, weil der Parzellenvertrag nicht einmal genügend Schutz für einen Wechsel garantiert, wenn der Eigentümer eine Eigennutzung oder den Verkauf seines Landes erwägt (Int.Nr.65 und 118).

Ohne Kapital zu investieren, - was typisch für die Zinspächter ist - können die Teilpächter und Halbpächter das Land nur gegen Aushändigung eines Teils der Produktion an den Grundbesitzer nutzen. Der auszuhändigende Produktionsanteil variiert zwischen 30% bis 70%, abhängig vom ausgehandelten Verhältnis zwischen den Vertragsschließenden. Wenn z.B. aufgrund einer Dürre keine Produktion anfällt, so gibt es Grundbesitzer, die eine "Pachtmiete" bis zum Ende dieser Ernte aussetzen, während andere daraufhin einen höheren Anteil für die nächste Ernte verlangen mit der Absicht, das ausgefallene Pachtentgelt dennoch zu kompensieren. Die Verträge können unter Zeugen etwa der Landarbeitergewerkschaft, einem Freund des Grundbesitzers oder einfach als mündliche Absprachen, wie sie noch immer im *Sertão* verbreitet sind, abgeschlossen werden[91].
Kurz gesagt, der Teilpächter oder der Halbpächter steht sich gegenüber dem Kleinproduzenten bezüglich seines Zugangs zum Land, um seine Existenz zu garantieren, um 30% bis 70% schlechter. Diese Angabe ermöglicht es, im folgenden Abschnitt die Situation von Kleinproduzenten, die unter diesen Pachtregeln arbeiten müssen, von der Situation jener abzutrennen, die selbst Eigentümer des Landes sind.

2.3.2. Die Existenzsicherung

Die Kleinproduzenten selbst schafften es nicht, genaue Angaben bezüglich ihrer wirtschaftlichen Lage zu machen. Das ist auf die zahlreichen Veränderungen zurückzuführen, die sie in den 80er Jahren erlebt hatten. Während einer langanhaltenden Dürreperiode von 1979-83 beschränkte sich z.B. die "Front für Notstandsarbeiten" darauf, einem oder zwei Mitgliedern einer sechs- bis zehnköpfigen Kleinproduzentenfamilie einige Monate im Jahr Beschäftigung zu bieten. Sie ernährten sich von einem täglichen Brei, bestehend aus vier Eßlöffeln Maniokmehl und unbehandeltem Wasser, der etwa 250 Kcal enthielt (Int.Nr.40, 52-67, 69-134).
Nachdem es wieder zu regnen begonnen hatte, waren die Kleinproduzenten verantwortlich für die Steigerung der Agrarproduktion von Pernambuco (Sh. Tab. 12 und Graph. 6-7 im Anhang). Ihre Einnahmen stiegen so sehr an, daß sie mit einem täglichen Konsum von ca. 2.000 bis 2.500 Kcal pro Person rechnen konnten. D. h., daß eine Familie von durchschnittlich sieben Personen einen Mindestkonsum im Jahr von ca. 20 Zentnern Mais, 30 Zentnern Bohnen, 20 Zentnern Maniokmehl, Hühnereiern und zu speziellen Anlässen im Jahr Fleisch hatte (Int.Nr.40, 52-67, 69-134).

---

[91] (Int.Nr. 28, 65 und 118). Das sogenannte *cambão*-System, in dem der *foreiro* (Erbpächter) außer dem auszuhändigenden Produktionsanteil Arbeitstage auf den Ländereien der Großgrundbesitzer zu leisten hat, wird in Pernambuco kaum noch praktiziert. Dieses System war der Grund von vielen Widerstandskämpfen der Kleinproduzenten Mitte der 50er und Anfang der 60er Jahre. (Sh. dazu 5. Kap.).

"Die sogenannte *casa da farinha* (Mehlherstellungsbetrieb) zur Herstellung von Maniokmehl ist Hauptgrundlage zur Garantie des Überlebens, besonders in Zeiten einer akuten Trockenheit. In der *casa da farinha* wird die Maniokwurzel geschält, eine Hauptaufgabe der Frauen; unmittelbar danach wird sie zermahlen und gepreßt - eine typische Aufgabe der Männer - wobei das Produkt seinen natürlichen Wassergehalt verliert; später wird es gesiebt, um es zu verfeinern, und schließlich wird es auf einem durch Holzfeuer erwärmten Stein geröstet." (S.62)

"Ich wollte Nonne werden. Aber so abgeschieden konnte ich doch nicht leben. Zwei Kinder habe ich aufgenommen, und sie allein erzogen. Wir haben unseren eigenen Ackerbau. Die Kinder helfen mir dabei, und passen auch mit auf meine Mutter auf. Die Schwägerin wohnt nebenan und zusammen mit meinen Bruder pflanzt auch sie Gemüse an" (Int.Nr.52).

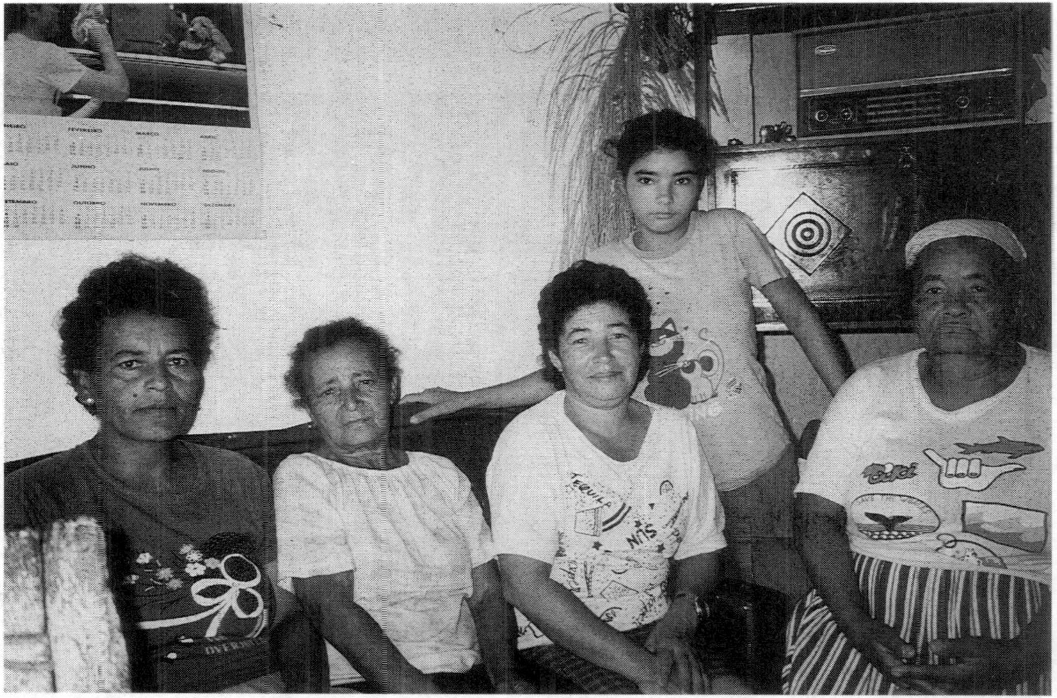

"Mein Mann war ein Trinker. Gut, daß er gegangen ist. Seitdem hat mich der Patron offiziell als Arbeiterin angestellt. Ich habe die gleiche Arbeit wie vorher und verdiene wenigstens einen Mindestlohn. Na ja, die Usina hat allein die Hälfte des Nettolohnes in dieser Woche nicht bezahlt, sie sagen: 'sie haben eine Krise'" (Int.Nr.23).

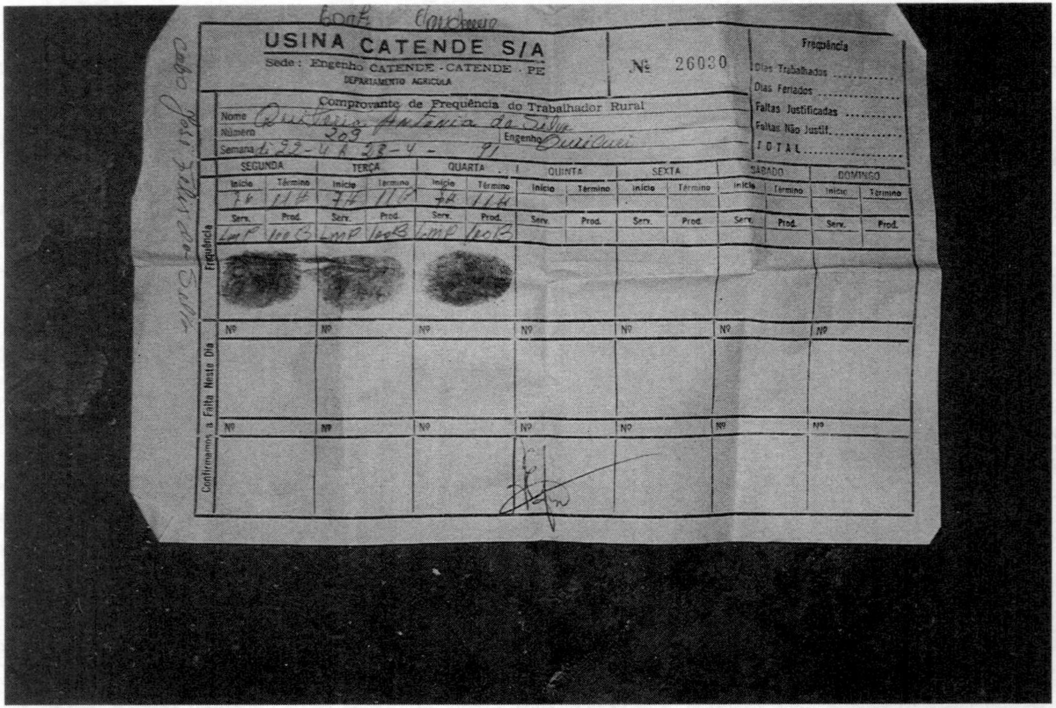
USINA CATENDE S/A
Sede: Engenho CATENDE - CATENDE - PE
DEPARTAMENTO AGRICOLA
Nº 26030
Comprovante de Frequência do Trabalhador Rural
Nome
Número
Semana
Engenho
Frequência
Dias Trabalhados
Dias Feriados
Faltas Justificadas
Faltas Não Justif.
TOTAL

SEGUNDA		TERÇA		QUARTA		QUINTA		SEXTA		SÁBADO		DOMINGO	
Início	Término	Início	Término	Início	Término	Início	Término	Início	Término	Início	Término	Início	Término
Serv.	Prod.	Serv.	Prod.	Serv.	Prod.	Serv.	Prod.	Serv.	Prod.	Serv.	Prod.	Serv.	Prod.

Frequência
Confirmamos a Falta Neste Dia
Nº

Tägliche Arbeitskontrolle. Zitat: "Die Schule war damals für wenige. Aus den meisten Familien konnte sie nur jeweils ein Junge besuchen" (Int.Nr.13).

Die offiziellen Statistiken registrieren jedoch nicht die Rentabilität der Kleinproduzenten bezüglich des Angebotes ihrer Produkte an die Zwischenhändler und/oder auf dem lokalen Markt. Aus den Erinnerungen der Befragten kann man feststellen, daß es im Jahre 1986, während des "*cruzado*", des sogenannten Wirtschaftsplanes in der Regierungszeit Sarneys, möglich war, Kleidung, Fahrräder für die Familie und manchmal auch einen Pflug oder sogar einen Dieselmotor zum Zermahlen von Maniok zu kaufen. All diese Anschaffungen wurden ohne irgendeine Unterstützung von außen mit dem eigenem Geld getätigt.

Die sogenannte *casa da farinha* (Mehlherstellungsbetrieb) zur Herstellung von Maniokmehl ist Hauptgrundlage zur Garantie des Überlebens, besonders in Zeiten einer akuten Trockenheit, in denen das Mehl die einzige Nahrung dieser Kleinproduzenten darstellt. In der *casa da farinha* wird die Maniokwurzel geschält, eine Hauptaufgabe der Frauen; unmittelbar danach wird sie zermahlen und gepreßt - eine typische Aufgabe der Männer - wobei das Produkt seinen natürlichen Wassergehalt verliert; später wird es gesiebt, um es zu verfeinern, und schließlich wird es auf einem durch Holzfeuer erwärmten Stein geröstet. Im allgemeinen befindet sich die *casa de farinha* im Besitz einer Familie, seltener einer Gemeinde, die es an Familien vermietet, wobei die Miete in Naturalien (ein bis zwei 50 Kilo-Säcke des produzierten Mehls für jeweils drei Tage der Nutzung des Hauses) oder in Form von Arbeitskraft gezahlt wird, d.h. (Familienmitglieder helfen den Eigentümern der *casa de farinha* bei deren Mehlherstellung) (Int.Nr.56, 69, 79 und 161).

Bei den Kleinproduzenten kann das soziale Leben, das sich aus der *casa de farinha* ergibt, fundamental für ihre Existenzsicherung vor Ort sein. Nicht nur, weil sie dieses Nahrungsmittel produzieren, das einen Hauptbestandteil ihres Warenkorbes bildet, sondern weil dort wirtschaftliche und politische Strategien diskutiert werden (Saatgutverteilung, Gemeinschaftsarbeitsplanung, politische Leitlinien für den gewerkschaftlichen Ortsverband und die Genossenschaft). Diese Verbindung zwischen den Familien ist nicht mehr wie früher notgedrungen von ihrem religiösen Ausgangspunkt her, zum Beispiel durch die katholische Kirchengemeinde, bestimmt. Die Unter*clans*, die durch die früheren *casas de farinha* entstanden sind und die zum Teil aus der Hierarchie des *clans* des lokalen Großgrundbesitzers (*Fazendeiro*) oder des Pfarrers stammen, lösen sich allmählich auf (Int.Nr.79 und 161). In diesen spontanen Vereinigungen, durch die politische und religiöse Meinungsverschiedenheiten überwunden oder persönli che Intrigen gelöst werden, zeigt sich eine durchschnittlich bessere Wirtschaftslage der Familien.

Da keine langfristig geplante Agrarpolitik existiert, die den Kleinproduzenten eine feste Rentabilität garantieren würde, schaffen es diese sogar im reichen Süden Brasiliens nicht, eine Liquidität aufzubauen, die ihnen einen dauerhaften wirtschaftlichen Aufschwung ermöglichen würde. Im *Sertão*

von Pernambuco ist die Lage dieser Landwirtschaft noch schlechter durch die Tatsache, daß das semiaride Klima sich noch demotivierender auswirkt, weil die Kleinproduzenten ohne eigene Finanzkraft die langanhaltenden Zeiten ohne Ernten, die auch auf Wassermangel zurückzuführen sind, nicht durchstehen können. Es wäre falsch, dies als bloße Unfähigkeit der Produzenten oder als Folge mangelnder Kenntnis der Landwirtschaft zu interpretieren, weil wirtschaftlich- und politisch-strukturelle Bedingungen dabei auch eine sehr wichtige Rolle spielen.
Während der kurzen Regierungszeit Collor de Mellos kam es 1990-91 erneut zu einer Dürreperiode und damit zu einer neuerlichen Bedrohung für die Existenz der Kleinproduzenten des *Sertão*, die jedoch nicht nur auf Wassermangel zurückzuführen ist. Im Jahr vor dem Amtsantritt dieses Präsidenten - damals bei einer Inflation von 60% im Monat -, haben die Kleinproduzenten durch den dreijährigen Führungswechsel in der örtlichen Genossenschaft Ouricuri den Großgrundbesitzern die Entscheidungsgewalt entzogen. Sie gingen nun dazu über, mit genossenschaftseigenem Geld ihre eigenen Ernten zu einem besseren Preis, als er ihnen von den traditionellen Zwischenhändlern je geboten würde, zu kaufen. Jene mußten daraufhin auch ihrerseits die Ankaufspreise anheben, und die Genossenschaft, über die die Kleinproduzenten die Kontrolle hatten, erhöhte ihrerseits den Preis für die Ernte nochmals usw. Das Resultat war, daß die Produzenten niemals zuvor soviel für ihre Produkte erhielten. Die Genossenschaft ermöglichte es mit guten Lagerungsmöglichkeiten, die Produkte mit Gewinn zu einem späteren Zeitpunkt an die Aufkäufer zu verkaufen. Kleinproduzenten und Genossenschaft deponierten ihre Einkünfte auf der Sparkasse, um das Geld vor der Inflation zu schützen, und mit großen Erwartungen, ihren Ernteertrag im folgenden Jahr noch weiter zu verbessern. Der Wirtschaftsplan während der Amtszeit Collor de Mellos jedoch fror das Geld auf der Bank ein, das nach anderthalb Jahr in Raten wieder freigegeben wurde[92]. Ohne diese Geldreserve und mit der danach kommenden Dürre, die für die Kleinsparer dieser katastrophalen Wirtschaftspolitik folgte, mußten die Kleinproduzenten nochmals hungern. Sie mußten sich schließlich in die Warteschlangen gedemütigter Menschen einreihen, die auf die Verteilung von Nahrungsmitteln warteten, welche diese Regierung in der Notstandssituation eingeleitet hat und die durch die lokale Politik - wie allgemein verbreitet - genutzt wird, um die eigenen Wahlchancen zu steigern (Int.Nr.56, 92, 99, 103, 115, 118 usw.)[93].

---

[92] Sh. Medida Provisória Nr. 168, 5. Artikel und folgenden. In: Plano Collor, 16. März 1990.

[93] Eine höhere Medienwirksamkeit zu erreichen versuchte diese Regierung mit der Verteilung dieses Warenkorbs (maximal 700 Kcal Nahrung pro Tag und pro Person). Der Warenkorb sollte einen ganzen Monat für eine Familie ausreichen, die sich damit tatsächlich nur innerhalb einer Woche ernähren konnte (Intr. Nr. ebd.).

Diese Krise dauerte zum Zeitpunkt der Interviews an. In einem sehr kritischen Augenblick spaltete sie die Kleinproduzenten noch stärker untereinander auf, aufgrund ihrer politischen Entscheidungen, d.h., jene, die Collo de Mello gewählt hatten gegen diejenigen, die ihn nicht wählten. Die *casa da farinha* diente dabei als Forum, wo diese unterschiedlichen Meinungen unter der Einschätzung, daß eine Spaltung eine noch schlimmere Situation sei als die bereits bestehende, diskutiert wurden. Dieses war jedoch zu dem Zeitpunkt der Interviews ein noch nicht abgeschlossener Prozeß. Eine anderer bekannter traditioneller Ausweg für diese Augenblicke des Hungerns (*passar fome*) und der allgemeinen Entmutigung durch das Landleben ist die Saisonwanderung oder die definitive Abwanderung auf der Suche nach anderen Formen, die das Überleben garantieren können.

2.3.3 Migration und andere Formen der Wanderarbeit

Die Abwanderung aus dem *Sertao* hat ein Notstands- und ein Traditionsmerkmal, die von der Generation mittleren Alters heute in Frage gestellt wird. Das Notstandsmerkmal folgt aus zwei Eigenmerkmalen der Region: auf der einen Seite aus den geo-klimatischen Bedingungen, und auf der anderen Seite aus einem wirtschafts-strukturellen Grund.
Die Dürren sind periodisch und typisch für das semiaride Klima dieser Region. Die Regierungsabteilung *DNOCS*, die im Jahre 1909 gegründet wurde, besitzt langfristige Informationen über dieses Klimaverhalten und hätte gemeinsam mit den gut ausgestatteten wissenschaftlich-metereologischen Instituten schon seit den 50er Jahren die Naturphänomene der Dürre voraussagen und die daraus resultierenden Katastrophen unter Kontrolle halten können[94]. Diese Katastrophen wiederholen sich, wenn es dort nicht genügend regnet, um eine kleine Agrarproduktion zu betreiben oder den Durst von Mensch und Tier zu löschen. Die technischen Möglichkeiten hätten dazu beitragen können, die örtliche religiöse Volksmentalität schon längst zu beseitigen, die erst heute in Auflösung begriffen ist: nämlich das Phänomen der Dürre als Strafe Gottes zu erklären.
Die Migration hat ihre ökonomisch-strukturellen Wurzeln in der Lokalgeschichte. Es besteht auch eine direkte Verbindung zur allgemeinen Wirtschaftskonjuktur des Landes bzw. zur Art der jeweiligen konjukturabhängigen Agrarpolitik. In der Regel gibt es keine langfristige Planung der

[94] Jorge Coelho, in: Seca. Implicações políticas e formas de enfrentamento. PTA, Aug. 1990, S.18. Coelho ist ein Wissenschaftler, der bei der Gründung der Entwicklungsbehörde *SUDENE* mitgewirkt hatte und nach Feststellung politischer Mißbräuche durch lokale Machthaber innerhalb dieser Behörde zurückgetreten war. Er ist aber durch seine fortgesetzte Forschungsarbeit überall im Nordosten als "Trockenheits- und nordöstlicher Soziostrukturspezialist" bekannt und bei der *Associação Brasileira de Reforma Agrária - ADRA* tätig.

Agrarpolitik. Sie reicht nur von Jahr zu Jahr oder von Ernte zu Ernte, die Landwirtschaft insbesondere der Kleinproduzenten bleibt ohne wirtschaftliche Planung von Transport und Lagerung, der Unrentabilität verhaftet. Anders gesagt, das Fehlen oder die Inkompetenz einer Agrarpolitik auf lokaler, regionaler und staatlicher Ebene verfestigt weiterhin die lokalen sozio-ökonomischen Strukturen. Dort war insbesondere kennzeichend, daß die Nahrungsmittelproduktion sich als eine Stützung für die Tierzüchter und für ihre Familien darstellte. Diese untergeordnete Stellung der Nahrungsmittelproduktion führte zu folgenden Konsequenzen: 1.) Fortdauer der traditionellen, naturzerstörerischen landwirtschaftlichen Produktionsweise - z. B. Brandrodung; 2.) lokalen Konflikten zwischen den Produzenten, die sich der Viehzucht widmen, und jenen, die sich mit Agrarproduktion von pflanzlicher Nahrung beschäftigen und darum ihre Felder einzäunen; 3.) Fehlen von Erfahrungen der Kleinproduzenten, die Nahrungsprodukte als Handelsware zu betrachten und dabei auch nicht mit der Tradition der mündlichen Verträge zu brechen, die typisch für das alte "vierte-Kalb-System" der Kolonialzeit war (Sh. Abschnitt 1.3) und der Willkür der Zwischenhändler unterlag, welche in ihrer Mehrheit von den *clans* der Vieh-*Fazendeiros* der Region angeführt werden; 4.) Festlegung des Bodenwertes, ohne diesen gemäß der entwickelten Siedlungssituation in Brasilien zu definieren. Faktoren, wie die demographische Dichte und die Infrastruktur bzw. infrastrukturelle Verbesserung durch öffentliche Gelder bei der Preisbildung des Bodens zu berücksichtigen, werden weiterhin von vielen mißachtet. Obgleich die Mobilität mit der Möglichkeit, sich überall in Brasilien Land zu verschaffen, zu Ende ist, fahren die Kleinproduzenten fort, ihr Land ohne Kenntnis der Marktpreise an irgendeinen Verkäufer zu veräußern.
Durch die drei letztgenannten Folgen ist in Bezug auf die lokalen Machtstrukturen zu erkennen, daß die Kleinproduzenten sich immer noch anfällig zeigen gegenüber den Versuchen der *clan*chefs, sehr feste Abhängigkeitsbindungen zu schaffen, um sie zeitweise oder ein für allemal dazu zu bringen, ihr Dasein als selbständige Kleinproduzenten aufzugeben.
Unter der Perspektive der Saisonwanderung oder der endgültigen Abwanderung muß die abenteurliche Rolle des Menschen des *Sertão* erörtert werden. Ein Großteil der Männer drückt sich noch mit dem Schwung ihrer Rinderhirten-Vorfahren aus. Sie waren es gewohnt, Wege in unbekannte Gebiete zu bahnen, um die geeignetsten für die Viehzucht zu finden. Bei Herannahen der Dürre gingen sie in Richtung Küste, wo die Hauptkonsumzentren von Vieh lagen. Obwohl dieser Zyklus der Viehproduktion nicht mehr genauso wie früher existiert, hält jedoch die Gewohnheit an, in den Trockenzeiten Familie und Wohnort zu verlassen, um andere Einkommensquellen zu suchen.
Man kann hier nicht behaupten, daß in dieser Phase der saisonalen Arbeit verdiente das Geld keine ökonomische Bedeutung für die Familie hätte.

Abhängig von der Schwere der Dürre ist dieses Einkommen zeitweise die einzige Einnahmequelle, die eine Familie zum Überleben hat. Seinerseits hält das kulturgeprägte Wanderverhalten die Kleinproduzentenfamilien von durchgreifenden Maßnahmen ab, um ökonomische Alternativen zu entwickeln bzw. Verbesserungen zu erreichen. Der familiäre Arbeitseinsatz und seine Reproduktion richtet sich in den meisten Fällen nicht allein auf eine Lösung vor Ort, sondern es wird von vorneherein mit der Möglichkeit gerechnet, den Mann oder die älteren Söhne nach auswärts zum Arbeiten zu schicken. Die familiäre Auseinandersetzung mit den natürlichen und sozio-ökonomischen Bedingungen dieser Lebensweise wird nicht bis zur letzten Konsequenz getrieben. Die durch die Migration geschaffene Alternative stellt eine Verlagerung sozialer Kräfte dar, die für diese Auseinandersetzung notwendig wäre, damit an Ort und Stelle Mittel entwickelt würden, durch die der Überlebenszyklus sich schließen könnte.
Das sozio-ökonomische Verhalten im allgemeinen und insbesondere das der Frau weist auf eine signifikante Veränderungstendenz unter den Kleingrundbesitzern hin. Dieser Faktor ist von nicht zu unterschätzender Bedeutung für die Typisierung dieses Kapitels.
Diese Tendenz zeigt sich in dem Bestreben nach einer festen Milieubindung auf der gemeinsamen Suche nach Lösungen für die lokalen Probleme. Sie offenbart sich auf zweifache Weise: Erstens durch die Kritiken der Wanderarbeiter an den außerhalb angetroffenen Arbeits- und Wohnbedingungen, welche die scheinbaren Vorteile der Migration als Illusion entlarven. Zweitens durch das Hervorheben der individuellen, familiären und gemeinschaftlichen Aktionen, die eine umfassende wirtschaftlich-technische Befähigung ermöglicht, bessere Strategien des Wirtschaftens zu finden.
Viele der befragten Männer, die ausgewandert waren und keine Rückkehr geplant hatten, kehrten dennoch zu ihren Familien zurück und schätzen die Qualität des Lebens auf dem Land höher ein als jenes in agroindustriellen Regionen oder in der Großstadt, wo sie sich während der Saisonarbeit aufgehalten hatten. Zum Beispiel wurden die angetroffenen unsicheren Wohnbedingungen angeführt: in Baracken aus Plastikfolien, unter Brücken, in Mietskasernen, in Slums (*Favelas*) usw. Da das erhaltene Geld für die Familie gespart werden muß, akzeptiert man unmenschliche Wohnbedingungen, die entweder in der Nähe der Agroindustrien nichts kosten, oder die sehr billig im Vergleich zum Wohnungsmarkt in den Großstädten sind (Int.Nr.67, 69-72, 83, 88, 115, 118, 123). Unter den zahlreichen Kritikpunkten der Saisonarbeiter finden sich häufig solche an den Arbeitsbedingungen wieder. Insbesondere verweisen sie auf Fälle von Vergiftung durch falsche Handhabung von Chemikalien. "Der Arbeiter flieht, um nicht an Hunger zu sterben und stirbt schließlich vergiftet in der Agroindustrie" (Int. Nr. 151).
Diese unmenschlichen Wohn- und Arbeitsbedingungen führen die wandernden Kleinproduzenten dazu, darüber nachzudenken, unter welchen Bedin-

gungen sie selbst auf dem Land gemeinsam mit ihren Familien leben könnten. In ihren allgemeinen Überlegungen im Rahmen von Bewußtseinsbildung verringert sich gegenwärtig die Anziehungskraft des Abenteuers "Migration". Besonders auf Grund der Ruhe und der doch relativen Sicherheit des Lebens als Bauern betrachten sie dies als das bessere Leben (Int.Nr.67, 69-72, 83, 88, 115, 118, 123).

Diese Überlegungen zeigen, daß es nötig ist, die Existenz am Ort zu sichern. Aus dieser Option entstehen neue Interessen und Aktionen, die konkretisiert werden:

1.) Die Sorge um das Land: Legalisierung des Eigentums oder des Teilhaberverhältnisses; den Umfang des Grundeigentums kennen und registrieren lassen; auf Informationen zurückgreifen, um den Preis des Grundstücks schätzen zu lernen (Int.Nr.28, 63-4, 118);

2.) Die Sorge um die Umweltbedingungen: Sich der Technik und den Informationen gegenüber öffnen, die eine rentablere Landwirtschaft und eine bessere Anpassung an die Naturgegebenheiten des semiariden Klimas ermöglichen (Int.Nr.62, 74, 77, 81, 116, 133, 144, 156, 161 und 162);

3.) Die Sorge um die Planung und die örtlichen Strukturbedingungen: Technische Beratung suchen, um Pflanzenanbau und Tierhaltung besser miteinander zu verbinden; besseres Saatgut für die Anpflanzung und bessere Deck- und Zuchttiere für die Viehzucht; bessere Siloformen zur Lagerung des Anteils, der für den Eigenbedarf der Familie bestimmt ist; erlangen besseren technischen Formen für die Landwirtschaft im allgemeinen - dies alles in einer möglichst praktischen und direkten Form vermittelt (Int.Nr.56, 74, 80-1, 96, 98, 132-4, 137-8, 158, 161-2).

Im Strukturplan, der die Abhängigkeit von den lokalen Klans aufbrechen soll, wird beabsichtigt, kleine Gruppen zu schaffen, die Gemeinschaftsaktionen starten, indem sie z.B. von einem Feld zum anderen ziehen, um gemeinsam den Boden unmittelbar nach dem Regen zu bearbeiten, der vor der Saat fällt. Man organisiert einen Saatgutdienst (*banco de sementes*) und den gemeinsamen Verkauf des Produktionsüberschusses, um damit Marktvorteile zu erzielen. D.h. man versucht, an allen Fronten aktiv zu werden, um andere Wege zu öffnen, durch die die familiäre Geschäftsführung Handel treiben kann. Z.B. ist man auch bestrebt, im Krankheitsfalle eines Familienmitgliedes die Abhängigkeit vom Krankentransport zu senken, der von Mitgliedern des lokalen *clans* durchgeführt und kontrolliert wird - sei es durch die Präfektur, das Krankenhaus oder Privatpersonen etc. Man versucht, Personen der eigenen Familiengruppen im Gesundheitswesen ausbilden zu lassen, um vorbeugend und im Notfall handeln zu können und auch die allgemeinen Hygienebedingungen zu verbessern.

Der Wunsch nach Bodenständigkeit ist direkt mit der konkreten Aktion verbunden im Streben, unabhängig von den patriarchalischen Strukturen der lokalen *clans* zu werden und auf der anderen Seite eine Rationalisierung des Produktionsprozesses zu erreichen.

Die Frauen sind es, die nicht nur als erste, mit oder ohne Unterstützung ihrer Gatten, die Notwendigkeit erkennen, an zwei Fronten kämpfen zu müssen, um die örtliche sozio-ökonomische Eingliederung zu garantieren, sondern die auch deutlichere Schritte auf diesem Gebiet unternehmen. Früher schon waren sie die Abwesenheit ihrer Männer gewohnt. Stets verrichteten sie die Arbeit zusammen mit ihren Kindern, aber schafften es nicht, sich aus der Abhängigkeit vom migrierten Familienvorstand zu lösen. Wenn die Ehemänner kein Geld schickten dieses in Bars oder Bordellen ausgaben, oder ihre Abwesenheit noch länger ausdehnten als geplant, oder aber wenn sie, wie in den meisten Fällen, nicht wußten, wann sie zurückkehren würden, mußten die Frauen allein für das Überleben der Familie sorgen. Das führt heute dazu, daß sie sich stärker mit den erwähnten lokalen Bedingungen auseinandersetzen und in diesem Zusammenhang langfristige Lösungen suchen, damit sich die Familie nicht vor dem Erwachsenwerden der Kinder auflöst. Deshalb sind sie offener für umweltgerechte Agrartechniken, die von Regierungsbehörden und *NGO*s angeboten werden, um zu versuchen, mit den naturzerstörerischen Merkmalen der traditionellen Kultivierungsmethoden (Brandrodung usw.) zu brechen und zu zeigen, daß eine andere Wirtschaftsorganisation der Kleinproduzenten möglich ist. Sie verstärken damit eine Veränderung der archaischen sozialen Machtstrukturen (Int.Nr.39, 42, 52, 84, 87, 89, 131-3, 144).
Die Frauen der landbesitzenden Familien widerstehen eher einem Verkauf ihres Landes. Sie zögern auch mit dem Verkauf der Produkte unmittelbar nach der Ernte, wenn der Preis im Jahresverlauf am niedrigsten ist. Sie wollen sich mehr Kenntnisse im Bereich von Gesundheit und Hygiene aneignen, um einen besseren Gesundheitszustand in der Familie zu erreichen. Sie versuchen, die alleinige Verfügung über das wirtschaftliche Familieneinkommen aus den Händen der Ehemänner und/oder ältere Söhne zu nehmen und allen zugänglich zu machen. Sie sind bereit, für bessere Transport- und Schulbedingungen ihrer Kinder zu kämpfen usw. (Int.Nr.39, 42, 52, 84, 87, 89, 131-3, 144).
Ein klarer Unterschied zwischen der Gruppe der Kleinproduzenten und den am Anfang dieses Kapitels angesprochenen Landarbeitern besteht bezüglich der Frage nach den Zukunftsperspektiven darin, daß die Eltern, hauptsächlich die Mütter, hier den Zugang der Kinder zur Schulbildung bzw. dem schulischen Lernen nicht als einen Fluchtweg aus dem Landleben ansehen. Die Frustration der Landarbeiterin in den Zuckerplantagen, die hingenommen wird, damit ihre Kinder die Chance wahrnehmen können, die Schule zu besuchen, um selbst "niemals" mehr auf dem Land arbeiten zu müssen, wurde bei den Landproduzentenfrauen mit einer einzigen Ausnahme (Intr. Nr. 66) nicht angetroffen. Die gelegentliche Geringschätzung des Produzierens ist bei ihnen nicht vergleichbar mit dem Wunsch, das Landleben ein für allemal aufzugeben, genauso wenig sollen die Kinder, nachdem sie

die Schulzeit beendet haben, dies anstreben. Das schulische Lernen wird hier eher als ein Mittel betrachtet, damit das Leben als Kleinproduzent besser verläuft als das der Erwachsenengeneration, die sich selbst als unwissend einschätzt, ohne Bildung und die leicht durch die "großen Herren" getäuscht werden kann.

2.4. Schlußbemerkungen

Trotz einiger unvereinbarer Unterschiede zwischen den ländlichen Akteuren, die in diesem Kapitel nur unter der Perspektive der Existenzsicherung behandelt wurden, verfallen die sozialen Vermittlungsinstanzen dieser ländlichen Akteure dem Irrtum, sie manchmal als einen einzigen Block - "Landmenschen" (*homens do campo*) - zu behandeln. Das heißt, obwohl die Existenz solcher ländlichen Akteure - Landarbeiter und Kleinproduzenten - ein Ergebnis von unterschiedlichen sozio-ökonomischen Beziehungen ist, besonders durch die jeweilige Abhängigkeit der ersten von der Lohnpolitik und der zweiten von der Agrarpolitik, werden zahlreiche Disparitäten im sozialen Entwicklungsprozeß auf dem Land von den Vermittlungsinstanzen bei der Formulierungen von politisch-sozialen Strategien kaum berücksichtigt. Dies erzeugt im allgemeinen Lösungsvorschläge und Zukunftsprojektionen dieser Entwicklungsvermittler, durch die diese unterschiedlichen Typen zu einer einzigen Klasse gemacht werden: daß sie alle einerseits Landarbeiter oder arme Stadtimmigranten, also Sub-Proletarier, oder anderseits romantischerweise zu Kleinproduzenten der Subsistenzwirtschaft werden.
Wie in der juristischen Definition, in der geringe Unterschiede zwischen den Landarbeitern und den als Subsistenzwirtschaftlern betrachteten Kleinproduzenten gemacht werden, wurde auch die politische Organisation der Kleinproduzenten fast gänzlich derselben Struktur der Interessenvertretung, die für die Landarbeiter besteht, zugeordnet: der Landarbeitergewerkschaft (*STR*). Im zweiten Teil dieser Arbeit soll die Geschichte der Entstehung und Bildung dieser einzigen Gewerkschaftsstruktur für diese verschiedenen sozialen Akteure auf dem Land im einzelnen ausgeführt werden. Es handelt sich um eine Gewerkschaftsstruktur, die sich als zu starr erweist, um die unterschiedlichen Typen von Landarbeitern der Zuckerrohrregion zu mobilisieren, und sich noch starrer gibt, indem sie Kleinproduzenten durch dieselbe politische Leitung und dieselben politischen Strömungen vertreten zu können meint, die sie auf der bundesstaatlichen und staatlichen Ebene umgeben.
Der nächste Teil hat folglich die Wirksamkeit der politischen Repräsentation der hier typisierten ländlich-sozialen Akteure zu bewerten. Es geht um die Darstellung der Vermittlungsinstanzen, die die ländlichen Akteure dazu bringen, ihre Repräsentationsstrukturen zu verstärken, welche nicht durch den unmittelbaren Organisationsprozeß derselben Akteure entstanden sind.

II. Teil Die politische Vertretung der Landbevölkerung Pernambucos

3. Zur Entstehung des brasilianischen Staatswesens und seiner Parteien

Der brasilianische Staat entstand aus der "Vetternwirtschaft und -politik" der Kolonialzeit. Er wurde von einem Beamtentum getragen, das gemäß den Beziehungen zur portugiesischen Krone bzw. zu den *sesmeiros* und *donatários*[95] abhängig war von den gemischten Interessen der Grundherren, portugiesischer Kolonialmacht und Kirche.
Die Vereinigung der Machtbestrebungen dieser Gruppen führte zur Bildung von Korporationen unter Kontrolle der jeweiligen Landesherren, die um die Macht konkurrierten. Innerhalb dieser Gruppen blieb das Obrigkeitsprinzip vorherrschend. Die Korporationen wiesen gleiche Kennzeichen auf, die eine Art Idealtypus bezeichneten: Der Großgrundbesitzer rekrutierte als Patriarch außer seinen Blutsverwandten *capangas, agregados*[96], Priester und Händler, die seine Klientel bildeten. In der Regel waren es gegenseitige Leistungen, die das Zusammenleben garantieren sollten. Aus diesem Einflußkreis stammten die ersten Beamten.
Die komplexen Beziehungen beruhten auf persönlichem Vertrauen. Die Entlohnungen, die für die Beamten aus der Steuer, für *capangas* und *agregados* aus der Privatkasse des Patrons stammten, wurden möglichst niedrig gehalten. Gesundheitsversorgung, Schulung, Transport und religiöse Betreuung wurden von den Angehörigen der Klientel als Gabe des Herrn angesehen, die sie sich durch Anpassung im *clan-System* zu verdienen hatten - eine Gabe, die zur Strafe schnell entzogen werden konnte, wenn der Herr "beleidigt" oder von seinem Mitarbeiter enttäuscht war. Insgesamt mußte die Kontrolle sich auf jeden erstrecken, um das bestehende Machtsystem und dessen Vergrößerung innerhalb des *clans* abzusichern. Das Denunzieren der "Fehler" anderer bescherte daher Aufstiegschancen bzw. höhere Zuwendungen. Das Verschweigen solcher Fehler konnte im Gegenteil dazu beitragen, parallele Mikro-Systeme entstehen zu lassen, in denen sowohl integrierte als auch widerstandsfähige, unabhängige Elemente dem *clan* gegenüberstanden[97].

---

[95] Sh. 1. Kapitel.

[96] *capangas*: Leibwächter und Meuchelmörder.
agregados: Hausangestellte. Sie waren Kleinproduzenten, Handwerker, Krämer usw.

[97] Über die Widerstandserlebnisse der ländlichen Unterschichten siehe 5. Kapitel.

Am Anfang war die politische Vertretung der Korporationen von den *clan-Herren* selbst übernommen worden. Beziehungen zu den Krone und Kirche am nächsten stehenden Herren reichten in der Regel aus, um die Wohltaten der Verwaltung zu erlangen. Die übermäßige Integration der Kirche[98] in das gesamte soziale Leben spielte auch hier eine verhängnisvolle Rolle, da sie sich wechselseitig ergänzend am europäischen Hierarchie- und Inquisitionsgebaren einerseits sowie den Interessen lokaler Korporationen andererseits orientierte.
Mit dem Wachsen der Städte bzw. der Entwicklung einer Kolonialverwaltung wurde diese Vertretung unzureichend. Die sich ausweitende soziale Differenzierung in den Städten, die umstrittene Durchführung von aus Portugal importierten Kolonisationsmustern und die Entstehung einer etwas unabhängigeren Händlerschicht brachten die Notwendigkeit mit sich, die korporative Interessenlage systematischer zu organisieren. Aus dem in sich geschlossenen Kreis von geschulten Vertrauensträgern traten Gruppierungen hervor, die sich auf einer zwischen den Herren und ihnen formulierten Vertragsbasis gründeten. Diese Keimzellen politischer Parteien wurden dann von den Korporationen der Grundherren und deren Verbündeten fortentwickelt[99]. In der Mehrheit waren es Juristen, die sich als erste Berufspolitiker mit den Oligarchien verbanden. Sie etablierten ein staatliches Rechtssystem, das die strenge Herrschaft der Korporationen widerspiegelte und gleichzeitig die eigene Macht sicherte[100].

---

[98] D. Luis da Cunha(1662-1749) war Botschafter für Portugal an verschiedenen Orten Europas und konnte feststellen, daß in Portugal der Einfluß des Katholizismus auf alle Lebensbereiche tiefgreifender war als in anderen Reichen bzw. Staaten. Er bestätigte die Übertragung dieses Einflusses auf die damaligen Kolonien. Cunha 1976, bes. S.XIII-XV und 81-87. In seinen Briefen von 1747-49 an Prinz D. José, den Erben der portugiesischen Krone, der sich in Brasilien aufhielt, machte er aufklärerische Modernisierungsvorschläge und stellte seine europäischen Erfahrungen kritisch den Klientelstrukturen in Portugal gegenüber.

[99] Der oligarchisch-korporative Charakter der Parteien ist Thema von unzähligen Studien in Brasilien gewesen. Sie unterscheiden sich zum Teil in der Bewertung der Anpassungsfähigkeit dieser Gruppierungen (Parteien) an die Systeme in verschiedenen Phasen der brasilianischen Geschichte. Sowohl in der Kolonialzeit wie nach der Unabhängigkeitserklärung (1822) und Republikgründung (1889) waren die Assoziierungen und Des-Assoziierungen dieser Gruppierungen untereinander mit Kirche und kolonialer Macht bzw. ihren internationalen Gegnern entscheidend für das Ergebnis der neu entstehenden Machtverteilung bzw. Staatsgewalt. Vgl. die Klassiker Faoro (1957), Costa (1968), Prado Jr. (1975) und Novais (1979).

[100] Das Problem der Überzahl an Juristen in Portugal, das D. Luis da Cunha als einen "Aderlaß der Kronverwaltung" bezeichnete, ließe sich auf Brasilien übertragen. Das Wachstum des Landes sei dadurch behindert, schrieb Cunha, daß sie bei der Gesetzgebung absichtlich komplizierte Texte erließen, die die Gerichtsverfahren verlangsamten. Sowohl Richter als auch Anwälte profitierten davon, da sie auf diese Weise mehr an ihrer Klientel verdienten. Die Laien könnten zudem nie allein ihre Rechte verteidigen. Vgl. Cunha 1976, S.49-60.

Eine Vertretung der unteren Schichten gab es in der Praxis nicht. Für *agregados* und *capangas* blieb nur die Eingliederung in den *clan* übrig. Die persönliche Revolte, die Teilnahme von versklavten Schwarzafrikanern und Indianern an einem sozialen Aufstand oder die Bildung einer Banditengruppe verlangte einen Bruch mit dem System. Ein solcher Bruch machte eine Rückkehr zum Konsens fast unmöglich, außer im Falle des Zusammengehens mit einem anderen Herrn, der dem ehemaligen Patron feindlich gesinnt war.

Vom 16. bis 19. Jahrhundert gab es in Pernambuco jedoch zwei wichtige Momente, in denen eine andere Tendenz für die oligarchische Verwaltungsstruktur in den Vordergrund trat: Die erste kam mit der holländischen Invasion (1630-1654), die zweite mit dem Aufstand Pernambucos von 1817.

Die Holländer entmachteten die Herren, nachdem sie sich eine eigene Verwaltung geschaffen hatten. Produktion und Vermarktung wurden überwacht und besteuert und das Rechtssystem neu formuliert. Man entließ sogar die pernambucanischen Indianer aus der Sklaverei[101] und führte die Religionsfreiheit ein. 1640 gründeten die holländischen Invasoren das erste Parlament Lateinamerikas. Indessen zerstörten sie das clan-System nicht[102]. Dies war einer der Hauptgründe, weshalb die Portugiesen Pernambuco wiedererobern konnten[103]. Die Herren setzten ihre *clans* zur Unterstützung des portugiesischen Militärs ein und machten damit die für sie bedrohlichen Reformen zunichte.

Beim Aufstand von 1817 sah die Lage anders aus: die Reformen kamen nicht aufgrund der Landbesetzung eines zweiten Kolonisators, sondern wegen des sich entwickelnden einheimischen Widerstands gegen die Kolonisation als solche zustande. Die *clan*-Herren gehörten zu dieser Zeit einer Nachwuchsgeneration an, die vor allem die Belastung durch die portugiesische Besteuerung nicht mehr ertragen wollte. Zudem war die pernambucanische Gesellschaft längst komplexer und ausgeformter geworden, und die Besiedlung des Landes drang in den inneren *Sertão* vor, so daß sich die starren Hierarchien der Korporationen nicht mehr problemlos aufrechterhalten ließen.

---

[101] Gonsalves de Mello Neto, José Antonio 1947: Tempo dos Flamengos. Influências da Ocupação Holandesa na Vida e na Cultura do Norte. ed. José Olympio. Rio de Janeiro. S.210. Bei Correia de Andrade 1980: S.63.

[102] "Die Intention der Holländer war es nicht, die schon konsolidierte Zivilisation zu zerstören, sie war es aber, den Portugiesen ihre Positionen, Gewinne und Privilegien zu nehmen, die sie genossen. Als sie die Portugiesen besiegten, wurden Modifizierungen nur im Überbein vorgenommen, tatsächlich wurden die ökonomischen Institutionen aber unberührt gelassen, da sie ihnen zu der Zeit als ergiebig erschienen." Correia de Andrade 1980: S.59.

[103] Buarque de Holanda 1933: Raízes do Brasil. ed. José Olympio. Rio de Janeiro. Bei Brühl 1989: S.40.

Die Aufständischen eroberten die militärischen Stützpunkte der Zentralverwaltung und gründeten eine freie unabhängige Republik. Um die pernambucanische Republik zu verteidigen, versprachen ihre Führer den unteren Schichten, die am Aufstand teilnahmen, einen besseren Lebensstandard. Die Gefängnisse wurden geöffnet, um den Sträflingen die Teilnahme am Kampf zu ermöglichen. Die radikalen Republikaner durften in den Versammlungen von der künftigen Abschaffung der Sklaverei reden, ohne eine direkte Opposition der neuerdings ebenfalls republikanisch gesinnten Sklavenherren befürchten zu müssen. Sie sollten allerdings zuerst die neue Republik garantieren, welche eine provisorische Gesetzgebung entwarf, die gewisse demokratische Tendenzen aufwies.
Mittlerweile residierte jedoch die portugiesische Krone in Rio de Janeiro, weil der König, D. João VI., vor der bonapartischen Invasion aus Portugal geflohen war. Die Illoyalität gegenüber dem König bedeutete für Pernambuco heftigen Widerstand der anderen Regionen Brasiliens, die die Kroninteressen unterstützten. Der Aufstand wurde mit dem Argument abgelehnt, daß es keine Unabhängigkeit für nur eine Region geben dürfe, da diese damit eine gleichsam zwischen Feinden eingeklemmte Republik innerhalb des Halbkontinents sei[104]. Die Zentralmacht besiegte schließlich mit den Königstreuen den Aufstand und mit ihm die sozial-politischen Alternativen für Pernambuco.
Die oligarchischen Elemente blieben vordergründig von der politischen Entwicklung nicht unberührt. Sie entwickelten sich weiter und paßten sich an den Rationalisierungsprozeß an. Die Höhepunkte der offiziellen Geschichte Brasiliens brachten eine Reorganisation dieser Elemente, aber keinen entscheidenden Bruch mit ihnen. Die Unabhängigkeitserklärung (1822) und die Republikgründung (1889) waren Arrangements, mit denen die aus der Vetternpolitik entstandene Elite beabsichtigte, die explosiven Momente der unteren Schichten zu dämpfen und regionale Assoziierungen der südlichen brasilianischen Provinzen zu verstärken. Aus regionaler Sicht wurde daher den Korporationen aus dem Nordosten die Unabhängig-

---

[104] Am "Aufstand Pernambucos von 1817" waren sämtliche Gruppierungen der Grundherren, einige Bürgergruppen der Städte und reformorientierte Kirchenvertreter, die die Unabhängige Republik Pernambuco gegründet haben, beteiligt. Der König hatte 1808 freien Handel mit den befreundeten Nationen verkündet. Dies bedeutete fast ausschließlich Handel und Verkehr mit Großbritannien. Ein Grund dafür, daß ein revolutionäres Projekt in Pernambuco schon lang existierte, (Tavares 1969: Einführung der 3.Auflage vom 1917 S.XXII) war der freie Handel. Aber mit dem Umzug der königlichen Familie nach Brasilien wuchsen die Staatsapparate und damit die Steuerbelastung für Großgrundbesitzer und Händler, die nun die vom König gewährte Freiheit negativ beurteilten und Widerstand leisteten. Andererseits trugen die Freiheitsideen der französischen Revolution mit zur Entstehung der "brasilianischen Jakobiner" aus den städtischen freien Berufen bei. Die Niederwerfung dieses Aufstandes erfolgte schließlich, als die Gruppierungen sowohl Brasiliens als auch Portugals gewaltsam gegen die Einrichtung dieser Republik vorgingen. Vgl. Tavares (1969), Mota (1972), Leite (1976) und (1984) und Siqueira (1980).

keit zum Nachteil, weil die Machtverteilung allmählich in die Hände der sogenannten modernen Großgrundbesitzer des Südens überging.
Die Republik Brasilien wurde 1889 anläßlich einer Militärparade in Rio de Janeiro gegründet[105]. Das Militär trat als die erste parteiisch-korporative Institution Brasiliens hervor, die bis in die letzten Winkel des Landes ziemlich einheitlich ihre Interessen - "Interessen der Nation" - vertrat[106]. Das Militär als eine Art von Partei darzustellen, macht Sinn, weil es vier langwährende militärische Interventionen in den Staatsapparat geben sollte, durch die grundlegende Gesetze und noch heute zu belegende Teilgebiete der politischen Kultur stark beeinflußt worden sind.
Mit der Industrialisierung Südbrasiliens (ab 1860) kamen die europäischen und ostasiatischen Einwanderer, die Organisationsformen wie Gewerkschaften[107] mitbrachten. Ab den zwanziger Jahren dieses Jahrhunderts wurden sozialistische und kommunistische Parteien gegründet, die trotz langer Perioden in der Illegalität versuchten, sich auf das ganze Territorium auszudehnen. Sie versagten in ihrem Bestreben, die oligarchischen Elemente in den Verwaltungen durch eigene Leute zu ersetzen[108].
Um diese subversiven Kräfte auszuschalten, wurde von der politischen Elite und den unterdessen entstandenen "bürgerlichen Schichten" in Zusammenarbeit mit dem Militär eine komplizierte Operation innerhalb der brasilianischen Politik vorgenommen, die ungefähr 30 Jahre dauerte und, einsetzend im Jahr 1930 mit einem Militärputsch, als "bürgerliche Revolution Brasiliens" bezeichnet wird[109]. Der Prozeß begann nach der Grün-

[105] Carvalho 1987: S.15-65.

[106] Mit "parteiisch" werden die eigenständischen politischen Projekte bezeichnet, die die Streitkräfte seit ihrem Sieg im sogenannten Paraguay-Krieg (1860 1875) entwickelten. Das höchste politische Planungsniveau des Militärs wurde später (1950) mit der Gründung der "Kriegshochschule" (*Escola Superior de Guerra*) erreicht, wo die "Doktrin der nationalen Sicherheit" ausgearbeitet wurde, die in ganz Lateinamerika Einfluß gewann.
In der Kaiserzeit (1822-1889) hatte es durchgehend zwei Parteien gegeben: *conservador* und *liberal,* danach kam die noch verbotene *republikanische* Partei.

[107] Sh. nächsten Abschnitt: Entstehung und Entwicklung der Gewerkschaften.

[108] Über ihre Kompetenz zur Vertretung der Landbevölkerung siehe 6. und 7. Kapitel.

[109] Analysen aus den 50er und 60er Jahren (vor dem Putsch 1964, den die Täter auch als Revolution zu bezeichnen versuchten) sind durch den Schwung des *desenvolvimentismo* geprägt worden. Sie bestätigen also den politischen Bruch um 1930 als die Ausschaltung der Oligarchien des Patrimonialismus, als die Revolution, die die moderne bürgerliche Zeit eingeleitet habe: Vgl. u.a. Sodré 1963 und 1964, Benevides 1976 und Prado Jr. 1975.
Die sogenannten radikal kritischen Analysen, die im Gegensatz dazu innerhalb der Militärdiktatur auftauchten, stellten den bürgerlichen Charakter des Staates nach der 1930er Revolution in Frage. Florestan Fernandes beschreibt z.B. mittels Weberscher Ansätze über abendländische Rationalität die bürgerlichen Klassen als solche, die ihre soziale Wirtschaftsherrschaft davon abhängig machen, "von der Politik zu leben", statt

dung der Republik und beschleunigte sich in den unruhigen 20er Jahren, z.B. nach der Gründung der brasilianischen KP 1922 und der *revolta tenentista* (Leutnantsrevolte) im gleichen Jahr. Obwohl die gebräuchliche Periodisierung die Jahre 1929 als "Krise der oligarchischen Hegemonie"[110] und 1930 als "bürgerlich-revolutionär" bezeichnet, blieb der Prozeß noch offen, um die Institutionalisierung des "bürgerlichen Staates" zu befestigen. Im Grunde genommen bekam der Staat mit der neuen Verfassung von 1948 und dem Beginn des Populismus (1950) nach dem Wahlsieg Getúlio Vargas' sein "bürgerlich-demokratisches" Gesicht.
In der zeitgenössischen Geschichtsschreibung hieß die *"revolução de 30"*, in der vor allem die südlichen Oligarchien aus der Zentralmacht gedrängt wurden, das "Ende der Milchkaffeerepublik"[111]. Eine Modernisierung der staatlichen Institutionen wurde durch neue Führungskräfte (u.a. gebildete Militärs) versucht, die sich aber an manche nepotistische Strukturen gut anpassen konnten. Die kritische Historiographie nannte die Ereignisse von 1930 "das Schweigen der Besiegten"[112]. Hiermit waren die unteren Sozialschichten gemeint, die Arbeiter in den Städten und auf dem Land sowie Kleinbauern und Gelegenheitsarbeiter, die nach heftigen sozialen Bewegungen durch die rücksichtslos eingesetzte Staatsgewalt schließlich zum Schweigen gebracht wurden[113].

---

wie im Abendland mit indirekten politischen Interventionsmitteln den Staatsapparat zu lenken. "Das Bürgertum verpflichtete sich gleichförmig zu all dem, was vorteilhaft war. Vorteilhaft hieß: den Nutzen aus der Unzeitgemäßheit und der Heterogenität der brasilianischen Gesellschaft zu ziehen durch die Mobilisierung der Vorteile, die sich sowohl aus der 'Rückständigkeit' als auch der 'Fortschrittlichkeit' der Bevölkerung ergaben." Fernandes 1975: S.204ff. Vgl. auch Candido 1980, bs. S.109-138.

[110] Weffort 1986: S.118ff.

[111] Der Begriff "A república do café com leite" ist bekannt geworden, seitdem das Militär nach der Republikgründung die Politik an die Zivilisten übergeleitet hat. Der Name bezieht sich auf den ständigen Machtwechsel zwischen den "Kaffeebaronen" aus dem Bundesstaat São Paulo und den Viehzüchtern aus Minas Gerais. Vgl. Love, J.; Wirth,J. und Levine, R. 1975, S.52-151.

[112] De Decca 1980, I. Teil.

[113] Über die sozialen Bewegungen in der 1.Republik (1889-1930) gibt es umfangreiche Quellensammlungen und Bibliographien. In den Städten u.a.: Sevcenko 1983 und 1984, Hall/Pinheiro 1979 und 1981, Hardman 1983, Hardman/ Leonardi 1982, Carone 1972, 1974 und 1979. Auf dem Land u.a.: Martins 1981 und 1983, Monteiro 1974, Queiroz 1976 und 1977 und Facó 1983. Außer den kommunistisch und sozialistisch orientierten Bewegungen gab es zahlreiche andere, die nicht nach einer Änderung der Staatsapparate strebten. Die Anarchisten in den Städten versuchten z.B. direkt mit den Fabrik- und Transportunternehmern zu verhandeln. Auf dem Land bzw. in den Bewegungen der *canudos, contestado* und *cangaço* entstanden eigene Verwaltungsorganisationen, die mit traditionellen religiösen Mitteln ihre sozialen Regeln realisierten, aber als eindeutig alternative Gesellschaften von der brasilianischen Staatsgewalt vernichtet wurden. (Sh. Ab. 5.1.)

1937 fand ein weiterer Militärputsch statt, um dem sozialen Überdruck zu begegnen und die Demokratisierungsbewegungen der *aliança nacional libertadora* (ANL) aus dem politischen Kräftespiel auszuschalten. Der *Estado Novo* (neuer Staat) wurde gegründet. Getúlio Vargas wurde als Chef der provisorischen Regierung noch einmal bestätigt und blieb es bis 1945. Eine neue Verfassung wurde 1948 erlassen, nachdem eine in ihrer parteipolitischen Zusammensetzung begrenzte Nationalversammlung gewählt worden war. Die fünfzehnjährige provisorische Regierung Vargas vertrat den *integralismo,* der eine brasilianische Version des Faschismus war[114].

Die "nicht subversiven" Mittelschichten hatten dabei die Chance, an der Machtverteilung zu partizipieren: zunächst in der Bürokratie und nach der Verabschiedung der Verfassung auch als Berufspolitiker[115]. Durch zunehmenden Druck von innen und aus den USA entfernte sich Vargas schließlich vom *integralismo* und erlaubte den Militärs, in die Okzident-Allianz einzutreten.

Nie ist die Rede von einer Ausschaltung der oligarchischen Korporationen gewesen, sondern lediglich von deren Anpassung an die neue Situation, d.h. die Machtverteilung unter Militärs, den Unternehmern des Sekundär- und Tertiärsektors sowie den Mittelschichten. Die ideologische Basis dieser in ihrer Interessenlage so uneinheitlichen Allianz war die uneingeschränkte Verteidigung des Eigentums, an der die "moderne Bourgeoisie" höchst interessiert war[116].

Die der Versklavung ähnliche Ausbeutung der Arbeitskräfte auf dem Land, Gewalt und Betrugsmethoden trotz offizieller katastermäßiger Registrierung des Landes, häufig mit Unterstützung der Justiz, waren Mittel, die mit der Verteidigung des Eigentums verbunden wurden und bis heute

[114] Faoro 1957: S.698ff.

[115] Vgl. Chauí 1978: S.17-149.

[116] Am 28. Januar 1938 schrieb Plínio Salgado, ein Theoretiker des *Integralismus,* an Präsident Getúlio Vargas: "Wir waren die einzige organisierte nationale Kraft; wir waren 1 Million Brasilianer, die eine Barriere vor dem Kommunismus darstellten und den parteilichen Regionalismus bekämpften ... wir stimmten mit der politischen Richtung des Präsidenten überein". Zit. nach Chauí 1978: S.107.

existieren[117]. Sie werden von den sogenannten modernen Berufspolitikern geduldet, um ihre oben beschriebene Basis zu erhalten.
Nach der Verfassung von 1948 gelangte Vargas - diesmal legal gewählt - erneut ins Präsidentenamt. Er begann damit die Phase des Populismus in Brasilien und regierte bis zu seinem Selbstmord im Jahr 1954. Die nationale Industrialisierung nahm kräftig zu und verzweigte sich weiter in den Städten. Seine einseitige Agrarpolitik zugunsten der Kaffeeproduzenten des Südens schloß sich der industriellen Wohlstandsmehrung "würdig" an.
Nach ihm bemühte sich der Präsident Juscelino Kubitschek gemäß dem Programm des populistischen *desenvolvimentismo* und mit entschiedener Unterstützung des Militärs, Brasilien zu einer internationalen Macht zu machen[118]. Ausländische Konzerne bekamen staatliche Vergünstigungen, wenn sie ihre Tochterunternehmen im Land ansiedelten. Sie paßten sich sofort als Unternehmerkorporationen der brasilianischen Politik an.
Nach nur siebenmonatiger, innenpolitisch bedeutungsloser Regierung von Janio Quadros trat sein Vize-Präsident João Goulart das Amt an. Seine Politik sollte eine Fortsetzung der von Kubitschek sein. Populistisch wie seine Vorgänger, vergab er Vertrauensposten an Politiker, die mit der seit Ende der fünfziger Jahre wachsenden Gewerkschaftsbewegung sympathisierten. Konservative Opposition und Militärs versuchten ständig, seine Regierung zu torpedieren. Sein Agrarreformprogramm aber wurde von ihnen als totaler Angriff auf das Eigentumsrecht und die Kernmacht der oligarchischen Großgrundbesitzer grundlegend mißverstanden. Ein neues Arrangement zwischen lokalen Oligarchien, nationalen Berufspolitikern und Militärs wurde vorbereitet und am 1. April 1964 João Goulart abgesetzt. Die neue Militärdiktatur folgte dem *desenvolvimentismo* des Zivilisten Kubitschek und fror die Politik ein, soweit sie "den Nationalinteressen" nicht diente[119].

---

[117] Noch vor kurzem wurde in der brasilianischen und deutschsprachigen Presse vom 14. bis 21. Februar 1992 die Sklavenarbeit im Amazonasgebiet angeprangert. Das Parlament und die Regierung Collor, die sich selbst als sozialdemokratisch bezeichnete und von der Koalition liberaler Parteien (PFL, PRN und PSLD) im Parlament unterstützt wurde, wurden ausführlich durch die von Bürgerinitiativen, Gewerkschaften und Kirchenvertretern zusammengestellte Dokumentation über die Rechtsmißhandlung von "modernen" Viehzüchtern im Amazonas informiert. In der zweiten Jahreshälfte 1991 beschäftigte sich eine Sonderkommission im Parlament mit Gewalt auf dem Land: alle Namen von Tätern, Auftraggebern, korrupten Polizisten und Richtern wurden öffentlich bekanntgegeben. Doch war keine durchgreifende Maßnahme dagegen ergriffen worden. Sh. "Parlamentsbericht über Todesschwadronen"; "Harsche amerikanische Kritik an Brasilien" in NZZ, 21.2.'92; "Mord und Totschlag auf Brasiliens Plantagen" in SDZ, 17.2.'92 und CPT-Jahresberichte von 1989/90/91.

[118] Vgl. Benevides 1975.

[119] Vgl. bs. Toledo 1982 und Dreifuss 1986.

Das Abschlußkapitel von Faoros (1957) - "Die Rund-Reise: vom Patrimonialismus zum Ständestaat" bleibt auch nach 30 Jahren gesellschaftlicher Entwicklung Brasiliens noch aktuell:

> " Die brasilianische Realität hat ... die säkulare Ausdauer der patrimonialen Struktur bewiesen, die schneidig, unverletzlich und progressiv der Wiederholung der kapitalistischen Erfahrung widersteht. Sie hat vom Kapitalismus die Technik, die Maschinen, die Betriebe übernommen, ohne sich dessen wanderlustigen unruhigen Geist zu eigen zu machen". (Ebd., S.736)

Nach der Machtübergabe an die Zivilisten ab 1985 charakterisiert immer noch das Zusammenwirken einerseits patriarchalisch-oligarchischer und andererseits neoliberaler Elemente die Politik und die Staatsapparate[120]. Die folgenden Kapitel sollen darstellen, welche Quer- und Abwege einige Parteien, Gewerkschafts- und soziale Bewegungen zu realisieren versuchten. Die Bedeutung dieser Versuche für das politische Bild und den Überlebenskampf der Landbevölkerung in Pernambuco aufzuzeigen, ist dem Abschlußteil vorbehalten.

[120] Der abgesetzte bzw. zurückgetretene Präsident Collor de Mello wurde 1989 unter starker Mediendarstellung seines radikalen Modernisierungsprogramms für Wirtschaft und Staatsverwaltung gewählt. Sofort nach der Amtsübernahme begann er mit Wirtschafts- und Verwaltungssanierungen. Seine Ministerien waren z.T. von Fachleuten, aber auch von Berufspolitikern besetzt worden, was auf politische Verträge Collors mit den nordöstlichen Traditionsoligarchien zurückging. Nach zwei Jahren wurde seine Regierung durch die Presse und von Oppositionsparteien mit zahlreichen Anklagen gegen Korruption und begünstigende Etatverteilungen bombardiert, da sich die Oligarchien direkte und indirekte Gewinne verschaffen konnten und damit das Modernisierungsprojekt zugrunde richteten. (Vgl. Marques, Carlos José: "Corporativismo, fisiologismo e descrédito do governo retardam o fim do gigantismo estatal" in: Istoé Senhor, 2.10.1991, Nr.1149, S.8-10 und: "Os ministros-podres" in: Veja, 18.12.1991, Nr.1213, S.18-21). Ein bedeutsames Beispiel ist bei den Ausgaben des Sozialministeriums (Ministério de Ação Social) für den Bundesstaat Alagoas zu finden. 1990-91 erhielten verschiedene Sozialeinrichtungen der alagoanischen Clique 18% des Nationaletats. (Vgl. Oyama, Thaís: "Ultimo despacho de Margarida beneficia NE" in: FdSP, 19.1.1992). Der kleine Bundesstaat Alagoas, aus dem Collor de Mello und die ehemalige Sozialministerin Margarida Procópio stammen, stellt jedoch nur 1,72% der Bevölkerung Brasiliens nach IBGE (1992a). Die Sozialministerin wurde daraufhin im Januar 1992 abgesetzt.

4. Zur Entstehung und Entwicklung der Gewerkschaften

Die Gewerkschaften[121] entstanden in Brasilien im Zuge der Industrialisierung, die ab 1860 die Wirtschaft langsam veränderte. Die Einwanderung europäischer Arbeitskräfte brachte nicht nur die schon relativ dem Industrialisierungsprozeß angepaßten Arbeiter ins Land, sondern auch deren Organisationsformen[122]. Die eingewanderten Arbeiter schlossen sich in associações de "socorro mútuo" (Selbsthilfe-Vereinigungen) zusammen, um die verschiedenen Leistungen für eine bessere "Lebenssicherung" zu erkämpfen.

Die "Selbsthilfe"-Vereinigungen, die schon ab 1875 gegründet wurden, konstituierten sich analog zu dem Charakter des Arbeits- und Wohnorts. Einige entwickelten sich als Kooperativen, wenn sie mehr auf Konsum und soziale, besonders kulturelle Leistungen ausgerichtet waren, andere als Gewerkschaften, wenn sie sich vorrangig mit Verbesserungen der Arbeitsbedingungen und Löhne in den Betrieben beschäftigten.

Da sich die Industrialisierung auf die Städte Rio de Janeiro und São Paulo konzentrierte, entwickelten sich dort stark anschwellende Vereinigungen. Es gab zwischen 1906-1920 Momente, in denen vor allem durch den massiven Einfluß des Anarchosyndikalismus Vereinigungen von 10-20.000 Mitgliedern bestanden[123].

Die mitgliederstarken "Selbsthilfe"-Vereinigungen organisierten Generalstreiks und andere Arbeitskämpfe, durch die sie sich als prägende politische Kräfte innerhalb der sozialen Entwicklung auszeichneten. Die Herrschaftselite, für die soziale Probleme bisher ausschließlich mit polizeilichen Mitteln zu behandeln waren, wurde nun allmählich gezwungen, über die fehlenden Bürgerrechte nachzudenken.

Aufgrund ihrer gut besuchten kulturellen und sportlichen Veranstaltungen in "allgemein zugänglichen und verfügbaren Flächen und Räumen"[124],

---

[121] Die Übersetzung von *sindicato de trabalhadores* mit Gewerkschaft sollte sich durch die im Text gegebene geschichtliche Beschreibung deutlich von dem in Deutschland geltenden Gewerkschaftsbegriff unterscheiden. Sowohl in der Wissenschaft als auch in der deutschen Presse ist der Begriff Gewerkschaft für den brasilianischen Fall öfter gebraucht worden. Vgl. z.B. Liehr (1988) und Rott (1988).

[122] Über die Motive des europäischen und fernöstlichen Arbeitskraft-Imports siehe Unterabschnitt 1.2.3.

[123] Obwohl die sozialen Einflüsse der "Selbsthilfe"-Vereinigungen keine exklusiven Erscheinungen der beiden Industriestädte waren, beschäftigt sich die regionale Forschung, z.B. in Recife, der Hauptstadt Pernambucos, nur unzureichend mit diesen Einflüssen.

[124] In einer postkolonialen Gesellschaft wie der Brasiliens war die "Einschränkung öffentlicher Räume und Flächen" (Kößler 1990: S.277) für die unteren Klassen noch drastischer als z.B. in England. Nachdem diese Einschränkung seit dem 16.Jh. und

leisteten diese Vereinigungen durch die Selbstdarstellung eigener Symbolik einen emanzipatorischen Aufbruch innerhalb der damaligen Öffentlichkeit, was die geltende Identität von postkolonial gesellschaftlicher Kultur in Frage stellte[125].
Die Arbeiterorganisationen wurden durch die Spaltung in Anarchisten bzw. Sozialisten innerhalb der Führung zunächst nicht wesentlich beeinträchtigt, solange staatliche Repression sie nur in Schranken halten wollte. Nachdem der Staat jedoch durch Ausweisungen von Einwanderern, lebenslange Isolationshaft für Brasilianer und militärische Einsätze gegen öffentliche und geschlossene Veranstaltungen versucht hatte, die Vereinigungen zu zerschlagen, nahm die politische Spaltung an Bedeutung zu und machte das Überleben dieser Organisationen fast unmöglich. 1920 kann als das Jahr der Niederlage des Anarchosyndikalismus bezeichnet werden, da der größte Teil der anarchistischen Führung durch die politische Repression zum Verschwinden gebracht wurde oder ihr Engagement aufgab. Einige führende Personen gingen zu den Sozialisten über.
Die Sozialisten warteten im Untergrund einen günstigeren politischen Moment ab und stellten in den 20er Jahren gemeinsam mit den Kommunisten - besonders nach der Gründung der KP (1922) - die Führungsspitzen der Arbeiterbewegung in den Städten. Ihr Ziel war der Ausbau von Gewerkschaften, die im Gegensatz zu den anarchosyndikalistischen Organisationen vom Staat anerkannt werden sollten. Ihre Analyse besagte, daß der Staat noch in den Händen der Traditionsoligarchien liege; deswegen sollten die organisierten Arbeiter zuerst die Bürgerschichten darin unterstützen, an die Staatsapparaturen zu gelangen[126]. Die Entwicklung der Produktions-

---

während des 18.Jh.s in England sich verschärft hatte, weisen die Beschreibungen Kößlers (1990: S.278ff.) auf eine "Privatisierung öffentlicher Räume" hin. In Brasilien hatte es keine Privatisierung dieser Art gegeben. Zwar wurde der Unterhalt der Flächen und Räume öffentlich finanziert, aber der Zugang für sogenannte "vulgäre Menschen" gesperrt. In Rio wurde z.B. auch der Botanische Garten für die unteren Klassen geschlossen, der nach einem spezifischen Kampf der Selbsthilfe-Vereinigungen für die arbeitenden Klassen wieder zugänglich gemacht wurde, jedoch unter starker Polizeiaufsicht (Hardmann 1984: S.44).

[125] Überwiegend spanisch- und italienischsprachige öffentliche Darbietungen von Theaterstücken und Konzerten, gemeinsame Sonntagsspaziergänge, Sportwettkämpfe und Zeitungsprojekte brachten den Arbeitern in den Städten eine relative kulturelle Klassenautonomie. Vgl. Hardman (1983), S.31ff.
Diese Autonomie - besonders sie öffentlich zu machen - gehörte zu den wichtigen Faktoren der ästhetischen Bewegung "Modernista" der 20er Jahre. Außer einigen Ausnahmen wie der des Schriftstellers Lima Barreto im 19.Jh. geschah es durch diese Bewegung in Brasilien das erste Mal, daß die brasilianischen Künstler und Künstlerinnen die allgemein kulturellen Elemente ihres eigenen Landes zu Objekten ihrer Kunst machten. Vgl. Cândido 1985: S.107-167. Zu der "movimento modernista" gibt es zahlreiche Literatur. Sh. HGCB Bd.9.

[126] Die Taktiken der *revolução por etapas* (Revolution in Stufen) entstammten dem Einfluß des internationalen Marxismus (3.Internationale): die Eroberung des Staates für

mittel und eine Verbesserung der Rechtslage für die Arbeiter würde durch einen bürgerlich regierten Staat leichter zu erreichen sein als ohne diese für eine Umwälzung der Gesellschaft "erforderliche Etappe".
Diese "bürgerliche Revolution" erwies sich jedoch als niederschmetternd für die Gewerkschaftsbewegung der Sozialisten und Kommunisten, da die Bürgerschichten nach dem Putsch von 1930 ihre "Revolution" mit den Oligarchien und dem Militär verbanden. Die Verfolgung von gewerkschaftlichen Führungskräften wurde also fortgesetzt. Von 1932-1935 erwuchs eine neue Demokratiebewegung, die u.a. auch nach Anerkennung der Gewerkschaften strebte. Der Staat hatte sich aber nicht auf Verhandlungen eingestellt, sondern weiterhin versucht, sie zu zerschlagen. 1937 kam der weitergehende Putsch von Vargas, und die zermürbte Gewerkschaftsbewegung leistete keinen Widerstand mehr.
Anstelle der gewerkschaftlichen Organisation, die aus der Entwicklung der Arbeiterbewegung heraus gewachsen war, isolierte der brasilianische Staat den Selbsthilfe-Charakter dieser politischen Vertretungsform und setzte ein eigenes Strukturmodell durch, in dem die Bürokratisierungstendenz einer solchen Organisation in die des Staates selbst integriert wurde. Die politische Mobilität und Unabhängigkeit wurde durch komplizierte formale Anbindungen dieser Organisation an den Staatsapparat entschieden eingegrenzt. Wie diese Anbindung hergestellt wurde, soll im nächsten Abschnitt beschrieben werden.

4.1. "Der offizielle Syndikalismus". Die Gewerkschaft als ein Geschenk des brasilianischen Staats

Der *integralismo* plante zwar, eine gewerkschaftliche Organisation für die Arbeiter zu ermöglichen; sie durfte aber kein Werk der Arbeiter selbst sein. Der *Estado Novo* von Vargas verhandelte deshalb nicht mit deren übriggebliebenen Führungen, vor allem dann nicht, wenn diese aus Sozialisten und Kommunisten bestanden. Den Gewerkschaften wurde gleichsam die Aufgabe eines Körperteils zugewiesen, das sich selbst und den Körper, d.h. die Gesellschaft, in gesundem Zustand zu erhalten hat, aber unter der Leitung des Hirns steht[127]. Die "staatlichen" Gewerkschaften unterstan-

---

den Aufbau des Sozialismus sollte erst dann geschehen, wenn das moderne Bürgertum ihn bereits beherrschte. Ein direkter Sprung von einer noch von feudalen Elementen geprägten Gesellschaft zu einer sozialistischen wäre zum Scheitern verurteilt. Aus der Dokumentationssammlung von Pinheiro/Hall (1979): S.258ff und (1981): besonders S.25-67.

[127] Die Mehrzahl der brasilianischen Intellektuellen stellte sich in den 20er und 30er Jahren gegen den Liberalismus und stützte sich dafür auf den Positivismus Augusto Comtes und auf Gustave Le Bons Massenpsychologie, um den *integralismo* theoretisch zu verankern. "Eine elitäre Steuerung für den Sozialkörper" verteidigten Plínio Salga-

den also dem Hirn der etablierten Führungsschichten[128]. Zusätzlich zu dieser Rollenzuweisung verabschiedete Vargas provisorisch ab 1940 ein Großpaket von Gesetzen, das später als *CLT* - *Consolidação das Leis do Trabalho*[129] bekannt wurde. Es stellte die erste Reglementierung der Arbeitsverhältnisse in Brasilien dar: Arbeitszeit, Mindestlohn, Sozialversicherung, Renten- sowie Urlaubsrecht usw. wurden darin festlegt.
Hierdurch erwarben die städtischen Arbeiter einerseits Errungenschaften - Getúlio Vargas wurde von der damaligen Arbeitergeneration als "Vater der Armen" gelobt. Andererseits sollte die vom Staat festgelegte Gewerkschaftsstruktur nun die erworbenen Rechte ohne freie Organisation verteidigen[130]. In einer noch patrimonialen Gesellschaft, in der Arbeitskämpfe kaum in Form von Verhandlungen geführt wurden, blieben die Gewerkschaften als ein Anhängsel des staatlichen Apparates dem Unternehmertum untergeordnet.
In einer Stadt oder in einem Stadtkreis (territoriale Basis genannt) durfte nur eine Gewerkschaft für einen Industrie- oder Handelszweig (*categoria dos trabalhadores* - Arbeiter-Kategorie genannt) gegründet werden. Die Branchengliederung wurde ebenfalls im Gesetz bestimmt[131]. Auf bundes-

---

do, Miguel Reale, Oliveira Vianna, Azevedo Amaral, Octávio de Faria, Alceu Amoroso Lima, u.a. als eine "natürliche Entwicklung" für die brasilianische Gesellschaft bzw. deren Institutionen. "[... eine 'natürliche' Sozialordnung mit der Intervention des Staates innerhalb der politischen Schöpfung dieser Sozialordnung]. Im brasilianischen Fall schlossen sich die Intellektuellen an dieses Modell noch intensiver an. Indem sie sich gerade zu der Bezeichnung Brasiliens als einer unpolitisierten Gesellschaft bekannten hatten, schufen sie die Mittel, dem Staat einen unbegrenzten Spielraum zu geben, um die organische Kooperation zwischen den verschiedenen sozialen Gliedern politisch zu veranstalten.", Pécaut (1990): S.51. Vgl. auch Pécaut (1980): S.22-42 und Chauí (1978): S.33-45.

[128] Die damalige *PSB* - Brasilianische Sozialistische Partei - schrieb 1953 in einem Manifest über die brasilianischen Gewerkschaften, daß sie "durch das Modell der 'Carta del Lavoro' de Mussolini inspiriert wurden", Carone (1981): S:252. Naves (1991) veröffentlichte seine neueste juristische Studie über den "staatlichen Syndikalismus", die viel zur Verdeutlichung der brasilianischen "Koppelung zwischen Arbeiterorganisation und Staatsapparat" beiträgt.

[129] wörtlich: Festigung der Arbeitsgesetze. Rott (1988), S.25, übersetzt *CLT* als Arbeitsgesetzgebung.

[130] Die komplette *CLT* trat durch den *decreto-lei* 5452 vom 12. Mai 1943 in Kraft. Die Zusammenarbeit der Klassen, die in den provisorischen Arbeitsgesetzen schon als Kooperation von gesellschaftlichen Teilen angedeutet war, wurde endgültig verkündet. Faria/Barros (1984): S.86.
Die *CLT* ist bis heute - mit einigen Änderungen in den 60er Jahren und in der verfassunggebenden Nationalversammlung von 1988 - immer noch in Kraft. In der neuen Verfassung wurden hinsichtlich der Gewerkschaft bedeutende Veränderungen durchgesetzt, die aber wegen des Fehlens komplementärer Gesetze in der Praxis noch wirkungslos bleiben.

[131] Arbeiter der Metall- und Elektroindustrie durften z.B. unter sich nur eine Gewerkschaftserlaubnis bei den lokalen Behörden des Arbeitsministeriums beantragen.

staatlicher Ebene konnten z.B. fünf Chemiegewerkschaften eine Föderation der Chemiegewerkschaften gründen - immer mit Genehmigung des zuständigen Arbeitsministeriums. Auf Bundesebene durften dann fünf Föderationen eine Konföderation der jeweiligen Industrie- und Handelszweige (*categoria*) gründen.
Dieser gesetzlich sanktionierte Apparat sollte prinzipiell durch den *imposto sindical* (wörtlich: Gewerkschaftssteuer) finanziert werden: Eine Pflichtsteuer, die einem Tageslohn entsprach, wurde vom Bruttolohn aller registrierten Arbeitnehmer im März jeden Jahres einbehalten und dem Arbeitsministerium zugeleitet, welches das Geld je nach Zahl der Arbeitnehmer in den einzelnen Branchen durch jährliche Quotierung - jeweils 55% für die Gewerkschaften, 30% für die Föderationen und 15% für die Konföderation - verteilte.
Die Gelder aus der Gewerkschaftssteuer wurden vom Staat kontrolliert, damit den Behörden die Möglichkeit zur Intervention gegeben war, falls ein Korruptionsfall aufzuklären sein würde oder eine Gewerkschaft bzw. Föderation unter dem Verdacht stände, gegen die allgemeine Zielsetzung der Organisation anzustreben. Aus der Entwicklung der "staatlichen" Gewerkschaften heraus bildete sich eine "Kaste" von Gewerkschaftern[132]. Gleichgültig, ob sie für die ursprüngliche Funktion der Gewerkschaft kämpfen wollte oder auch nicht, sicherte die Gewerkschaftssteuer ihr ein festes Einkommen.
Die Gewerkschaften schufen sich zudem eine Mitgliederschaft, die eine weitere Geldquelle darstellte. Die Mitglieder mußten einen in öffentlicher Versammlung festgelegten monatlichen Beitrag leisten. Als Gegenleistung bot die Gewerkschaft juristische Beratung, ärztliche und zahnärztliche Versorgung, möglicherweise Weiterbildung sowie Freizeitgestaltung. Die

---

Die Gründungsmitglieder und die für den Vorsitz kandidierenden Mitglieder mußten jeweils polizeiliche Führungszeugnisse vorlegen. Dies bedeutete für die "bekanntesten Subversiven" praktisch den Ausschluß vom Gründungsprozeß.

[132] Durch die Unternehmer selbst wurden in den 20er Jahren Vereinigungen gegründet, die der Ablenkung der Arbeiter von sozialistischen und kommunistischen Organisationen dienen sollten. Die Arbeiter, die sich als Führung für solche Vereinigungen zur Verfügung stellten, wurden "die Gelben" *(os amarelos)* genannt; vgl. Pinheiro/Hall (1981) und Chaui (1978). Nach der Verkündung der *CLT* sind viele Gewerkschaften von Arbeitgebern und Behörden gegründet worden, die die Arbeiterführung nun nach ihren Interessen ausgesucht haben. Dadurch verstärkte sich die Gruppe berufsmäßiger Gewerkschaftsfunktionäre. Sie wurden von da an *"pelegos"* (Schaffell als Satteldecke) genannt, die zwischen Arbeitgebern und Arbeitern eine "Besänftigungsaufgabe" zu erfüllen hatten; s. auch Carone (1981): s.230-234. Während des *trabalhismo* (arbeiterschaftliche Politik) von Vargas wurden diese Gewerkschaftler als lokale Erfolgsvertreter der Arbeitsverhältnisregelungen angesehen. Die Gewerkschafter, die nach dem Militärputsch von 1964 unverfolgt blieben oder als Interventoren des Arbeitsministeriums in die Gewerkschaften eintraten, verloren aber rapide an Glaubwürdigkeit, sobald die unsoziale Politik der Militärs immer offensichtlicher wurde und sie dagegen nichts unternahmen.

Gewerkschafter-"Kaste" berief indessen mittels unkonventioneller Tricks Vollversammlungen ein, in denen die Erhöhung von Vorstandsgehältern durch "befreundete" Mitglieder gebilligt wurde. Wenn oppositionelle Gruppierungen die Hegemonie dieser "Kaste" aufbrechen wollten, erfuhren sie meistens die Antragsfristen für eine zweite Wahlliste zu spät, da öffentliche, kleingedruckte Anzeigen nur in bedeutungslosen Zeitungen erschienen oder das obligatorische Wahlankündigungsplakat hinter der Tür des Gewerkschaftspräsidenten aufgehängt wurde[133].
Ein bundesweiter gewerkschaftlicher Dachverband war durch die *CLT* verboten worden, da er der Struktur von Kategorien, Föderationen und Konföderationen überlegen gewesen wäre. Besonders nach der neuen Form der Parteienlizenzierung der Staatsverfassung von 1948 gelangten jedoch sämtliche linken Gruppierungen allmählich in die Kategoriengewerkschaften hinein. Sie organisierten Kategorien-Kongresse, die in den 50er Jahren auf regionaler Ebene die Berufsgewerkschaftler verdrängten und trotz des *CLT*-Verbots nationale Vorbereitungen zu einem von Interkategorien bundesweit koordinierten Arbeiterkampf trafen. Von 1959 bis 1962 fanden drei nationale Kongresse der Arbeiter statt; unterschiedliche Kräfte rangen dort miteinander, was zur Gründung von drei verschiedenen Dachverbänden führte [134]. Keiner der so gebildeten Dachverbände hatte den offi-

---

[133] In der Stadt São Caetano do Sul - SP in der Branche der Metallarbeiter blieb z.B. der Gewerkschaftspräsident, João Lins Pereira, 18 Jahre im Amt. Bericht aus der Forschungsgruppe der MEP (Movimento de Estudos Populares) 1984: Sindicalismo; caso dos Metalúrgicos de São Caetano (unveröffentlicht).

[134] Die erste Spaltung manifestierte sich schon während des zweiten nationalen Gewerkschaftskongresses: die Gruppierung, die sich selbst als *sindicalismo democrático* (demokratische Gewerkschaftsbewegung) bezeichnete, trat auf dem Kongreß mit einer Presseerklärung aus, in der ein Dachverband nur mit den "gesetzlich anerkannten Gewerkschaften" verlangt wurde. Hinter dieser Formalität - andere autonome Arbeiterorganisationen nicht zu akzeptieren - steckte ein Machtverteilungsproblem: In dieser Gruppierung saßen hauptsächlich Vertreter der christlichen Arbeiterkreise, die der Führung der Kirche unterstanden bzw. dem Wachstum des Kommunismus auf lateinamerikanischer Ebene durch die CIOSL und weltweit durch die ORIT entgegenwirken sollten. "O Trabalhismo Democrático" in: OESP 2.9.1960, Zitat nach: Carone (1981): S.224-227. Unmittelbar nach der sozialistischen Revolution in Kuba hatte diese Gruppierung einen Dachverband unter überwiegendem Einfluß von *castristas, stalinistas, leninistas, luxemburgistas, trotskistas* zu bekämpfen; gleichzeitig setzte sie sich für die "Humanisierung des brasilianischen Kapitalismus" ein. *"I Encontro do Sindicalismo Democrático"* in OESP 23.7.1961, Zitat nach Carone (1981): S.228f.
Die zweite Spaltung wurde von der genannten linken Gruppierung und den *pelegos* provoziert. Ari Campista, Präsident der legalen Konföderation der Industriearbeiter und Mitbegründer des Dachverbandes CGT (*Comando Geral dos Trabalhadores*), näherte sich dem Staatspräsidenten João Goulart an, der ihn 1963 zum Minister des Höchsten Arbeitsgerichts ernannte. Dadurch entstand ein Bruch mit den Linken, die systematisch in Opposition gegen den populistischen Staatspräsidenten standen. Um den CGT zu schwächen, gründete Campista mit den *pelegos* den Dachverband UST (*União Sindical dos Trabalhadores*), der die Arbeitspolitik von Goularts Regierung als Nachfolger des *trabalhismo* Vargas' zu unterstützen versuchte. Vgl. Carone (1981): S.230ff, Dreifuss

ziellen Status erworben, die Gewerkschaften aller Kategorien auf Bundesebene zu vertreten.

4.1.1. Der offizielle Syndikalismus auf dem Land

Auf dem Land sah die gewerkschaftliche Entwicklung anders aus. Die zweitrangige Position der ländlichen Arbeitenden in der Arbeitskultur bzw. in der Wirtschaft machte sich auch in der Politik deutlich bemerkbar. Als die Regierung Vargas die *CLT* in Kraft treten ließ, lebten noch ca. 70% der brasilianischen Bevölkerung auf dem Land und produzierten über 40% des BSP (in Pernambuco um 60% - IBGE). Dennoch wurde die Landarbeiter-Kategorie durch die *CLT* nicht anerkannt. Die ländlichen Patrone durften die Arbeitsverhältnisse weiter auf eigene Faust regeln. Mehrheitlich aber befanden sich die ländlichen Beschäftigen in anderen Wirtschaftsformen wie z.B. in verschiedenen Teilpachtverhältnissen. Sie waren am stärksten von der Modernisierung betroffen, weil die Kapitalinvestitoren die patriarchalischen Herrschaftselemente übernahmen, ohne sich von Skrupeln aufgrund traditioneller Bindungen - z.B. von der Garantie lokaler Reproduktion - einschränken zu lassen.
Verschiedene soziale Bewegungen entstanden, um gegen diese Form der Modernisierung auf dem Land anzukämpfen. Obwohl es nicht ihre direkte Absicht war, trugen diese Bewegungen in den 50er Jahren bis zum Militärputsch 1964 zur Formation der Landarbeitergewerkschaften bei. Die z.T. erfolgreiche Kooptation der politischen Organisationsformen auf dem Land durch den brasilianischen Staat unterschied sich von der der Arbeiterbewegung. Zuerst wurden die ländlichen sozialen Bewegungen in der Regel gewaltsamer bekämpft, weil sie bedrohlicher für das vorherrschende postkoloniale Eigentumsverhältnis erschienen. Eine durch staatliche Vorgaben strukturierte ländliche Gewerkschaft weckte trotz des Erfolgs der offiziellen Gewerkschaft in den Städten noch eine größere Ablehnung der politischen Elite. Besonders weil die Autonomie der ländlichen sozialen Bewegung die Basis der gesellschaftlichen Ordnung und der vorhandenen Alternativen unmittelbar hinterfragte, forderten zwei sehr polarisierte Institutionen - die Kirche und die KP - den Staat gleicherweise auf, die offizielle Gewerkschaftsstruktur auf dem Land zu erweitern bzw. diesen Bewegungen eine Zwangsjacke anzupassen. Innerhalb dieses Prozesses gewann die Landarbeitergewerkschaft eigene Anziehungskraft hinzu. Eine Erörterung dieses Prozesses sowie dessen Folgen ist das Thema des nächsten Kapitels.

(1986): S.125-146 und Toledo (1982): S.45ff. Das Militär verfolgte ab April 1964 die beiden Verbände als nationale Feinde.

5. Zur Entstehung der offiziellen Landarbeitergewerkschaften

5.1. Allgemeine soziale Bewegungen auf dem Land: in Richtung der gewerkschaftlichen Organisation?

Die sozialen Bewegungen auf dem Land waren zahlreich und vielfältig, so daß sie hier nicht detailliert dargelegt werden können. Um die komplexen Einstellungen verständlich zu machen, die z.Zt. von Bauern und Landarbeitern im Blick auf ihre Gewerkschaften vertreten werden und denen ich in Pernambuco nachgegangen bin, muß vor einem verkürzt angedeuteten Hintergrund die gewerkschaftliche Entwicklung auf dem Land im Zusammenhang mit den allgemeinen ländlich-sozialen Bewegungen dargestellt werden.

Tendenziell standen diese Bewegungen außerhalb der konventionellen Politik. Ihr aufständischer Charakter soll nicht geradezu als permanent revolutionär bezeichnet werden, obwohl sie oft in bewaffnete Auseinandersetzungen mit der Staatsgewalt und den "Privatarmeen" lokaler Mächtiger verwickelt wurden. Trotzdem sind die kulturellen Eigentümlichkeiten innerhalb solcher Bewegungen zu beachten, die auch außerhalb der erwähnten Aufstände zu finden waren: Bildung von Klientelen, Hierarchisierung der Aufgabenverteilung, personenbezogene Abenteuer und Selbstjustiz. Die Zusammensetzung dieser Elemente folgte aber unterschiedlichen Konzepten der Verteilung von Gütern und Boden, die im Gegensatz zur üblichen Praxis standen.

Als irrational, fanatisch, primitiv, messianisch, gefährlich, kriminell wurden diese Bewegungen häufig von ortsfernen Beobachtern, ländlichen und städtischen Gegnern bezeichnet. Spätere regionale Forschungen und aufgefundene zeitgenössische Schriften über die ab 1850 sich formierenden Bewegungen belegen, daß es immer um konkrete Landkonflikte ging[135]. Mögen diese Konflikte als Banditenaktionen (*cangaço*) oder mystische Schübe (*canudos* und *contestado*) erschienen sein - jedesmal verbarg sich dahinter eine andere produktive Organisation bzw. Beziehung zum Grundeigentum. Erträgliche Pachtbedingungen von Land und Arbeit, die mehr zu Gunsten der Arbeitenden und ihrer Angehörigen geregelt war, selbst geschaffene Vermarktungswege, die zumindest Unkosten und Subsistenz deckten, wurden jedoch von den traditionell Mächtigen als bedrohliche Neuerungen angesehen und deren Durchsetzung mit allen Mitteln bekämpft.

José de Souza Martins (1983: S.65) bringt seine Interpretation solcher Bewegungen mit der Sklaverei in Zusammenhang. Bis zu deren Abschaf-

---

[135] Sh. u.a. Conselheiro (1897), Nogueira (1974), Monteiro (1974 und 1977) und Queiroz (1977).

fung bildeten die Sklaven den Hauptwert der Produktionseinheiten der *fazendeiros* oder *senhores-de-engenho* und damit das Zentrum des Konflikts. Danach gewann das Landeigentum an wirtschaftspolitischem Gewicht. Das Problem, welches in der Tat schon bestand, wurde nun bloßgelegt: Die sich ausbreitenden neuen Nutzungsformen des Bodens, sei es durch Spekulation oder durch Steigerung der Pachtrate sogar auf die für die Subsistenz geerntete Reisproduktion, gerieten in Konflikt mit der kleinbäuerlichen Nutzung, bei der Arbeitsleistung und Ernteergebnis das Verhältnis zum Boden bestimmen. Trotz der Vielfältigkeit der Erscheinungen haben die folgenden Konflikte hier ihre gemeinsame Ursache (Ebd., 1983: S.80).

Nachdem die brachliegenden Ländereien von kleinbäuerlichen Familien bewirtschaftet worden waren, folgte eine Wertsteigerung des Bodens wegen aller Verbesserungen, die sich gebietsweise daraus erzielen ließen. Verschiedene Interessenten tauchten auf und trachteten mit allen Mitteln danach, Landeigentum zu erlangen. Großgrundbesitzer, die wegen ihrer lokalen wirtschaftlichen Entmachtung am Scheitern des kleinbäuerlichen Experiments interessiert waren, versuchten zudem, mit betrügerischen und gewalttätigen Methoden die Familien als Arbeitskräfte zu gewinnen. Auf indirekte Weise konnten auch durch das Sperren der Vermarktungswege Konflikte provoziert werden.

In der Regel eskalierten die Konflikte, wenn die betroffenen Familien sich verteidigten. Es gab Gemeinden unter autonomer Verwaltung, die weder destruktiv noch fordernd die zentrale staatliche Macht angriffen, sondern mit dieser verhandelten, um eine friedliche Koexistenz zu erlangen. Doch in steigendem Maße wurden solche autonomen Verwaltungen allmählich als ordnungsfeindlich beurteilt und mit starken Militäreinheiten bekämpft. Bis in die 40er Jahre wurde keine städtische politische Kraft registriert, die in irgendeiner Form die Bewegungen von seiten der Kleinbauern zu unterstützen versuchte. Im besten Fall schickte die Presse einen Korrespondenten, der parteiisch zuungunsten der Kleinbauern berichtete.

Seit den 50er Jahren veränderten sich dann schrittweise die sozialen Bewegungen auf dem Land. Sie behielten die Autonomie-Tendenz bei und forderten den Staat auf, Regelungen für die Landwirtschaft und für Landansiedlungen zu ihren Gunsten zu erlassen. Die Bewegungen der Regionen z.B. von *Porecatu* (PR) oder von *Trombas* und *Formoso* (GO) gründeten lokale Selbstverwaltungen und forderten gleichzeitig Gesetze, die dem Schutz der in den Siedlungsgrenzen (*fronteira agrícola*) angesiedelten kleinbäuerlichen Familien dienen sollten. Eigentumsgarantien für die bearbeiteten Ländereien oder dementsprechende Entschädigungen durch lange Zeit später auftauchende formale Eigentümer (*proprietário com título cartorial*), staatliche Investitionen in Bildungs-, Transport- und Gesundheitswesen wurden zu Verhandlungspunkten auf Bundesstaats- und Bundesebene.

Die Initiative zu Verhandlungen mit Instanzen des Staatsapparats ging jedoch nicht allein von den Bauern- und Landarbeiterbewegungen aus. Die brasilianische KP (*PCB*) begann ab 1948, Mitglieder in die Konfliktgebiete zu entsenden, um eine "vereinigte Front der modernen Gesellschaftskräfte" zu bilden. Wegen des Schwergewichts der Bauern in der chinesischen Revolution postulierte die KP, daß es wichtig sei, bäuerliche Kader auszubilden, damit diese zu Führungskräften der zukünftigen Allianz zwischen Proletariat und Bauern werden könnten. Die KP suchte für die Auseinandersetzungen einen gewaltlosen Weg zu finden, auf dem die Forderungen der Bauern nach Rückgabe der territorialen Kontrolle weiterhin verhandelt werden sollten. Da sich die Landnahme (*tomar a terra*) durch Spekulanten jedoch fortsetzte, brachen Teile der bäuerlichen Führung mit der KP-Spitze und gingen wieder zu bewaffneten Aktionen über. Diese Eskalation konnte von den kommunistischen Kadern nicht in allen Fällen aufgehalten werden und führte in einigen Fällen zur Bildung kleinerer Guerrilla-Einheiten. Sie wurden von militärischen Kräften samt und sonders niedergeschlagen.

Da die Landarbeiter noch nicht als eigenständige Arbeiter-Kategorie anerkannt waren, die *CLT* aber erklärte, durchaus "alle Kategorien von Arbeitern zu beschützen", wurden sie 1943 entweder automatisch dazu gezählt oder gänzlich vergessen, jedoch nicht eigenständig erwähnt. Bis dahin kam es auch noch zu keiner offiziellen Gründung von Landarbeiter-Gewerkschaften wie in den Städten und damit zu keiner organisierten Verteidigung bürgerlicher Rechte auf dem Land[136].

Dennoch existierten von 1943 bis 1962 bereits insgesamt sechs Landarbeitergewerkschaften - wenn auch inoffiziell[137]. In *Campos* (RJ) hatte die bekannteste Gewerkschaft ihren Sitz. Trotz der Dominanz von Zuckerrohrplantagen und der Mehrheit der ländlichen Lohnarbeiterschaft in der

---

[136] Die Definition des Landarbeiters wurde 1963 im Punkt "b" des 7. Artikels der *CLT* mit dem Landarbeiter-Statut von der Regierung Goulart festgelegt; also ca. 20 Jahre nach der Verkündung der *CLT* selbst. Vgl. Campanhole Hrsg. (1972): S.10.

[137] Vgl. Julião (1962): S.54ff. und Martins (1983): bes. S.77. Die Autoren spezifizieren die Art der legalen Registrierung dieser sechs Gewerkschaften nicht. Sie stimmen lediglich darin überein, daß es bis 1963 keine offizielle Anerkennung des Arbeitsministeriums als Arbeiterkategorie gegeben hat.
Julião beschreibt diese Gewerkschaften als zu schwach und nennt dafür Gründe, mit denen er die Unfähigkeit zur Selbstverteidigung der Landarbeiter (d.i. Lohnarbeiter) im Gegensatz zu den Kleinproduzenten (Kleinbauern, Teilpächter, "Semi"-Lohnarbeiter) erklärt. Der Autor war Vertreter einer Bewegung - der sogenannten *Ligas Camponesas* -, die zu dieser Zeit seitens der Kirche und der KP (Mitgründer der Landarbeitergewerkschaften) stark angegriffen wurde und gibt deshalb ein Pauschalurteil gegen die ländlichen Gewerkschaften ab. Martins (1983: S.69) berücksichtigt zwar Juliãos Kritik, erkennt aber die soziologische Wichtigkeit der in den 50er Jahren auftretenden Gewerkschaften in zwei verschiedenen Beispielen an: die autonome Gewerkschaft in Governador Valadares (MG) und die durch die KP beeinflußte Organisation in Campos (RJ).

Mitgliederbasis dieses Gebiets, stellte die Gewerkschaft die Forderung nach Schutz von Klein- und Mittelproduzenten[138]. Sie geriet ab 1948 unter die Leitung der KP und wurde 1954 zum Vorkämpfer für die Gründung eines dachverbandsähnlichen Zusammenschlusses der Landarbeiter- und Bauernorganisationen (*ULTAB - União dos Lavradores e Trabalhadores Agrícolas do Brasil*).

Seit den 50er Jahren war die KP aber nicht die einzige Vermittlerin bei den Verhandlungen zwischen Bauern und Landarbeiterbewegungen und dem Staat. Die Religiosität ländlicher Menschen trieb die damit verbundenen Institutionen und andere politische Kräfte an, eine wesentliche Rolle zu übernehmen.

Ausbeuterische Pachtbedingungen bzw. Landvertreibung bewirkten z.B. im Bundesstaat *Minas Gerais* zwei sehr unterschiedliche Ereignisse, die den Einfluß dieser außerparteilichen Instanzen belegen. In der Region des Tals *Rio Doce* hatten sich in den 30er Jahren viele vor der nordöstlichen Dürreperiode geflohene Kleinbauern angesiedelt, das Land urbar gemacht und Subsistenzwirtschaft getrieben. Sobald die Regierung ab 1940 bekanntgab, daß eine Bundesstraße zwischen *Rio* und *Bahia* durch dieses Tal gebaut werden solle, kamen Großgrundbesitzer und verlangten eine obligatorische Pachtzahlung von den Kleinbauern: Sie mußten 20% der Reisproduktion abliefern und unbezahlte Arbeitstage für die Anlegung von Weiden leisten. Als die Weide fertig war, wurden die Bauern vertrieben und endeten schließlich in den Slums der nahegelegenen Städte.

Daraufhin konvertierte im Nordteil des Tals, dem *Teófilo Otoni*-Kreis, eine bedeutende Gruppe der Teilpächter zu einer evangelikalen Sekte. In der Osterwoche 1955 begannen sie mit Gewalt, den Teufel aus den Tieren und Kindern des Dorfes auszutreiben. Das Blutbad von *Catulé* wurde nach einer Woche von Polizei und Streitkräften gestoppt, nachdem diese von einem nicht konvertierten lokalen Führer, *Manoel Soares,* herbeigerufen worden waren. Eine fanatisierte Bewegung, deren Aggression wegen der Verschlechterung ihrer Lebensgrundlage sich gegen ihre eigenen Kinder und Tiere richtete, stand im Gegensatz zu einer anderen, die sich zur gleichen Zeit im Südteil des Tals bildete.

[138] Im Jahr 1958 organisierte sie die 1.Tagung der Bauern aus dem *Distrito Federal* (heute Bundesstaat Rio de Janeiro). Nach der Feststellung, daß im Jahr 1940 30% der konsumierten Güter in diesem *Distrito* aus ihm selbst stammten und diese Zahl im Jahr 1957 auf 5% gefallen war, gaben die Versammelten folgende gekürzte Forderungsliste bekannt: a) Bestrafung der Landspekulation und der Gewaltanwendung; b) technische, ökonomische und soziale Förderung für die Klein- und Mittelproduzenten durch die öffentliche Hand; c) Stärkung der Rolle Brasiliens auf dem Weltmarkt, da die Preise dort allein von einer oder zwei Nationen festgelegt wurden; d) Kontrolle über die drückenden Verpachtungsverträge von betrügerischen Grundbesitzern ... "I Conferência de Lavradores do Distrito Federal" in: Voz Operária, 19.4.1958. Zitat nach: Carone (1981): S.198ff.

Dort gründete ein früherer Kleinbauer, der 1940 in der Stadt *Governador Valadares* Schuhmacher geworden war, *Chicão - Francisco Raimundo da Paixão*, 1955 mit seinen vertriebenen Kollegen eine Gewerkschaft (*Sindicato dos Trabalhadores na Lavoura*), die Rechtsschutz für die zurückgebliebenen Kleinbauern und Teilpächter und die Enteignung der Ländereien forderte, von denen sie vertrieben worden waren. Die Großgrundbesitzer hatten das Land brach und unproduktiv liegengelassen. Nach Jahren, am 30. März 1964, sollte die Regierung Goulart die Enteignung der Ländereien am Rande der Straße vollziehen, von der auch diese vertriebenen Kleinbauern profitieren sollten. Der Widerstand der Großgrundbesitzer wurde jedoch von der CIA unterstützt, indem sie in diesem Ort "Feuer an die Lunte legten"[139]. Einen Tag nach dem vorgesehenen Termin wurde die Regierung Goulart abgesetzt.
Die Tendenz einer zunehmenden Bildung von sozialen Bewegungen auf dem Land breitete sich aus. Der wachsende Austausch von Informationen spielte dabei eine wichtige Rolle, was aber seit Mitte der 50er Jahre keine zwangsläufige Homogenisierung der Formen und der Forderungen zur Folge hatte. Obwohl das Eigentumsproblem sich im Zusammenhang mit der vorherrschenden Entwicklungspolitik als ein bundesweit drängendes herausstellte, gelangen diesen sozialen Bewegungen als ersten unmittelbare lokale Lösungsfindungen. Der regionale Charakter solcher sozialen Bewegungen forcierte allmählich ein neues Arrangement der lokalen Machtverteilung im sozialen Prozeß und führte gleichzeitig zu einer breiten Interregionalisierung in einem wesentlich anderen Tempo, als dies den Interessen der unterschiedlichsten politischen Vermittlungsinstanzen entsprach. Im folgenden Fall der "Bauern-Ligen" im Nordosten wird diese politische Spannung deutlicher in bezug auf die Bildung der offiziellen Landarbeitergewerkschaften und hilfreich für die einfühlende Kenntnisnahme der aktuellen politischen Situation auf dem Land.

5.1.1. Die Bauern-Liga und die offiziellen Gewerkschaften

In den Bundesstaaten Pernambuco und Paraíba bezeichnete die ab 1955 entstandene Bewegung der sogenannten *Ligas Camponesas* (Bauern-Ligen) einen besonderen Wendepunkt: Die *Ligas* artikulierten Forderungen der arbeitenden Bevölkerung auf dem Land, in das staatliche Ordnungswesen einbezogen zu werden und sich ihrer Rechte als Bürger zu versichern. Alles das, was entweder durch individuelles Handeln innerhalb der einzelnen Klientel oder durch rebellische Zusammenrottung von nach Gesellschaftsalternativen suchenden Menschen für die Verbesserung der Lebensgrundlage erreicht worden war, bekam nun einen gewissen formalen

[139] Martins, (1983): S.69-70, belegt mit der Dokumentation aus dem Archiv des US-Präsidenten Lyndon Johnson.

Charakter, der jedoch patrimoniale Elemente weiterhin in sich behielt[140].

Mit der internationalen Krise der 20er und 30er Jahre fiel der Zuckerpreis. Die absentistischen Eigentümer des *engenhos* hatten seitdem kaum in die Zuckerplantagen investiert. Sie überließen den *moradores* (*engenhos*-Bewohner) und *foreiros* (Erbpächter) die Ländereien und verdienten am Natural-Teil des Hauptprodukts[141] und an den 5 bis 10 Arbeitstagen monatlich, die für allgemeine Verbesserungen des Grundstücks angesetzt wurden. Als jedoch schon während des Zweiten Weltkriegs der Zuckerpreis auf dem Weltmarkt stieg, erwachte das Interessen dieser Absentisten, mit dem Zucker wieder große Gewinne zu machen. Entschädigungslos fingen die Großgrundbesitzer mit Hilfe ihrer *capangas* an, das Land für die Plantagen zu "reinigen". Nicht immer wurde reine Gewalt angewendet, um die Kleinproduzenten zu vertreiben. Häufig verlangten die Verwalter des engenhos zuerst höhere Arbeitspachtleistungen, also 15-19 Arbeitstage statt 5-10 von den *foreiros*, und komplette Monate von den *moradores*, so daß ihnen die für den eigenen Ackerbau notwendige Zeit fehlte. Die Arbeiter, die nicht "freiwillig" gingen oder unter den neuen Bedingungen nicht leben wollten, wurden nach einer gegebenen Frist von ihrem Eigentum verjagt.
Verzweifelt suchten die *foreiros* und *moradores* des Engenhos Galiléia[142] einen Anwalt, der sie über ihre Rechte aufklären sollte. Der Jurist Francisco Julião, ein sozialistischer Autodidakt, motivierte daraufhin die Kleinproduzenten, einen Verein des bürgerlichen Rechts zu gründen, um dem Gericht gemeinsame Schutzanträge zuzuleiten. Er war der Meinung, daß im Rahmen des Zivilrechts vieles konkreter zu erreichen sei als durch Arbeitsrecht (*CLT*), weil Richter und Staatsanwälte mit letzterem noch nicht umgehen könnten[143]. Um grundlegende Veränderungen und Entwicklung

---

140 Anhand der aktuell durchgeführten Untersuchungen möchte ich diese Behauptung in den folgenden Abschnitten ausführlich belegen und Beispiele daraus skizzieren. Die bisherige soziologische Literatur kritisiert Martins (1983: S.81), indem er drei ausländischen Soziologen exemplarisch nachweist, daß sie unter starkem Einfluß des Konzepts der "bürgerlichen Demokratie" ständen, wenn sie behaupteten, daß die Bewegung der *Ligas Camponesas* nur eine "neue Form der Klientel" dargestellt habe.

141 In der Waldregion handelte es sich dabei um Maniokmehl, das im provisorischen "Mehlhaus" von den Kleinbauern geröstet wurde. Sh. Ab. 1.3.

142 Stadt Vitória de Santo Antão (PE).

143 Julião (1962: S.50-68) beschreibt die Vorteile, sich mit den Kleinproduzenten statt mit den "reinen" Lohnarbeitern politisch zu organisieren, folgendermaßen: "Einen Verein des bürgerlichen Rechts kann man in jedem Notariat registrieren lassen und sofort aktivieren... Eine Landarbeitergewerkschaft dagegen muß sehr lange auf die Genehmigung des Arbeitsministeriums warten. In den Gesetzen wurden die Landarbeiter absurderweise schon von der *CLT* anerkannt, aber ein Militärgericht in Rio Grande do Sul hat sich gegen einen Antrag für eine Landarbeitergewerkschaft ausgesprochen. Diese unverständliche Entscheidung ist von der Rechtswissenschaft angenom-

zu fördern, sollte man sich - statt den Preis der Arbeitskraft auszuhandeln - mit dem Charakter des bestehenden Eigentumsrechts auseinandersetzen, um auf diese Weise die starke Konzentration des Besitzes in Frage zu stellen.
Aufgrund dieser Überlegungen formierte sich im Januar 1955 der erste "Agrar- und Viehzuchtverein der Pflanzer[Kleinproduzenten] von Pernambuco" (*Sociedade Agrícola e Pecuária dos Plantadores de Pernambuco*). Die Mobilisation wuchs rasch an, nachdem Julião vor Gericht zehn Familien in Vitória de Santo Antão (PE) eine Entschädigung und zwei Jahre Nutzungsrecht hatte sichern können. In der Stadt bekam der Verein die marxistische Bezeichnung "Bauern-Liga". Solche Vereine vermehrten sich in Pernambuco und Paraíba und wurden zu einer sehr wichtigen sozialen Bewegung auf dem Land. Sie setzten nicht nur die zivilrechtliche Verteidigung der Kleinproduzenten den Interessen der Großgrundbesitzer entgegen, sondern auch eine hauptsächlich auf den Binnenmarkt ausgerichtete Agrar- und Vieherzeugung dem Entwicklungsmodell der damals völlig vom Welthandel abhängigen Zuckerwirtschaft.
Von Anfang an war die *ligas* (Bauern-Ligen) eine Bewegung, die durchaus den zivilrechtlichen Weg genommen hat, durch das rapide Wachstum aber dennoch bedeutende politische Wirkungen mit sich brachte. Obgleich die Leitung offensichtlich personalistisch an den Anwalt Julião gebunden war, hat sich eine Eigenständigkeit der sogenannten *plantadores* in dieser Bewegung entwickelt. Die Vollversammlungen und die Zusammentreffen der *plantadores* bei den Gerichtsverfahren wurden zu Demonstrationen und Kundgebungen, wie sie den Stadtbewohnern unbekannt waren.
Die pragmatische und ideologische Verbindung zwischen bürgerlichen Rechten, Demokratie, Verteilung von Macht und Ressourcen stellte sich mit der Entwicklung dieser Bewegung immer einleuchtender dar. Im Gegensatz zu den Bewegungen auf dem Land mußten die *plantadores* keine Alternative in einer überwiegend fanatischen oder banditistischen Lösung suchen, sondern deckten innerhalb der gesellschaftlichen Ordnung

---

men worden, ohne daß ihr ein Jurist widersprochen hatte... Richter und Staatsanwälte sind nur im Zivilrecht der bürgerlichen Gesellschaft ausgebildet worden. Sie können mit einem sozialen Gesetz wie der *CLT* nichts anfangen, und die schwache Seite, die Landarbeiter nämlich, werden noch lange brauchen, daraus noch etwas zu gewinnen... Die Lohnarbeiter (*moradores de engenho*), die sogar schon den kleinen Acker (*roçado*) verloren haben, besitzen keine Produktionsmittel mehr und kein Geld, in die Stadt zu einem Richter, Anwalt oder einer Gewerkschaft zu fahren, um nach ihrem Recht zu fragen. Sie sind viel abhängiger: Sie fürchten den Verwalter, der ihnen ihre menschenunwürdige Behausung wegnehmen kann, und schulden dem Krämer des *engenho* eine Menge... Die Teilpächter (*foreiros, meieiros, parceiros*) haben ihre Produktionsmittel und sind zum Teil unabhängig. Sie verkaufen eine Ziege und können sich aus eigener Kraft organisieren und verteidigen. Ihr Kampf um das Eigentumrecht gegen den lokalen Machthaber ist nun politischer geworden, ..."

selbst die vorhandenen Widersprüche auf, indem sie ihr formal anerkanntes, aber nicht eingelöstes Recht forderten[144].
Die Reaktion auf Seiten der Großgrundbesitzer war ablehnend: Sobald das Recht des patriarchalischen Staates ihre eigene Macht bedrohte, mußten Mittel gefunden werden, um es unwirksam zu machen. Erstens versuchten die Absentisten, die *ligas camponesas* in Verruf zu bringen. Sie bezeichneten ihre Führer als Kommunisten[145] und die Masse als dumme Mitläufer. Zweitens setzten sie ihre privaten Machtmittel ein; die *capangas* zerstörten die Häuser der führenden *plantadores* und bedrohten ihr Leben und das ihrer Familien. Drittens versuchten die "patriarchalischen" Lobbys, die Gerichtsentscheidungen der ersten Instanz durch die Anrufung höherer Instanzen zunichte zu machen.
Die brasilianische KP näherte sich den *plantadores* an, wie sie es bundesweit mit anderen Bewegungen auf dem Land getan hatte. Bis zum Ende der 50er Jahre führte dies zumindest in den beiden Bundesstaaten Pernambuco und Paraíba zu Diskussionen über das Landproblem innerhalb der traditionellen Linksgruppierungen. Die schon lange bestehende Landfrage wurde von der Intelligentsia aufgegriffen, indem man über die politische Besteuerung und Juliãos Rolle innerhalb der *ligas* diskutierte. In den 60er Jahren schien der juristische Weg erschöpft zu sein, und die *ligas* radikalisierten ihre Forderungen mittels einiger Landbesetzungen und offener Konfrontationen mit lokalen Machthabern. Die KP distanzierte sich deswegen von den *ligas* und setzte sich dafür ein, die ländlichen Sozialbewegungen gewerkschaftlich zu organisieren[146]. Unter Beschuß von allen Seiten überlebten die *ligas* nur noch bis zum Militärputsch (April 1964).

---

[144] Über die *Ligas Camponesas* s. auch Azevedo (1982) und Bastos (1982).

[145] "Kommunist genannt zu werden, war das Schlimmste, was jemandem passieren konnte. In dieser Zeit war das die schärfste Diskriminierung überhaupt, schlimmer als Bandit, Prostituierte, Schwuler" Int. Nr.18.

[146] Im November 1961 war der "erste nationale Kongreß der Bauern und Landarbeiter" (I Congresso Nacional de Lavradores e Trabalhadores Rurais) der letzte Versuch der KP, die *ligas camponesas* unter ihre politische Leitung zu bringen. Sie setzte auf die Zersplitterung der *Ligas*-Führung und erlaubte die Teilnahme von Julião und anderen lokalen Führern. Vorläufig versagte die KP jedoch dabei. Das Protokoll des Kongresses enthielt vielmehr eine Forderung gegen "das Monopol des Landeigentums", die noch radikaler war als das, was in anderen Dokumenten der kommunistischen ULTAB bezüglich der Entschädigungsfrage für Großeigentümer von "produktiven" Ländereien enthalten war. (Resolutionen des ersten Kongresses, Zitat nach: Julião [1962]: S.81-87). Die KP verließ diesen Kurs und verstärkte ihre Bemühung zur Gründung staatlicher Landarbeitergewerkschaften. Nach dem Kongreß gerieten die *ligas* in eine Führungskrise und litten unter zunehmender Gewalt seitens der Großgrundbesitzer und des Militärapparates. Sh. Martins (1983): S.78 und 81.

Auch die katholische Kirche blieb von der *ligas camponesas*-Bewegung nicht unberührt[147]. Schon am 10. September 1950 erklärte D. Inocêncio, Bischof von Campanha (MG), in seinem Hirtenbrief, daß die soziale Lage auf dem Land bedrohlich sei und die bestehenden Autoritäten sich um Lösungen kümmern müßten[148]. In Pernambuco trat der Priester Melo in Erscheinung, der sich seit Ende der 50er Jahre einflußreich engagierte und eine besondere Rolle innerhalb der Auseinandersetzung um die Landfrage übernommen hatte.

In der Landkonzentration sah Pater Melo eine große Gefahr für das Privateigentum. Sie führe zur Verelendung des größten Teils der ländlichen Bevölkerung. Vertriebene Kleinbauern und Teilpächter hegten Haß gegen die Eigentümer. Angesichts so vielen Leids werde der Glaube dieser Menschen an Gott allmählich schwächer, was den schnellen Übergang zu materialistischen Ideologien und deren Verbreitung begünstige. Es sei längst bewiesen, daß Gewalteinsatz die soziale Unzufriedenheit nicht ersticken könne, sondern noch mehr Gewalt und Revolten erzeuge. Die *ligas camponesas* galten ihm als Beweis für die Auflösung der christlichen und gesellschaftlichen Werte[149]. Die Ligen würden so sehr wachsen, daß

---

[147] Es war nicht das erste Mal, daß die Kirche sich öffentlich mit Sozialbewegungen auf dem Land auseinandersetzte. In den erwähnten fanatischen Bewegungen von *canudos* und *contestado* hatten die kirchlichen Hirtenbriefe die brutalen militärischen Einsätze legitimiert. Obgleich die jeweiligen Führer Antonio Conselheiro und João Maria kein Schisma zur Amtskirche angestrebt, sondern eigenständische religiöse Interpretationen, Predigten und Rituale durchgeführt hatten, nannte die Kirchenhierarchie sie - in beiden Fällen, ohne ihre Behauptung vor Ort zu überprüfen - "ketzerische Praktikanten", was zumindest in den Städten eine wichtige moralische Basis abgab, um den Truppeneinsatz zu rechtfertigen. Vgl. Conselheiro (1897), Cunha (1936), Galvão (1977), Moniz (1978) und Monteiro (1977) und (1974).
Die katholische Kirche Brasiliens wurde nach der Gründung der Republik (1889) aus dem direkten Zusammenhang mit dem Staat abgekoppelt, in dem sie während der Kaiserzeit offiziell hatte mitregieren können. Dies bedeutete aber nicht, daß ihr Einfluß in der Politik geringer geworden wäre. Noch bis zur Mitte der 60er Jahre hatten ihre öffentlichen Manifestationen und Unternehmungen Auswirkungen auf die Entscheidungen innerhalb der brasilianischen Institutionen. Vgl. Gomes (1984/1985).

[148] Pastoral de D. Inocêncio Engelke: "*Conosco, sem nós ou contra nós se fará a reforma rural*" (wörtlich: Mit uns, ohne uns oder gegen uns wird die ländliche Reform gemacht). CNBB 11 (1977). Aufgrund dieser Äußerung kam es in verschiedenen Regionen Brasiliens zu Treffen zwischen Kirchenvertretern und Großgrundbesitzern. Vgl. "Zeittafel der Fakten der katholischen Kirche in ländlicher Welt" aus: Carvalho (1984): S.104-109.
Kurz zuvor, im Dezember 1949, hatte Pater Eugênio Sales in Natal (RN) den *Serviço de Assistência Rural - SAR* (wörtlich: Dienst für ländliche Wohlfahrt) gegründet. Diese kirchliche Organisation breitete sich während der 50er Jahre besonders im Nordosten aus und wurde ab 1960 zu den "Arbeitsgruppen zur ländlichen Vergewerkschaftung" (*sindicalização rural*), die eine wesentliche Rolle bei der Gründung von Landarbeitergewerkschaften spielten. Vgl. Carvalho (1984): S.104-109.

[149] Die katholische Zeitung *O São Paulo* der Erz-Diözese São Paulo (3.7.1960) benannte unterschiedliche Formen der kommunistischen Aktivität in Brasilien, u.a. die

die soziale Unruhe bald nicht mehr kontrollierbar sein werde, falls die Regierung nicht auf allen Ebenen rechtzeitig durchgreife. Melo schlug nun vor, die Teilpächter (*parceiros, meieiros, foreiros*) zu kleinen Grundeigentümern zu machen und mit einer klar strukturierten Agrarpolitik ihr Einkommen zu sichern, damit sie zu Anhängern und Verteidigern von Eigentum würden. Bei den *engenhos*-Bewohnern und anderen Landarbeitern sollten die Arbeitsrechte der *CLT* insgesamt Geltung erhalten und sogar das Recht zur gewerkschaftlichen Organisation anerkannt werden[150].
Am Anfang seines Engagements wurde Pater Melo von Großgrundbesitzern als Kollaborateur der Kommunisten mißverstanden. Seit seiner Aussage vor der parlamentarischen Untersuchungskommission zur Agrarreform im Mai 1962 wurde ihnen allerdings deutlich, daß es klüger sei, Landarbeitergewerkschaften mit christlicher als mit kommunistischer Orientierung zuzulassen. Obwohl die Genehmigung für die an das Arbeitsministerium gekoppelten Landarbeitergewerkschaften erst am 10. März 1963 durch das Gesetz Nr.4214 vom 2. März 1963[151] in Kraft trat, versuchten Priester bereits zuvor bundesweit, innerhalb ihrer Gemeinden Gewerkschaftsmitgliedschaften auf dem Land zu sammeln. In Pernambuco haben Pater Melos Predigten bewirkt, daß viele Landarbeitergewerkschaften mit Unterstützung ihrer Gegenspieler, nämlich der Patrone, entstanden.

> "... Die *usineiros* haben Pater Melo hier aus Cabo (PE) abholen lassen. Sie fragten ihn, ob er verrückt wäre, Landarbeiter zur gewerkschaftlichen Organisation zu bringen. Er antwortete, daß es viel besser sei, Gewerkschaften unter der Kontrolle des Gesetzes zu haben, da sie einfacher manipulierbar seien, als wenn sie in die Hände der Kommunisten fielen ... Der Präsident der Landarbeitergewerkschaft hier in Cabo war ein *pelego*; er tat nur das, was Pater Melo und die *usineiros* ihm befahlen." (Int.Nr.18)

Es entspann sich ein Wettrennen zwischen KP und Kirche um die Frage, wer mehr Gewerkschaften zu gründen in der Lage war. Die Struktur der

---

Ligas Camponesas. In der Ausgabe vom 22.10.1961 erschien ein anonymer Artikel "Menschen auf dem Land": ... "Wenn wir die Methoden und die Lösungen des Abgeordneten aus dem Nordosten, Francisco Julião, verurteilen, lehnen wir jenen Teil der Wahrheit nicht ab, deren Träger seine Bewegung ist." Knapp zwei Monate davor, am 6.8.1961, hatte der Erzbischof D. Vicente Scherer die Ligas durch einen Hirtenbrief verdammt. Zitat nach: Carvalho (1984): S.106 u. 108.

[150] Vgl. Pater Melos Aussage vor der parlamentarischen Untersuchungskommission am 4. Mai 1962 in: Carone (1981): S.155-158.
Ende Mai fand der erste Kongreß der Bauern und Landarbeiter aus dem Norden und Nordosten in Anwesenheit des Arbeitsministers statt. Bei der Eröffnungsrede versprach dieser die Anerkennung von 22 an die Kirche gebundenen Landarbeitergewerkschaften. Eine nordöstliche Koordinierung für ländliche gewerkschaftliche Organisation wurde dabei gegründet. Aus: Carvalho (1984): S.109.

[151] *Estatuto do Trabalhador Rural* (wörtlich: Landarbeiterstatut).

Organisationen folgte jeweils dem Muster der städtischen Gewerkschaften, d.h. Landarbeitergewerkschaft mit territorialer Basis in einer Stadt oder einem Stadtkreis, jeweilige Föderationen auf bundesstaatlicher Ebene und darüber die Konföderation. Da die KP schon eine eigene Struktur (*ULTAB*) auf nationaler Ebene besaß, die sich aus Kommissionen für die Bundesstaaten zusammensetzte, orientierte sie sich hauptsächlich daran, die zu bildende Hierarchie der Landarbeitergewerkschaften zu beinflussen. Währenddessen konzentrierten die katholischen Priester ihr Engagement auf die lokale Ebene.
Die politischen Kräfte aus den Städten, die nun dazu übergingen, Bauern und Landarbeiter zu organisieren, schlugen in den 60er Jahren, trotz ihrer unterschiedlichen Weltanschauungen, bezüglich ihrer Interessen und Methoden einen gemeinsamen Weg ein, um die Anerkennung von Landarbeitergewerkschaften innerhalb der korporativen Struktur der *CLT* durchzusetzen. Sogar die selbsternannten Revolutionären-Marxisten kritisierten zwar die anderen Institutionen, verfolgten aber dasselbe Ziel.
Die Landarbeitergewerkschaften und ihre jeweiligen Föderationen organisierten im Juni 1963 in Natal (RN), mit Unterstützung des unterdessen zum Bischof aufgestiegenen D. Eugênio Sales, das erste Treffen zur Gründung der Landarbeiterkonföderation[152]. Im August fanden die Wahlen für den Vorsitz der *CONTAG* statt, die die Bundesregierung jedoch nicht anerkannte. Neue Wahlen wurden für Dezember angekündigt; diesmal mißlang es allerdings anders als bei den ersten Wahlen den Kirchengruppen, in den Vorstand zu gelangen. Im Dezember 1963 wurde die *CONTAG* schließlich von der Regierung Goulart genehmigt (Carvalho 1984: S.109).
Der Gründungskongreß der *CONTAG* wurde - unter Berücksichtigung des ersten Nationalkongresses von Bauern und Landarbeitern von 1961 - später als der zweite Kongreß gezählt, obwohl die *ligas* nicht teilgenommen hatten. Präsident Goulart bereitete einen dringenden Gesetzesentwurf vor, der zwecks einer Agrarreform die brachliegenden Ländereien am Rand der staatlichen Straßen zur Verfügung stellen sollte. Die Vorschläge zu einer liberal-konservativen Agrarreform bearbeiteten das Militär und das *IPES*[153]. Diese wollten aber vorrangig ihre eigene Agrarpolitik durchsetzen und stürzten die Regierung Goulart. Die Führungsspitzen der Landarbeitergewerkschaften wurden infolgedessen verjagt. An deren Stelle plazierten die Militärs und ihre zivilen Kollaborateure die *interventores*, die ihnen am vertrauenswürdigsten erschienen.

> "... Als die Männer kamen (volkstumliche Bezeichnung für das Militär), gab es ein allgemeines 'Gott helfe uns'. Ich bin durch die Zuckerplantagen gerannt und

---

152 (*CONTAG - Confedaração Nacional dos Trabalhadores Agrícolas*).

153 *Instituto de Pesquisas e Estudos Socias* (wörtlich: Institut für Forschungen und soziale Studien) - eine zu der Zeit einflußreiche Unternehmergruppe.

fünf Tage lang auf einem Baum geblieben. Ich kam vorsichtig zurück und fand hinter den Zuckerrohrbüschen die Leichen von zweien meiner Freunde und Mitkämpfer. Ich floh zu Verwandten in den *Sertão* und wechselte meinen Namen ... Die Gewerkschaften waren lahmgelegt und voll von korrupten *pelegos*. (Int.Nr.30)

Obgleich die sozialen Spannungen auf dem Land sich während der Militärdiktatur gravierend zugespitzt hatten, wurde der durch die *CONTAG* organisierte dritte Kongreß von Bauern und Landarbeitern abgehalten. Erst 15 Jahre später fand er vom 21. bis zum 25. Mai 1979 auf nationaler Ebene statt. Die Hauptforderungen unterstrichen laut Kongreßprotokoll die Fortdauer des Landproblems und den damit verbundenen Organisationsbedarf der Bauern und Landarbeiter, die nach wie vor auf eine Agrarreform und gewerkschaftliche Freiheit warteten[154].

Die Föderationen und die Konföderation der Landarbeitergewerkschaften stellten eine Ausnahme dar im Vergleich zu den gleichförmig strukturierten Gewerkschaftshierarchien der anderen Industrie- und Dienstleistungszweige. Auf der Ebene der Forderungen sahen ihre Funktionäre sich gezwungen, klare politische Entschlossenheit zu zeigen, zu der sie vor allem von den Ortsverbänden mit überwiegender Zahl von Kleinbauern und Teilpächtern gedrängt wurden. Der nächste Abschnitt soll kurz diese Unterschiede in Pernambuco und auf Bundesebene beschreiben.

5.2. Die hierarchische Struktur der offiziellen ländlichen Gewerkschaften: die Konföderation (*CONTAG*) und die Föderation von Pernambuco (*FETAPE*)

Im allgemeinen traf das Militär in Zusammenarbeit mit dem Arbeitsministerium die Entscheidung, welche Arbeiter die Vertretung der Ortsverbände als Interventoren übernehmen sollten. Man versuchte in den meisten Fällen auf Empfehlung des Patrons, einen "natürlichen Leader" unter den Arbeitenden auszusuchen, so daß eine lokale Übereinstimmung mit der Gewerkschaftsvertretung von vornherein hergestellt werden könnte. Diese Taktik eignete sich, um "dauerhaft amtierende *pelegos*" zu etablieren, die selbstverständlich für soziale Ruhe zu sorgen hatten. Ebenso garantierte innerhalb der Föderationen und Konföderationen (d.h. von allen Branchen) die Intervention des Militärs in die durch staatliche Vorgaben strukturierten Gewerkschaften eine Hierarchie von Funktionären, die eine sozial assistenzielle statt der politischen Rolle zu spielen hatten.

In den Städten erschwerten allein schon die von der *CLT* festgesetzten Regeln für den Führungswechsel innerhalb der Gewerkschaft die Kandida-

[154] Martins (1983): Bemerkungen zur Bilderdokumentation.

tur oppositioneller Wahllisten auf der Ebene der Ortsverbände. Auf föderativer und konföderativer Ebene führten diese Regelungen in der Praxis zu lebenslänglicher Amtsdauer[155]. Die Spitzen der städtischen Gewerkschaftshierarchie waren den Arbeitern an der Basis in der Regel unbekannt. Während der Tarifverhandlungen waren Föderationen und Konföderationen deshalb oft bedeutungslos, da sie ihre Mitgliedschaft bekanntermaßen nur unzulänglich vertraten. Als die oppositionelle Bewegung des "kämpferischen Syndikalismus" in wichtigen Ortsverbänden Sitz und Stimme erlangt hatte, verlor die alte Gewerkschaftshierarchie noch mehr an Bedeutung. Führende traditionelle Gewerkschaftsführer versuchten, die Auseinandersetzung mit den oppositionellen Strömungen durch Gründung neuer Dachverbände (*Centrais Sindicais*) zu gewinnen[156].
Die gewerkschaftliche Hierarchie der ländlichen Organisation war, anders als die städtische, organisatorisch aktiv: Politisch lag sie zwar bis zur Vorbereitung des bereits erwähnten dritten Kongresses lahm. Kurz vor diesem Kongreß mußten die ländlichen Föderationen und die Konföderation (*CONTAG*) mit gleich aufzuführenden "heißen Themen" unter der Militärdiktatur an die Öffentlichkeit treten. Auch wenn die ländlichen Ortsverbände entsprechende Konfrontationen mit lokalen Machthabern vermeiden wollten, äußerten sich ihre Bundesstaats- und Bundes-Vorgesetzten über die Vernachlässigung der Klein- und Mittelproduzenten durch die Militärregierung, über die benötigte Organisationsfreiheit und die durch das Landstatut nicht gelösten Landfragen.
Die Resolutionen des Dritten Bundeskongresses der Landarbeiter von 1979 berührten sämtliche Bereiche der Landwirtschaft und ihre sozialen, politischen und wirtschaftlichen Aspekte, die sich mit der Situation der ländlichen Arbeitenden befaßten, die die verschiedenen Instanzen der offiziellen Landarbeitergewerkschaften vertreten sollten. Die Diskussion über die Probleme von Lohnabhängigen blendete die Forderungen für die familiären Betriebe, zumindest durch deren formale Ansätze, nicht aus. Die folgenden Begründungen des Kongresses, warum die ländlichen Gewerkschaften das "familiäre Eigentum" verteidigen wollen, können zum Teil die Lage andeuten, in der die Gewerkschaftsfunktionäre trotz der staatlich gewerkschaftlichen Gebundenheit an das Militärregime dessen Entwicklungsstrategien für die brasilianische Landwirtschaft verurteilen mußten und eine andere Politik für diesen Wirtschaftsbereich unterstützten:

> "Es ist zu erwägen:
> - daß das familiäre Eigentum ein sozialwirtschaftliches Patrimonium in sämtlichen Regionen Brasiliens ist;

---

[155] *CLT* - "Zur gewerkschaftlichen Organisation", Titel V und Dekret Nr. 67.227 - von 21. September 1970 - "Gewerkschaftliche Organisation" in: Campanhole (1972): S.129ff. und 244ff.

[156] Das Thema des nächsten Kapitels 6.

- daß der Mensch in diesem Eigentum Besitzer seines lebenswichtigen Raumes ist und sich dort besser verwirklicht;
- daß das familiäre Eigentum 50% mehr als der Mittelgrundbesitz und 200% mehr als der Großgrundbesitz bewirtschaftet;
- daß es dort eine diversifizierte Landwirtschaft entwickelt und dadurch die Probleme der Monokultur vermeidet;
- daß das familiäre Eigentum zur Zusammenarbeit und Integration zwischen den Familien beiträgt; (...)"[157]

Die Modernisierungsmaßnahmen des Militärs für die Landwirtschaft hatten zusammen mit dem rasanten wirtschaftlichen Wachstum in manchen Regionen katastrophale Folgen in sozialen, ökologischen sowie in volkswirtschaftlichen Bereichen, weil dieses Wachstum mit einigen Ausnahmen die lokalen und sozialen Reproduktionschancen in weiten Gebieten Brasiliens eher zerstörte als verbesserte. Nicht nur die Kolonisationspolitik im Amazonasraum erzeugte ein Pulverfaß, das wegen der Landkonflikte ständig zu explodieren droht, sondern die zahlreichen Landbesetzungen, die von der Bewegung (*MTRST*) der Landlosen in sämtlichen Bundesländern mobilisiert wurden, beweisen, daß die durch den Militärputsch angestauten sozialen Bewegungen auf dem Land nach Lösungen drängen.
Es liegen keine Untersuchungen vor, die uns genauer erläutern könnten, warum ausgerechnet die ländlichen Föderationen und die Konföderation Sensibilität für die Problematik ihrer Mitgliederschaft zeigten und versuchten, wenn auch nur auf Bundesebene und mit vorsichtigen Kontakten zu den Kabinetten der Regierungen der Generale Geisel und Figueiredo, deutliche Forderungen für die ländlichen Arbeitenden zu stellen.[158]
Zum großen Teil waren diese Forderungen noch während der Regierung Goulart vom Militär, der Kirche und der Mehrheit der Ober- und oberen Mittelschichten als verbrecherisch und kommunistisch verurteilt worden. 15 Jahre später wurden sie zumindest in der öffentlichen Meinung nicht mehr als solche behandelt, was nicht heißt, daß sofortige Lösungen seitens der Regierung präsentiert worden wären, und auch nicht, daß die konstante Gewalt auf dem Land abgenommen hätte. Die Gewalt richtete sich weiterhin nach der Intensität einzelner Konflikte. Die Tatsache aber, daß die Kongreß-Resolutionen der *CONTAG* selbst solche wirtschaftspolitischen Forderungen überhaupt diskutierten und entscheidend offenlegten, unterscheidet diese Konföderation von denen der anderen Branchen.

---

[157] *3º Congresso Nacional dos Trabalhadores Rurais - CONTAG.* Auszug des Abschnitts Agrarreform, S.154 -158.

[158] Die politische Immobilität der ländlichen Ortsverbände läßt die Hypothese als fragwürdig erscheinen, daß die Haltung der ländlichen Gerwerkschaftshierarchie allein wegen des Druckes der Basis zustandekommt. Die enge Begleitung der Führung im gesamten Entstehungsprozeß der *CONTAG* seitens der Kirche und der KP kann trotz der politischen Säuberung durch das Militär dazu beigetragen haben, diese unterschiedliche Haltung gegenüber den Gewerkschaften anderer Zweige zu fördern. Siehe 5.1.

Diese Haltung der *CONTAG* und der Mehrheit der Föderationen wie der *FETAPE*, die z.B. während des großen Streiks (1979) kurz nach dem dritten Bundeskongreß der *CONTAG* in Brasilia Verhandlungen für die Landarbeiter der Waldregion in Pernambuco führte, erschwerte erheblich das Vorrücken des oppositionellen "kämpferischen Syndikalismus" in die offiziellen ländlichen Gewerkschaften im Gegensatz zu der Entwicklung in den städtischen Zweigen. Die hartnäckigen Streitigkeiten in den Städten zwischen den sogenannten *pelegos* ("gelben") und den *combativos* ("kämpferischen") während aller offenen und internen Auseinandersetzung verlieren auf hierarchischer Ebene der ländlichen Gewerkschaft viel an Schärfe. An der Basis schien dies noch geringere Bedeutung zu haben. Die gewerkschaftliche Opposition beschimpfte eher heimlich die Funktionäre der ländlichen Föderationen und der Konföderation als *pelegos*, aber mit ihnen gab es mehr Verhandlungen über die verschiedenen Positionen und Strategien und schließlich auch Zusammenarbeit.
In Pernambuco war auf dem Land die Entstehung des "kämpferischen Syndikalismus" in der Regel nicht unbedingt vergleichbar mit dem Prozeß in den Städten[159]. Den Arbeitern und Angestellten war die Bildung von politischen Gruppierungen im Zusammenhang mit der Ideologisierung der gewerkschaftlichen Thematik eher eine Selbstverständlichkeit des politischen Prozesses. Die ländlichen Arbeitenden mußten offensichtlich gezielte Anleitung der Vermittlerinstanzen erhalten, damit sie sich für die eine oder andere Tendenz innerhalb der offiziellen Gewerkschaften engagierten. Zwar ist die Passivität und die zentralisierte Entscheidungsform der Funktionäre auch innerhalb der offiziellen Landarbeitergewerkschaft ein Problem. Doch die Anleitung durch die Vermittlungsinstanzen läßt eine radikal oppositionelle Formation wie den "kämpferischen Syndikalismus" in den Augen der ländlichen Arbeitenden weithin als Fremdkörper erscheinen, da sie die Gewerkschaft mehr als Instrument für pragmatische Lösungsfindungen verstehen. Andererseits kam die offensive Haltung der *FETAPE* entgegen, die diese Föderation seit Mitte der 80er Jahre zu einem Fall *sui generis* innerhalb der Gewerkschaftsbewegung machte: Ländliche Gewerkschafter, die während dieses Prozesses ihre Ortsverbände auf die Seite des oppositionellsten Dachverbandes *CUT*[160] brachten, nahmen allmählich Einfluß auf die Entscheidungen der *FETAPE*. Dies führte 1990 bis zu einer politischen Koalition im Vorstand zwischen den alten Funktionären und den Vertretern des "kämpferischen Syndikalismus"[161].

---

[159] Sh. 6. Kapitel.

[160] Sh. das nächste Kapitel.

[161] Wie die Föderation der Landarbeiter in Pernambuco (*FETAPE*) sich organisiert, ist das Thema des folgenden kurzen Abschnitts.

Diese Koalitionsform übertrug sich ein Jahr später auf die *CONTAG*. Auf dem 5. Bundeskongreß der Landarbeiter - November 1991 - besetzte der Dachverband des "kämpferischen Syndikalismus" (*CUT*) zum ersten Mal den Vorstand einer Konföderation der offiziellen Gewerkschaften. Zusammen mit den Gewerkschaftsfunktionären, die durchgehend während der Militärdiktatur als Vertreter der ländlichen Arbeitenden in der höchsten hierarchischen Spitze fungiert hatten, wählten die Gewerkschafter der *CUT* zwei Männer und eine Frau in den zehnköpfigen Vorstand der *CONTAG*, der eine fünfjährige Amtsperiode haben sollte. In einer Zeitung schrieb man über die Gefahr, daß diese Koalition zum Scheitern verurteilt sei, weil die *CUT* dem vertikalen Stil der *CONTAG* entgegengesetzt sei, während diese gesetztreuer sei und die von der *CUT* unterstützten Landbesetzungen der Bewegung der Landlosen verurteile[162]. Die Besonderheiten dieser politischen Annäherung müssen noch genau untersucht werden. Es beweist aber, wie schwierig es für die *CUT* ist, Opposition gegen die offiziellen ländlichen Gewerkschaft zu machen, wenn diese hierarchischen Vertreter trotz ihrer institutionellen Haltung die Probleme der Basis mit deutlichen wirtschaftspolitischen Forderungen aufgegriffen haben und vertreten[163].
Im nächsten Kapitel wird ausführlich beschrieben, wie die oppositionelle Gewerkschaftsbewegung innerhalb der Industrie- und Dienstleistungszweige eine andere Entwicklung nahm. Dieser Prozeß ist hier bedeutsam, weil diese Gewerkschaftsbewegung sich durch die Gründung von Dachverbänden als Alternative zu den offiziellen Gewerkschaften versteht und während dieses Prozesses einen Führungsanspruch gewonnen hat als Exporteur von Konzepten und Zielen für die bundesweite Arbeiter- bzw. Landarbeiterorganisation. Wie bereits erwähnt, passen sich die verschiedenen politischen Kräfte auf der hierarchischen Ebene der offiziellen ländlichen Gewerkschaft gegenseitig an. Die Wirkungen dieser Anpassungen und die Bewertung dieser "Makro-Verhältnisse" der Gewerkschaftsbewegung an der Basis der ländlichen Arbeitenden sind Gegenstand des siebten Kapitels.

---

[162] Vgl. Brasil Agora, Nr.5, erste Hälfte Dezember 1991, S.3.

[163] Auf dem Vierten Bundeskongreß der Landarbeiter im Mai 1985 versprach der damalige amtierende Präsident José Sarney eine umfangreiche Agrarreform. Energische Reaktionen der rechtskonservativen Agrarunternehmer, die die bundesweite Organisation *UDR* gründeten und, in Hysterie verfallend, zu einer bewaffneten Verteidigung des (ihres) Eigentums aufriefen, bevor der Agrarreformentwurf überhaupt vorgelegt worden war, ließen die *CONTAG* mit anderen bundesweiten Institutionen, die radikale Positionen zur Verteidigung der ländlichen Arbeitenden einnahmen (u.a. *CUT*, *CPT*, *MST* und *ABRA*), zusammenrücken. Sh. Caderno Especial, " UDR - A Arma do Latifúndio - Objetivo: Concentar a terra a qualquer preço", Hrsg: CUT, CPT und Sem Terra. Zur *UDR* siehe auch 7.2.

5.2.1. Die Verwaltungsstruktur der *FETAPE* und ihre Schwerpunkte am Ende der 70er bis in die 80er Jahre

Die *FETAPE* hat ihren Sitz in Recife, der Hauptstadt des Bundesstaates Pernambuco, wo sich der Vorstand und vier "gewerkschaftliche, juristische, Bildungs-und Buchhaltungs-Abteilungen" befinden. Die Verwaltung für den ganzen Bundesstaat ordnet sich in zehn regionale Zentren: zwei in der Waldregion, *Polo Mata Norte* und *Mata Sul*; drei in *Agreste*, *Polo Setentrional, Agreste Central* und *Agreste Meridional*; fünf in *Sertão*, *Polo do Vale do Pajeú*, *Sertão Central*, *do Araripe*, *Sub-Médio São Francisco* und *Médio São Francisco*. Insgesamt 125 Ortsverbände und noch weitere 25 Vertretungsstellen bilden die Basis dieser Verwaltungsstruktur[164].
Eine quantitative Untersuchung stellte fest, daß die Hauptbeschäftigung in 92 Ortsverbänden Pernambucos darin bestand, Sozialversicherungsfälle im *convênio* (im gegenseitigen Einvernehmen) mit der ländlichen staatlichen Bundesversicherung (*FUNRURAL* - staatlich geförderte und kontrollierte Einrichtung) zu bearbeiten[165]. Die Zahl der Angestellten, die für die Verwaltung der einzelnen Ortsverbände zuständig waren, ist dabei allerdings nicht berücksichtigt worden. So ist es uns nicht möglich, ein genaues Bild von der Größe des Verwaltungsapparats innerhalb der offiziellen ländlichen Gewerkschaften zu entwerfen. Die Interviewpartner meiner Untersuchung wiesen darauf hin, daß die Ortsverbände vor dem Beginn der Krise 1990 durchschnittlich drei bis sechs Angestellte für die bürokratischen Aufgaben hatten[166] und daß diese in der Regel dem Verwandtenkreis des Vorstandes entstammten.
Dieser ländliche Gewerkschaftsapparat mußte sich seit Ende der 70er Jahre neben den obligatorischen sozialen Tätigkeiten und der Gesundheitsvorsorge zunehmend an die Übernahme politischer Aufgaben gewöhnen, um die sich spontan entfaltenden sozialen Bewegungen auf dem Land anführen zu können. In den drei verschiedenen Regionen mußten dabei unterschiedliche Schwerpunkte in der Vertretungsarbeit gesetzt werden, um den Bedürfnissen der sogenannten Basis einigermaßen entsprechen zu können.

---

[164] Quelle: *FETAPE*. Die Zahl der Mitglieder der ländlichen Bevölkerung ist im Vergleich zu der anderen Arbeiter hoch geschätzt. Siehe Tab. 6-8 im Anhang.

[165] Cerqueira (1986): S.31. Siehe auch 7.1.

[166] Im Bewertungsversuch des siebten Kapitels wird diese Krise diskutiert, die einige Ortsverbände dadurch zu lösen versucht haben, daß die Vertretungsfunktionäre, wie etwa in Exu und Ouricuri geschehen, Verwaltungsangestellte entlassen haben und die Arbeit durch geschulte ehrenamtliche Angehörige, zumeist Kinder der Vertrauensleute, haben übernehmen lassen. In einem anderen Fall zerstritt sich der Vorstand im Ortsverband von Ribeirão, da aufgrund der schlechten Finanzlage zwei der drei Angestellten entlassen werden mußten. Die drei Angestellten waren Verwandte unterschiedlicher Vorstandsmitglieder.

In der Waldregion waren die Streiks für bessere Tarifverhandlungen und für die Befolgung der Arbeitsrechte seitens der *Patrone* die Orientierungspunkte der gewerkschaftlichen Arbeit. Über fünfzig Fachanwälte für Arbeitsrecht vertraten die zahlreichen Rechtsansprüche in individuellen und kollektiven Gerichtsverfahren[167]. Die Anstellung der Juristen durch die Leitung der *FETAPE* machte die juristische Arbeit unabhängig von der politischen Befindlichkeit des jeweiligen lokalen Vorstandes. Unabhängig davon, ob er eher *"pelego"* oder *"combativo"* war, stand die juristische Betreuung allen Mitgliedern zur Verfügung, wenn sie sich unter Umgehung ihres jeweiligen Ortsvorstandes direkt an die *FETAPE* wandten.
Dieser arbeitsrechtliche Schwerpunkt bestimmte die gewerkschaftliche Tätigkeit in Pernambuco. In der Region Agreste etwa stellte die *FETAPE* eine Gruppe von Anwälten an, die wie in der Waldregion die Priorität auf die Regelung der Arbeitsleistung legte. Die Arbeit der Anwälte ging so in manchen Stadtkreisen, in denen es Probleme bei den Finanzierungs- und Vermarktungschancen der Kleinproduzenten oder mit Verstößen der Großgrundbesitzer gegen die Verträge mit ihren Teilpächtern gab, an den Problemlagen der arbeitenden Bevölkerung vorbei. Die Ortsverbände aber, die sich frühzeitig den weitergehenden Problemen der Agrarpolitik zuwandten, standen vor dem Problem der Angst. Trotz größerer Sensibilisierung der Mitgliedschaft hemmte der systematische Druck lokaler Machthaber die notwendige Mobilisierung der Basis für die Durchsetzung weitergehender agrarpolitischer Forderungen über die klassischen gewerkschaftlichen Arbeitsfelder hinaus.
In der Region *Sertão* sah die Entwicklung der ländlichen Gewerkschaften anders aus. Obwohl 80% der Ortsverbände erst in den 70er Jahren[168] und eher aufgrund des *convênio* mit dem *FUNRURAL*, d.h. für die Übernahme bürokratischer und sozial-assistenzieller Funktionen, gegründet worden waren, mußten sie seit etwa Ende der 70er Jahre beginnen, sich politisch zu betätigen.
In den Stadtkreisen dieser Region lebten zwischen 60 und 80% der Bevölkerung von der Landwirtschaft, die besonders nach einer erneuten fünfjährigen Dürreperiode die weitere Verschlechterung der zuvor schon harten wirtschaftlichen Bedingungen hatten erleben müssen. Zwischenhändler, Großgrundbesitzer und die regierenden Politiker aus deren *clans* nutzten die Trockenheit, um ihre eigene Macht zu vergrößern, indem sie z.B. Wasser mit Tankwagen nur dort verteilten, wo die Bewohner politische Treue versprachen oder indem sie die Arbeit der für die "Front für Not-

---

[167] Cerqueira 1986: S.36.
[168] Quelle: *FETAPE*.

standsarbeiten"[169] angeworbenen Bevölkerung ausbeuteten, indem sie sie etwa statt vorschriftsmäßig für öffentliche für in privaten Ländereien gelegene Bauvorhaben einsetzten. Die ländlichen Arbeitenden, die dort zum großen Teil Kleineigentümer waren, hatten z.B. nach Beendigung der Arbeiten keinerlei Zugriffsrecht auf die im Rahmen der *frente de trabalho* von ihnen errichteten Regenwasserrückhaltebecken auf Privatbesitz.
Diese Form von Ausbeutung weckte den Widerstandswillen der Kleinproduzenten. Und selbst die innigste Verbindung der Gewerkschafter zu lokalen Machthabern konnte nicht verhindern, daß die Basis Druck auf ihre Ortsverbände ausübte. Hierbei spielten die überregionalen Aktionen der *FETAPE*, die sich ja zunächst nicht als Vertretung der Kleinunternehmer verstand, nur eine untergeordnete Rolle. Die vierzehn Anwälte der *FETAPE* für den Sertão[170], die, wie die Kollegen der anderen Regionen, Spezialisten für Arbeitsrecht waren, verdeutlichen, daß der politisch-organisatorische Schwerpunkt der Föderation auf der Vertretung der lohnabhängigen Mitgliedschaft lag. Nur die Ortsverbände, in denen sich die Gewerkschaftsmitglieder allmählich politisierten und ihre Vorstände zwangen, politisch aktiv zu werden, begannen, Forderungen nach alternativen Entwicklungsformen für die Landwirtschaft zu stellen. Die interviewten Gewerkschafter aus dem Sertão klagen immer noch über die genannte Schwerpunktsetzung der *FETAPE*, deuten aber auch an, daß sie die föderative hierarchische Struktur dazu bringen wollen, die politischen Stellungnahmen der Föderation der Vielfältigkeit ihrer Mitgliedschaft anzupassen.
Ein weiterer Schwerpunkt der Arbeit etwa der Ortsverbände entlang des Flusses São Francisco hatte mit der sozialen Situation zu tun, die als Folge des von den Militärs auf gigantische Weise umgesetzten Modells einer nachholenden Entwicklung entstand. Während des Baus mehrerer Staudämme für Wasserkraftwerke und Bewässerung wurden traditionelle und/oder rechtmäßige Besitzformen von den sogenannten Entwicklungsträgern - insbesondere der Regierung selbst - mißachtet. Hunderttausende Familien wurden ihrer Lebens- und Wirtschaftsgrundlage beraubt, ohne daß irgendeine Idee für die Lösung der durch diese Entwurzelung entstandenen Migrationsprobleme seitens der Planer vorgelegen hatte.
Gewerkschafter, die sich für diese Probleme sensibilisierten, mußten zahlreiche Aktionen organisieren, die der ursprünglichen politischen Ausrichtung der *FETAPE* nicht entsprachen. Forderungen z.B. nach

---

[169] *Frente de trabalho de emergência.* Oliveira (1985) analysiert die staatlichen Planungen und Investitionen für den brasilianischen Nordosten, die im Endeffekt etwa im Beispiel des *DNCOS - Departamento Nacional de Obras Contra as Secas* (Bundesabteilung für Bau zur Trockenheitsbekämpfung) den lokalen Oligarchien dienten. Besonders Kap. II und VI.

[170] Cerqueira (1986): S.41.

wertmäßiger Entschädigung für das Land, nach einer prioritären Umsiedlungspolitik mit gleichen Zugangschancen für Kleinproduzenten zu Bewässerungsanlagen, nach technischer und finanzieller Unterstützung usw. wurden erst während der Konfrontationen entwickelt, die sich mit den Befürwortern der Staudammbauten entspannen, die schnell über die Probleme hinweggehen wollten, mit dem Argument, allein die dort erzeugte Energie brächte eine Entwicklung des ländlichen Nordostens[171]. So waren die ländlichen Ortsverbände gezwungen, auch gegen das Bild zu kämpfen, daß sie die "fortschrittliche Entwicklung des industrielosen Nordostens" aufhalten wollten. Ihre Fragen und Forderungen nach einer Umverteilung der erzeugten Energie und des bewässerten Landes sowie nach der lokalen und regionalen Partizipation an der Entwicklungsplanung, die durch solch pauschalen Vorwurf weggewischt werden sollten, wurden schließlich im Zusammenhang mit der Auslandsverschuldungskrise der 80er Jahre und mit der weitergehenden Diskussion entwicklungspolitischer Strategien vor der Weltöffentlichkeit erneut präsentiert. Abgesehen von den mittlerweile deutlich gewordenen insgesamt negativen volkswirtschaftlichen Ergebnissen solcher Großprojekte für den brasilianischen Nordosten besteht heute eine verhältnismäßig starke Unterstützung durch ihre Mitglieder gerade in den ländlichen Ortsverbänden im Sertão, die sich für andere Planungs-, Durchsetzungs- und Nutzungsformen solcher Entwicklungsmaßnahmen eingesetzt haben.
Das folgende Kapitel soll durch die Beschreibung der neuesten Entwicklung der Gewerkschaftsbewegung in Brasilien verdeutlichen, welchen politischen Stellenwert die ländlichen Gewerkschaften innerhalb der bundesweiten gewerkschaftlichen Führung der Dachverbände (*Centrais Sindicais*) und der strukturierten Föderationen und Konföderationen besessen haben und besitzen, bevor sie selbst im siebten Kapitel einer kritischen Bewertung untergezogen werden.

[171] Vgl. u.a. Correia de Andrade (1984): S.47ff über die ökologischen und sozialen Folgen nach dem Bau der Staudämme.

6. Die Alternativen zu den offiziellen Gewerkschaften

Die Argumente Juliãos für die Wirksamkeit der *ligas camponesas* im Gegensatz zu den Landarbeitergewerkschaften in Fragen der Sicherung sozialpolitischer wirtschaftlicher Errungenschaften sind bis heute nicht widerlegt. Obwohl es keine einzige *liga* im damaligen Sinne mehr gibt, sind Spuren einiger ihrer Merkmale in verschiedenen Organisationen zu entdecken, die heute in Pernambuco für Bauern und Landarbeiter tätig sind. Gleichzeitig werden aber auch ihre Beschränkungen sichtbar.
Im folgenden soll daher die Frage erörtert werden, welche legalen, halblegalen oder illegalen Wege die Bauern und Landarbeiter in einem teilpatrimonialen Staat bevorzugen, um ihre Lebenssicherung zu garantieren bzw. ihre soziale Lage zu verbessern. Warum schlagen einige diesen, andere aber jenen Weg ein? Wie verhalten sich die Organisationen gegenüber diesem Problem, und wie wird dies von Bauern und Landarbeitern wahrgenommen?
Die Erfahrungen mit den *ligas camponesas* hätten gezeigt (so Julião), daß eine größere Chance bestand, etwas durch das Zivilrecht zu erreichen als durch das Arbeitsrecht, wie dies die Gewerkschaften versuchten. Anfang der 60er Jahre bemerkte man allerdings, daß die günstige Entscheidung eines örtlichen Gerichtshofes von höheren Instanzen aufgehoben wurde oder wegen gewaltsamen Widerstands lokaler Machthaber undurchführbar blieb. Der Anspruch auf rechtliches Gehör verlor nun an Glaubwürdigkeit. Die Kläger radikalisierten sich und besetzten das Land, das sie für ihren rechtmäßigen Besitz hielten. Daraufhin begann der erneute Kampf, um auf dem Rechtswege die Aktion zu legalisieren. Dies konnte mit einer Vertreibung von dem besetzten Land enden, oder - je nachdem, was für ein Gouverneur den Bundesstaat regierte - mit der Anerkennung der neuen Siedlung durch eine Entschädigung für den vom Notariat beglaubigten Erstbesitzer des Landes.
Sei es nun ein legaler oder halblegaler Weg, der eingeschlagen wurde - fast immer hinterließ er einen Bruch in den Beziehungen zum Patron. Da es für die Arbeitenden auf dem Land keinerlei soziales Netz gab, hatten diese in erster Linie für die Beschaffung der lebensnotwendigen Dinge zu sorgen. Selbst wenn das Dorf oder die Ansiedlung solidarisch organisiert wäre, würde eine kämpferische Haltung immer sehr viel eigene Mühe und Opfer kosten.
Als der Arbeitsminister am 2. März 1963 das *Estatuto do Trabalhador Rural* (Landarbeiterstatut) mit sofortiger Wirkung verkündet hatte, wurde das Gesetz in Bundesländern wie beispielweise Pernambuco durch einen *social-trabalhista*[172] Gouverneur Miguel Arraes unter Drohungen ener-

[172] Partei, die an den Populismus von Getúlio Vargas anschließt.

gisch durchgesetzt. Für die engagierten Landarbeiter und Teilpächter eröffnete sich ein gemeinsamer neuer Horizont. Die Errungenschaften, sei es, daß sie als Frucht des eigenen politischen Kampfes oder einfach als Gabe des Staates gewertet wurden, entsprachen auf jeden Fall einer konkreten sozialen Sicherheit bzw. dem, was die in der Stadt Arbeitenden schon lange besaßen.

> "... Uns haben die Patrone schlimmer als die Tiere behandelt, ich glaube, schlimmer als die Sklaven damals... Wir erinnern uns alle daran, daß uns Anfang der 60er Jahre João Goulart auf Bundes- und Miguel Arraes auf Staatsebene die Arbeiterschaftsgesetze der Städte auf das Land brachten. Frauen, Männer und Kinder, die auf den Zuckerplantagen arbeiteten, mußten von den Unternehmern mit 'Lohnsteuerkarten' registriert werden. Wir haben den wahren Mindestlohn erhalten. Sogar Betten und Radios haben wir kaufen können"... (Int.Nr.13).

Der Erzbischof D. Helder Camara von Olinda und Recife (PE), der im Juli 1961 den *Serviço de Orientação Rural* - *SORPE* -[173] schuf -25 Priester unter Leitung von Pater Crespo wurden dafür abgestellt - sprach schon im Februar 1962 optimistisch über den Entwurf des Landarbeiterstatuts: "Erneuerndes und Mutiges, Ausgewogenes und Gerechtes, vermeidet die Einseitigkeit, beachtet die regionalen Unterschiede und ist inspiriert durch christliche Prinzipien" (Z. nach Carvalho 1984: S.109). Der *SORPE* startete eine Kampagne für die Gründung von Landarbeitergewerkschaften, die dann mit Sicherheit anerkannt würden[174].
Nach den Lobpreisungen von D. Helder Camara brauchte das Landarbeiterstatut noch ca. ein Jahr, um in Kraft gesetzt zu werden. Als dies geschehen war, gerieten die *ligas camponesas* noch mehr ins Hintertreffen. Auf dem Land in Pernambuco stiegen die Hoffnungen, die Arbeitsrechte fest im Griff zu haben und mit der Organisation von Gewerkschaften diese verteidigen zu können.
Der Militärputsch von März/April 1964 betraf zunächst nicht die Gewerkschaftsführungen, die mit der katholischen Kirche, sondern diejenigen, die mit den linken Gruppierungen verbunden waren. So saß z.B. Pater Crespo mittlerweile im Vorstand der Landarbeiterföderation von Pernambuco[175]. Die christlichen Gewerkschafter, die wegen ihrer Kontakte zu linken Gruppierungen etwas radikaler geworden und nicht von der Repression eingeholt worden waren, verstummten. Durch den Putsch wurde auch der

---

[173] wörtlich: Dienst für ländliche Beratung.

[174] Dreifuss (1986: S.303ff.) belegt die strategische und finanzielle Unterstützung des IPES/IBAD (*Instituto de Pesquisa e Estudos Sociais/Instituto Brasileiro de Ação Democrática*) und der amerikanischen CIA für den SORPE. Dessen Aufgabe war, "demokratische" Gewerkschaften von Landarbeitern zu gründen und politisch die *ligas* und KP-Führung auf dem Land zu schwächen.

[175] *Federação dos Trabalhadores na Agricultura do Pernambuco - FETAP.*

Gouverneur Miguel Arraes abgesetzt und exiliert. Die Großgrundbesitzer bekamen neuen Mut, das trotz Militärregierung in Kraft gebliebene Landarbeiterstatut allmählich nicht mehr zu respektieren. Die Gewerkschaften, die dagegen anzukämpfen versuchten, mußten unter Interventionen gemäß der *CLT* leiden.
Während der folgenden drei Jahre wuchs die Unzufriedenheit derer, die sich vom Putsch den Schutz des Privateigentums und der christlichen Werte erhofft hatten, weil eine Modernisierungspolitik um sich griff, die für die schnell zunehmende Misere auf dem Land und im Stadtgürtel von Olinda und Recife verantwortlich gemacht wurde. In Pernambuco sowie in anderen Bundesstaaten regte sich Kritik in der noch nicht vollständig zensierten Presse. Ein Teil des katholischen Klerus, die Studenten und Freiberufler demonstrierten gegen den Kurs der Militärregierung. Einige linke Gruppierungen riefen zum Widerstand auf, und in den wichtigen Städten entstand eine Guerillabewegung. Das gereizte Militär bzw. dessen sogenannter Hardline-Flügel setzte sich daraufhin in der Regierung durch. Durch den Institutionalakt Nr.5 vom November 1968 wurden alle politischen Freiheiten aufgehoben.
In Pernambuco wurde die christliche Führung der "demokratischen" Landarbeitergewerkschaften verfolgt: zwei wichtige Akteure, D. Helder Camara und Pater Crespo, wurden mehrere Male in Untersuchungshaft genommen, letzterer ging schließlich ins Exil. Auf dem Land gehörte die Gewalt schon längst zum Alltag. Mit der Verschärfung der Diktatur gewöhnten sich die Großgrundbesitzer wieder daran, "ihr" Entlohnungsgesetz anzuwenden, so daß das Landarbeiterstatut in der Praxis wieder aufgehoben wurde.

> "... Aber dann kamen die Männer (das Militär). Mit der sogenannten Ordnungsverhärtung von '68 haben die verheirateten Frauen wie ich alle Arbeiterschaftsrechte wieder verloren. Wir halfen unseren Männern auf der Plantage und wurden dafür nicht entlohnt". (Fortsetzung des Interviews Nr.13)[176].

6.1. Zur Rolle der "Kirche der Armen" innerhalb der Gewerkschaftsbewegung seit den 70er Jahren

Bereits hier sei darauf hingewiesen, daß die "Kirche der Armen" seit den 70er Jahren für die Entstehung von Alternativen in der Gewerkschaftsbewegung eine wichtige Rolle gespielt hat. Zudem sollen die beiden landesweiten Institutionen - Kirche und Gewerkschaft - gemeinsam einer

[176] Frauen wie Dona Quitéria, die ab 1979 mit einigen progressiven Anwälten und Anwältinnen vor das Arbeitsgericht ging, haben die gesetzlichen Arbeitsverhältnisse wiederherstellen können. Neue Probleme gibt es aber bei denjenigen Frauen, die noch "formale" Ehemänner haben. Vor allem scheinen diese Frauen deswegen ihre soziale Stellung als "Bürgerin" verloren zu haben.

kritischen Betrachtung unterzogen, ihre weithin anerkannte Rolle als im Widerstand gegen die Militärdiktatur dauerhaft demokratisch Handelnde hinterfragt werden. Letztlich wird sich die Frage stellen, inwieweit ein undialektisches Denkmuster des Bösen und Guten in zahlreichen Studien und gewerkschaftlichen Planungen bezüglich der Landfrage und der weiteren agrar-soziologischen Thematik eine vertiefende Erkenntnis regionaler Problematik ermöglichte bzw. verhinderte.

Die philosophischen und theologischen Gründe für die neue Haltung der Kirche können hier nicht erörtert werden[177]. Geschichtliche und soziologische Einzelheiten sind bereits durch komplizierte Interpretationen innerhalb und außerhalb der Kirche in umstrittene Paradigmen gefaßt worden, die jedoch der vorliegenden Studie kaum helfen können, regionalbezogene Wirkungen auf die Landproblematik aus soziologischer Sicht zu präzisieren. Allgemeingültige Paradigmen zur "Kirche der Armen" ersetzen darüber hinaus die Ergebnisse dieser Regionalanalyse nicht, ebensowenig wie dieses umgekehrt der Fall sein könnte.

Auf jeden Fall würde eine bloße Zuordnung der Bischöfe und Priester z.B. aus Pernambuco in sogenannte "progressive und konservative" Blöcke wissenschaftliche Erkenntnisse über das soziale Engagement der Pastoralen dieser oder jener Diözese erschweren. Solche Zuordnung könnte besonders den Betroffenen wenig helfen, Projekte und Pastoralagenten zu durchschauen und zu beurteilen, welche Intentionen seitens der Kirche und ihrer Vermittler in einzelnen Diözesen ins Spiel gesetzt werden.

Die Veränderungen, die besonders in den 60er Jahren innerhalb der Kirche stattfanden, können weder als Produkt einer exklusiven Eigendynamik noch als reine Übertragung gesellschaftlicher Modernisierungsprozesse bezeichnet werden. Sie stellten durch die wichtigsten Kirchenbeschlüsse - die Enzyklika "*Mater et magistra*" Johannes' XXIII., das II. Vatikanische Konzil (1962-65)[178] und die Generalversammlung des Lateinamerikanischen Episkopats (1968 in Medellin/Kolumbien) - eher eine Synthese des inneren und externen Wandels dar, welcher dennoch kein einheitliches Verhalten der Kirche bewirken konnte.

Der Ausgangspunkt des politischen Engagements war für die meisten aufgeklärten Gläubigen der gleiche, nämlich der Wunsch nach einem gerechteren Leben, das die Menschheit in der modernisierten Gesellschaft weiterentwickeln sollte. Diesem Ziel verschrieb sich die 1945 von der Kirchen-Hierarchie initiierte Bewegung *Ação Católica*. Aus ihr entstanden

---

[177] Die theologische Dissertation von A. Moreira (1988) bietet eine ausführliche Grundlage, um die sogenannte Befreiungstheologie und das sozial-politische Engagement ihrer Anhänger vor allem in bezug auf die Landproblematik Brasiliens zu diskutieren.

[178] Die Religionskritik Lorenzers (1988) ist zur Analyse dieses Konzils empfehlenswert.

zwei politische Hauptwege, auf die sich die Gläubigen seit Ende der 50er Jahre bis 1968 verteilten. Einer dieser Wege sollte zu christlich-demokratischen Prinzipien führen.
Ihnen gemäß müßte man die Misere, die überstürzte Industrialisierung und Landflucht erzeugt hatten, und damit verbunden den wachsenden kommunistischen Materialismus bekämpfen. Die Aufrechterhaltung und der Schutz der Eigentums- und traditionellen Autoritätsverhältnisse durch die Stärkung familiärer Werte sollte die "Standarte" der Christen sein, um die "Ordnung im Land" wiederherzustellen[179].
Den gegenläufigen Weg schlug eine Minderheit von Christen ein, die die Höherentwicklung der Menschheit eher durch radikale Neu-Verteilung des Eigentums und politische Bildung gewährleistet sah und sich am Beispiel des revolutionären Kuba orientierte. Diese Gruppierung entfernte sich allmählich während der politisch konfliktreichen Periode Goulart vom christlich-demokratischen Flügel und gründete u.a. die *AP - Ação Popular*[180]. Mit einem Teil der im November 1959 gegründeten "Bewegung für die Basis-Erziehung" (*MEB- Movimento de Educação de Base*)[181] assoziierte sie sich mit marxistischen Gruppierungen, die wiederum den anderen christlichen Flügel aus dem Vorsitz der *CONTAG* ausgeschlossen hatten. Während der ersten Jahre der Militärdiktatur bildeten sie hauptsächlich im Nordosten das Bündnis der *resistência democrática*[182].
Die besonders seit 1968 sich verhärtende Diktatur fungierte als wichtiger äußerer Faktor, um die beiden getrennten Wege der Kirchengruppen nochmals näher zusammenzubringen. In den Augen des christlich-demokratischen Flügels waren die "menschlichen Kosten" der schon vierjährigen Diktatur zu hoch, zumal der Modernisierungsschub und zunehmender Gewaltmißbrauch des Militärs und seiner wirtschaftlichen Alliierten kaum dazu beigetragen hatten, die traditionelle Autoritätsgrundlage der oligar-

---

[179] In den Städten bildeten sich Zirkel christlicher Arbeiter (*Circulos de Trabalhadores Cristãos*), im ländlichen Bereich Dienste wie der *SAR - Serviço de Assistência Rural* in RN und *SORPE - Serviço de Orientação Rural*. Hieraus entsprangen auch jene Gruppen, die bundesweit die "Märsche der Familien mit Gott für die Freiheit/das Eigentum" (*marchas da família com Deus pela liberdade/propriedade*) organisierten. Im Bundesstaat São Paulo z.B. wurde ein solcher Marsch von der Vereinigung der Großgrundbesitzer *SRB - Sociedade Rural Brasileira* unterstützt (Martins 1984: S.112f). Diese Demonstrationen zählten zu den wichtigen politischen Verunsicherungen, die den Sturz der Regierung Goulart mit provozierten.

[180] wörtlich: Volksaktion.

[181] Aus diesem Flügel entstanden u.a. die Jugendorganisationen, die ihre Mitglieder aus nahestehenden Kreisen rekrutierten: *JAC, JEC, JOC, JUC* (jeweils: Katholische Jugend des Agrar-, Schüler-, Arbeiter- und Studentenbereiches). Aus diesen Gruppen und der *AP* rekrutierten die Linken sogar Mitstreiter, die bereit zum bewaffneten Widerstand gegen die im April 1964 ausgerufene Militärdiktatur waren.

[182] wörtlich: demokratischer Widerstand.

chischen Herrschaftsmoral wiederherzustellen und das wachsende soziale Elend abzubauen. Dagegen beschleunigte die Diktatur trotz nationalistischer und moralischer Parolen in den zensierten Medien noch mehr den "Zerfall der christlichen Werte".
Andererseits war es für den "linken" Flügel der Kirche eine bittere Erfahrung, sich gegen die politische Repression dieser Diktatur verteidigen und dennoch innerhalb des Demokratisierungskampfes gegenüber den politischen Taktiken und Strategien der linken nichtchristlichen Gruppierungen kapitulieren zu müssen. Die erste Phase einer Synthese dieser verschiedenen Wege kann so beschrieben werden: als der "linke" und der christlich-demokratische Flügel zusammenrückten, entstanden die neuen Pastoralen seit Ende der 60er Jahre.
Die zweite Phase einer Synthese wird deutlich in den sozialpolitischen kirchlichen Dokumenten zur Pastoralarbeit wie den Beschlüssen von Medellin. Diese Dokumente bilden für die Befreiungstheologie bis heute ein äußerst wichtiges Fundament der internen Verständigung für sie selbst und gelten als bisher fortgeschrittenste Grundlage seitens der Kirchenhierarchie auf dem lateinamerikanischen Subkontinent [183]. In den 70er Jahren entsprachen daher die Basisgemeinden am ehesten der Evangelisationstheorie und -praxis der Kirche, welche vor allem den Armen im Sinne einer Aufwertung des Menschlichen zugute kam. Für die Opfer des Modernisierungsprozesses und mit ihnen zu arbeiten - so ein Kernpunkt der Verkündigung - würde für die Menschen bedeuten, schon auf Erden am Gottesreich mitzubauen. Gewerkschaften und andere Selbstvereinigungen der Armen sind dessen Instrumente, so die "progressiven" Bischöfe. (Int.Nr.140)[184]

---

[183] Die Interpretationen der Befreiungstheologie sind häufig von zwei Extremen geprägt: Orthodox-marxistische Studien betrachten das politische Engagement der Kirche rein ökonomisch als eine unmittelbare Verteidigung des Eigentums; Beiträge von Laien und Ordensleuten beschreiben durch evolutionär geschichtliche Hinweise auf die sozialen Bewegungen eine Dialektik des lateinamerikanischen Evangelisationsprozesses (Humanisierung der Kirche). Die Analyse von Martins u.a. (1989: bes. K.II) eignet sich wesentlich besser zur Klärung der Frage, warum 1980 die sogenannten progressiven wie auch die konservativen Bischöfe Brasiliens (nur vier Gegenstimmen bei über 300 mit Mitbestimmungsrecht der CNBB) ein Dokument *Igreja e Problemas da Terra* verabschiedeten, welches das kapitalistische Landeigentum verdammte (op.cit. S.27).

[184] Die Bischöfe berufen sich oft auf die Verabschiedungen der II. und III. Generalversammlungen des Lateinamerikanischen Episkopats in Medellin und Puebla, (siehe bspw. Punkt "d.14 - Arbeiterorganisation unter dem Thema Gerechtigkeit" von Medellin 1968). Vgl. auch Hirtenbrief der 29. Vollversammlung der brasilianischen Bischofskonferenz, in: "Caminhar Juntos", Mai 1991, Nr.162, S.2f. Sh. auch Hsrg. Diözese der Juazeiro/BA, Berichthefte "Caminhar Juntos", besonders Nr. 158-9, 168, 170-1, 176, 178-9. Im Arbeitspapier der brasilianischen Bischöfe für die IV. Lateinamerikanische Bischofskonferenz (Okt.1992) zeigt sich eine Abwendung von dieser Linie: die sozialen Bewegungen werden noch unterstützt, aber nur im eindeutigen Zusammenhang

Mit dem Modernisierungsprozeß, den die brasilianische Gesellschaft erfuhr, wurden politische Energien freigesetzt. Diese verhalfen den Betroffenen dazu, eine subjektive politische Kultur aufzubauen; derartige Prozesse konnten innerhalb der Basisarbeit der Kirche weiterentwickelt werden. Das traditionelle Denken, das Problemlösungen von den jeweils Herrschenden der Klientelstruktur erwartete, veränderte sich. Besonders die neu eingeführten Formen der Rationalisierung der Wirtschaft entlarvten die politisch-wirtschaftliche und kulturelle Machtstruktur und brachten die von ihnen Betroffenen dazu, eigene politische Alternativen auszuarbeiten.

> " Dieser Prozeß erforderte von der Kirche, eine historische Aufgabe auf sich zu nehmen, welche die politischen Parteien nicht wahrnahmen. Die Aufgabe bestand darin, die kulturelle Erneuerung bzw. neue Bewußtseinsformen zu vermitteln, die durch den Bruch mit alten Herrschafts- und Ausbeutungsverhältnissen provoziert wurden"[185].

Dieser Behauptung ist aus der Sicht meiner Regionalforschung nicht gänzlich zuzustimmen. Zweifel sind anzumelden, wenn man nach dem unterschiedlichen Charakter und Grad dieser kulturellen Neuerung in den Mikro-Regionen fragt. In welchem Rahmen der innerhalb der Kirche sich öffnende Spielraum Chancen für die Selbstentwicklung der neuen politischen Kultur bot und deren Dauer versprach, ohne daß die Interessen der Institution und des einzelnen Vermittlers sich wieder in den Vordergrund gedrängt hätten, ist bestenfalls umstritten. Trotzdem blieb - und bleibt - die Kirche während der Diktatur das wichtigste und größte Dach, unter dem verschiedene politische Vermittlungsinstanzen Schutz fanden, um mit den durch die Modernisierung Benachteiligten nach Macht- und Strukturwandel zu streben.

Aus dem direkten Engagement ihrer Mitglieder und aus der Verstärkung durch die innerhalb ihrer Organisationsstruktur bewußt versteckten oder untergetauchten linken Strömungen bildeten sich während der Militärdiktatur unterschiedliche kirchliche Arbeitsgruppen. Deren Engagement reichte von biblisch-politischer Aufklärung in den Gemeindegruppen bis hin zur politischen Konfrontation durch Aufdeckung von Folterungen und Suche nach Verschwundenen[186].

---

mit der Evangelisationsarbeit für die katholische Kirche. Amerindia, Mai-Juni 1992, Dok. Nr.13, S.14ff.

[185] Martins 1989: S.20. Zum Bruch mit alten Verhältnissen zählt der Autor die massenweise Befreiung von der Herrschaft politischer Cliquen der Großgrundbesitzer, von persönlicher Abhängigkeit und sogar vom religiösen Monopol des Katholizismus (d.i. die Ausbreitung von evangelikalen Sekten).

[186] Beispiele hierfür sind die bundesweit in den Diözesen geschaffenen Kommissionen für Gerechtigkeit und Frieden (*CJP - Comissão de Justiça e Paz*) zum Schutz der Verfolgten und die regional verschieden bezeichneten Bibelkreise und Animationsgruppen.

Kritische Bibelarbeit ist in verschiedenen Zirkeln der Befreiungstheologie und, gemäß dem politischen Lehrbuch der Bischofskonferenz, überwiegend von Mitgliedern der Basisgemeinden praktiziert worden[187]. Die unzureichende Zahl von Priestern im Vergleich zur Zahl der Gemeinden in einem so großen Land wie Brasilien erklärt z.T. das Phänomen der Bibel- und Gebetskreise. Die in dieser Arbeit erforschten Fälle weisen aber nachdrücklich auf die wichtige Rolle der Gemeinde-*animadores* hin, die meistens keine Priester waren, aber innerhalb der Basisgruppen eine gewisse intellektuelle Position innehatten.
Noch Ende der 60er und Anfang der 70er Jahre kamen solche Vermittler besonders in ländlichen Gebieten von außerhalb. Ab Mitte der 70er Jahre traten dann *animadores* auf, die Vorort-Bewohner und -Bewohnerinnen (*vindos do meio*) waren. In einigen Fällen konnten sie kaum lesen oder schreiben, aber durch Besuche von Kursen, Diözesanversammlungen, ständigen Kontakten mit gebildeten Priestern usw. verfügten sie dennoch über eine intellektuelle Stellung, die sich mit dem Vorteil verband, die lokalen Probleme näher zu kennen[188].
Ohne daß die Wichtigkeit der lokalen Vermittler/Vermittlerinnen geschmälert werden soll, tut sich heute eine unbeantwortbare Frage auf: warum scheint z. Zt. die politische Basisbildung insgesamt in der Krise zu sein, obwohl die Krise doch hauptsächlich Intellektuellenkreise, speziell die traditionell Linken, betrifft? Inwiefern setzt sich also die aktuelle Krise intellektueller Kategorien und Handlungsanweisungen für die *animadores* aus dem Vorort fort, obgleich diese ihre Hauptmotivationen nicht überwiegend aus intellektuellen Kreisen beziehen?
In den Städten entstanden seit 1968 (wie bereits erwähnt) allmählich - außer der Kommission für Gerechtigkeit und Frieden - die Arbeiter- und

---

[187] Die Anfang der 80er Jahre bearbeiteten Materialien der Bischofskonferenz für politische Bildung stellen diese politische Phase dar als die eines tiefdunklen Tunnels. Die einfachen Menschen hätten in den Gemeinden nur ein Kerzenlicht: die Bibel, mit der sie allein (d.h. ohne Priester) ihren schwierigen Weg beleuchteten und durch die sie die Lehre des Kampfes für Gerechtigkeit aufnähmen und verbreiteten. Sie hätten so lange allein durchzuhalten, bis sie die kleine Passage für den noch schwierigeren, schmalen, aber unter freiem Himmel verlaufenden Weg gefunden hätten (symbolisch für die politische Öffnung des Militärs). Dieser verbände die Menschen auf einer Kreuzung (Parteireform), bei der jede(r) entscheiden müßte, welchen Weg (Partei) er/sie gehen könne, um die Transformation der Gesellschaft zu erlangen, ohne allzu sehr von anderen getrennt zu werden.

[188] Dennoch war ihre Funktion konfliktreich. Durch die Forschung der MEP (1984) wurden zudem einige Symptome bezeichnet, die in den Städten häufig zu erkennen waren: Fälle von progressiver Entfremdung des Vermittlers/ der Vermittlerin; Kontaktschwierigkeiten und familiäre Probleme aufgrund permanenter Abwesenheit; ökonomische Schwächung aufgrund des Verlustes des Festjobs, steigender Unkosten (z.B. Transport) und kaum oder gar nicht bezahlter Pastoralarbeit; Konkurrenzstreit mit anderen Gemeindemitgliedern; politische Kapitulation vor den wesentlich besser vorbereiteten Vertretern der traditionell linken Gruppierungen.

Jugendpastoral[189], in denen die polarisierten Strömungen in der Kirche der 60er Jahre wieder zur Zusammenarbeit und gegenseitigen Einflußnahme zusammentrafen. In diesen Gruppen wurzelten die politischen Bestrebungen, eine Alternative zu den staatlichen Gewerkschaften zu bilden. Auf dem Land, besonders im Nordosten, sind solche Zusammenschlüsse schon seit 1965 zu beobachten, da die Repression des Militärs hier zuerst einsetzte und alle Bereiche der ländlichen sozialen Bewegung sukzessiv verfolgt wurden.

6.2. Der Weg zur Gründung der gewerkschaftlichen Dachverbände (*Centrais Sindicais*)

Die verschiedenen Pastoralen verbanden die Evangelisationsarbeit mit der Diskussion über die im Arbeiterumfeld existierenden Probleme. Aus diesen Zusammenhängen traten die Personen hervor, deren nähere Betreuung die Pastoralagenten übernahmen, um sie örtlich auf die führende Rolle in den besonders nach der gewaltsamen Regierung des Generals Medici (1969-74) entstandenen Sozialbewegungen vorzubereiten. Das breite Spektrum dieser Bewegungen und ihre fast zwanzigjährige Entwicklung ist hier nicht zu behandeln, deren erheblicher politischer Einfluß auf die ab Mitte der 70er Jahre hinzukommende Sozialbewegung auf dem Land jedoch anzumerken[190].

Auf die gewerkschaftliche Entwicklung in den Städten soll hier kurz eingegangen werden, weil sie sowohl für die politischen als auch für die juristischen und ökonomischen Strategien der heutigen Landarbeitergewerkschaften stärkere Auswirkungen hatte als die anderen sozialen Bewegungen. Gerade auch deswegen, weil die Gewerkschaften immer noch mit der bundesweit staatlich vorgegebenen Struktur verbunden sind, auch wenn sie zum Teil versuchen, sich davon zu entfernen. Zum alltäglichen politischen Bild von Kleinbauern und Landarbeitern gehört die Gewerkschaft trotz des sich ausbreitenden Mißtrauens bzgl. ihrer momentanen Fähigkeit, als allgemeine formalrechtlich-lokale Vermittlungsinstanz zu fungieren.

In der Regel bildeten sich erste Arbeitergruppen besonders in der Metall- und der chemischen Industrie[191]. Sie diskutierten Möglichkeiten der Umstrukturierung der Gewerkschaften zum Nutzen der Arbeiter und nahmen,

---

[189] PO - Pastoral Operária und PJ - Pastoral da Juventude.

[190] Die "Landarbeiter-Bewegung der Landlosen" (MTRST) bildet hier allerdings eine Ausnahme.

[191] Um das mit Verallgemeinerungen verbundene Risiko zu vermeiden, beschränke ich mich auf São Paulo.

im Gegensatz zu den *pelegos*, aktiv gewerkschaftliche Tätigkeiten auf[192]. Diese Arbeiter gelangten auf legalem Weg durch die Wahllisten in vereinzelte staatliche Gewerkschaften oder arbeiteten schon in Basisbezirken als "Interventoren" des Arbeitsministeriums und ließen sich durch die Botschaft der "Befreiungskirche" sensibilisieren. Trotz ihrer Zugehörigkeit zur offiziellen gewerkschaftlichen Struktur richtete sich ihre politische Arbeit zunehmend gegen die Organisationsformen dieser Institution.
Einige Betriebsstreiks der Metallarbeiter wurden im Jahr 1978 von den Metallgewerkschaften im Basisbezirk *ABCD*[193] unterstützt und begleitet. 1979 trat die Metallgewerkschaft von São Bernardo/Diadema zu einer breiteren Kampagne gegen den 1973 von der Militärregierung manipulierten Inflationsrat an. Ein ausgedehnter Streik für Lohnanpassung und Organisationsfreiheit fand in diesem Bezirk statt. Besser als im Jahr zuvor wurde Öffentlichkeit erzeugt, sodaß sich trotz negativer Propaganda der zensierten Presse eine weitgehende Unterstützung durch die Gesellschaft ergab. Die Mitglieder der Basisgemeinden gingen von Tür zu Tür und sammelten tonnenweise Nahrungsspenden für den Fall, daß diese Streikbewegung von größerer Dauer sein würde. Während des Streiks mußte die Gewerkschaft zwar eine Intervention im Namen der Ideologie der Nationalen Sicherheit des Militärs hinnehmen - da ihr jedoch keine regellose Verwaltung nachgewiesen werden konnte, nahm der Streik ein erfolgreiches Ende.
Die Tarifverhandlung der Metallarbeiter der Stadt São Paulo begann sechs Monate später. Obwohl der dortige Gewerkschaftspräsident zu den *pelegos* gehörte, beeinflußten die Führer der Arbeiterpastoral zusammen mit den Anarchisten die Vollversammlung dahingehend, einem Streik zuzustimmen. Bei der folgenden Streikposten-Aktion vor einer Fabrik wurde ein Mitglied der Pastoral von der Polizei erschossen. Seine Beerdigung ver-

---

[192] Für die Zeit der Militärdiktatur können die *pelegos* (Gelben) in drei Typen unterteilt werden: 1.) Die Überzeugten unterstützten die Richtlinien des Militärs: von der Denunziation vermeintlicher "Kommunisten" bis zur direkten Teilnahme einiger ihrer Funktionäre an den Todesschwadronen; 2.) Die Korrupten denunzierten gegen Geld bei den Betriebsleitungen jene Arbeiter, die Betriebsgruppen organisierten und vor Gericht einen Arbeitsprozeß einleiten wollten; sie manipulierten die Daten oder funktionierten politisch eine Vollversammlung um, die zu einem Streik hätte führen können usw.; 3.) Die naiven Mitläufer hielten die Gewerkschaften in ihrer Hilfsorganisationsrolle betreffs zahnmedizinischer und ärztlicher Versorgung sowie sozialer Beratungen für funktionsfähig. Man konnte aber auch durchaus eine Überschneidung dieser Idealtypen finden. Sh. Forschungsgruppenbericht der MEP zur Gewerkschaftsbewegung.

[193] Diese Abkürzung ist aus den ersten Buchstaben der Stadtnamen Santo André, São Bernardo, São Caetano und Diadema entstanden. Sie befinden sich an den Grenzen der Industriestadt São Paulo und erwirtschaften zusammen ca. 35% des brasilianischen Bruttosozialprodukts. In der genannten Region des ABCD konzentrierten sich die Automobilkonzerne und deren Zulieferern. Es gab dort drei Metallarbeitergewerkschaften, in São Caetano allein eine, in São Bernardo zusammen mit Diadema eine und in Santo André mit seinen Satellitenstädten wiederum eine.

wandelte sich zur Massendemonstration für die Demokratisierung Brasiliens.
Die beiden Ereignisse - von ABCD und São Paulo - gelten als Auslöser eines Reformprozesses innerhalb der Gewerkschaftsbewegung. Er beschleunigte sich besonders nach der erneuten Streikbewegung in ABCD im Jahr 1980. Trotz aller offensichtlichen Drohungen legte die überwiegende Mehrheit der Metallarbeiter die Arbeit nieder. Da der Streik durch ein Schnellverfahren des zivilen Sonder- und Militärgerichts nach dem Gesetz über nationale Sicherheit für illegal erklärt wurde, kam es wieder zu Interventionen in die Gewerkschaft, die bis zur Festnahme der Vorstandsmitglieder reichten. Die gesamte Arbeiterschaft entschied sich in mehreren Vollversammlungen in der Domkirche von São Bernardo für die Fortsetzung des Streiks mit dem zusätzlichen Forderungspunkt der Freilassung der Gewerkschafter. Der Streik wurde erneut als politisch verurteilt. Die Anwendung von Gewalt, die durch das Zusammenwirken von Streitkräften und allen anderen Polizeien (*Policia Federal, Militar e Civil*) koordiniert wurde, verhinderte nicht, daß er nach 40 Tagen mit einem weitgehend positiven Ergebnis für die Arbeiter endete. Nicht nur wesentliche Verbesserungen bei der Tarifverhandlung, sondern auch die Freilassung ihrer Führung setzten die Metallarbeiter durch.
Die Intervention aber blieb noch anderthalb Jahre in Kraft, weil - laut *CLT* Art. 530 S.V und VI - die politisch kriminalisierten Gewerkschafter, die auf ihr Urteil warteten, kein Recht mehr hatten, irgendeine Funktion in der Gewerkschaft auszuüben oder sich auch nur dafür zu bewerben - obwohl sie in der Praxis weiterhin dafür arbeiteten. Unter dem Schutz der Arbeiterpastoral wurde ein zivilrechtlicher Verein *fundo de greve* (Streikfonds) gegründet, der als eine Art Parallelorganisation zur politischen Gewerkschaft diente. Die Unternehmer sprachen zwar pro forma mit den Interventoren, doch außerdem mit dem abgesetzten Vorstand, da sie diejenigen nicht ignorieren konnten, die bei den Arbeitern wirklichen Einfluß hatten.
Hauptsächlich waren diese Gewerkschafter - *combativos*, die Kämpferischen, genannt - mit zwei verwandten Problemen konfrontiert: wie könnten sie erstens die gesetzliche Gewerkschaftsstruktur zugunsten ihrer kämpferischen Strategie benutzen? Inwiefern wäre zweitens die gewerkschaftliche "Kaste" politisch zu überzeugen, für die Veränderung dieser Struktur mit ihnen zusammenzuarbeiten?
Mit den nach der Generalamnestie des Militärs wieder aufgetauchten Intellektuellen aus dem sozialdemokratischen und sozialistischen Spektrum bildeten die *combativos* eine provisorische Kommission, die zunächst auf das Parteienreformgesetz des Militärs wartete, um die *partido dos trabalhadores* (Arbeiterpartei) registrieren zu lassen. Diese Partei sollte die Aufgabe des Kampfes um Demokratisierung auf Staatsebene übernehmen, während die *combativos* sich zum Ziel setzten, andere Gewerkschafter zu motivieren, einen Dachverband aufzubauen, um die kämpferische Aus-

richtung der Gewerkschaften - also die Verteidigung der Arbeiterinteressen - bundesweit zu verbreiten.
Diese Doppelstrategie wurde von den überzeugten *pelegos* auf dem ersten Kongreß der Arbeiterklasse (*I CONCLAT*- 1982) zurückgewiesen. Die *combativos* verfolgten nämlich als mittelfristiges Ziel die Abschaffung der korporativen Gewerkschaftsstruktur - besonders der Gewerkschaftssteuer, der Föderations- und Konföderationshierarchie und deren Unterordung unter das Arbeitsministerium. Nach ihrer Ansicht sollten die Gewerkschaften nur mit freiwilligen Beiträgen der Mitglieder unterhalten werden. Wegen der Gefährdung ihres leichtverdienten Gehalts und anderer Nebenverdienste lehnten die *pelegos* eine weitere koordinierte Zusammenarbeit durch ein proportional nach Parteianteilen gewähltes Gremium ab, was den Kongreß zum Scheitern brachte.
Die *combativos* und die ihnen nahestehenden Gewerkschafter begannen, einen neuen Kongreß zu organisieren, auf dem sie den Vorschlag zur Gründung eines gewerkschaftlichen Dachverbands machen wollten. Dieser Verband sollte außer den vom Staat anerkannten Gewerkschaften auch jene Vereinigungen von Arbeitern und Angestellten als reguläre Mitglieder aufnehmen, die entweder aufgrund der Gesetzgebung keine Gewerkschaft organisieren durften (wie z.B. die Lehrer) oder die sich als oppositionell zu den staatlichen Gewerkschaften betrachteten. Solche Gruppen wurden durch Protokolle der Basisbezirksvollversammlungen beglaubigt, denen Unterschriftenlisten der aus einem Zweig zu vertretenden Arbeiter und Angestellten beilagen. Der Diskussionsprozeß um den "kämpferischen Syndikalismus" trug zu einer neuen Intensivierung der politischen Bildung unter den Arbeitern bei. Ein Ergebnis dieser Vorgänge ist u.a. die zunehmende Rationalisierung der sozialen Bewegungen, denn die Bildungsarbeit funktionierte als gesellschaftliche Schulung zur Verteidigung eigener Rechte. Zudem wurde damit die bestehende Kluft zwischen traditionellen linken Gruppierungen und den unteren sozialen Klassen offensichtlich[194].
1983 nahmen 5054 Delegierte von 911 gewerkschaftlichen Ortsverbänden (*entidades sindicais*) am Gründungskongreß der *CUT*(*Central Unica dos Trabalhadores*) teil - des ersten Dachverbandes nach dem gescheiterten

[194] Auf lokaler Ebene bekamen die Gewerkschaften und Vereinigungen im voraus die Kongreßthesen zugestellt, um sich ein Urteil bilden zu können. Die zu entsendenden Vertreter wurden dann nach Darstellung ihrer Thesen ausgewählt. Wenn dieses Verfahren auch als einfach erscheinen mag, schult es doch die Selbsteinschätzung der eigenen politischen Kraft, die - wenn sie in andere Sphären der Entscheidungsfindung transponiert wird, z.B. solche des Wirtschaftens, der Kultur etc.- Energien freisetzt, individuelle und gesellschaftliche Wahrnehmung bei aufsteigender Industrialisierung zu entwickeln. Obwohl Liehr (1988: besonders S.296 ff. und V. Abschnitt) sich skeptisch zeigt gegenüber dem, was die katholische Kirche konkret mit diesem Modernisierungsprozeß beabsichtigt - erkennt er die "Erfolge sozialer Lernprozesse auf der Ebene von Organisierung und Interessenvertretung" an.

CONCLAT[195]. Mit wesentlich größeren finanziellen Mitteln fand 1984 ein Parallelkongreß, der zweite *CONCLAT*, statt. Die gewerkschaftliche Maschinerie von Föderationen und Konföderationen mit beiden KPs und anderen traditionellen Linken hatte über tausend Gewerkschaften aus allen Bundesstaaten zu vertreten. Durch sie wurde ebenfalls ein bundesweiter Dachverband gegründet, zunächst mit dem Namen des Kongresses. Die *Confederação das Classes Trabalhadoras* unter Leitung des Metallarbeitergewerkschaftspräsidenten aus der Stadt São Paulo, Joaquim dos Santos Andrade[196], trat in der "Situation" gegenüber der *CUT* auf, um die staatliche Gewerkschaftsstruktur zu verteidigen und keine direkte Konfrontation mit Staat und Unternehmertum im "Interesse der Arbeitnehmer" heraufzubeschwören.

Obwohl das Gewerkschaftsgesetz sie eher begünstigte und wesentlich bessere Angebote seitens der Unternehmer bei den Tarifverhandlungen vorlagen, konnten die *pelegos* der *CONCLAT* das schnelle Wachstum der kämpferischen *CUT* nicht aufhalten. Dieses gründete in dem weitgehenden Engagement der "Befreiungskirche" auf seiten der *CUT* und in der bundesweiten Massenbewegung für die Direktwahl eines Präsidenten gegen die

---

[195] Tabelle zur Teilnahme an den CUT-Kongressen

Kongresse	Jahr	Deleg.	Ortsverbände	ländl. Anteil %
Gründung	1983	5054	911	ca. 45
1° Concut	1984	5222	937	" 40
2° Concut	1986	5564	1014	" 41
3° Concut	1988	6247	1143	" 42
4° Concut	1991	1554*	1300**	" 35 ***

Quelle: *Caderno de Teses ao 4° CONCUT 1991: S.132*

* Die Vertretungskriterien wurden insofern geändert, als 74 bundesstaatliche und regionale Kongresse vor dem Concut ihre Delegierten für die zu vertretenden Ortsverbände ermittelten, was deren stark verminderte Zahl erklärt.
** Nach eigener Angabe beschrieb CUT über 1300 geeignete Stellen. Die konservative Zeitung OESP (1.9.'91) nennt dagegen eine Zahl von 1679. Dieser Unterschied mag durch die mangelhafte Differenzierung zwischen den Ortsverbänden mit Stimmrecht und solche mit Beobachterstatus zustande kommen.
*** Das Absinken der Anteil ländlichen Gewerkschaften - trotz absolut zunehmendem Eintritt von Landarbeitergewerkschaften in die CUT - ist mit sich zuspitzenden politischen Streitigkeiten zu erklären. Im 4. Concut drängten sich diese Querelen schon auf den lokalen Treffen vor die spezifischen Probleme der Ortsverbände. Darüber hinaus beherrschten die städtischen Zweige die Szenerie besser als die ländlichen, weil sie gerade während wachsender sozialer Krisen mehr dazu neigen, größeres Gewicht auf interne Fraktionsauseinandersetzung als auf die gesamte Arbeiterproblematik zu legen.

[196] Er gilt als ein typischer *pelego*. Seine gewerkschaftliche Amtszeit als Präsident dauerte 21 Jahre - vom 1965 bis 86. FdSP, 25.4.1991, S.I-10.

Militärdiktatur. Letztere wurde Ende 1983 von *CUT* und der Arbeiterpartei initiiert und gewann 1984 einen überparteilichen Charakter mit dem Zusammenschluß sämtlicher Bürgerinitiativen und der anderen, inzwischen gegründeten Oppositionsparteien. Trotz des in der Öffentlichkeit bestehenden Bildes von diesen Gewerkschaftern als "den Radikalen" erhielten sie in den jeweiligen Ortsverbänden die Unterstützung ihrer Basis und wurden wegen ihrer offenen politischen Konfrontation mit der Diktatur in die offizielle Gewerkschaftsvertretung gewählt. Bei der Wahl der Bankangestelltengewerkschaft und des Lehrerverbands von São Paulo kamen z.B die sogenannten Oppositionsgruppen der *CUT* in den Vorstand.
Auch wenn die beiden Verbände keine gesetzliche Anerkennung genossen, erlangten sie auf gewerkschaftlicher Ebene noch während der Amtszeit des Generals Figueiredo eine Amnestie für die "gemaßregelten" Gewerkschafter, die nun wieder auf den Wahllisten kandidieren durften. In *ABCD* konsolidierte die *CUT* in verschiedenen Zweigen ihre politische Führungsposition. Bei den - historisch gesehen - im Brennpunkt stehenden Metallarbeitern in São Bernardo/Diadema kehrte der "abgesetzte" Luis Inácio Lula da Silva als Präsident der Gewerkschaft mit über 90% der Stimmen zurück, um die Interventoren zu ersetzen.
Mit zunehmendem Verlust ihres Einflusses wurde innerhalb der *CONCLAT* versucht, eine Modernisierungsstrategie in Gang zu setzen. In den ihr angeschlossenen Ortsverbänden wurden sichere Wahlergebnisse allmählich rar. Den Eintritt von Oppositionsgruppen, d.h. von Mitgliedern der *CUT* in die Ortsverbände durch juristische Tricks oder erprobte Wahlbetrügereien zu verhindern, konnte keine Machtabsicherung mehr garantieren. Statt dessen wurde eine Arbeitnehmerschule für Organisation eröffnet, die vor allem mit finanzieller und technischer Unterstützung durch nordamerikanische Gewerkschaften unterhalten wurde. Dies ermöglichte z.B., daß die *CONCLAT*-Anhänger der großen Metallarbeitergewerkschaft in der Stadt São Paulo - Stand 1986: rund 120.000 Arbeitnehmer im Basisbezirk, davon ca. 38% Ortsverbandsmitglieder - mittels professioneller Begleitung und Beratung immer eine knappe Mehrheit gewinnen konnten und der in Lateinamerika größte Arbeitnehmerapparat nicht in die Hände der dort politisch gespaltenen Oppositonsgruppe der *CUT* fiel. Zur Modernisierungsstrategie gehörte auch die Änderung des Namens des Dachverbandes in *CGT (Central Geral dos Trabalhadores)*, um gewisse Traditionsbindungen zu dem bis 1964 existierenden Dachverband *CGT (Comando Geral dos Trabalhadores)* herzustellen.
1989 sollten auf dem Kongreß der *CGT* 1.122 Delegierte die 692 Ortsverbände vertreten. Anläßlich eines vordergründig politischen Streits, bei dem es um die Frage ging, welche Kandidaten bei der direkten Präsidentschaftswahl politisch zu unterstützen seien, spaltete sich die *CGT*. Es gab klare öffentliche Hinweise auf persönliche Machtkämpfe. Auf der einen Seite stand der traditionelle *pelego* Joaquim dos Santos Andrade, auf der

anderen der jüngere Gewerkschafter Antonio Rogério Magri. Nach juristischen Auseinandersetzungen wurde schließlich beiden Richtungen die Beibehaltung der Abkürzung *CGT* zugestanden, wobei Magris *CGT* den Zusatz *Confederação* erhielt[197]. Nach der Spaltung gelang es Magri, "seine" *CGT* zur Unterstützung des Kandidaten Fernando Collor de Mello zu gewinnen. Nach dessen Sieg im zweiten Wahlgang über Lulas Koalition der Arbeiterpartei wurde Magri von Collor de Mello in das Amt des Arbeitsministers berufen und hinterließ Francisco Canindé Pegado die Präsidentschaft der *CGT - Confederação*[198].

Luis Antonio Medeiros, damals General-Sekretär der Metallarbeitergewerkschaften von São Paulo, der unter Joaquim dos Santos Andrade die Modernisierungswelle der CGT geleitet hatte, wartete, bis die beiden KPs zur *CUT* gingen, um dann den Schlag gegen "seinen Chef" Andrade zu führen. Er kandidierte selbst und wurde 1991 Präsident der genannten Gewerkschaft. Infolgedessen wurde er auch Präsident der Konföderation der Metallarbeitergewerkschaften, die ebenfalls zur *CLT*-Gewerkschaftsstruktur gehören. Noch im gleichen Jahr gründete er mit seinen Anhängern, die aus den beiden *CGT*s kamen, den neuen Dachverband *Força Sindical*.

Medeiros ist durch sein Konzept gewerkschaftlicher Führung bekannt geworden, das *sindicalismo de resultados* genannt wird, also erfolgsorientierte Gewerkschaftsstrategie. Ein errungener Erfolg wird immer höher bewertet als die dazu angewandten Mittel. Momentan ist Medeiros' Dachverband zunehmend der Hauptgegner der *CUT* in der gewerkschaftlich-politischen Szenerie[199].

---

[197] Bereits kurz nach Scheitern des Kongresses gab die KP (*PCdoB*) durch einen "offenen Brief an die Arbeiterklasse" bekannt, daß sie schon während der Vorbereitung des *CGT*-Kongresses, wegen eines "gewerkschaftlichen Banditenkrieges zwischen Magri und dem Vizepräsidenten der Metallarbeitergewerkschaft von São Paulo, Luis Antonio Medeiros", darüber diskutierte, die *CGT* zu verlassen und sich mit allen unter ihrem mehrheitlichen Einfluß stehenden Gewerkschaften der *CUT* anzuschließen. Vgl. "As razões da integração dos comunistas na CUT", 4.10.'89, BrAD S.36.
Die anderen Kommunisten (*PCB*) faßten knapp ein Jahr später den gleichen Entschluß und schlossen sich dem Dachverband CUT an.

[198] Manche scheinbaren oder auch tatsächlichen politischen Konflikte innerhalb der Gewerkschaftsbewegung lassen sich nur unvollständig durchschauen, da die personalistischen Auseinandersetzungen oft undurchsichtig bleiben. Auch innerhalb der *CUT* führte das Streben nach gewisser gesellschaftlicher Anerkennung als "berühmter Gewerkschafter" und nach interessanten Dienstreisen als "Arbeitervertreter" häufig zu persönlichen Machtkämpfen hinter der Fassade von sozial-politischer Anteilnahme.

[199] Die aktuellsten Daten stellen die *CUT* mit ca. 1700 Ortsverbänden, die eine Basis von 15,3 Millionen Arbeitnehmer vertreten, als den größten Dachverband Brasiliens dar. Die *Força Sindical* kommt mit 282 Gewerkschaften und einer Arbeitnehmerbasis von 8,5 Millionen an zweiter Stelle. Dabei erreichen aber die Gewerkschaften der *CUT* eine höhere durchschnittliche Zahl von ungefähr 28% freiwilligen Mitgliedern aus ihrer gesamten territorialen Basis im Gegensatz zu den bundesweit

Die *CUT*, die wegen der großen Zahl ihrer Mitgliedsgruppen, die eine Klassenkampfstrategie vertreten, und ihrer intimen Verbindung zur oppositionellen Arbeiterpartei eine offensichtliche Konfrontation mit der Regierung Collor de Mello betrieb, geht kämpferisch gegen die anderen Verbände, besonders gegen die *Força Sindical*, vor und stellt sich als die authentischere Gewerkschaft dar. So gründeten im März 1992 die ihr angeschlossenen Metallarbeitergewerkschaften bundesweit eine parallele Konföderation ihres Zweiges in Konkurrenz zu der offiziellen, von Medeiros geführten, und schlossen sich der Internationalen Föderation der Metallarbeiter (Abteilung des IBFG) an[200].

Dennoch hat die *CUT* seit ihrer Gründung mehrere Male versucht, in bundesweiten Kampagnen einen Konsens mit anderen Verbänden zu erzielen, was sie diesen je nach der nationalen bzw. politischen Situation näherbrachte oder ferner rückte. Nach dem ersten Jahr der Regierung Collor de Mellos organisierten *CUT* und die beiden *CGT*s z.B. am 22. und 23. Mai 1991 einen Generalstreik gegen dessen Rezessionspolitik. Zahlenmäßig wurde dieser Streikaufruf nur vereinzelt befolgt, da der Zorn der Arbeitenden gegen die Wirtschaftspolitik überwogen wurde durch die Angst vor Arbeitslosigkeit in einer beständig zunehmenden Rezession. Diese politische Niederlage bescherte den drei Verbänden die bittere Erkenntnis, daß bei politischen Streiks mit größerer Ablehnung als bei ausschließlich ökonomischen gerechnet werden müsse. Die *Força Sindical* wurde der Öffentlichkeit als Gewinnerin dargestellt, da sie gleichzeitig Kritik an der Rezessionspolitik wie an dem "absurden Streik" übte.

---

durchschnittlichen ca. 17% der anderen Gewerkschaften. Vgl. FdSP, 17.11.1991. Treffen unter vier Augen zwischen Medeiros und Präsident Collor de Mello waren seit dessen Amtseintritt 1990 keine Seltenheit, auch wenn im März 1992 Antonio Rogério Magri, Medeiros ehemaliger gewerkschaftlicher Alliierter, der Arbeitsminister geworden war, von Collor de Mello wegen seiner Verwicklung in Korruptionsfälle entlassen wurde. Eine Annäherung dieser Art - eines Staatschefs mit einem Gewerkschaftler, unabhängig vom Inhalt realisierter Geschäfte - ist in der brasilianischen Geschichte eine Neuheit.

[200] Aus juristischer Sicht ist diese parallele Konföderation noch nicht anerkannt. In der neuen Verfassung von 1988 erreichten die Gewerkschaften, besonders die *CUT*, in Zusammenarbeit mit einigen Parteien zwar eine neue Regelung im Artikel 8, die die korporative Struktur der *CLT* wenn auch nicht abschafft, so doch schwächt. Das Recht des Staates auf Intervention wurde z.B. gestrichen. Forderungen nach Abschaffung der gewerkschaftlichen Pflichtsteuer, der Einheitsgewerkschaft pro Zweig und territorialer Basis sowie der erzwungenen Unterschiedlichkeit der Tarifverhandlungstermine wurden jedoch nicht klar im Text festgelegt. Da bis Ende 1991 weder vom Parlament noch vom Präsidentschaftsamt ein Ersatz für die komplementären Gesetze endgültig verabschiedet wurde, blieb die alte *CLT* von Vargas für die Regelung dieser Probleme in Kraft.
Nach fast 10 Jahren Streitigkeiten einigten sich daher *CUT* und *CGT-Confederação* auf die Forderung, daß die Regierung die Konvention 87 der Internationalen Arbeitsorganisation (ILO) für die Gestaltungsfreiheit der Gewerkschaften ratifizieren müsse. FdSP, 14.1.1992.

Die Fortsetzung der Rezessionsstrategie zur Inflationsbekämpfung seitens des Wirtschaftsministeriums näherte Anfang 1992 alle vier Gewerkschaftsverbände einander wieder an. Sie planten gemeinsame Aktionen, um Alternativen zur Lösung der Wirtschaftskrise des Landes zu finden und sich für die Erhöhung des Mindestlohns einzusetzen, der das niedrigste Niveau seiner Geschichte erreicht hatte: Im Januar 1992 entsprach er 25% der Kaufkraft des bei seiner Einführung im Mai 1940 festgelegten Wertes[201]. Auch die eigene Überlebenssicherung der Gewerkschaften - wenn auch noch nicht von ihrer Bedrohung die Rede sein kann - spielte bei dieser Annäherung eine Rolle.

Denn obwohl alle mehr oder weniger vom gewerkschaftlichen Pflichtsteuergeld Gebrauch machen, soll diese Quelle laut einer Gesetzesänderung ab 1995 überhaupt keiner gewerkschaftlichen Organisation mehr offenstehen[202]. Hinzu kommt, daß sogar die beiden großen Verbände *CUT* und *Força Sindical*, die für konkrete Projekte auch finanzielle Unterstützung aus dem Ausland erhalten[203], während der gegenwärtigen Rezession eine Haushaltsverengung spüren, die dadurch hervorgerufen wird, daß selbst ihre sogenannten bewußten, freiwilligen Mitglieder allmonatlich überlegen müssen, ob sie sich den Gewerkschaftsbeitrag leisten können. Ein weiteres grundsätzliches Problem liegt in der Repräsentation der Arbeiter und Angestellten durch die Gewerkschaften, da die überaus weite Verbreitung von Schwarzarbeit und anderen unregistrierten Dienstleistungen zur Ergänzung des Festlohnes durch Nebentätigkeiten die Mobilisierungskraft der Gewerkschaften schwächt[204]. Die *CUT* als größter Verband hatte z.B. am 1.5.1991 insgesamt 1450 Ortsverbände, die eine Arbeitnehmerbasis von 18 Millionen vertraten. Ein halbes Jahr später war diese Zahl auf 15,3 Millionen gesunken, trotz des Wachstums auf 1700 angeschlossene Ortsverbände[205]. Ob mit einem eventuell zukünftigen

---

201 DIEESE. Aus: Brasilagora Nr. 11, 30. März/12. April 1992, S.10.

202 O Globo 9.10.1992 und JB 24.12.1992.

203 Vom Budget der CUT im Jahr 1992 (6 Millionen US $) stammt 20% projektgebunden aus dem Ausland. Es handelt sich dabei bspw. um Spendengelder des italienischen Gewerkschaftsbundes *CGIL* in Höhe von 700.000 US $, die z.Zt. in ein Institut für Arbeitergesundheit investiert werden. JT, 8.5.1991. Die *Força Sindical* saniert ihr bundesweites Bildungssystem hingegen mit Mitteln (2,5 Millionen US $, verteilt auf 3 Jahre) des anderen italienischen Gewerkschaftsbundes *UIL*. FdSP, 14.1.1992.

204 Die repräsentative Umfrage von *IBGE* 1990 (*PNDA - Pesquisa Nacional por Amostra de Domicílio*) schätzt eine Zahl von 62 Millionen Beschäftigen bei einer Bevölkerung von 148 Millionen (*IBGE - dados preliminares* 1991). Davon aber sind wiederum nur 40% registrierte Arbeitnehmer und Arbeitnehmerinnen, d.h., potentiell in gesetzlich anerkannten Arbeitsverhältnis stehend und von den Gewerkschaften repräsentiert.

205 FdSP, 1.5.1991 und 17.11.1991.

Rückgang der Arbeitslosigkeit ein erneutes Anwachsen der Mitgliederzahlen und damit eine Stärkung der Gewerkschaften herbeigeführt werden könnte, bleibt offen.
Im folgenden Punkt soll behandelt werden, wie die beschriebenen Verbände die spezifischen Probleme der auf dem Land Arbeitenden wahrnehmen und umgekehrt.

7. Die Gewerkschaftsdachverbände (*Centrais Sindicais*) und die Landarbeitergewerkschaften. Zwischen Selbsthilfe und formaler politischer Vertretung: Die Gefahr kolonialer Re-Produktion innerhalb der politischen Organisation der Arbeitenden auf dem Land

> "Nein, wir können nichts extra für den Generalstreik tun. Der einzige Wagen der Gewerkschaft ist kaputt, und wir haben kein Geld, um ihn reparieren zu lassen. Außerdem haben wir ein schwieriges Problem, überhaupt die Leute zum Streiken zu bringen. Die Usinas und andere Engenhos-Besitzer haben eine neue Taktik eingesetzt. Sie suchen nach allen möglichen Gründen, die registrierten Arbeiter und Arbeiterinnen (*fichados*) zu entlassen, damit sie nur mit der Arbeitskraft der informellen Saisonarbeiter (*clandestinos*) ihre Geschäfte machen können. Wir würden unverantwortlich handeln, wenn wir die Leute zu diesem Streik aufrufen würden. Ich schäme mich, weil der Streik gute Forderungen stellt, aber es ist alles schwierig geworden, und ich bin ein Mann, der in einem solchen Moment lieber mit dem Kopf an die Sache herangeht als mit dem Herzen" (Int.Nr.18).

> "Streik, den Generalstreik meinst Du (ironisch), mache ich auch heute, wenn ich mir einen Tag einfach frei nehme, um mit Dir dieses Gespräch zu führen. Wir, die armen Bauern dieses verlassenen Sertãos, sind bei solchen Streiks gar nicht mitgezählt worden. Wer weiß überhaupt, daß wir existieren? Auch wenn ich mit meinen einsatzwilligen Nachbarn ein Transparent schreibe und wir uns an die Straße stellen, um zu demonstrieren, wer kommt schon vorbei? Solidarisch vielleicht nur ein paar Ziegen und Esel, weil ein Zwischenhändler oder irgendeiner seiner Kumpel über uns lachen und mit seinem Auto auf uns zukommen würde, und wenn wir beiseite springen, bleibt uns nur übrig, die Staubspur einzuatmen" (Int.Nr.43).

Die beiden zitierten Gespräche stammen aus der Zeit des von der *CUT* und von den *CGT*s gemeinsam ausgerufenen Generalstreiks am 22. und 23. Mai 1991. Das erste wurde eine Woche zuvor geführt, das zweite zwei Wochen später. Die beiden Interviewpartner sind kleine Bauern aus zwei verschiedenen Gebieten Pernambucos - Zona da Mata und Sertão.
Ihre eindeutigen Aussagen zur Gewerkschaftsbewegung sind viel eher realistisch als fatalistisch zu interpretieren, zumal es um eine meistens von städtischen Gewerkschaften gesteuerte Kampfstrategie geht, die schon während der damaligen Rezession auch in den Städten zu versagen schien. Außerdem sitzen in allen Dachverbänden überwiegend Führungskräfte, die aus den Gewerkschaften des hoch industrialisierten brasilianischen Südwestens stammen. Das Dilemma, mit dem die Landarbeitergewerkschaften, die ländlichen Ortsverbände von Pernambuco und die bundesweiten Dachverbände es folglich zu tun haben, ist folgendermaßen zu beschreiben: Wie kann die Verbindung zwischen der bundesweit notwendigen Interessenvertretung der Arbeitenden gegenüber struktureller Heterogenität eines noch zu demokratisierenden postkolonialen Staates und den lokal-

spezifischen Anforderungen einer ländlichen Bevölkerung hergestellt werden, ohne daß die Dimension dieses Prozesses die Heterogenität derart widerspiegelt, daß die Spaltungen innerhalb der korporativ verfaßten Gesellschaft sich noch mehr vertiefen und eine gemeinsame, sozial durchgreifende Entwicklung praktisch unmöglich machen?

7.1. Landarbeitergewerkschaften in der Waldregion

Der erste interviewte Bauer, 72 Jahre alt, hatte sein Land nach einer Enteignung der *SUDENE* in den 60er Jahren zugewiesen bekommen und wie die meisten anderen Angesiedelten sein 3,5 Hektar großes Landmodul abgezahlt. Mit seiner Frau hatte er 16 Kinder, von denen 10 überlebten und aufwuchsen. 45 Jahre lang arbeitete und lebte er mit seiner Familie auf einem der Engenhos, Tiburi, der Zucker-*Usina Santo Antonio*, wo er und die Familie die Erlaubnis hatten, neben der Zuckerrohr-Arbeit einen anderthalb Hektar großen Acker des inzwischen brachliegenden Bodens mit Nahrungsmitteln zu bepflanzen.
Er sei nicht aus Leidenschaft Gewerkschafter geworden. Als er Anfang 1963 heimlich vor Gericht ging, um eine ausstehende Gehaltsumme einzuklagen[206], wurde er entlassen und als "Kommunist" verfolgt. Später wurde er Kleinbauer in Cabo, einer nach Goularts Agrarreform entstandenen Ansiedlung, und arbeitete dort zusammen mit anderen in einer Genossenschaft. In der Zeit nach dem Militärputsch stifteten Pater Melo und seine Begleiter die Landarbeitergewerkschaft von Cabo zu einem Streik gegen die *usinas* und diese Genossenschaft an. Der Interviewpartner widersetzte sich damals dem Streik, weil er vermutete, daß alles so geplant wäre, um eine Intervention der Militärregierung in die Gewerkschaft zu provozieren. Auf dem Heimweg wurde er Opfer eines Attentats, bei dem ein Schuß seinen Schädel oberhalb der Stirn durchschlug, die Kugel am Gehirn vorbeizog und innerhalb der linken Hälfte steckenblieb[207]. Wenig später wurde laut Nationalem Sicherheitsgesetz die Landarbeitergewerkschaft tatsächlich wegen des Streiks geschlossen, ein Jahr darauf bekam sie einen Interventor vorgesetzt.
Der Interviewpartner berichtete, daß er verletzt mit Hilfe eines seiner Kinder geflohen sei und erst 1973 wieder bei seiner Familie auftauchte. Es soll hier auch vermerkt werden, daß er, obgleich er nicht vergaß, sich

---

[206] Der Interviewpartner wollte mir weder den Namen noch die politische Herkunft des Anwalts nennen.

[207] Der Interviewpartner forderte mich auf, seinen Kopf zu befühlen: vorne spürte ich ein Loch und oben links einen Vorsprung der Schädeldecke.
Er ergänzte, daß er damals zu arm gewesen sei, um einen Revolver zu kaufen. Heute fühle er sich wohler, bewaffnet zu gehen.

selbst herauszustellen, zweimal den Mut seiner Familie, besonders den seiner Frau, betonte, die weiter auf dem Land arbeiten und nicht aussiedeln wolle[208]. 1984 wurde er von seinen Bekannten - zusammen mit dem neuen Priester Paulo von Cabo und Vertreterinnen der Frauengruppe *SOAPE* - dazu überredet, die Wahlliste für die Landarbeitergewerkschaft von Cabo anzuführen. Seitdem ist er schon zum zweiten Mal als Gewerkschaftspräsident gewählt worden, will sich jedoch mit Ende dieser Amtszeit (1993) zurückziehen. Seine erste Vorstandstätigkeit leitete den Anschluß seines Ortsverbandes an die *CUT* ein; Vertreter wurden auf den 3. *Concut* entsandt, und der neue Vorstand bereitete zur Zeit dieses Interviews den pernambucanischen Regionalkongreß sowie den 4. *Concut* vor. Wie die meisten anderen Interviewpartner des Zuckerrohrgebiets beantwortete der Gewerkschafter die Fragen nach dem aktuellen Sinn der Gewerkschaft mit der Aufzählung einer Liste von noch zu lösenden Problemen, die mehr mit der Verteidigung schon errungener Arbeiterrechte zu tun hat als mit neuen Verbesserungen der Situation der Arbeiter.

Abgesehen von dem schon im 1.Teil behandelten Lohnproblem handelt es sich hierbei um die minimalen, in der Verfassung festgelegten Rechte sowie die gesamten bereits ausgehandelten Punkte des Tarifabkommens, die mehr oder weniger eigenmächtig von sämtlichen Usinas und anderen Privatengenho-Besitzern nicht eingehalten werden. Der sogenannte *acordo coletivo de trabalho* (Tarifvereinbarung) soll im August jeden Jahres vor der Zuckerernte durch die pernambucanische Föderation der Landarbeitergewerkschaft, *FETAG*, und den Unternehmerverband (*sindicato dos patrões*) ausgehandelt werden. In keinem Jahr seit 1983 ist ein Abkommen ohne gerichtlichen *dissídio*, also offenen Lohnkonflikt, zustande gekommen. Einige dieser Verfahren waren von Streikbewegungen begleitet, die nicht selten zu brutalen Reaktionen seitens der Unternehmer bzw. der Polizei geführt haben.

Sobald der *acordo coletivo* abgeschlossen ist, müssen die Gewerkschaften sich beeilen, die Arbeitenden auf den *engenhos* zu mobilisieren, sie über das Ergebnis zu informieren und - wenn dies, wie fast immer, nötig ist - einen lokalen Kampf zumindest für die Durchsetzung des Hauptteils des Abkommens zu organisieren.

In der Zeit zwischen den Ernteperioden, in der normalerweise nur die *fichados*, die "Registrierten", Arbeit haben, müssen die Männer laut *acordo* 100, die Frauen 80 *braças*[209] des in der Regenzeit bis zu einem

---

[208] Dies steht im Gegensatz zu den Äußerungen von zwei anderen interviewten Gewerkschaftern, die immer nur in der ersten Person Singular redeten.

[209] Eine braça = 2,20 m. Die Arbeiter bevorzugen diesen Maßstab für die Regelung der Arbeitszeit anstelle der Kontrolle mit der Uhr, weil sie einerseits freier die Tageszeit gestalten und andererseits einen für ihren individuellen Körperzustand erträglicheren Arbeitsrhythmus finden können. Mittels gestaffelter Tabellen streiten die

Meter hoch gewachsenen Unkrauts zwischen den Zuckerrohren jäten. In der Regel erhöhen jedoch *engenhos*-Verwalter durch ihre *cabos* zu Beginn des Arbeitstages die Strecke auf 120-130 *braças* für Männer und 100-110 für Frauen. Um gegen solche willkürlichen Auflagen anzukämpfen, versuchen die ländlichen Ortsverbände, die nicht von *pelegos* geführt werden, Vertreter zu entsenden, die vor dem Verwalter und den Arbeitern die Einhaltung des Tarifvertrags verlangen sollen.

> "Wenn die Leute der Gewerkschaft hierherkommen, halten die Chefs den Tarifvertrag ein paar Tage, vielleicht sogar eine Woche lang, ein; dann sagen sie uns, 'eine Verordnung wäre von oben gekommen' und wir müßten nochmals mehr jäten. Alle, glaube ich, revoltieren dagegen. Sie ballen aber die Faust in den Taschen und arbeiten trotzdem weiter... Ich habe mehrere Male den jungen Hélio, den erschossenen Gewerkschafter[210], gerufen. Er hatte Schneid. Seit er das erste Mal hier war, brauchte er nur zu erscheinen, und die Chefs schrien uns zu, daß wir weniger schuften müßten. Die Gewerkschafter machen sich z.Zt. nur in die Hose, voller Angst, auch umgebracht zu werden. Ich war schon mal dort im Ortsverband Palmares, um ihnen zu erzählen, was die Usina Catende mit uns tut. Sie versprachen, zum *engenho* zu kommen: bis heute nichts...[211] Ob ich auch Angst habe? Irgendeiner der Kollegen hat mich schon beim ersten Mal an den Verwalter verraten. Als Hélio ging, waren wir noch mit den Chefs versammelt. Der Verwalter kam zu mir und fragte laut, ob ich meine Zunge bis zur Gewerkschaft gestreckt hätte. Mein ganzer Körper zitterte, aber ich sagte ihm trotzdem, daß es so sei. Dann meinte er, daß ich auf mich aufpassen sollte. Zweimal hatte ich der Gewerkschaft nichts gesagt. Aber Kollegen erzählten, als sie da war, trotzdem untereinander, daß ich es getan hätte. Mir ist noch nichts passiert, das siehst Du doch. Wobei ich aber nicht vorhabe, darauf zu warten, daß man an irgendeinem Tage zu mir kommt und mir eine Kette um den Hals legt, wie das vor 100 Jahren war" (Int.Nr.1).

Die Interviewpartner aus 14 unterschiedlichen Usinas, außer denen der Usina União des Bezirks Escada/Amaraji, beantworteten die Frage, ob die

---

Verhandlungspartner - Unternehmer und Gewerkschaft - um die Arbeitsmenge innerhalb der gesetzlichen Arbeitszeit, die im 7. Artikel *inc.* XIV der brasilianischen Verfassung oder durch kollektive Verhandlungen als eine ununterbrochene sechsstündige Schicht an den sechs Wochentagen festgelegt wird. 100 *braças* für Männer und 80 für Frauen entsprechen durchschnittlich einer regelmäßigen Ernährung von ca. 2.000 Kalorien/Tag. Während der Zeit meiner Forschung konnten sich die Arbeiter und die Arbeiterinnen mit den damals erhaltenen Löhnen eine Ernährung nur zwischen ca. 700-1.400 Kalorien täglich leisten. Die Arbeitenden, die ihre Kinder zur Hilfe mitbrachten, hielten ein Tagewerk von ungefähr sechseinhalb Stunden ein. Die anderen dagegen mußten ca.2-3 Stunden länger arbeiten. Sh. 2. Kapitel.

[210] Es handelt sich um José Hélio da Silva, angestellten Berater der Landarbeitergewerkschaft der Stadt Palmares. Er wurde am 13.12.1990 von Killern erschossen. DdPE, 14. u. 29.12.1990. FdSP 23.12.1990. CPT-Bericht 1990.

[211] Acht andere Landarbeiter und Landarbeiterinnen aus diesem Basisbezirk sprachen spontan bei den Interviews über die Angst des Gewerkschaftsvorstands nach Hélios Tod.

Patrone das Tarifabkommen erfüllten, sofort mit "nein" und brachten mehrere Beispiele vor. Wenn innerhalb der Ausnahmegruppe nach den einzelnen Punkten des Abkommens gefragt wurde, stellte sich heraus, daß auch Usina União in einigen dieser Punkte von ihrer Verpflichtung abwich, obwohl sie sich immerhin an die Vorgaben von Akkordarbeitszeit und Lohn hielt. Hier betraf dies zum Beispiel die Arbeitsschutzmaßnahmen - es gab weder Schutzhandschuhe noch Sicherheitsschuhe etc. sowie Arbeitswerkzeuge -, allen Arbeitern und Arbeiterinnen bleibt nichts anderes übrig, als die Werkzeuge selbst zu kaufen und sie instandzuhalten.
Die ländlichen Ortsverbände haben nicht nur mit dem Verstoß gegen Tarifabkommen seitens der Unternehmer zu kämpfen, sondern noch gravierender gegen die Nichtbeachtung primärer Arbeitsrechte, die in der neuen Verfassung - Art. 7 - verankert sind und sogar schon zum Teil in der alten *CLT* enthalten waren. Wenn der Arbeiter bspw. krank ist, wird häufig der Verdienst des Tages und das Geld für den nächsten Ruhetag (Sonntag) trotz Nachweises durch ein oft nur unter Schwierigkeiten zu bekommendes Attest einbehalten. Urlaub und Urlaubsgeld werden in den meisten Fällen willkürlich verweigert, Überstunden nicht abgerechnet. Dem steht die Verfassungsnormen entgegen, daß der Mindestlohn einem Arbeiter und seiner Familie Wohnen, Essen, Gesundheit, Freizeit, Kleidung, Hygiene, Transport und soziale Versicherung garantieren solle (Abs. IV).
Den Arbeitenden im Rentenalter werden ihre Anträge auf Ruhestand von lokalen Behörden willkürlich abgelehnt[212], obwohl sie schon 60 oder mehr Jahre alt sind und viele ab dem 9., 10. oder 12. Lebensjahr auf dec Zuckerrohrfeldern zuerst als Helfer, danach als *clandestinos* und vielleicht später als *fichados* gearbeitet haben. Die neue Verfassung von 1988 besagt indessen (Art. 7, Abs. XXXIII): "Arbeitsverbot für Minderjährige unter 18, wenn die Arbeit gefährlich, ungesund ist oder nachts ausgeführt wird. Arbeitsverbot für Minderjährige unter 14 bei allen Arbeitsformen außer bei Lehrlingen. Gleichberechtigung für alle Arbeiter, die entweder geregelte oder ungeregelte Arbeitsverhältnisse haben (Abs. XXXIV). Es haben das Recht, in den Ruhestand zu treten (Art. 202): ... Landarbeiter ab 60 und Landarbeiterinnen ab 55 Jahren sowie die, die in der Familienwirtschaft

---

[212] Das Gesetz, *Lei n°8.213* vom 24.Juli.1991, das unter der Regierung Collor de Melo nach diesen Interviews in Kraft getreten ist, sollte das im Grundgesetz vorgeschriebene Recht auf Ruhestand im Zusammenhang mit der Reform der nationalen Arbeitsversicherung endlich gültig machen. Die Landarbeiter und besonders die Landarbeiterinnen, die ihre Tätigkeit, um zu überleben, fortführen mußten, zeigten sich in den Interviews mißtrauisch, weil dieses Recht seit 1988 bis zum Zeitpunkt der Befragung weder durch Legislative noch Exekutive geregelt wurde.

tätig sind, inbegriffen alle ländlichen Produzenten, Gold- und Diamantensucher sowie handwerkliche Fischer."(Abs. I)[213]
Weil man die starke Mittagssonne vermeiden will, wird der Arbeitsbeginn auf 5-6 Uhr morgens festgelegt, dies aber nicht als Nachtschicht anerkannt. Das bedeutet zudem, daß im Winter 2-3 Stunden noch im Dunkeln zu arbeiten sind, wobei sich Unfälle durch giftige Schlangen- und Spinnenbisse häufen. Da keine Sicherheitsschuhe und entsprechende Kleidung zur Verfügung gestellt werden, können auch Hautschnitte durch scharfc Zuckerrohrblätter zur Gefahr werden. Ein Landarbeiter (Int. Nr.12) hat vor zwei Jahren auf diese Weise sein Sehvermögen zu 90% auf dem einen Auge und zu 40% auf dem anderen verloren. Bis zum Zeitpunkt des Interviews bekam er trotz unzähliger bürokratischer Anträge weder eine Entschädigung der Usina Catende noch die monatliche Versicherungsleistung der *INSS*. Nun muß er mit Hilfe entweder eines seiner Söhne oder seiner Frau weiterarbeiten, weil kein anderer in seiner Familie *fichado* ist. Dabei garantiert die Verfassung im Art. 7 *inc.* XXVIII bei Arbeitsunfällen Entschädigung und Versicherung. Die Beiträge dafür werden - zumindest theoretisch - monatlich vom Festlohn abgezogen und sollten von den Unternehmern an das Institut *INSS* der Regierung weitergeleitet werden.
Vor allem gegen die den Frauen vom Gesetz zugesprochenen Rechte wird vielfach verstoßen. Für sie ist es wesentlich schwieriger, *fichada* zu werden. Den viermonatigen Schwangerschaftsurlaub, wie ihn der 7. Artikel, *inc.* XVI festlegt, können sie faktisch nicht "ohne Verlust der Arbeit und des Lohnes" wahrnehmen. Wenn eine Frau überhaupt Arbeit bekommt, dann häufig nur, weil sie eine Sterilisierung nachweisen kann. Auch muß sie vorsichtig sein zu erzählen, daß sie einen Freund hat, und noch vorsichtiger mit der Bekanntgabe einer Verlobung oder Eheschließung, da sie dies nicht selten ihren Festjob kostet. Lokale Behörden der *INSS* erlauben sich dazu eigene Interpretationen der Verfassung und schicken Frauen, sogar über 60-jährige, wieder zurück, wenn diese ihr Recht auf Ruhestand beantragen wollen. Als Begründung dafür geben die Behörden an, daß sie doch einen Ehemann hätten.
Eine jüngst veröffentlichte Studie, "*porque trabalhar com mulheres*"[214], weist darauf hin, daß die schwierige Lage der Landarbeiterinnen in bezug auf die Mißachtung ihrer Rechte kein "Privileg" der Landfrauen sei, sondern daß solche Diskriminierungen auch bei weiblichen Berufstätigen in den Städten keine Seltenheit sind. Die unmittelbare Kontrolle ist aber nicht unbedingt dort wirkungsvoller, wo eine größere Sensibilisierung der

---

213 In diesem Zusammenhang ist die Lebenserwartung zu betrachten, die im gesamtbrasilianischen Durchschnitt bei Männern 64 Jahre, bei Frauen 69 Jahre beträgt (IBGE: Stand 1989). In Pernambuco liegt sie mit großen regionalen Unterschieden jedoch nur bei 45-57 Jahren für die Männer, bei 56-63 Jahren für die Frauen (FIPE: Stand 1987).

214 Faure Hrsg. u.a. (1990).

Gewerkschaften bzgl. dieser Problematik anzunehmen ist, sondern da, wo sich die Unternehmer gegenüber einer kritischen Öffentlichkeit geringere Abweichungen vom Rechtsstaat erlauben können - und dieses ist eher in den Städten der Fall.

Die Frauen erlangten in den 80er Jahren zunehmend Zugang zu verschiedenen gewerkschaftlichen Aufgaben und Vertretungen entweder als örtliche Vertrauenspersonen oder über die Wahllisten [215]. Trotz dieser Präsenz konnte meine Untersuchung allerdings noch keine grundlegende Verbesserung ihrer Lage als Landarbeiterinnen feststellen. Jedoch ist ein umfassendes Selbstbewußtsein der Frauen im Entstehen und verstärkt sich durch Diskussionen über ihre spezifischen Probleme sowie in konkreten Aktivitäten. Um z.B. Doppelbelastungen zu verringern, werden die Männer und jüngeren Kinder angehalten, einen Teil der Hausarbeit zu übernehmen. Insbesondere die Bäuerinnen haben solcherart manchmal wirtschaftliche, eine gewisse Unabhängigkeit gewährende Verbesserungen erreicht, indem sie einen eigenen Acker bewirtschaften und dessen Erträge getrennt von ihren Männern verwalten.

Zu einer immer kleiner werdenden Minderheit gehören die Frauen, die ihre alltäglichen Probleme verdrängen und - statt Forderungen zu stellen - resignierend über ihre Lage sprechen. Die Äußerung: "Das sollten wir Gott überlassen" (Kommentar einer interviewten Frau zum Thema Verhütungsmittel) ist ein Beispiel für einen solchen leidvollen Fatalismus. Die Antwort einer ebenfalls befragten Nachbarin läßt das Niveau der konfliktreich verschiedenen Einstellungen deutlich werden: "Gott! Wann kommt er, um auf meine Kinder aufzupassen?" (Int. Nr.22 und 23).

---

[215] 48% der Frauen, die in der Gewerkschaftsbewegung aktiv wurden, sammelten zuvor Erfahrungen entweder in Kirchengemeinden, Bürgerinitiativen, Frauengruppen oder in allen drei Bereichen zusammen. Das gewerkschaftliche Engagement rührt demnach her von Erfahrungen mit der familiären Umwelt bis zur Kenntnis umfassender politischer Zusammenhänge. Hierin dürfte auch die Ursache zu sehen sein, daß auf dem Land der Anteil der Frauen in den Gewerkschaften größer ist als in den Städten. (Erhebungszeitpunkt 1986):

Funktionen (u.a.)	86 ländliche Gew.	58 städtische G.
Präsidentinnen	08	04
Kassenwartinnen	28	09
Generalsekretärinnnen	20	09
Aufsichtsratmitglieder	23	17
örtl. Vertrauenspersone	--	05
Andere	01	07
Stellvertreterinnen	06	07

"*porque trabalhar com mulheres*", Faure Hrsg. u.a. (1990), S.101.

Katholische und z.T. auch interviewte evangelikale Gläubige haben mehrheitlich ihre mystisch-religiösen Empfindungen von einer realistischen Problemwahrnehmung und deren mögliche pragmatische Lösungsfindung getrennt. Obwohl zu Beginn des Interviews sprachgebräuchliche Wendungen wie: "wir, die Verdammten", "das Leben ist hier eben so schwierig", "wir kommen nie mehr aus diesem Loch raus", "Vertrauen? Das können wir nur Gott schenken" nicht selten gebraucht wurden, zeigten sie sich während des weiteren Interviewverlaufs doch durchaus dessen bewußt, welches die Gründe für ihre miserable wirtschaftliche und soziale Lage waren und sind. Sich als "Sünder und Sünderin vor Gott" zu bezeichnen, die sich in einem permanenten Strafzustand befinden, gehörte zu dem Gesellschafts- und Menschenbild älterer Generationen, die sich solchermaßen ihre Lage zu erklären versuchten[216].
Die Gewerkschaften, die theoretisch vom wachsenden Bewußtsein der Landarbeiter politisch profitieren könnten, müssen stattdessen unter den Widersprüchen leiden, die sich aus dem so unterschiedlichen Fassungsvermögen der Einzelnen sowie dem Generationskonflikt ergibt. Außerdem ist nämlich der gewerkschaftliche Kampf für die Arbeitsrechte und Tarifabkommen, die den Arbeitenden zumindest eine gewisse Lebensqualität sichern sollen, dadurch geradezu *ad absurdum* geführt, wenn die vereinbarten Verpflichtungen innerhalb eines sogenannten Rechtstaates wie Brasilien ständig nur für die Arbeitnehmer in Geltung bleiben, während sie von den Arbeitgebern besonders auf dem Land nur ausnahmsweise erfüllt werden[217].
Die Unglaubwürdigkeit der Institutionen steigert sich zudem parallel zur Aufdeckung des Verhältnisses zwischen Vetternwirtschaft und Verwaltungsorganen. Vor allem die Ortsverbände, die sich aktiv an der Duchsetzung der Arbeitsrechte beteiligen, sehen sich mit einem Bewußtsein konfrontiert, das eher von der Perspektivlosigkeit des Landarbeiterlebens als von Hoffnungen auf Verbesserungs- bzw. noch so geringen Steigerungschancen ihres Lebenstandards auf dem "formalen Weg"[218] geprägt ist.
Gegen die allgemeine These der brasilianischen Intelligentsia, daß die Brasilianer ein zu kurzes Gedächtnis besäßen, waren die Gespräche mit den älteren Interviewpartnern ein überzeugender Beweis. Sie konnten spontan wiedergeben, welche Veränderungen ihrer Lebensgrundlage im Zusammenhang mit der Entstehung der Gewerkschaften zeitgeschichtlich während ca. 30 Jahren stattgefunden hatten. Daß sie ein Leben als Zucker-

[216] Obwohl der Begriff "Säkularisierung" dieses Phänomen subsumieren könnte, wird er hier vermieden, weil er letztlich keine präzisere Auffassung der aktuellen Verhältnisse zwischen moderner Rationalisierung und weiterhin praktizierter Religiösität bietet.

[217] Sh. den nächsten Abschnitt über die Bewertung der Landarbeitergewerkschaften.

[218] Sh. folgenden Abschnitt 7.3.

rohrschneider sich selbst und besonders ihren Kindern niemals wünschen würden, gehört zu dem einfach erscheinenden, aber umfänglich zusammengesetzten Bild ihrer Erfahrungen und kritischen Erinnerungen, das Angebote von "System-Änderungen" durch aktive linksorientierte Gewerkschaften als unattraktive Utopien ausschließt.
Man erinnert sich, daß der Erlaß des Landarbeiterstatuts 1962 keine unmittelbare Garantie für bessere Arbeitsverhältnisse bedeutet hatte. Dieses Bundesgesetz wirkte sich erst aus, als die Regierung Arraes in Pernambuco Polizei auf das Land schickte. Gemeinsam mit den Ortsverbänden, der Föderation der Landarbeitergewerkschaft und dem Arbeitsgericht hatte sie den Zuckerherren eine Vereinbarung ("*Acordo no Campo*") aufgezwungen, gegen das Landarbeiterstatut nicht zu verstoßen. Knapp zwei Jahre dauerte es, so die Interviewpartner, bis sie unabhängig von "Krediten" irgendeiner Form ihre Grundbedürfnisse decken konnten und zum ersten Mal für ihre Arbeit einen realen Lohn verdienten, obwohl auch diesmal die Zuckerrohrunternehmer die Vereinbarung nicht ganz erfüllten.
Nach dem Militärputsch sahen die Landarbeiter sich wieder einer Unternehmerpolitik ausgeliefert, die "auf eigene Faust" vorging. Das Militär verbesserte zwar das Landarbeiterstatut der abgesetzten Regierung Goulart im Bereich der Sozialversicherung, aber es duldete gleichzeitig, daß die Zuckerrohrherren diesem Statut nicht folgten. Eine Berufung auf das festgesetzte Recht seitens der Landarbeiter konnte sogar direkt vom lokalen Militärgericht als Verstoß gegen die Ideologie der Nationalen Sicherheit verurteilt werden. Die hierdurch verursachte erneute Senkung des Lebensstandards auf dem Land wurde daraufhin besonders in den 70er Jahren einerseits vom *FUNRURAL*[219] und andererseits durch staatliche Investitionen in den Aufbau der Infrastruktur kompensiert.
Die ländliche Fondsversicherung (*FUNRURAL*) war ein Recht sowie eine Pflicht für die Gewerkschaften. An die Ortsverbände wurden Kredite für die Einrichtung von Krankenstationen vergeben, Medikamente zum Selbstkostenpreis überlassen und finanzielle Mittel des *FUNRURAL* überwiesen, um Ärzte und Dentisten zu bezahlen. Für viele ländlich Arbeitende erwies sich selbst die mangelhafte Gesundheitsvorsorge der Gewerkschaft als Verbesserung, weil sie bisher kaum die Möglichkeit gehabt hatten, sich einen Arztbesuch privat zu leisten, ohne noch abhängiger vom Patron zu

---

[219] Der *Fundo de Assistência e Previdência ao Trabalhador Rural* wurde erstmals 1966 von der Regierung General Costa e Silva geregelt. Alle ländlichen Produzenten sollten 2,5% des Bruttowerts der kommerzialisierten Produktion in diesen Fonds einbringen, der für die Gesundheitsvorsorge der ländlichen Arbeiter und Produzenten vorgesehen war. Vier Jahre später ordnete das Dekret Nr.67.227 (21.9.1970) "Prioritäten der Gewerkschaftsorganisation" der Regierung General Médici an, daß die Gewerkschaften im *convênio* mit den jeweiligen staatlichen Versicherungen - damals *INPS* für die Städte und *FUNRURAL* für das Land - vor Ort ärztliche und zahnärztliche Versorgung anbieten. Sh. Campanhole 1972: S.244-246.

werden[220]. Die Interviewpartner wiesen bspw. darauf hin, daß Säuglinge nicht mehr einfach an Durchfall starben, weil die Ärzte der Gewerkschaft sie durch kostenlose Verabreichung von Medikamenten noch retten konnten. Und man mußte nicht mehr vor Zahnschmerzen verrückt werden, weil die Zahnärzte ebenfalls faule Zähne kostenlos zogen.
Im Zeitraum von 1961 und 1964 stieg die Zahl der Gewerkschaftsgründungen in Pernambuco von 6 auf 70, von denen 18 staatlich anerkannt wuren[221], und die ganz begrenzt anfingen, die Interessen der Arbeiter zu vertreten. Unmittelbar nach dem Militärputsch verwandelten sie sich durch die Gesetzgebung und den Einfluß gewerkschaftlicher Interventoren in eine Mischform von Gesundheits- und Sozialamt. Ihr schon geringes Prestige, was ihren kämpferischen Charakter anging, verloren sie nun vollends an die von Kirche und KP gegründeten Landarbeitergewerkschaften. Diese Gewerkschaften wurden zu einer Ansammlung von Funktionären, die auf irgendeine Weise Schützlinge der Patrone waren. Die Generation der ländlichen Arbeitenden, die nach diesem historischen Schnitt hinzukam, wußte von der politischen Interessenvertretung der Gewerkschaften nur etwas aus den Erzählungen der Älteren. Für sie bedeutete die Mitgliedschaft, z.B. einen Arztbesuch machen zu können, Medikamente billig zu kaufen und vielleicht einen kleinen Kredit für die Anschaffung eines Möbelstücks aufzunehmen.
Über die Hälfte der heute existierenden Ortsverbände wurden in den 70er Jahren vor allem wegen des *convênio FUNRURAL* gegründet und relativ schnell - nach durchschnittlich zwei Jahren - vom Arbeitsministerium anerkannt, weil sie eher diese soziale Funktion zu erfüllen hatten. Im Gegensatz zu den früheren (vor 1964) entstanden nun 76 Ortsverbände - 10 davon in der Waldregion. Sie sollten die politischen Aufgaben der eliminierten *ligas camponesas* nicht mehr wie vorher übernehmen. Häufig sammelten sich verschiedene Akteure aus ganz unterschiedlichen Motiva-

---

[220] Die bereits existierenden öffentlichen Krankenhäuser besaßen ungenügende Kapazitäten und waren in einigen relativ großen Städten Pernambucos zentralisiert, was der Familie des Kranken erhebliche Transportkosten verursachte. Staatliche Hospitäler befanden sich derzeit noch im Bau. Das neue Krankenhaus von Palmares (1985/86 eröffnet) wurde z.B. in Interviews für seine Dienste gelobt. Es kann aber nicht alle Kranken aufnehmen, und die komplizierten Fällen müssen weiterhin in Recife behandelt werden. Das Problem der Transportkosten ist mit dem Verlust der Lohnkaufkraft auch noch nicht gelöst worden.

[221] Hiervon waren die ländlichen Gewerkschaften konzentriert in den beiden Regionen, in denen besonders viele Lohnarbeiter lebten: 29 in der Waldregion, 24 in Agreste und nur 7 in Sertão. Die letzte offizielle Zahl von Ortsverbänden der ländlichen Gewerkschaften lag 1986 bei 150. Nach dem Putsch, speziell nachdem die Gesundheitsvorsorge durch *convênio FUNRURAL* Pflicht geworden war, entstanden in den 70er Jahren weitere 76 und seit 1980 noch vier Ortsverbände. Quelle: *DRT* und *FETAP* in: Cerqueira 1986: Tabelle 3, S.27-30.

tionen in einem Stadtkreis und arbeiteten zur Entstehung eines Ortsverbandes zusammen[222].

Keine quantitative Erhebung liegt darüber vor, wieviel ländliche Verbände nach genau diesem oder ähnlichem Muster entstanden sind. Immerhin vermittelten sie aber, so die Interviewpartner, eine unmittelbare Verbindung mit der Vorsorge durch die mangelhafte, aber funktionierende Sozialversicherung, die der *FUNRURAL* durch diese Verbände anzubieten hatte. Eine Versicherung, die in diesem Moment aufs beste als Sozialdämpfer diente, weil sie die Verschlechterung des Lebenstandards auf dem Land - verursacht durch den Modernisierungsschub der entwicklungspolitischen Strategie des Militärs - und damit die Gefahr einer sozialen Explosion abschwächte. Besonders verloren die Landfrage für die Kleinbauern und Teilpächter und die Lohn- und Arbeitsbedingungen für die Landarbeiter in den 70er Jahren an politischer Brisanz, die zu organisiertem Widerstand innerhalb der ländlichen Ortsverbände hätte führen können.

Die absichtlich passive gewerkschaftliche Führung, die weder wegen ihrer Bindungen zur jeweiligen Klientel aus lokalen Machthabern und Militärs noch wegen der politischen Repression der Diktatur ein Risiko eingehen wollte, stellte zeitweilig einen Sondertypus sozialen Erfolgs dar, der sich dadurch auszeichnete, daß ohne Korruption in auffälliger Größenordnung "ihr kleines Sozial- und Gesundheitsamt" befriedigend funktionierte. Über ein Jahrzehnt lang war nun derjenige ein guter Gewerkschafter, der zumindest die zahnärztliche und ärztliche Vorsorge für die Mitgliederschaft sichern konnte.

Bevor die zunehmenden Widerstandsversuche seitens der ländlichen Gewerkschaft gegen die drastischen sozialen Folgen der Rationalisierung und Militarisierung behandelt werden, sei hier noch kurz die andere Kompensation für die ländliche Bevölkerung erwähnt, die neben dem *FUNRURAL* einen frühen Widerstand verhinderte.

Die Integration und die Wertsteigerung des Lebensraumes innerhalb des brasilianischen Staates war ein Hauptpunkt der "Ideologie Nationaler Sicherheit" des Militärs[223]. Diese Integration konnte nur erfolgreich sein,

---

[222] Im Fall des Stadtkreises Ouricuri (1973) waren es z.B. der Präfekt, ein Arzt und der Großgrundbesitzer Coelho zusammen mit einigen Mittel- und Kleinbauern, die den ländlichen Ortsverband gründeten. 1975 wurde die "Ländliche Gewerkschaft Ouricuri" anerkannt, so daß die finanziellen Mittel des *FUNRURAL* fließen konnten. Für die Protagonisten ergaben sich darüberhinaus die Vorteile, daß der Arzt nun einen zweiten Job im Verband ausübte, der Präfekt politisch für sich warb und diesen Ortsverband zu den Errungenschaften seiner Amtszeit zählte und die Familie Coelho die "Arbeitervertretungsstelle" als einen weiteren Zweig ihrer Klientel nutzen konnte.

[223] Sh. Couto e Silva 1981: S.74f. und 137f - das Hauptwerk für die Ideologie Nationaler Sicherheit. Über die Bedeutungen und Wirkungen dieser Integration des brasilianischen Lebensraumes - "Integration der Nation" - besonders für das Amazonas-

wenn Brasilien ein hochmodernes Kommunikations- und Verkehrssystem ausbauen würde. Daher kam es zu Mammutinvestitionen in der Bauindustrie, die im Verbund mit der subventionierten wachsenden Industrialisierung im Süden und Südosten und der Besiedlung des Amazonasgebiets eine große Nachfrage nach Arbeitskräften auslöste[224]. Die familiären Haushalte konnten dadurch ohne bedeutende Verluste auf dem Land gehalten werden und erlebten sogar in einigen Fällen eine geringfügige Vebesserung ihres Lebensstandards.
Aus der Waldregion Pernambucos und den anderen nordöstlichen Staaten stammten die Immigranten der 70er Jahre, die anfangs in der Industrie, später noch im Bereich der Dienstleistungen der Ballungszentren Rio de Janeiro und São Paulo Arbeit fanden. Mitte der 70er Jahre wurde Recife das Hauptziel der Land-Stadt-Migranten aus diesen Gebieten. Die fortlaufende Verstädterung der südlichen Industriestandorte fing überwiegend in den 60er Jahren mit dem Zuzug der ländlichen Bevölkerung aus den südlichen Staaten an und entwickelte sich um die Wende des Jahrzehnts mit der Migration der *nordestinos* weiter. Die nordöstlichen Emigranten stellten erst später die Mehrheit, und das blieb so bis 1990, als die Rezession die Migration in die Ballungszentren etwas abklingen ließ.
Es ist allzu vereinfachend, die ländlichen Migranten, die in die Städte ziehen müssen, nur als Opfer des Modernisierungsprozesses darzustellen. Damit will ich nicht das schwere Leid der Schicksale von Millionen vertriebener Kleinbauern, Teilpächter und Kötterfamilien herunterspielen, sondern versuchen, die Interpretation der ländlichen Emigration Brasiliens zu erweitern, da eine Art fatalistischen Opferdiskurses eher paternalistische Lösungsfindungen nach sich ziehen kann. Wenn man vom wirtschaftlichen Gesichtspunkt aus die Migranten als aktive "Abenteurer" betrachtet, wird man feststellen, daß die Mehrheit der aus der Waldregion ausgewanderten Landarbeiter sich aus eigener Entscheidung und Kraft für die Verbesserung ihrer Lage eingesetzt hat. Bis zumindest 1975 bekamen sie zudem die Chance, z.B. in São Paulo eine spezielle verkürzte Fachausbildung der

gebiet siehe Altvater (1987): achtes Kapitel. In der allgemeinen Diskussion über "Territorialstaat und Nation" spricht Kößler (1991/92) von der "Homogenisierung des staatlichen Territoriums als wesentlicher Teilaspekt gesellschaftlicher Rationalisierung", was diesen strategischen Integrationsversuch des Militärs betrifft.

[224] Zur nationalen Integrationspolitik des Militärs gehört schon der Bau der neuen Hauptstadt Brasilia unter der Regierung Kubitschek. Vgl. Benevides 1979: Kap. IV. Diese riesige Baustelle in der Mitte Brasiliens zog massenweise die Menschen aus dem Nordosten - hauptsächlich dem *Sertão* - an und war ein wichtiger Auslöser der inneren Migrationsbewegungen Brasiliens in dieser Hälfte des 20. Jh. Dagegen erinnerte sich aus der Waldregion keiner der Interviewpartner an irgendwelche direkten oder indirekten Verwandten, die dorthin gezogen sind. Sie konnten dagegen spontan mehrere Verwandte nennen, die entweder in São Paulo, Rio de Janeiro oder in Recife wohnen.

unterschiedlichsten Art zu absolvieren und dementsprechend eine Arbeit zu finden[225].
An die Zurückgebliebenen wurde und wird sporadisch oder regelmäßig Geld überwiesen. Die Interviewpartner gaben zuerst in der Regel eine ungenaue Antwort auf die Frage nach dem Stellenwert und der Menge der Überweisungen: "ein bißchen Geld" (*um dinheirinho* oder *uma micharia*). Obwohl diese Hilfe in den Gesprächen als ausgesprochen wichtig erschien, war es, selbst wenn beharrlich und wiederholt gefragt wurde, dieser Erhebung unmöglich, das genaue Gewicht der Zuwendungen für den Haushalt der Landarbeiter festzustellen. Bei denen, die die Höhe der erhaltenen Überweisungen aufzählen konnten oder sogar die Postbelege vorlegten, betrug die Summe ein Viertel bis zur Hälfte des Jahreseinkommens einer Familie mit zwei *fichados*. Von sich aus fügten sie unaufgefordert hinzu, daß die aktuelle Summe in dieser Zeit der Krise nur zum Nicht-Sterben (*pra num morrer*) reiche, aber früher (in den 70er Jahren) zum Überleben (*pra sobreviver*) ausgereicht habe.
Angehörige der Landarbeiter-Familien, die nicht emigrierten, fanden an verschiedenen Baustellen der Städte und beim Straßenbau in der Umgebung der Zuckerrohrplantagen saisonabhängige Gelegenheitsarbeiten. Wenn der Zuckerpreis für die *usineiros* nicht attraktiv war, senkten sie allmählich die Produktion und mißachteten die Rechte ihrer Arbeitskräfte immer mehr[226]. Die erwähnten Formen des Nebenerwerbs mußten dann die familiäre Wirtschaftsnotlage kompensieren, während die ländlichen gewerkschaftlichen Ortsverbände mit ihrer "sozialamtlichen und assistenziellen" Rolle - zumindest bis 1979 - lediglich dafür sorgten, daß kein wirksam organisierter Arbeitskampf entbrannte.

---

[225] Heinemanns Einführung für die Sonderhefte der Kölner Zeitschrift für Soziologie und Sozialpsychologie (28/1987) "Soziologie wirtschaftlichen Handelns" bringt mit Zitaten von Leibenstein und Kirchgässner einen schwerwiegenden Punkt in die Grundsatzdiskussion: Der Entscheidungscharakter des Einzelnen innerhalb eines wirtschaftlichen Handelnsprozesses.

> "Zur Erklärung wirtschaftlichen Handelns gehen wir davon aus, daß der einzelne sich entweder so entscheidet, wie es seinen jeweiligen Bedürfnissen, Interessen, individuellen Wünschen und Handlungsorientierungen entspricht, oder daß er sich so verhält, wie er meint, daß er sich, bedingt durch äußere Zwänge, etwa aufgrund gesellschaftlicher Werte, Normen, Machteinflüsse und Sachgegebenheiten, verhalten muß, bzw. er schließt - soweit der Handlungsspielraum dies zuläßt - einen Kompromiß zwischen diesen beiden Verhaltensalternativen". S.18.

[226] Es liegt eine Fallstudie vor, die sich eigens mit der spezifischen Problematik der Arbeiter in den Zucker-*usinas* beschäftigt. Obwohl ein strukturalistisch-marxistischer Ansatz die Interpretation verengt, bieten die bis 1972 gesammelten empirischen Materialien einen hervorragenden Überblick über die Arbeitsbedingungen und die finanzielle Lage der Familien von Zuckerarbeitern im Vergleich zu Landarbeitern auf Plantagen. Der Bericht konnte anhand der Erinnerungen meiner Interviewpartner bestätigt werden. Sh. Lopes 1978: besonders S.61-175.

Das nationale Biotreibstoffprogramm[227] des Militärs stellte seit Mitte der 70er Jahre den Zuckerrohrunternehmern gigantische finanzielle Subventionen zur Verfügung, die der Modernisierung der Zuckerrohrproduktion und der neben der Zuckeranlage zu bauenden Alkohol-*usina* dienen sollten. Das Geld floß durch die Finger der *usineiros* des Nordostens. Sie haben zwar die moderne Anlage für die Alkoholherstellung bauen lassen, aber allmählich, ca. ein Jahrzehnt nach dem Programmbeginn, ihre Spitzenstellung an die neuen Zucker- und Alkoholhersteller des brasilianischen Zentral-Südens (*Centro-Sul*) verloren. Im Jahr 1991 erreichte die Zucker- und Alkoholproduktion der nordöstlichen Bundesstaaten nur ca. 30% der Gesamtproduktion Brasiliens. Seitens der *usineiros* wurde in der Waldregion kaum etwas für die Verbesserung der Produktivität der Plantagen getan. Weder Subventionen noch Kredite wurden von Militärs noch von den beiden nachfolgenden Zivilregierungen verweigert unter der Bedingung, daß Arbeitsrechte und Tarifvereinbarung gewahrt werden müßten. Mit großer Inkonsequenz unterstützte die radikal neo-liberale Regierung Collor de Mello durch Schuldenerlaß und neue Subventionsprojekte die nordöstlichen Zuckerrohr-Unternehmer[228], obwohl allgemein bekannt ist, daß diese in der Regel ständig gegen die Arbeitsgesetze verstoßen[229].
Seit Ende der 70er Jahre richteten sich die ländlichen Gewerkschaften mit den verbliebenen Landarbeitern progressiv auf einen neuen Kurs der Interessenvertretung ein. Der politische Kampf für Demokratisierung, die Pastoralarbeit der Kirche, die "kämpferische Gewerkschaftsbewegung" des brasilianischen Südens gehören zu den wichtigen Gründen, aus denen die sozialassistenzielle Haltung der ländlichen gewerkschaftlichen Ortsverbände aufgrund der national-politischen Ereignisse gezwungen war, sich zu verändern. Die Unzufriedenheit der Landarbeiter spielte zudem eine wichtige Rolle, um die Gewerkschafter in Bewegung zu bringen. Sie spürten, daß die Zuckerrohrherren die finanzielle Förderung seit Anfang des Biotreibstoffprogramms keineswegs in Form von Verbesserung der Arbeits- und Lohnbedingungen umverteilen wollen.
1979 streikten ca. 100.000 Landarbeiter auf den Zuckerrohrplantagen von Pernambuco[230]. Obwohl dieses Geschehen aus dem Streik der Metallar-

---

[227] *PROALCOOL - Programa National do Alcool* wurde nach der Welterdölkrise von 1973 entwickelt, um die Abhängigkeit Brasiliens vom importierten Erdöl zu reduzieren.

[228] Die Widersprüchlichkeiten gegenüber dem ausgeprägten Neoliberalismus erreichen in diesem Fall einen flagranten Punkt: Diese Projekte zur Rettung der Zuckerrohrherren finden eine Analogie in der *Convenção de Taubaté* der Regierung Alves (1902-06), die damals den Kaffee-Baronen ihre wirtschaftliche Stärke garantiert hatte. Vgl. HGCB Bd. 8, besonders Kap. I, *Livro Segundo*.

[229] Vgl. u.a. FdSP: 23.10, 1. und 4.12.1991.

[230] 20.000 *fichados* in direkter Form und weitere in indirekter Form. Cerqueira

beiter in *ABCD-São Paulo* ausgeblendet blieb, war es ein bedeutungsvoller Kampf der Arbeiterbewegung im Nordosten Brasiliens. Andererseits aber bezeichnete das Ziel dieses Streiks - Erfüllung der Arbeitsrechte durch Wiedereinführung der Arbeitszeit- und Lohntabelle - die Schwäche der ländlichen Gewerkschaft: die Schwierigkeit, tatsächliche Rechte, die auf formaler Ebene festgeschrieben oder vereinbart sind, für die zu vertretenden Landarbeiter nicht garantieren zu können. Trotz ununterbrochener Schwankung zwischen erfolgreichem Abkommen und ihrer frustrierend verlaufenen Umsetzung haben sich die Landarbeiter während der 80er Jahre mehrmals mobilisiert, ihre Mitgliedschaft im Ortsverband bei allen gewerkschaftlichen Problemen jedoch beibehalten. Das allgemeine Feindbild der Militärdiktatur gab bis Mitte der 80er Jahre immer wieder Anstoß zu neuerlicher Mobilisierung, von der man sich eine Verbesserung der Lebensgrundlagen erhoffte.
Der Streik von 1979 und die darauf folgenden charakterisieren eine unterschiedliche Entwicklung der Gewerkschaftsbewegung im ländlichen Nordosten und in den Städten des Südostens Brasiliens. Bei der letzteren war die Trennung zwischen *pelegos* und *combativos* offensichtlicher. Hier z.B. einen Streik zu organisieren, wenn der Ortsverband in den Händen von *pelegos* liegt, könnte nur durch eine sehr gut organisierte gewerkschaftliche Oppositionsgruppe durchgesetzt werden. Auf dem Land standen während einer so riesigen Streikbewegung wie der in Pernambuco solche politischen Gegensätze der Bewegung nicht unbedingt im Weg. Dieser Unterschied ist heute noch von großer Bedeutung, weil viele *pelegos* durch "kämpferische" gewerkschaftliche Oppositionsgruppen ersetzt wurden, aber die, die geblieben sind, verbünden sich innerhalb der Föderation mit Anhängern der *CUT* sowie der *CGT* und *Força Sindical*.
Cerqueira (1986) stellte die nachfolgende Streikbewegung während der Tarifvereinbarung von 1980 als eine weitere Besonderheit der Landarbeitergewerkschaft im Vergleich zu der des vorherigen Jahren heraus[231]. Im Jahr 1979 sei die Wirkung des Streiks insgesamt politisch gewesen, während die Bewegung von 1980 u.a. durch die Wiedereinführung der tabellarischen Arbeits- und Lohnkontrolle eine wichtige Festlegung der Form von Produktion und Entlohnung bedeutete, um das extrem ausbeuterische Verhalten der Zuckerrohr-Unternehmer zu bremsen. Nicht nur die Verhältnisse zwischen konkreten Tätigkeiten und Entlohnung seien dadurch festgesetzt, sondern auch die Meßinstrumente wie z.B. die Ersetzung des

---

1986: S.33.

[231] Vgl. Cerqueira 1986: S.34ff.

grob gebastelten Meßstocks durch das Metallband und die Benutzung der durch *IPM*[232] geeichten Waage.
Dieser rationalisierten tabellarischen Form der Arbeits- und Lohnkontrolle ordnet Cerqueira vier wichtige Punkte zu, die sie als vorteilhaft für ländliche Gewerkschaftsbewegung aufzählte: "a) Zu allererst, weil die Tabellen sich aus der gesammelten Erfahrung der Landarbeiter ergeben; b) weil sie die Manipulation der Arbeitszeit und Arbeitsintensität seitens der Landeigentümer eingrenzen; c) weil ihre Bedeutung im Verbund mit den gesamten Arbeitsbedingungen - wie z.B. Forderungen wegen Transport, gefährlicher und ungesunder Arbeit - steht; d) weil der Kampf um sie die *clandestino*-Arbeiter der Gewerkschaft näher bringt und die *clandestinos* seit 1979 einen entscheidenden Anteil an den Streikbewegungen haben"[233]. Ob dieser Rationalisierungsvorgang von den Landarbeitern so positiv betrachtet wird, muß hier noch offen bleiben, weil sie mit unterschiedlichen Maßstäben urteilen und das Ergebnis im Hinblick auf alle vier Punkte sich differenzieren kann.
Erstens stellt sich die Frage, ob ein solcher Rationalisierungsvorgang wirklich Erfahrungsprodukt der Landarbeiter ist und ob die Verhältnisse zwischen geleisteter Produktion, der dazu verwendeten Zeit und den erhaltenen Mitteln für ihre Reproduktion bzw. die ihrer Familien ihnen einen klaren Überblick ermöglichen, wenn es einen Zugang zu den Daten des Unternehmens niemals gegeben hat und wenn die prekäre Reproduktion sich aus verschiedenen, im Einzelnen kaum genau berechenbaren familiären Leistungen bis zum Subsistenz-Ackerbau am Rande der Zuckerrohrplantagen zusammensetzt. Auch wenn die Reproduktionsfrage bei der Erstellung der wissenschaftlichen Tabellen so einleuchtend war, erscheint es fraglich, ob die Forderung nach den Tabellen nicht eher Teil der Verhandlungsstrategie der Gewerkschaftsfunktionäre und Anwälte vor dem Arbeitsgericht und gegenüber der Unternehmervertretung ist. Die Landarbeiter haben zwar für diese bewundernswerte Initiative hart gekämpft, doch am Arbeitsplatz können ihnen die Tabellen nicht als effektives Kontrollinstrument für ihre Interessensverteidigung dienen, auch wenn sie ihnen das Ausmaß der Ausbeutung insgesamt bewußt gemacht haben.
Durch die Erfahrung fühlten sich die Landarbeiter am Arbeitsplatz ermutigt, sofort zu protestieren, wenn sie meinten, daß der Meßstock für die *braça* z.B. absichtlich kürzer geworden sei oder daß die Waage weniger Kilos zeige, als sie nach ihrer Gewohnheit einschätzen konnten. Ein allgemeines Sich-Beschweren im Arbeitslokal könnte eine neue Kontrolle bewirken oder eine pauschale Steigerung der durch den *engenho*-Verwalter

---

[232] *Instituto de Pesos e Medidas*. Wörtlich: Behörde für Gewichte und Maße. Entspricht dem Eichamt.

[233] Cerqueira 1986: S.35.

angegebenen Werte. Die neuen, wissenschaftlich geeichten Instrumente bringen mit der Sicherheit, Größe und Menge genau wiederzugeben, auch die Ohnmacht der Landarbeiter ans Licht, gegen vermutlich unfaire Behandlung durch den *usina*-Angestellten anzugehen, wenn ihnen sogar die Alphabetisierung fehlt. Die Bedienung der neuen Kontrollinstrumente liegt nun in den Händen einiger Gewerkschaftsfunktionäre oder anonymer Behördenangestellter. Auch wenn die Landarbeiter ihnen Vertrauen schenken könnten, weil sie die Instrumente unparteiisch überprüfen, sind diese zu wenige, um flächendeckend auf den *engenhos* diese Arbeit zu leisten.
Zweitens weisen die Interviewpartner darauf hin, daß die Genauigkeit der Kontrollinstrumente und überhaupt die Tabellen nur eine untergeordnete Rolle spielen, wenn ihre Patrone mehr Arbeitsleistung von ihnen verlangen wollen. Dadurch wird der zweite obengenannte Punkt b) relativiert. Eine schon in dieser Arbeit erwähnte Taktik ist die willkürliche Steigerung der Produktionsmenge bei Tagesanbruch, gegen die die ländlichen Ortsverbände kaum etwas unternehmen können. Wenn die Landarbeiter im Arbeitslokal nicht selbst protestieren, macht das eine gewerkschaftliche Aktion uneffektiv. Anderseits können, wo der Ortsverband inaktiv ist, die Landarbeiter eines *engenhos* sich, wenn sie sich einig sind, durchsetzen. Es ist wichtig, sich dabei in Erinnerung zu rufen, daß ein Arbeitsgerichtsverfahren in Bezug auf nur einen einzigen Tag, an dem die Angestellten sich nicht nach den Tabellen richten, zwischen drei bis fünf Jahren dauern kann, weshalb die Verstöße gegen die vereinbarten Tabellen am Tage selbst zwischen Landarbeitern und *usina*-Angestellten entschieden werden müssen, wenn solche Tabellen zu Gunsten der Arbeiter wirken sollen.
Die *usinas*, die am häufigsten Sparpolitik durch den Verstoß gegen die Tabellen betreiben, haben nun verschiedene Möglichkeiten, diese Taktik auf ihren *engenhos* zu verfolgen. Dabei unterscheidet sich nochmals die Behandlung dieses oder jenes Landarbeiters. Der Interviewpartnerin, die wegen zweier vor Arbeitsgerichten gewonnenen Prozessen bekannt geworden ist, wird z.B. nicht abverlangt, daß sie mehr als die vorgeschriebenen *braças* jätet, während das bei ihrem Nachbarn der Fall ist. So vermeiden die *usinas* mehr Proteste und spalten zugleich die Landarbeiter. Eine gebräuchliche Methode der Landarbeiter, die trotz Erhöhung der Produktionsmenge diese in der gleichen Arbeitszeit leisten, besteht darin, "Hilfe" (*ajuda*) zur Arbeit mitzunehmen. Ein *fichado* bringt entweder seine Frau oder sein Kind mit, die aber nur für seinen Lohn mitarbeiten sollen[234].

---

[234] Auf einem *engenho*, in dem die Landarbeiter relativ schnell dazu kommen, sich zu mobilisieren, diskutierten sie untereinander während meines dortigen zweiten Aufenthaltsabends, ob sie gegen das vom Verwalter angekündigte Verbot der "Hilfe" eine Arbeitsniederlegung organisieren könnten. Sie würden am nachfolgenden Montag die "Hilfe" ungeachtet des Verbots mitnehmen, und wenn sie nicht einzusetzen wäre,

Ein weiterer Fall von raffiniertem Verstoß gegen die Tabellen, der auf den *engenhos* der *usina* Catende registriert wurde, war die Reduzierung der Produktion (*o corte*), d.h. von der geleisteten Produktion des Tages werden Einheiten abgezogen und dementsprechend nicht entlohnt. In der Erntezeit z.B. wird eine Tonne geschnittenen Zuckerrohrs im Kontrollbuch als nur 500 Kilo notiert, weil das Zuckerrohr nach Meinung der Verwalter zu hoch geschnitten wurde. In der Zwischenerntezeit können 100 gejätete *braças* nur als 80, 70 oder 50 notiert werden, nachdem der Verwalter mit seinem Pferd schnell über die Felder geritten ist und dort noch stehendes Unkraut gesehen hat. Er geht zum lokalen Kontrolleur und ändert beliebig die Zahlen der Produktion des abwesenden Landarbeiters. Es stellt sich sofort die Frage, ob es hier nicht möglich wäre, auch eine rationalisierte Tabelle für die "Qualitätskontrolle" bei Ernte (Länge des Rohrs) und Jäten (Zahl und Größe des Unkrauts) auszuarbeiten, um solche Streitigkeiten zu klären. Da der Zuckerrohranbau von vielfältigen Naturbedingungen abhängig ist, macht die Nachkontrolle durch so eine Tabelle das Zuckerrohr-Geschäft jedoch unwirtschaftlich[235].
Die dritte Schlußfolgerung Cerqueiras im Punkt c), daß die Tabellen der Lohn- und Arbeitskontrolle eine wichtige Bedeutung für die weiteren Forderungen nach Verbesserung der Arbeitsbedingungen habe, ist hier ebenfalls durch die am Anfang dieses Kapitels angeführten Beispiele zu

---

müßte die Arbeit niedergelegt werden. Von dem Unternehmer wurde die Maßnahme getroffen, weil er eine allgemeine Behördenkontrolle fürchtete. In diesem Fall könnte die Zahl der *braças* im Moment unmittelbar heruntergesetzt werden. Die "Helfer" der *fichados* dagegen könnten nicht versteckt werden. Die Folgen dieses Konfliktes konnte der Verfasser nicht weiter beobachten.

[235] In der Waldregion ist die Mechanisierung für den Zuckerrohranbau schon wegen der sehr hügeligen Landschaft kaum wirtschaftlich, weil die "Zuckerrohr"-Traktoren nicht überall hinkommen können und das Zuckerrohr höher geschnitten werden muß. Zwei Tendenzen der Modernisierung für die neu angebauten Zuckerrohrplantagen auf flachem Land sind zu beobachten. Eine Tendenz bleibt dabei angewiesen auf meist menschlichen Arbeitseinsatz, obwohl Planung, Bewässerung, Säen, Düngen und Schädlingsbekämpfung in hochtechnisierten Labors "biologisch" entwickelt werden. Auf einer solchen Plantage der Firma Agrovale im Landesinneren Bahias - einem Nachbarstaat Pernambucos - habe ich während einer Erkundungsfahrt durch die über 100.000 Hektar große Plantage ein Gespräch mit einem Agraringenieur, Haroldo Schistek, führen können. Er behauptete, daß der Einsatz von Maschinen wegen der Schnitthöhe des Zuckerrohrs Ernteverluste bringe, noch dazu in einer Region, wo Arbeitskräfte im Überfluß sich anbieten würden. Viele durch den Staudämmebau aus dem São Francisco-Tal vertriebene oder vor der Dürre geflüchtete Kleinbauern suchen dort ständig zumindest Saisonarbeit. Lohn- und Arbeitsbedingungen sollten keinen wesentlichen Unterschied zu denen der Waldregion darstellen. Die zweite Tendenz richtet sich mittelfristig auf die Mechanisierung der Ernte ein, besonders da, wo Schwierigkeiten mit fehlenden Arbeitskräften in der Ernte-Zeit auftreten und man saisonale Einwanderung vermeiden möchte. In der Ernteperiode 1992 sieht der Verband der Zuckerrohr-Produzenten des Bundesstaates São Paulo (*Copersucar*) eine Steigerung der durch Maschinen zu erntenden Zuckerrohrproduktion auf 15% der Gesamternte vor. FdSP, 16.6.1992.

relativieren. Ungefähr zehn Jahre nach Cerqueiras Forschung kann diese Behauptung auf der formalen Ebene bestätigt werden, dennoch muß die Umsetzung der neuen Arbeitsgesetze und der vereinbarten Tarife mit einem großen Minus in der Bilanz versehen werden. Detaillierte Vereinbarungen - wie z.B. über den sicheren Transport der Landarbeiter bis zur äußersten Grenze der Plantagen oder einfach über die Schutzhandschuhe - sind für die Arbeitenden eher zum Gegenstand von Witzen geworden als sichtbar konkrete Umsetzung des errungenen Verhandlungspunkts seitens der ländlichen Gewerkschaften.
Der vierte Punkt d) ist mit der gewerkschaftlichen Entwicklung während der 80er und dem Beginn der 90er Jahre zu widerlegen. Nach Cerqueiras Behauptung näherten die tabellarische Lohn- und Arbeitskontrolle von 1979 und deren nachfolgende Verbesserung die *clandestinos* an die ländliche Gewerkschaft an. Viele Ortsverbände der Waldregion haben zwischen 1979-81 ihre Mitgliedschaftszahl erhöhen können[236]. Jedoch ist diese Zahl in den nachfolgenden Jahren nicht so progressiv gestiegen, wie vorausgesehen wurde. Trotz großer Unterschiede zwischen den Ortsverbänden kam es doch überall zum Absturz besonders nach der durch die Regierung Collor de Mello vollzogenen Auflösung des *FUNRURAL*[237].

---

[236] Städte: Cortês 10%, Catende 30%, Cabo 207% usw. *FETAPE* 1982 aus: Cerqueira 1986: Anhang 9.1 bis 9.10. Ein Durchschnittswert macht hier keinen Sinn, weil dies ein ganz falsches homogenes Bild der Ortsverbände dieser Region ergeben würde. Die Verbände von Gameleira und Barreiros verzeichnen z.B. keine Änderung der Zahl ihrer Mitgliedschaft, Bonito und Ipojuca einen jeweiligen Verlust von 0,5 und 15%. Ein solcher Wert könnte im Vergleich mit den Schwankungszahlen der 70er Jahre eine noch ungenaue Bewertung für die gesamte Waldregion bewirken. Zudem muß man sich daran erinnern, daß in die sozialen Erfolgskriterien der Verbände am Ende der 70er Jahre das politische Element miteinbezogen wurde. Um nur zwei Beispiele für die Schwankungen der Mitgliedschaftszahlen zu nennen:

ländl. Ortsverband	1972	1978	1979	1981
Cabo	1.325	2.024	1.171	3.171
Catende	3.500	2.782	1.300	1.700

Quelle: *FETAPE*

[237] Für die Landarbeiter und ihre Gewerkschaftsvertreter erfolgte die Auflösung des *FUNRURAL* kurz nach dem Amtsantritt Collors (15.3.1990), als er unter dem Stichwort Verwaltungsreform die *Medida Provisória* Nr.151 vom 15.3.1990 im Artikel 10 (Fusion des *IAPAS* und des *INPS* in den *INSS - Instituto Nacional de Seguro Social*) und Artikel 11 (Umwandlung der *Central de Medicamentos* in eine Abteilung des Gesundheitsministeriums) verkündet hatte. Um die Sparpolitik und die Liberalisierungsmaßnahmen dieser Regierung zu realisieren, führte die Gründung halbstaatlicher Einrichtungen zum Abbruch aller Einvernehmensverträge (*convênio*) mit den Gesundheitsstationen u.a. auch der ländlichen Gewerkschaften. D.h., es sollen weder Überweisungen der finanziellen Mittel durch das neu gegründete *INSS* für ärztliche und zahnärztliche Vorsorge noch Verteilung von Medikamenten auf Selbstkosten durch die *Central de Medicamentos* mehr gemacht werden. Der Begriff *FUNRURAL* wurde als Bezeichnung des Einvernehmensvertrags zwischen den gewerkschaftlichen Ortsver-

Über den Austritt von Gewerkschaftsmitgliedern lag für einen gesamten aktuellen Überblick keine Statistik vor. In den Stadtkreisen, wo die meisten Interviews geführt worden waren, ergab die Zahl der gewerkschaftlichen Mitgliedschaft einen Rückgang von 20 (z.B. Cabo und Amaraji) bis zu 70% (Catende) im Vergleich mit der offiziellen Erhebung von 1981.
Doch auch die Mitglieder, die gern bleiben möchten, sehen sich der Unmöglichkeit gegenüber, den monatlichen Gewerkschaftsbeitrag zu zahlen. "1991 bis zu diesem Zeitpunkt war das schlimmste Krisenjahr der ländlichen Gewerkschaften", sagten die engagierten Interviewpartner. Generell redete man über die wirtschaftliche und politische Aussichtslosigkeit und zog sogar die Perspektiven der ländlichen Ortsverbände in Zweifel. Von der neoliberalen Politik Collors auf der Makroebene haben die Zuckerrohrherren nichts so Verhängnisvolles zu spüren bekommen wie ihre lokalen "Klassengegner", nämlich die gewerkschaftliche Organisation der Zuckerrohrarbeiter.
Nicht nur das Abbrechen des *convênio* (*FUNRURAL* genannt) zwischen der Nationalen Versicherung *INSS* und der staatlich strukturierten Gewerkschaft machte ihnen das Überleben schwer, sondern auch die Abschaffung der gewerkschaftlichen Pflichtsteuer. Dies geschah im Zusammenhang mit einer insgesamt sehr schlechten Konjunktur, in der es den aktivistischen Ortsverbänden nicht gelungen war, den Verlust aus dem Wegfall der Steuer durch die Mitgliedsbeiträge auszugleichen. Obwohl es immer eine Hauptforderung der "kämpferischen" Gewerkschaften gewesen war, diese Steuer endgültig abzuschaffen, kam die finanzielle Befreiung der Gewerkschaften vom staatlichen Schutz zu einem Zeitpunkt, als sie sich voll in der Defensive befanden. Die Ortsverbände als die entscheidende politische Kraft müssen sich gegen die Rezessionspolitik der Regierung, die Arbeitslosigkeit, Arbeitsrechts-Verstöße aller Art, den weiteren Absturz der Kaufkraft usw. einsetzen.
Dieser Zusammenhang zwischen wirtschaftlicher Krise und Abkoppelung der staatlichen Vormundschaft über die Gewerkschaftsstruktur erschwert erheblich die Bewertung, ob es zu der Mitgliederflucht aus den ländlichen Ortsverbänden unter einer anders beschaffenen Konjunktur nicht kommen würde, obwohl das "kleine Sozial- und Gesundheitsamt" innerhalb der Gewerkschaft damit aufgegeben war. Beim industriellen und Dienstleistungs- Sektor war der soziale und gesundheitliche Gewerkschafts-Service für die Arbeiter und Angestellten der größeren Firmen meist von

---

bänden und dem *IAPAS* beibehalten, als die Regierung General Geisel durch das Gesetz - *LEI* Nr. 6.439 vom 1.9.1977 - das *FUNRURAL* als Institut (Art. Nr. 27) aufgelöst und dessen Aufgaben in das Nationale System für Sozial- und Arbeitsversicherung (*SINPAS* - Dachorganisation der u.a. folgenden Institute: *IAPAS, INPS und INAMPS* - Art. Nr. 4) integriert hatte.

keiner Bedeutung, weil diese Firmen ihnen ein eigenes funktionierendes Versicherungssystem anbieten können.
Auf dem Land in Pernambuco aber war für die Landarbeiter, Teilpächter und Kleinbauern trotz einiger neu gebauter staatlicher Hospitäler die Bedeutung der Gewerkschaftsvorsorge nicht zu unterschätzen, auch wenn viele Ortsverbände während der 80er Jahre die politischen Aufgaben der Gewerkschaft und Aufklärung gegenüber den staatlichen Sozialangeboten in den Vordergrund gerückt haben. Die immer wieder zerstörte Hoffnung auf die geltenden Arbeitsrechte löste keine massive Mitgliederflucht aus. Sogar in den Verbänden, wo schlecht beleumdete *pelegos* keine Absicht zeigten, die Arbeiterinteressen zu vertreten, betrieben die "kämpferischen" Oppositionsgruppen mit Unterstützung der Kirche, politischen Gruppierungen und ländlichen Abteilungen der Dachverbände neben dem Vorsorgerecht eine Politisierungsarbeit unter einem Teil der Mitgliedschaft. Der Anstieg der Austritte aber macht eine Diskussion nötig über die Bewertung dieser Politisierungsarbeit.

7.1.1. Bewertungsversuch der Landarbeitergewerkschaften der Waldregion in Pernambuco

Zu Beginn dieses Kapitels wurden zwei Ausschnitte aus Interviews zitiert, die aus den verschiedenen Regionen (*Wald* und *Sertão*) Pernambucos stammen. In dem ersten Ausschnitt rechtfertigt ein Gewerkschafter aus der Waldregion sein fehlendes Engagement für die Vorbereitung des von Dachverbänden der *CGT*s und der *CUT* ausgerufenen Generalstreiks: Er müsse sein Wissen gegen sein Herz setzen, um den unverantwortlichen Weg des Streiks nicht einzuschlagen. Dabei stellt sich die Frage nach der politischen Identifikation dieses ländlichen Ortsverbands mit der Führung der Dachverbände. Die voreilige Antwort seitens der Führung der *CUT/PE* und seitens der Berater der ländlichen Föderation *FETAPE*, daß die Arbeiter und Angestellten der Produktions- und Dienstleistungszweige der Städte eben besser organisiert seien, bezeichnet - in Überlagerung einer wahren Feststellung - eine kriterienlose Bewertung von geradezu gravierender Unkenntnis über die ländliche Gewerkschaft, auch wenn sie unter dem übergreifenden, sogenannt demokratischen Dach der Gewerkschaftsbewegung gegeben wird.
Die oben erwähnte Antwort seitens der gewerkschaftlichen Führung und Beratung bezeichnet eine vorherrschende Idee innerhalb der Gewerkschaftsbewegung: Die Gewerkschaften werden in gut, unzureichend organisierte oder unorganisierte Gruppen von Industrie-, Dienstleistungs- und Landzweigen eingeteilt. Dadurch wird eine auf Evolution basierende Betrachtung der Gewerkschafts- und allgemeinen Sozialbewegung Brasiliens erkennbar, die hier kurz diskutiert werden soll, bevor die Hauptfrage

bearbeitet wird. Diese evolutionäre Analyse wiegt schwer bei der Konzeptualisierung von politischen Strategien dieser Bewegungen.
Im Gegensatz zu den Landarbeitergewerkschaften des *Sertão*, wo überwiegend Kleinbauern und Teilpächter die Mitgliedschaft bilden, kann in diesem behandelten Fall eine objektiv gleiche Basis zu erhellenden wie auch zu irreführenden Schlußfolgerung anregen: Die Landarbeiter der Waldregion sichern ihr Leben überwiegend mit Lohnarbeit. Es ist hier nicht das Ziel, eine ausführliche soziologische Diskussion über die Ähnlichkeiten und Unterschiede zwischen den Landarbeitern und den städtischen Arbeitern im Bereich der Arbeitskultur und der Wirtschaft zu führen. Einige meine Vergleiche sind wegen des Gewichts von politischen Einsätzen der bundesweiten Gewerkschaftsbewegung ausgewählt, die auf die ländliche Gewerkschaft Einfluß nimmt und nehmen kann. Der Hauptschwerpunkt bleibt folglich die Beantwortung der Frage: Wodurch und wie kann die durch staatliche Vorgaben strukturierte ländliche Gewerkschaft den Arbeitenden auf dem Land von Nutzen sein?
Am 22. und 23. Mai 1991 sollte nun der Generalstreik stattfinden. Am ersten Tag morgens zog in Recife eine kleine Menge von Demonstranten vorbei, während der Betrieb auf dem Straßenmarkt davon unberührt weiterlief. Es stellt sich dann die Frage: Wenn die sogenannten "organisierten" Gruppen von Angestellten und Arbeitern der Großstädte nur eine so schwache Mobilisierung für den Streik erreichten, kann dieser politische Mißerfolg der Gewerkschaftsbewegung dann nur durch die Argumentation mit "der Angst vor der Arbeitslosigkeit" erklärt werden? Oder sind vielmehr Mängel an Bewußtsein bzgl. der Probleme und der dagegen ausgerufenen Aktion der Grund für die geringe Teilnahme am Streik?
Zum ersten Mal in der Geschichte der Gewerkschaftsbewegung in Brasilien gab es Streikwerbung im Fernsehen. Während der teuersten Sendezeit der Privat-TVs, in der 50 bis 60 Millionen Brasilianer laut *IBOPE*[238] vor dem Fernsehapparat sitzen sollen, wurde über die Aktionen und Streikforderungen der drei Dachverbände informiert. Warum übermittelt diese modernisierte aufklärende Medienübertragung nicht die politische Überzeugungskraft, die zumindest die *CUT* mit ihrer kämpferischen Haltung vor ihrem Gründungskongreß schon hatte?
Damals mußten z.B. 1980 die Metallarbeiter der *ABCD*-Region verschiedene Risiken in Kauf nehmen, etwa die Festnahme durch die Militärdiktatur, politische Entlassung mit all ihren verheerenden Folgen für die Familie, und obwohl es höhere Kaufkraft der Löhne gab, erreichte die Streikbewegung massenhafte Unterstützung, obwohl sie praktisch auf mündliche Propaganda beschränkt war. Diesmal (1991) verhielten die "organisierten" Metallarbeiter des Südens sich trotz Aufrufs der *CUT* gegenüber der

[238] *Instituto Brasileiro de Opinião Pública e Estatística.*

Generalstreiksbewegung passiv. In der Presse versuchten die Sprecher der engagierten Dachverbände, den politischen Mißerfolg mit der Zahl der trotzdem von ihren Arbeitsplätzen Abwesenden zu beschönigen. In Recife fragte der Verfasser auf der Straße am ersten Morgen zwei der etwa 300 verbitterten Demonstranten, aus welchen Gründen ihre Bewegung keine bedeutendere Resonanz gefunden habe.

> "Die organisierten Angestellten und Arbeiter (*categorias de trabalhadores*) haben ihre Arbeit doch niederlegt. Sie waren nur nicht zur Demonstration gekommen. Das Problem lag bei den unorganisierten Arbeitern wie den ungelernten Bauarbeitern z.B. und den Tausenden von Arbeitslosen, die kleine Straßenhändler geworden sind. Sie sind egoistisch und denken wie die Kapitalisten"[239].

Die "Zeitung des Generalstreiks" der *CUT-PE*[240] gab zwei Tage später zu, daß es der Bewegung in Pernambuco nicht einmal gelungen sei, die verschiedenen diese Aktion unterstützenden Gruppen von Arbeitern (*categorias de trabalhadores*) zu mobilisieren, obwohl eine sehr wichtige Demonstration am ersten Abend mit fünftausend Teilnehmer stattgefunden habe, wie die Zeitung hinzufügte.

> "Es war eine Demonstration der Unzufriedenheit und der Bereitschaft gegen diejenige Regierungspolitik, die das Leben der Mehrheit der brasilianischen Bevölkerung überfährt. Man konnte den Gesichtern der Leute ansehen, die den Aufmarsch beobachteten, daß sie einen unterdrückten Wunsch zum Teilnehmen hatten, den Streik mitzumachen. Aber wegen der rezessiven Konjunktur wog noch schwerer die Drohung mit der Arbeitslosigkeit. Auf jeden Fall wurde der Protest mit hörbarer und guter Stimme realisiert. Wenn wir nur teilweise die Arbeit niedergelegt haben, so wurde doch mit Festigkeit protestiert und dadurch ein großer Schritt auf eine neue weitere Mobilisierung zu getan, ... "(S.1)

Auf der Rückseite nennt die Zeitungausgabe unter dem Titel "Zucker" ein Problem, daß nämlich die Landarbeiter sich in einem schwierigen Moment der Zwischenernte befanden, in dem sie mehrheitlich arbeitslos sind. Aber es wird dennoch im Text positiv vermerkt, daß die Arbeiter von zwei Zucker-*usinas* ihre Arbeit niederlegten und gegen willkürliche Verlängerung der Arbeitszeit, unbezahlte Überstunden, unverteilte Transportscheine usw. protestierten. Daß solche Forderungen von den Hauptabsichten des Generalstreiks - Ende der Rezessionspolitik und Landreform - weit entfernt sind, schien die Streikführer der *CUT/PE* nicht sehr zu stören. Während ländliche Gewerkschafter - selbst Anhänger der *CUT* - sich schämen müssen, daß sie immer wieder die eroberten Arbeitsrechte defensiv zu verteidigen haben, erklären die städtischen Gewerkschafter und deren Berater, daß "die organisierte Gesellschaft" Bewußtsein bzw. politische

---

[239] Der Demonstrant wollte sich nicht identifizieren.

[240] *Jornal du Greve Geral. CUT/PE, Recife, 22 e 23 de maio de 1991.*

Kräfte besäße, gegen die neoliberale und rezessive Politik der Regierung Collor de Mello zu kämpfen.
Große Unterschiede gibt es z.B. zwischen den gewerkschaftlichen Ortsverbänden der Metallarbeiter in São Bernardo do Campo/SP und den Landarbeitern in Cabo/PE. Beide sind Mitglieder des "klassenorganisierten" Dachverbandes *CUT* und mobilisierten dennoch nicht ihre Basis für die Niederlegung der Arbeit vom 22. und 23. Mai 1991.
Im Gegensatz zu den nordöstlichen steht der Ortsverband des Südens nicht vor der Pleite. Er besitzt nicht ein fahrunfähiges Auto, sondern eine ganze Flotte gut funktionierender Wagen und ein Medienzentrum, das sogar Fernsehsendungen herstellen kann. Nach der Einstellung des staatlichen *convênio FUNRURAL* versuchte der ländliche Verband von Cabo, weiterhin den Dienst einer Ärztin anzubieten: Da tatsächlich keine finanzielle Hilfe des Staates überwiesen wurde, schuldet er der Ärztin eine sechsmonatige Gehaltszahlung, die sie vor Gericht eingeklagt hat. Wenn die ländliche Gewerkschaft von Cabo den Prozeß verliert, muß sie - schätzte ihr Präsident - ihre Dienststelle aufgeben, um die Schuldsumme zu bezahlen. In São Bernardo dagegen wird die Gesundheitsstation trotz der Abschaffung des entsprechenden *convênio* vergrößert und eine Abteilung für Arbeitsmedizin ausgebaut. Verstöße gegen das Arbeitsrecht seitens der Unternehmer geschehen auch in São Bernardo, besonders bei den kleinen Firmen, aber der Verband der Metallarbeiter stellte drei der besten Arbeitsrechtanwälte Brasiliens an. Dort, im Arbeitsgericht des Südostens, sitzen auch andere Richter, die nicht unbedingt wie im Nordosten aus der Elite des Unternehmer-*clans* stammen. In Cabo müssen die Landarbeiter auf einige wenige Anwälte der *FETAPE* warten, die zuständig für die ländlichen Ortsverbände des ganzen Bundestaats Pernambuco sind[241].
Diese Vergleiche könnten hier endlos fortgesetzt werden. Es sollten die Probleme geschildert werden, die trotz aller Unterschiede innerhalb der Organisation der Arbeitnehmer Ähnlichkeiten untereinander offenlegen und dadurch die wenig abgesicherte Basis deutlich gemacht werden, auf der ein diese beiden extremen Fälle der Gewerkschaftsbewegung umfassender Dachverband konstituiert werden kann. An dieser Stelle sollte nun klarer werden, warum die Beschreibung der Gründung gewerkschaftlicher Bundesdachverbände im Unterabschnitt 6.2. so ausführlich gestaltet wurde. Es geht nicht nur darum, die Kluft zwischen der Führung der Dachverbände, der Führung verschiedener Ortsverbände und der zu vertretenden Basis unterschiedlicher Arbeiter- und Angestellten-Gruppen (*categorias*) zu verdeutlichen, sondern die geschichtlichen Prozesse der sozialen Bewegung, insbesondere der Gewerkschaftsbewegung, zu kennzeichnen, deren

---

[241] Quelle für den Fall der Metallarbeiter von São Bernardo do Campo sind die Zeitung dieses Ortsverbandes (*Órgão Oficial Informativo do Sindicato dos Metalúrgicos de São Bernardo e Diadema*) und eigene Beobachtungen des Verfassers.

einer Arm sich auf dem Land ausstreckt und sich dabei mit dem geltenden vorherrschenden Entwicklungskonzept - auch seitens der Linken - durchsetzt.

Der politische Unterschied zwischen den beiden betrachteten Ortsverbänden innerhalb des gemeinsamen Dachverbands *CUT*[242] muß hier beschrieben werden, damit die politische Aufarbeitung der *CUT* bzgl. der ländlichen Gewerkschaftsbewegung verständlich wird. Während der ländliche Ortsverband von Cabo gerade zwei Delegierte zum bundestaatlichen Kongreß der *CUT/PE* 1991 schicken konnte, stellte der Ortsverband der Metallarbeiter seit 1983 nicht nur den Präsidenten des Dachverbandes, Jair Menegelli - Fachmechaniker für Werkzeugmaschinen aus São Bernardo -, sondern bestimmte auch die wichtigen Verlautbarungen und Entscheidungen der *CUT*. Die Gesetzesentwürfe über die Arbeitsrechte für die verfassungsgebende Nationalversammlung von 1986-1988 z.B. wurden besonders in São Bernardo vorbereitet. Solche Entwürfe erreichten das Parlament durch die Arbeiterpartei (*PT*) und ihren sogenannten linksprogressiven Bund (*Frente Progressista da Esquerda na Constituinte*) oder mittels der rechtlich anerkannten Unterschriftsaktionen der Bürgerinitiativen für die neue Verfassung[243]. Das waren wichtige Bezugspunkte der politischen Konfrontation für Sozial- und Arbeitsrechte während der Ausarbeitung dieser Verfassung gewesen. Im Jargon der "kämpferischen" Gewerkschaftsbewegung heißt das: Wenn man einen politischen Vorschlag in São Bernardo durchsetzt, wird er wahrscheinlich bundesweite Wirkung erreichen. Dort - in São Bernardo - sitzen die Gewerkschafter, die mit einer Gruppe von Intellektuellen aus São Paulo die stärkste politische Gruppierung *Articulação* innerhalb der *CUT* und *PT*-Arbeiterpartei leiten.

Das Problem ist nicht, daß die Landarbeiter z.B. von den in der Verfassung 1988 erreichten Arbeitsrechten überhaupt keinen Gebrauch machen könnten oder daß ihre Interessen keinerlei Resonanz in - auch ihrem - Dachverband *CUT* gefunden hätten. Wie in dieser Arbeit (Sh. 6.Kap.)

---

[242] Die beiden *CGTs* und *Força Sindical* können unter diesem Aspekt nicht zum Vergleich herangezogen werden, weil sie bis zu dem Zeitpunkt dieser Forschung keine wesentliche öffentliche Auseinandersetzung über ihre Tätigkeiten mit der Landarbeitergewerkschaft führten. Außer dem Machtkampf untereinander und mit der *CUT* um die politische Kontrolle und die Beibehaltung ihrer Mitgliedschaft in diesen oder jenen ländlichen Ortsverbänden ist unbekannt, ob sie wie die *CUT* gründliche Debatten in ihren verschiedenen Instanzen führen lassen.

[243] Während der Sitzungszeit der verfassungsgebenden Nationalversammlung durften Bürgerinitiativen, Gewerkschaften usw. Gesetzesentwürfe direkt in die Plenarsitzung des Parlaments zur Abstimmung einbringen, wenn sie die Volksinitiativen, die sogenannten "populären Abänderungsvorschläge für die neue Verfassung" (*emendas populares para a nova constituição*) erarbeitet und die erforderlichen 5.000 berechtigten Wählerunterschriften gesammelt hatten. Jeder/jede wahlberechtigte Brasilianer/-Brasilianerin durften zwei solcher Vorschläge unterschreiben. Regimento da Assembléia Nacional Constituinte, 1987.

schon erwähnt wurde, sind Initiativen von Diskussionen für die Kongresse, Tagungen, Vollversammlungen usw. bis zu diesem Moment der brasilianischen Geschichte am demokratischsten gewesen, wenn es um Teilnahmechancen für das breite Spektrum der Arbeiter und Angestellten verschiedener Produktions- und Dienstleistungszweige gegangen ist.
Die ländliche Gewerkschaft von Cabo muß aber andererseits mit politischen Formulierungen und Strategien umgehen, die, aus einer anderen Form des gesellschaftlichen Entwicklungsprozesses stammend, von der nationalen Gewerkschaftsführung erarbeitet wurden und werden. Die Funktionäre dieser Produktionsbereiche des brasilianischen Südostens übermitteln dadurch zugleich mit den impliziten Richtlinien eine Art von Zwangsentwicklung für die weitere Gewerkschaftsbewegung bis hin zum Paternalismus in politischen Aktionen. Unter den gewerkschaftlichen Organisationen, die von dieser Entwicklungsebene am weitesten entfernt sind, verbreiten solche Aktionen einerseits eine skeptische Erwartung gegenüber den möglichen Ergebnissen. Andererseits entsteht Mangel an Gefühl der Mitverantwortung im Prozeß. Vor Ort unterscheidet der Landarbeiter diese nur wenig von leeren Versprechungen eines ihm schon bekannten Politikers, weil er über keine Macht verfügt, dieses oder jenes Recht umzusetzen bzw. zu kontrollieren, und den Staatsorganen kann er keinerlei Vertrauen schenken, daß seine Ansprüche unparteiisch und sachlich behandelt werden.
Die am weitesten entwickelten Ortsverbände von "modernen" Produktions- und Dienstleistungsbranchen distanzieren sich von den anderen und rühmen sich, der "organisierten Gesellschaft" anzugehören. Bei politischen Kontakten und Kooperationen reproduzieren sie koloniale Haltungen gegenüber der teil- und unorganisierten Bevölkerung. Sie verhalten sich paternalistisch und stellen Abhängigkeiten her, auch wenn dies gar nicht die Absicht der "Organisierten" ist.

> "Ich weiß es nicht, wie ich dir das sagen kann. Ich fühle mich wie ein Spielzeug von denen. Manchmal sage ich hier meinen *companheiros* über diese Leute: Berater, Agrarabteilungsleiter der *CUT*, Vertreter der Pastoral so und so und etc. Sie sind wie die Jesuiten, die Missionare. Ich bin wie ein *índio* von damals. Sie alle wollen uns helfen, wie es die Jesuiten wollten mit den *índios*. Sie ließen nicht zu, daß die Portugiesen die *índios* verketteten; versklavten, meine ich, verstehst Du?! Dann sind aber die *índios* abhängig geworden, von den Krankheiten und den Medikamenten der Jesuiten. Sie konnten sich gegen nichts mehr verteidigen, gegen nichts mehr. So ungefähr sind wir, wenn wir alles machen, was die da uns sagen und von uns wollen. Es ist schon wichtig, da Dinge zu lernen, aber wenn wir verunsichert (*apagados*) daraus da herauskommen, wozu dann?" (Int.Nr.28)

7.2. Der Mythos der organisierten Gesellschaft

Innerhalb der Gewerkschaftsbewegung hat sich vieles geändert, seitdem den staatlich strukturierten Gewerkschaften in den "*combativos*" eine Alternative gegenübergestellt wurde. Auch die theoretischen und politischen Einstellungen des sogenannten linken und progressiven Milieus wurden durch die Auseinandersetzungen mit den Landarbeitergewerkschaften, der Bewegung der Landlosen (*MTRST*) und der Landpastoral-Kommission (*CPT*) in ihrem dogmatischen Grundzug erschüttert. Vom Gründungs- bis zum vierten Kongreß der *CUT* blieben orthodoxe Konzepte z.B. über Landfrage, Entwicklung der Landwirtschaft und Proletarisierung auf dem Land nicht unhinterfragt.

Beim Gründungskongreß fiel es knapp zwei Stunden vor Schluß dem damals gewählten Leiter der provisorischen Führungskommission, Jair Menegelli, sehr schwer, die Vollversammlung vor dem Scheitern zu retten. Die Delegierten der ländlichen Ortsverbände drohten, das Plenum zu verlassen, ohne der Gründung zuzustimmen, weil ihnen zwei Änderungen des schon in kleinen Gruppen diskutierten Statuts plötzlich von der Kongreßleitung auferlegt wurden. Erstens ging es dabei um die Führungsstruktur des Dachverbandes: Von der örtlichen Thesendiskussion bis zum Kongreß hatte es keinen Vorschlag gegeben, der eine andere Struktur vorsah als die mit Präsidenten, Vize-, Sekretär, Kassenwart usw. In der Abschlußversammlung tauchte nun ein neuer Leitungsstrukturplan für eine fünfköpfige Koordinationsführung auf. Die ländlichen Delegierten, die ca. 45% aller Delegierten stellten, reagierten gegenüber "diesem Verrat" nicht, weil sie den Vorschlag unbedingt ablehnten, sondern weil dessen Form den demokratischen Ablauf verletzt habe, und sie waren nicht bereit, ohne eine klare Führungsstruktur und klare Besetzungsvorschläge nach Hause zu fahren.

Dazu kam, daß der Vorschlag der fünfköpfigen Koordinationsgruppe, schon besetzt mit fünf städtischen Gewerkschaftern, verlesen worden war, obwohl diese nur 55% der Delegierten ausmachten. Zahlreiche Proteste und drei hintereinander unentschieden ausfallende Abstimmungen zwangen Jair Menegelli zu folgender Erklärung:

> "Wir haben einen historischen Bock geschossen. Hier sind fast die Hälfte ländliche Vertreter, und wir ernennen keinen von denen für die Koordination. Ich möchte uns im Namen der Kongreßleitung entschuldigen und zwei *companheiros* der ländlichen Gewerkschaften für die Koordination vorschlagen, die nicht mehr fünf-, sondern siebenköpfig sein soll"[244].

---

[244] Es hat sich später herausgestellt, daß die städtischen Mitgründer der *CUT* einen politischen Spalt offen lassen wollten, um dem anderen dissidenten Teil des *CONCLAT* eine Chance zur Mitarbeit zu geben. Von der Hoffnung auf einen nicht-rivalisierenden Dachverband wollten die *combativos* zu dieser Zeit noch nicht lassen. (Sh. Abschnitt 6.2.).

Nach zehnminütiger Diskussion hinter der Kongreßbühne wurden zwei ländliche Vertreter vorgeschlagen und gewählt, unter diesen Avelino Ganzer, der auf dem zweiten Kongreß Vize-Präsident der *CUT* wurde und dies bis heute ist und parallel seit dem 3. Kongreß als Präsident der Ländlichen Nationalen Abteilung dieses Dachverbandes amtiert.
Obwohl die ländlichen Delegierten diese große Enttäuschung über die Führungsdiskussion hinnehmen mußten, schienen die Beschlüsse des Kongresses jedoch die Probleme auf dem Land umfassend in die Kampfstrategie der *CUT* einbezogen zu haben. Der Dachverband sollte alle Beschlüsse des dritten Kongresses der ländlichen Föderation (*CONTAG*) unterstützen und als seine eigenen bestätigen, obgleich dies für die radikalen *cutistas* die Unterstützung eines *pelegos*-Nestes bedeutete. Außerdem beschloß der Gründungskongreß eine Forderungsliste für den Bereich der Agrarpolitik, der die Schwerpunkte auf Landverteilung, wirtschaftliche Stärkung der Kleinproduzenten und des Binnenmarkts setzte[245]. Unklar blieben die politischen Taktiken der anwesenden Trotzkisten und Marxisten-Leninisten: Mehrheitlich stimmten die Anhänger des Klassenkampfes und der Diktatur des Proletariats den Forderungen der ländlichen Delegierten zu.
Unmittelbar nach ihrem Gründungskongreß setzte die *CUT* ihre politische Kraft nicht entsprechend der Verteilung zwischen den städtischen und ländlichen Gewerkschaften ein. Der erste Brief an den brasilianischen Präsidenten General Figueiredo nennt dreizehn dringende Forderungen der *CUT*, unter denen nur ein Punkt - außer den allgemein politischen Forderungen wie z.B. "politische Freiheit, gewerkschaftliche Autonomie und Abbruch der Verbindung mit IWF" - den "ländlichen Beschlüssen" galt: Die unbestimmte Stellungnahme: "8) Agrarreform unter Kontrolle der Landarbeiter". Der Grundsatzerklärung folgen in diesem Brief noch einige "Beispiele der Beklemmung und der Vernachlässigung". Hierbei wurde an die ländlichen Arbeitenden erinnert als an die Zwangs-Emigranten aus dem Nordosten und als an die vertriebenen Landlosen[246].
Die positiven Forderungen wie nach einer am Binnenmarkt orientierten Agrarpolitik erschienen jedoch nur zweitrangig in den kämpferischen Konzepten der *CUT*-Führung. Während der 80er Jahre kam nur punktuelle Unterstützung zustande. Für einige Streiks, Landbesetzungen seitens der Bewegung der Landlosen, Kampagnen für die Agrarreform und gegen die politische Gewalt der ländlichen Führung trat die *CUT* zusammen mit *PT*, *CONTAG*, *ABRA* und *CPT* auf die politische Szene. Diese Entwicklung auf der politischen Ebene übertrug sich nicht auf weitere gründliche Analysen

---

[245] Vgl. die Resolutionen des Kongresses: CONCLAT 83: Problemas nacionais e as alternativas dos trabalhadores, aus: Carone (1984), S.306-311.

[246] Brief an den Präsidenten der Republik von der Nationaler Führung der *CUT*, Santo André, den 11. September 1983. Aus: Jornal da CUT, Jahr I, Nr. 0, Set. 1983.

und eine Aufarbeitung von Vorschlägen für den komplexen landwirtschaftlichen Bereich. Im Dachverband lag und liegt das Niveau der Diskussion, bezogen z.B. auf das Arbeitsrecht und dessen Kontrolle, wesentlich höher als dasjenige bzgl. der konkreten, technischen und wirtschaftlichen Forderungen der ländlichen Mitgliedschaft, die nicht hauptsächlich auf Lohnarbeit angewiesen ist[247].
Dies wurde nach der Bildung der *UDR*[248] deutlicher. Die Führungsgruppen der *CUT* und der Arbeiterpartei stießen in der öffentlichen Debatte auf eine Fülle von Widersprüchen, so daß sie mehrmals als Feind der ländlichen Groß- und Kleinproduzenten angeprangert werden konnten. Da sie gegen letztere, nämlich die Kleinproduzenten, keine Feindschaft entstehen lassen wollten, organisierten der Dachverband und die Partei besonders seit Ende 1986 zahlreiche Treffen von Fachleuten, die sich mit der Problematik der brasilianischen Landwirschaft beschäftigten. Außer zu akademischen Auseinandersetzung führte der Versuch eines organisatorischen Ausbaus der ländlichen Abteilung der Gewerkschaftsbewegung auf Bundes- und bundesstaatlicher Ebene auch zu Lernprozessen bei den sogenannten progressiven Sozialkräften.
Das realitätsnähere Bild von der brasilianischen Landwirtschaft, das die Gewerkschaftsbewegung sich so verschafft hatte, half ihr, die kulturelle, soziale und wirtschaftliche Seite der historischen Entwicklung genauer wahrzunehmen. Nur die Industrialisierung und etwa das Wachstum des Dienstleistungsbereichs vor Augen zu haben, aber politisch auf die Beteiligung der ländlichen Arbeitenden angewiesen zu sein, hatte eine Form von mitleidiger Herablassung bei der Führung des Dachverbandes entstehen lassen. Sie orientierte sich bei Tagungen, Vollversammlungen, Kongressen usw. in einer Weise neu, daß den ländlichen Delegierten mehr Aufmerksamkeit und Respekt zuteil wurde. Wenn ein ländlicher Gewerkschafter sich zu Wort meldete, versuchten die rivalisierenden Gruppierungen häufig, eine ruhigere Atmosphäre zu schaffen und kräftigen Beifall zu spenden.
Trotzdem kam es nicht nur zu einer Art von folkloristischer Annäherung. Mit diesem Entgegenkommem den ländlichen Arbeitenden gegenüber waren die Forderungen der Kleinproduzenten z.B. nach Verbesserungschancen für ihre Vermarktung nicht mehr nur einfach als Wunsch zur kapitalistischen Akkumulation, folglich als der eines Klassenfeinds, zu

---

[247] Eine Forschung, die diesen Vergleich vertiefen würde, ist von erheblicher Wichtigkeit.

[248] *União Democrática Ruralista* (Demokratische Ländliche Union). Sie wurde 1985 sofort nach dem verkündeten Agrarreformplan der Regierung Sarney gebildet. Die wichtigen Mitglieder stammen aus den Reihen der neuen ländlichen Unternehmer, die in Vieh- und Landwirtschaft durch Erbschaft oder durch die Ansiedlungsförderungen der Militärregierungen tätig geworden sind. Sie rufen "alle ländlichen Produzenten" bis zur bewaffneten Verteidigung des Landeigentums auf.

betrachten. Besserer Verdienst für die Kleinproduzenten wurde als geringeres Übel gegenüber der Landflucht eingestuft[249]. Durch die erwähnte akademische Auseinandersetzung stellte sich auch deutlicher heraus, daß die Grundnahrungsmittelversorgung der Städte in klarer Verantwortung von Mittel- und Kleinproduzenten - Eigentümer, Teilpächter und Häusler - liegt und nicht in der von export-orientierten Großgrundeigentümern, wie die *UDR* propagiert. Ca. 75% des Kapitals, das die großen Vieh- und Landwirtschaftsunternehmer akkumuliert hatten, wurde durch steuerliche Anreize - d.h. vorteilhafte Zuwendungen der Regierungen und geduldet unbezahlte Umsatzsteuern - erwirtschaftet[250]. Staatliche Statistiken belegten einen Anteil von 73,5 bis 97,5% an Steuerflucht seitens der Großgrundeigentümer und hochkapitalisierten Großpächter im Jahr 1985[251]. Diese Feststellungen ließen die Frage nach den Chancen tatsächlicher Demokratisierung für Brasilien offen, wenn der Staat so an ein Wirtschaftsmodell gebunden war, das hauptsächlich die wirtschaftliche Konzentration[252] unterstützte und dem sinkenden Wert der Agrarprodukte im Außenhandel nur unzureichende Beachtung schenkte. Die Gewerkschaftsbewegung, die während der verfassungsgebenden Nationalversammlung eine breite Allianz zwischen allen gewerkschaftlichen Dachverbänden und linken und "progressiven" Parteien gebildet hatte, erreichte durch ihre Mobilisierung bessere Rechtsgrundlagen denn je für den sozialen Bereich. Eine rechtliche Basis aber für die Agrarreform und eine andere Agrarpolitik fehlte in diesem politischen Bündnis, und der Text der neuen Verfassung bedeutet einen politischen Sieg für die *UDR*, die sich zwar auch für eine andere Agrarpolitik einsetzt, aber als "Vertreter der Freien Initiativen" bekennt und deswegen grundsätzlich Gegner einer Agrarreform

---

[249] Sh. José Graziano da Silva, "Programa para o campo - Terra para quem nela não Trabalha", in: Teoria & Debate, Nr. 7, Jahr II, Jul-Sep. 1989, S.46-51. São Paulo.

[250] Sh. José de Souza Martins, "Desencontros políticos da Igreja Católica no campo", in: Tempo e Presença "Estado e Terra - Sindicalismo, Barragens, Agroindústria", Nr. 243, Jahr 11, Jul. 1989, S.26-29.

[251] Sh. Carlyle Vilarinho, " Nem reforma agrária nem tributação da terra", in: Tempo e Presença "Estado e Terra - Sindicalismo, Barragens, Agroindústria", Nr. 243, Jahr 11, Jul. 1989, S.10f.

[252] Die deutsche Presse kommentierte im Sommer 1992 den UNO-Bericht zur Entwicklung der Menschheit für 1992. In ihm figuriert Brasilien als "das Land mit der weltweit krassesten Einkommenskonzentration. Während die Hälfte der 150 Millionen Brasilianer 11,2 Prozent des nationalen Vermögens besitzt, kontrolliert die hauchdünne einprozentige Oberschicht 14,6 Prozent des Vermögens." Astrid Prange, "Superreiche und Bettelarme - Brasilien ist Champion der Einkommenskonzentration", in: TAZ, 22.8.1992, S.6. Vgl. auch die Studien von Nelson do Valle Silva, "A Situação Social ao Fim da 'Década Perdida'" und von Vilmar E. Faria, "A conjuntura Social Brasileira: Dilemas e Perpectivas", in "O Estado Social da Nação. Um balanço dos anos recentes", Grupo de Conjuntura n° 47, IUPERJ, dezembro 1991.

ist[253]. Der *UDR* gelang es durch ihre Lobby, einen Artikel (Nr.185) in die brasilianische Verfassung einzubringen, der die rechtliche Enteignung von "produktivem Landeigentum" verbietet. Dieser Terminus - so sieht es die Verfassung vor - sollte durch ein komplementäres Gesetz definiert werden, das bis Juli 1992 weder vom Parlament noch von der Exekutive eingebracht worden war.
Die politische Niederlage der Agrarreform stoppte die Annäherung der Gewerkschaftsbewegung und der linken und "progressiven" Parteien an die Forderungen der ländlichen Gewerkschaften nicht. Debatten, Kampagnen und öffentliche Erklärungen wurden sogar intensiviert. Seitens der *CUT* mußten die orthodoxen theoretischen Grundsätze weitere Auseinandersetzungen erwarten lassen. Diejenigen über die Differenzierung der Landarbeitergewerkschaften öffneten einerseits den Horizont für unterschiedliche politische Positionen des Dachverbandes und andererseits die Tür für trotzkistische und marxistisch-leninistische Gruppierungen, die gezwungen waren, sich zu diesem Thema zu äußern. Dies diente zur Aufdeckung der politischen Interessen verschiedener Kräfte innerhalb der *CUT* bzw. einer weiteren Demokratisierung, die den Beteiligten in diesem Prozeß eine Chance gab, ihre Mitkämpfer politisch genauer einzuschätzen und auszuwählen[254]. Hinter der Differenzierung ländlicher Akteure durch diese politische und theoretische Auseinandersetzung stand die Notwendigkeit, die ländlichen Gewerkschaften gemäß den von ihnen vertretenen, qualitativ unterschiedlichen Arbeitenden einzuordnen, um spezifische Probleme besser behandeln zu können wie z.B. die der bäuerlichen Saisonarbeiter, der "reinen" Landarbeiter, der "freien" Saisonarbeiter, der Kleinbauern, der Teilpächter, usw.
Während der Präsidentschaftswahl 1989 war die Parole der Agrarreform "Das Land denen, die es bearbeiten" längst unzureichend. Für sämtliche Gruppierungen und Parteien, die sich um die Kandidatur des ehemaligen Metallarbeiters Luis Inácio Lula da Silva gesammelt hatten, blieb nur übrig, ein von Fachleuten und ländlichen Sozialbewegungsträgern bearbeitetes Landwirtschafts- und Agrarreformprogramm "Agrarfrage" zu unterstützen[255]. Statt leerer Versprechungen über die Ansiedlung der geschätzten 35 Millionen Landlosen behandelte dieses Programm ernsthaft die Fragen nach Bodenproduktivität, Ernte-Transport und -Lagerung,

---

[253] Vgl. "A UDR vai as cidades", in Guia Rural Brasileiro, Nr. 11, Feb. 1988, S.66-69; "Livre iniciativa, boa para UDR e URSS", in OESP, 18.2.1988, S.3. Sh. auch hrsg. von CPT, ABRA, IBASE, und MTRST "A ofensiva da direita no campo", versão preliminar, 1988.

[254] Sh. Regina Reyes Novaes, "Dissolver a neblina - A CUT no campo", in: Teoria & Dabate, Nr. 8, Okt.-Dez. 1989, São Paulo, S.46-49.

[255] Sh. Programmhefte der *Questão Agrária* "Brasil Urgente - Lula Presidente", Comitê Nacional Lula-Bisol, 1989, São Paulo.

Binnen- und Außenhandel, finanzieller Mittel für Ansiedlung, Ökologie und Nutzung des Amazonasgebiets einschließlich der sozialen Problematik und Gewalt auf dem Land.
Die Frage nach den Problemen bei der Umsetzung dieses Programms wurde allgemein unzureichend und als "sehr schwierig" beantwortet. Die genauen Kosten der Umstrukturierung von hundertjährigen kolonialen und post-kolonial konstituierten Gefügen innerhalb der politischen und wirtschaftlichen Kultur durch ein Rationalisierungsprogramm auch nur annähernd zu berechnen, erscheint allerdings kaum möglich. Letztlich ist dieses Problem nach der Wahlniederlage Lulas einerseits ein Rückfall gegenüber der Annäherung zwischen der Gewerkschaftsbewegung und den Intellektuellen, die sich traditionell an der Spitze der nach dem Modell der Industriestaaten entwickelten Gesellschaft befinden, und denjenigen, die an der breiten Basis, der durch Wirtschafts-und Staatsdienstumverteilung nur wenig berücksichtigten oder völlig ausgegrenzten Bevölkerung, arbeiten. Von den aktuellen Folgen und Zusammenhängen des erwähnten Rückfalls gegenüber politischer Annährung für die Landbevölkerung in Pernambuco, die zu diesem letzteren Gesellschaftsteil gehört, sollen die folgenden Abschnitte handeln. Davor muß hier kurz noch von diesem Rückfall die Rede sein.
Die Präsidentschaftswahl 1989 war der Ausdruck einer der größten politischen Polarisierungen in der brasilianischen Geschichte. Nach 30 Jahren konnten ca. 60% der Bevölkerung (über 82 Millionen) als Wahlberechtigte im Gegensatz zu den 22% im Jahr 1960[256] ihr Staatsoberhaupt frei wählen. Spuren des Militärregimes in den politischen Gesetzen und die starke Konzentration der Massenmedien in privater Hand waren wichtige Hindernisse in einem sonst ganz manipulationsfreien demokratischen Prozeß, der Chancen für sämtliche repräsentative Gesellschaftsgruppen zur politischen Manifestation auf formaler Ebene geboten hatte[257]. Von 22 Präsidentschaftskandidaten blieben am 15.11.1989 alle bis auf Collor de Mello und Lula da Silva auf der Strecke; im zweiten Wahlgang (17.12.1989) gewann Collor[258].

---

[256] FIPE 1990: AEPE, 1987.

[257] Vgl. die tägliche Berichterstattung und Debatten in der wichtigen Presse Brasiliens: Die Recherchen des Verfassers beziehen sich auf die Tageszeitungen FdSP von 3.Okt. bis 23.Dez. 1989 und JB von 17.Okt. bis 18.Dez. 1989, aus den Wochen-Zeitschriften Veja Nr.40 bis 47, Jahrgang 22 und Isto é/ Senhor, Nr. 1044 bis 1055.

[258] Von den 82 Millionen Wahlberechtigen erhielt Collor ca. 35 Mio. (42,75%), Lula ca. 31 Mio. (37,86) Stimmen. Die Enthaltung lag bei 14,4%, und 4,99% waren "ungültige und weiße" Stimmzettel. Quelle: IBGE

Den Meinungsforschungsinstituten[259] zufolge entstammte die Mehrheit der Wähler Collors den Schichten der am wenigsten Verdienenden (unter zwei Mindestlöhnen), der am wenigsten Gebildeten (Analphabeten bis abgeschlossene Grundschule) und der Ältesten; bei den Wählern Lulas verhielt es sich entsprechend umgekehrt. Die Tatsache, die durch das Übrigbleiben der Kandidaten Collor und Lula nach dem ersten Wahlgang zum Ausdruck kam, war die Unterstützung der Brasilianer für eine "Modernisierung" des Staates, die beide Kandidaten in unterschiedlicher Weise repräsentieren[260]. Nach der Präsidentschaftswahl von 1989 schienen die beiden rivalisierenden Seiten diese Tatsache nicht genau analysiert zu haben.

Auf der Seite des gewählten Präsidenten geriet das Modernisierungsprogramm, das auf einer engen Allianz mit den traditionell konservativen Kräften basiert und sich an den Strukturanpassungsprogrammen des Internationalen Währungsfonds orientiert, allmählich in Mißkredit bei der Bevölkerung, die nach jahrzehntelang andauernden Krisen wegen gescheiterter Wirtschaftssanierungspläne kaum noch Hoffnung hegt oder zu Opfern bereit ist. Die Interviewpartner äußerten sich skeptisch über die erhofften positiven Ergebnisse der Rezessionspolitik. Andererseits sind die sukzessiv aufgedeckten Korruptionsfälle der Regierung Collor de Mello ein deutlicher Verstoß gegen das wichtigste Wahlkampfversprechen des "Jägers der Korrupten"[261], nämlich die Modernisierung des Staates durch Abschaffung des Vetternapparats und wirksamere Kontrollmaßnahmen gegen Korruption bzw. deren unmittelbare Bestrafung. Da der Präsident selbst in Korruptionsaffären verwickelt ist, sank die Glaubwürdigkeit seiner Regierung rasch, gleichzeitig mit der aller Institutionen Brasiliens, u.a. der Verfassung von 1988 und der jüngst erneuerten Demokratie.

Auf der anderen Seite, nämlich der des nicht gewählten Präsidentschaftskandidaten, wandelte sich die Enttäuschung seiner Anhänger gegenüber

---

259 Toledo & Associados, Meinungsumfrage vom 24-27.Nov.1989, aus: Isto é/Senhor Nr.1055, 6.12.1989, S.40-44. DataFolha, Meinungsumfrage vom 22.Nov.1989, aus: FdSP, 25.11.1989, Sh. B.1-6.

260 Vgl. u.a. "Collor e Lula estão no 2° turno; eleitores apostam na renovação", in: FdSP, 16.11.1989 und " Brasilianistas europeus torcem por vitória do PT", in: FdSP, 22.11.1989.

261 Außer den schon erwähnten Korruptionsfällen, in die sich Collors Staatsminister verwickelten, wurde der Präsident selbst seit Mitte Juni 1992 als Korruptionstäter von einem parlamentarischen Untersuchungsausschuß (*CPI*) verdächtigt und später vom Parlament (*Câmara Federal* am 30.9 und *Senado* am 29.12.1992) verurteilt und abgesetzt. Der Schlußbericht der *CPI* warf ihm "mangelndes Verantwortungsbewußtsein", "fehlende Amtswürde" und "passive Korruption" vor. Über die Entwicklung dieser Untersuchung und des Urteilsverfahrens s. FdSP vom 16.6. bis 31.12.1992, FAZ 23.6., 1.10. und 30.12.1992 , FR 6., 17.7. und 30.12.1992, TAZ 28.7, 18. und 22.8., 1.10, 30. und 31.12. 1992; Isto é/Senhor, Nr. 1188-1191 und Veja, Nr. 28-30, Jahr 25.

Collors Wählern aus den unteren Arbeiterschichten in eine soziale Abwertung der "nicht-organisierten" Gesellschaftsgruppen. Die ungebildete Arbeiterschaft, die Kleinverdiener im informellen Sektor, die Nicht-Gewerkschaftsmitglieder usw. seien die Unterstützer, ja die Verursacher des gegnerischen Sieges. Für eine gespannte Atmosphäre sorgte in unterschiedlicher Form die Verbreitung einer politischen Arroganz seitens der "organisierten Gesellschaft" nach dem Motto: "Wir wußten Bescheid, daß Collor tatsächlich weder die staatliche Modernisierung noch die wirtschaftliche Verbesserung des Landes mit seiner politischen Allianz unternehmen konnte und wollte". Die Sozial- und insbesondere die Gewerkschaftsbewegung, die wegen der wirtschaftlichen Krise und der institutionellen Schwächung ebenfalls harte Verluste in Kauf nehmen muß, weist die Verantwortung für die Situation gleichermaßen der Regierung und deren Wählern zu. Die unteren Schichten, die am stärksten unter dieser Krise leiden müssen, verlieren wegen solcher Vorwürfe immer mehr den Kontakt zur "organisierten Gesellschaft", die sich wiederum verpflichtet fühlt, die "Integration der Nicht-Organisierten" zu unterstützen. Eine ernsthafte Gefahr ist, daß die zunehmende Entfremdung zwischen diesen beiden breiten Gesellschaftsgruppen pauschal zu einem grundsätzlichen Mißtrauen der unteren Schichten jedwedem Modernisierungsprogramm gegenüber beitragen könnte, das seitens des Staates vorgelegt wurde und wird, gleichviel, aus welcher politischen Richtung es stammt.
Die verbreitete Vorstellung, daß die "organisierte Gesellschaft" die Lösung für Brasilien besitze, wertet im großen Maß diejenigen ab, die mit der Wahl Collors auch einem Modernisierungsprogramm, einer Funktionalität des Staates und wirtschaftlicher Umverteilung ihre Stimme gegeben haben. Unabhängig davon, welche Rolle die unfaire Nutzung der Medien durch Collor, sein politischer Stil oder die sozialistische Prägung der Lula-Koalition im Wahlkampf gespielt haben, führt die andauernde Bestrafung der Collor-Wähler besonders aus den unteren Schichten durch die Öffentlichkeit in der Form einer Schuldzuweisung für die sich verschlechternde Situation zu einer weiteren gefährlichen gesellschaftlichen Spaltung.
Die Spannung zwischen der "organisierten und nicht-organisierten" Gesellschaft, die hier als eine in Gang gesetzte Implosion des Annäherungsprozesses von politischen Kräften der Gewerkschaftsbewegung der 80er Jahre und der untersten Schichten (ca. die Hälfte der brasilianischen Bevölkerung) bezeichnet wird, läßt sich außer dem angeführten Beispiel über die Bewertung des Generalstreiks vom 22. und 23. Mai 1991 anhand von zwei späteren folgenden, für die "organisierten Gesellschaft" wichtigen Ereignissen nachvollziehen[262]. Mit dem Abbruch dieser Annäherung

[262] Die Gründung des Dachverbands der Sozialbewegung (*Pro-central* in Juli 1991), zu dem alle anderen "organisierten" Sozialbewegungen außer der gewerkschaftlichen zur bundesweiten Zusammenarbeit aufgerufen wurden, ist nicht nur die Entstehung

gerieten die wichtigen offenen Fragen in Vergessenheit, die die internen unhinterfragten Grundlagen der theoretischen Aufarbeitung innerhalb der Gewerkschaftsbewegung bzw. der ihnen nahestehenden politischen Kräfte und Intellektuellen in Bewegung bringen konnten. Ihre wirtschaftspolitischen Konzepte, geprägt durch Perspektiven der nachholenden Entwicklung, nehmen wieder ihren Platz ein auf einer formal oppositionellen Ebene. Die Chancen alternativer Lösungsfindung bzw. "selbstgemachter" Entwicklung mit aktiver Teilnahme der unteren ländlichen Schichten werden hierdurch zerstört.
Für den vierten *CONCUT* im September 1991 wurde das Auswahlkriterium für die Delegierten geändert. Sie konnten nur zum nationalen Kongreß der *CUT* fahren, wenn sie, als sie in den lokalen Kongressen ihres Heimatbundesstaates gewählt worden waren, dort zugleich eine These[263] vertreten hatten. D.h. gemäß dem Prozentsatz den eine These zuerst erreicht hatte, wurde die Zahl der Delegierten pro These in Zusammenhang mit der Zahl der Arbeitenden in der Basis der eingeschriebenen Ortsverbände errechnet. Die ländlichen Ortsverbände und jungen städtischen Verbände, die am wenigsten an organisierte Fraktionen gewöhnt sind, mußten versuchen, durch einzelne, mit ihnen sympatisierende Fraktionen ihre Forderungen vertreten zu lassen. In Pernambuco gelang es den ländlichen Ortsverbänden unter Leitung der *FETAPE* noch, eigene spezifische Delegierte im lokalen Kongreß durchzusetzen, was nicht in allen Bundesstaaten der Fall war. Trotzdem sank die Repräsentationsquote der ländlichen Delegierten im bundesweiten Kongreß im Vergleich mit der vorhergehenden Delegiertenzahl[264]. Die Bürokratisierung der Vertretung in der am meisten partizipativen Instanz, nämlich im Kongreß der *CUT*, verdrängte die Arbeiterschichten, die weniger Organisation auf politisch formaler Ebene besitzen, aus dem Entscheidungsprozeß. Im 4° *CONCUT* gerieten die rivalisierenden Fraktionen in endlosen Streit, der den Hintergrund, ob das "Klassenkampf-Muster" beibehalten werden sollte oder nicht, widerspiegelte. Nach dem knappen Sieg Jair Menegellis blieb die Gruppierung *articulação* weiter in der Führung, aber der Kongreß endete in Schlägereien, und wichtige Entscheidungen für die Weiterentwicklung der Gewerkschaftsbewegung sollten künftig in den Führungsinstanzen

---

einer spezifischen Organisation, sondern auch eine politische Differenzierung innerhalb der Führung des "kämpferischen" Syndikalismus. Dieses Beispiel kann hier nicht weiter ausgeführt werden.

263 *Tese do congresso.*

264 Der ländliche Anteil lag im 3° *CONCUT* bei 42 Prozent und sank auf 35. Es fehlen Daten, um festzustellen, wieviel von dieser Quote im 4° *CONCUT* der direkten Vertretung ländlicher Ortsverbände entsprach und wieviel davon durch irgendeine städtische Fraktion abgezweigt wurde. Vgl. *Teses*-Hefte der 4° *CONCUT*, 1991.

getroffen werden[265]. Zu diesen Entscheidungen hatte der erwähnte gescheiterte Generalstreik gehört.
Die andere Wegmarke der "organisierten" Gesellschaft war ein weiterer Kongreß, der Erste Kongreß der Arbeiterpartei (28.11.-1.12.1991). Dies ist die Partei, welche die Koalition des Präsidentschaftskandidaten Lula angeführt hatte[266] und sich in ihrer Gründungserklärung u.a. zu einem Sozialismus mit demokratischer Freiheit, Mehrparteiensystem und gewerkschaftlicher Autonomie und als Kritiker "des real-existierenden Sozialismus" bekannt hatte[267]. Elf Jahre nach Gründung der *PT* kehrten ihre internen Gruppierungen trotz der wichtigen Erfahrung der Präsidentschaftswahl zu Formen von allgemeineren Grundsatzdiskussionen zurück. Die Thesen dieses Kongresses beschäftigten sich mit theoretischen Themen wie Diktatur des Proletariats, Klassenkampf oder Sozial-Demokratie, die wesentlich häufiger von den sogenannten traditionellen Linken für sich beansprucht wurden.
Ein Forschungszentrum für Agrarsoziologie und Landwirtschaft, zusammen mit dem Agrarsekretariat der *PT* aus Campina Grande-PB, stellte nach einer Studie über die vorläufigen Thesen (*pré-teses*) dieses Kongresses fest:

> "... daß allgemein die Gruppierungen innerhalb der Partei die Agrar- und bäuerliche Frage nicht als wichtige Frage in die Diskussion des Sozialismus einbeziehen... Dieses Bild, das durch einfache Unterlassung oder nur kurze, indirekte oder doch widersprüchliche Erwähnung geprägt ist, auch wenn viele vorläufigen Thesen sich unter Vorbehalt hauptsächlich mit innerparteilichen Fragen und solchen des historischen Sozialismus beschäftigten, offenbart uns in allgemeiner Verständlichkeit, daß die Agrar- und bäuerliche Frage, bewußt oder nicht, eine unwichtige und geringfügige Frage für den Aufbau des Sozialismus in unserem Land sei. Und wir fragen uns daher, ob die Probleme des Sozialismus und das sozialistische Projekt der *PT* zu diskutieren nicht impliziert, die Form von Vorurteil und Ökonomismus von neuem zu überprüfen, mittels der die wichtigen Doktrinen der sozialistischen Bewegung die politische Aufgabe der Bauern, die familiäre bäuerliche Landwirtschaft und die Umweltprobleme behandelt haben. Kritik an Irrtümern zu üben, die im Namen des Sozialismus begangen worden sind, ohne die agrarisch-bäuerlichen Fragen in einer vollständig neuen Form zu stellen, ist nach unserer Sicht, Kritik an Doktrinen und

---

[265] Vgl. FdSP, 7. und 17.9.1991; Folha Bancária SP, 8.9.1991 und Porantim Sept. 1991.

[266] Andere Parteien der Koalition, z.B. die beiden KPs, haben ebenfalls ihre jeweiligen Kongresse organisiert. Die Kriterien, warum hier nur eine von ihnen behandelt wird, ergeben sich aus der Repräsentativitätstärke innerhalb der Gewerkschaftsbewegung, die deutlich der *PT* zuneigt und aus der beanspruchten geschichtlichen Abweichung dieser Partei von denen, die sie als orthodox-sozialistisch und -kommunistisch bezeichnen.

[267] Vgl. *Partido dos Trabalhadores (PT)* "Carta de Princípios", 13.10.1979 und "Programa do Partido dos Trabalhadores", 10.2.1980, in: Documentos Básicos. Sammlung aus: Carone 1984: S.215-227.

an der Praxis zu üben, ohne mit alten Dogmen und Vorurteilen zu brechen"[268].

Abgesehen von der in diesem Text verwendeten marxistischen Terminologie, für die eine andere geschichtlich-politische Bewertung als die der westeuropäischen Soziologie gelten muß, wird dadurch einerseits eine politische Entfremdung der verschiedenen Strömungen der Arbeiterpartei gegenüber ihren seit ihrer Gründung ländlichen Bündnispartnern deutlich. Obwohl es sich bei dieser Kritik konzentriert um das Thema der bäuerlichen Wirtschaftsform handelt, scheint diese Sozialismus-Debatte die Mitglieder der Partei, die überwiegend aus dem "kämpferischen Syndikalismus" und anderen Sozialbewegungen der 80er Jahre stammen und sich als politische Alternative für die brasilianische Gesellschaft verstehen, zu einer gesamten Realitätswahrnehmung hinzutreiben, die mehr mit dem nordamerikanischen und europäischen geschichtlichen Vorbild als mit ihrem eigenen zu tun hat. Während sie sich allmählich davon entfernen, eine sogenannte linke Alternative für sämtliche Arbeitenden zu sein, nähern sie sich gleichzeitig der traditionellen Linken an, deren theoretische Grundsätze sie befähigen, als wirtschaftsstärkstes Modell für eine nachzuholende Entwicklung zu dienen, z.B. in großen Betrieben in Stadt und Land, bei wachsendem Widerspruch zwischen Kapital und Arbeit und schließlich als ein funktionaler Vorbereiter und Träger einer sozialistischen Revolution[269].

Andererseits ist dies im geschichtlichen Sinn eine Option für die gegebene Ordnung, in der mit der Passivität jenes Teils der ländlichen wirtschaftlichen Akteure, der schon immer von den vorherrschenden Entwicklungsstrategien abgeschottet war, und mit dem Paternalismus des Staates bezüglich dieser Akteure zu rechnen ist. Die ländlichen Arbeitenden sollten dieser "Alternative" zuerst helfen, an die Macht zu kommen. Da sie demokratisch ist, würde sie keine Mittel der Gewalt anwenden, um den Sozialismus so für alle zu erreichen. Während der für die in Brasilien zu realisierenden Reformen benötigten Zeit bekämen die wirtschaftlich effektivsten Agroindustrien die Hauptförderung des Staates mit Überwachung

---

[268] Secretaria Agrária do DM de Campina Grande, "Socialismo?! Ah, isso me interessa!", in: Jornal do Congresso, Nr. 3, Aug.-Sep. 1991, Ab. Tribuninha, S.74f.

[269] Eine ausgewählte Bibliographie von klassischen marxschen, marxistischen und anderen sozialistischen Aufsätzen (im anschließenden Literarurverzeichnis: Aršinov, Kautsky, Lenin, Marx, Stalin, Tschajanow und Wittfogel), die im Rahmen einer Arbeitsgruppe zur "Agrarstruktur peripherer Länder und Welmarkt" im Sommersemester 1990 im Institut für Soziologie unter Leitung Priv.-Doz. Dr. Reinhart Kößler diskutiert worden waren, werden zwar in der Bibliographie der vorliegenden Arbeit aufgelistet, hier aber nicht bearbeitet. Wichtig sind die folgenden Diskussionsbeiträge zu dem Thema der Arbeitsgruppe, die einen Zusammenhang mit der Debatte des Sozialismus herstellten: s. Feder (1970), Kößler (1982 u. 1988), Linhart (1976), Martins (1983 u. 1989) und Shanin (1971, Einf.).

der ökologischen und arbeitsrechtlichen Vorschriften, die "reinen" Landarbeiter die funktionierenden Arbeitsrechte, die übrigen bäuerlichen Betriebe Chancen für technische Verbesserung, die bäuerlichen Halb-Tagelöhner erhielten eine Abstützung für ihre Subsistenzwirtschaft, und einschließlich des "ländlichen und städtischen Lumpenproletariats" ("*lumpensinato*[270]") gäbe es eine soziale Agrarreform[271]. Vor der Präsidentschaftswahl war dieser Vorschlag eine der Haupt-Tendenzen innerhalb der Diskussionen des *PT*-Regierungsprogramms. Nach der Wahlniederlage wandelte sich diese Tendenz innerhalb der sogenannten "Parallelen Regierung *PT*" in ein Agrarreform-Programm um[272] und verfälschte dadurch die Entwicklung der in der zweiten Hälfte der 80er Jahre realisierten Debatte[273].
Der Teil der ländlichen wirtschaftlichen Akteure, gemeint ist hier ein großer Teil von Kleinproduzenten besonders aus dem Nordosten, die zu der Kategorie der "Armen" (Sh. Ab. 2.3) gehören, aber seit Generationen ihre Reproduktion durch ihr auf kleinen Privatinitiativen und lokaler Solidarität basierendes Wirtschaften gesichert haben, werden von einem solchem Programm der "organisierten Gesellschaft" klassifiziert und gleichgestellt mit den sogenannten ländlichen und proletarischen Lumpen, denen undifferenziert Unfähigkeit zu sozialwirtschaftlicher Integration vorgeworfen wird[274]. Die Leistungen dieser Schicht von Kleinproduzen-

---

[270] Graziano da Silva bildet dieses Wort vermutlich aus *lumpen* und *campesinato*.

[271] "Der '*lumpensinato*'. Dieser ist das prioritäre Publikum unseres Vorschlags für die Agrarreform.
Der Zugang zum Land soll heute als eine Bedingung für das Überleben verstanden werden; das Land als ein Ort des Wohnens und der Subsistenz für jene, die sonst keine andere Möglichkeit der produktiven Aufnahme in unserer Gesellschaft finden. In diesem Sinne ziehe ich eine mögliche Agrarreform in Betracht unter einer Regierung der *PT* innerhalb der Grenzen eines 'gezähmt kapitalistischen' Regimes ".
José Graziano da Silva, "Programa para o campo - Terra para quem nela não Trabalha", in: Teoria & Debate, Nr. 7, Jahr II, Jul.-Sep. 1989, S.46-49. Sh. auch Claus Germer, "Só os trabalhadores farão reforma agrária", ibidem, S.49-51.

[272] *Programa Nacional de Reforma Agrária* (*PNRA*) do Governo Pararelo. 1991. São Paulo.

[273] Eine Agrarsoziologin, Maria Conceição D'Incao, schreibt dazu: "Das Projekt der Agrarreform der Parallelen Regierung ist irreführend. Es neutralisiert die soziale Identität der Subjekte, die um Land kämpfen, und reduziert all die Vielfältigkeit in einer gestaltlosen Kategorie", "Um retrocesso programático", in: Teoria & Debate, Nr.17, 1. Quartal 1992, S.24-27.

[274] Diese programmatische Einstellung der Parallelen Regierung hilft der rechtsliberalen Oppositionsarbeit der *UDR*, die seit ihrer Gründung der Arbeiterpartei *PT* und der *CUT* vorwirft, daß sie keine Agrarreform für ländliche Produzenten machen wollten, weshalb nur Mißerfolge geerntet werden könnten. Vgl. "Livre iniciativa, boa para UDR e URSS" in: OESP, 18.2.1988 und "UDR arrecada Cr$419 mi no leilão do 'levante' e tenta se reorganizar - 'Pode-se reagir com armas a invasões-Para dirigente', a lei dá esse direito" in: FdSP, 15.6.1992.

ten wurde seit der Kolonialzeit von den Großgrundbesitzern, dem nachher formierten Staat und den post-kolonialen "modernen" Wirtschaftselementen benötigt, ohne daß sie eine entsprechende gesellschaftliche Stellung erhalten haben. Ihnen wird ein Programm als Alternative vorgeschlagen, das ihren gesellschaftlichen Standort wiederum nur scheinbar höher einstuft. Diese Produzenten und andere, die zwar noch kein Land zum Produzieren besitzen, solches aber erwerben könnten, sind auf die assistenzielle Rolle eines gut funktionierenden Staats, der noch zu rationalisieren ist, angewiesen. Statt ihren hundertjährigen Forderungen nach fairer finanzieller Unterstützung und fairen Vermarktungschancen nachzukommen, damit sie ihre wirtschaftliche Unabhängigkeit selbst ausbauen und vertreten können, weist die "organisierte Gesellschaft" ihnen Lösungen zu, die sie noch abhängiger von dem von ihnen bis heute unkontrollierbaren übergeordneten Apparat machen.
Wenn die Gewerkschaftsbewegung aus dem Dachverband bzw. den Dachverbänden die eben beschriebene Tendenz ohne eine grundlegende Änderung fortführen sollte, werden die ländlichen Gewerkschaften, die heutzutage die Vertretung dieser Kleinproduzenten noch für sich beanspruchen, diese durch ihre Politik wohl ausgrenzen und dadurch immer weiter an Bedeutung für die Kleinproduzenten verlieren. Soll es jedoch anders kommen, so müßte ihre politische Durchsetzungskraft eine andere Ebene erreichen. Die Landarbeiter, die sich von dieser oben beschriebenen Schicht unterscheiden und die noch im nächsten Abschnitt weiter analysiert werden, folgten ihren ländlichen Gewerkschaften schon lange nur mit Skepsis, weil sie sogar eine scheinbar leichtere Aufgabe als ihre Funktion für die Kleinproduzenten, nämlich die Garantie rechtsneutraler Staatlichkeit, in Pernambuco kaum leisten können. Sie schwanken zwischen der doch formalen Verteidigung ihrer staatlichen Garantien und den "eigenen" Lösungsfindungen durch ihr "lokales informelles Sozialnetz".
Im allgemeinen vertreten die ländlichen gewerkschaftlichen Berater unterschiedlichster politischer Prägung, die sich zur "organisierten Gesellschaft" bekennen, den Standpunkt, daß die sozialen Veränderungen in der "Moderne", der sie sich verpflicht fühlen, viel einfacher mit den "reinen Lohnabhängigen" zu machen sind als mit solchen, die eine wie auch immer geartete Verbundenheit mit dem Land haben oder haben möchten. Gileno Gomes de Oliveira, Berater in der *CPT*, äußert sich in diesem Sinne: "Die Lohnabhängigen können schneller den politischen Sinn einer gesellschaftlichen Umwälzung verstehen und mitkämpfen" (Int. Nr.68). Meine unmittelbar danach gestellte Frage, ob die soeben erwähnte Tatsache nicht damit verbunden sei, daß die politische Orientierung der als gewerkschaftlich geltenden Bewegung selektiv nur dieser Schicht ländlicher Arbeitenden etwas zu bieten hätte, wurde unterschiedlich mit einem unsicheren "Nein" beantwortet bis zur Aufzählung von direkten Unterstützungen für die übrigen ländlichen Schichten, z.B. bei der Landfrage.

Die Anhänger der *CUT*, besonders die nicht aus den ländlichen Ortsverbänden des Landesinneren stammten, mit überwiegender Zahl von Kleinproduzenten in ihrer Mitgliedschaft, beurteilten als irrelevant oder sogar als unbedeutend, daß die Lohnarbeiter eine zentrale Stelle für die Formulierung ihrer sozialistischen Alternative haben, weil sie selbst zweifellos mit der Sozialisierung der Produktionsmittel vertrauter seien. Implizit scheint es kein Problem bei dieser Formulierung zu sein, wenn dies dazu führen könnte, daß die ländlichen Ortsverbände unter die tatsächliche Leitung der städtischen Gewerkschaften geraten würden und kaum mehr politischen Spielraum hätten.
Ob dieses theoretisch-politische Muster durch die von der Gewerkschaftsbewegung aus ideologischen Gründen so bevorzugten Lohnabhängigen bestätigt wird, soll der nächste Abschnitt in bezug auf den aktuellen Stand der politischen Arbeit in der ländlichen Gewerkschaft unter den Landarbeitern erörtern.

7.3. Die Frage nach dem Sinn der ländlichen Gewerkschaften in der südlichen Waldregion. Erfahrungen der Landarbeiter mit den Institutionen

> "Die Lohnarbeit in diesem Land ist mit dem Hunger gleichzustellen. Du kannst auch in die Stadt gehen, und du wirst dort bei vielen Berufen gleich daneben den Hunger antreffen. Lohnarbeit erzeugt Misere" (Int.Nr.18).
> "Die engenhos-Herren besitzen dieses Wissen (*sabedoria*) und werden es bis zum letzten so nutzen, daß sie alle *moradores* mit *roçado* entlassen. Sie wissen genau - sie könnten die ländlichen Gewerkschaften vernichten, wenn sie schließlich nur die Arbeitskraft der am Stadtrand wohnenden Landarbeiter einsetzen würden... Die Landarbeiter, die nur an ihren Lohn gewöhnt sind, die wünschen sich nichts anderes. Ihnen ist es egal, in welchem Schuppen oder in welcher Baracke am Stadtrand sie sich schließlich hinhauen. Sie kennen keine andere Kultur, die ihnen eine Aufstockung ihres Einkommens ermöglichte. Sie kennen nur ihren Lohn. Wenn sie einen Lohn bekommen, ist es gut. Was die Patrone für sie machen, ist auch gut. (...) Die Landarbeiter aber, die auf einem *sitio* wohnen, besitzen Kenntnisse, die sie leicht die Betrügerei der Patrone durchschauen lassen. Solche Betrügereien haben bei denen keine Chance. Diese Landarbeiter haben einen vollen Bauch und rechnen mit dem Einsatz der Gewerkschaft, wenn z.B. ein Patron einen von ihnen ohne weiteres entlassen will. Das soll die dann verhindern. Dadurch ergibt sich auch eine Form der Kontinuität für die Gewerkschaft überhaupt. (...) Die uninteressierten, in den Schuppen am Stadtrand hausenden Landarbeiter sind daran schuld, daß unsere Situation so verheerend aussieht. Es ist schon klar, daß die Patrone uns immer gegenübertreten können, aber diese Gruppe von Arbeitern will sich nicht zusammenschließen" (Int.Nr.24).

Diese Interview-Ausschnitte stammen von Landarbeitern, die aktive Mitglieder in einem ländlichen Ortsverband sind. Sie unterscheiden sich

erheblich von dem, was die theoretischen politischen Aufsätze der "organisierten Gesellschaft" behaupten. Sie deuten aber auch an, daß es unter den "reinen" Landarbeitern unterschiedliche "Arbeitsethiken" gibt.
Die verbreitete, dem Aberglauben ähnliche Grundlage der traditionellen Linken Brasiliens, daß Lohnabhängige freier von Traditionen seien bzw. mehr Aufnahmebereitschaft für die politische Arbeiterorganisation und die revolutionäre Lehre zeigten, weil sie "nichts mehr zu verlieren" hätten, prägt durchgreifend die Handlungsbasis vom "kämpferischen Syndikalismus" hin bis zu den *pelegos* der *FETAPE* und *CONTAG* und den verschiedenen Beratern aus Institutionen und linkspolitischen Gruppierungen. Ohne dabei ins Detail zu gehen, z.B. aufzuzeigen, wie der "proletaismo[275]" der gewerkschaftlichen Dachverbände ein zusätzliches Vorurteil bzw. ein Hindernis für die politische Arbeit der bundesweiten Gewerkschaftsorganisation darstellt, widerspricht dem grundlegenden Mythos der Linken allein schon die überwiegende Zahl der ländlichen Gewerkschaftsmitglieder in der Waldregion, die *moradores fichados* mit *roçado* sind, d.h. Semi-Lohnabhängige[276], weil sie zeitweilig Ackerland von Unternehmern neben den Zuckerplantagen bepflanzen und dadurch einen komplementären, verdoppelten bis verdreifachten Haushalt erreichen.
In dem zweiten Interview-Zitat wird gesagt, daß die aus dieser produktiven Nebentätigkeit entstandene "Kultur" es den Landarbeitern ermöglicht, ein stärkeres Selbstbewußtsein zu entwickeln, das sie vor der Ausbeutung der Unternehmer entscheidend besser schützt, als es das weit schwächere jener Landarbeiter - *fichados* oder *clandestinos* "ohne diese Kultur" - vermag, die sich nur mit ihrem Lohn zufrieden geben.
Relevant ist hier nicht allein, daß die erste Gruppe der Semi-Lohnabhängigen im Gegensatz zu der zweiten der Lohnabhängigen keine unmittelbar höheren Konsumbedürfnisse treiben, um der Gewerkschaftsorganisation näherzukommen und durch deren Kampf solche Bedürfnisse decken zu können. Ebenso wichtig ist, daß verschiedene ethische Einstellungen zu Arbeit, Haushalt, Freiheit, Unabhängigkeit, Würde, formaler Gesellschaftsordnung usw. zu bemerken sind, die in diesem Fall von einem gewerkschaftsengagierten Landarbeiter an der Basis intuitiv als ein weitergreifender "Kulturbesitz" bei ihm und seinesgleichen erkannt wird.

[275] Ein gebräuchlicher Begriff, um zu bezeichnen, daß alles, was vom Proletariat stammt, gut, revolutionär usw. ist. Ein Metallarbeiter aus Sao Bernardo do Campo, Wagner Lino, beschrieb mir 1983, wie man eine deutliche Anerkennung als "kämpferischer Kumpel" erreichen könne: "Um hier *companheiro combativo* genannt zu werden, muß man nur mit dem Geruch von billiger Bierwurst rülpsen, und, paß auf, nur fünf Mal in der Woche. Anderenfalls kann man bestimmt als 'bürgerlich' beschimpft werden". Dies ist von einer erheblichen Bedeutung bei dem ergänzenden Sozialisierungsprozeß, der mit einem gewerkschaftlichen Engagement verbunden sein kann.

[276] Sh. Abschnitt 2.2.

Eher umgekehrt liegt ein tendenziell höherer Konsumbedarf vor bei den lohnabhängigen Landarbeitern, die am Stadtrand leben, weil sie wesentlich mehr Kontakte zu der Medienwerbung und der Konsumsucht der städtischen Gesellschaftsschichten haben und allein schon, weil sie mit Strom versorgt werden, was bei den *moradores* nicht der Fall ist. Ein höherer Konsumbedarf führt aber nicht einfach dazu, daß gerade diese Landarbeiter sich der Gewerkschaftsorganisation anschließen würden, um durch deren politischen Einsatz die zusätzlich benötigte Kaufkraft zu erringen. Auch die Deutung, daß diese Gruppe bei größerer Bedürftigkeit nicht an die Gewerkschaftsarbeit denken könne, d.h. daß Menschen mit leerem Bauch nicht an politische Organisation dächten, entspricht nur teilweise der Realität. So stößt man auf ein dialektisches Verhältnis von Konsum und Sich-politisch-Organisieren der Landarbeiter. Weitere notwendige Differenzierungen verbergen sich noch unter dem Begriff "Kultur" des oben zitierten Landarbeiters, der unbedingt zu entziffern ist, wenn eine realitätsnähere, vielschichtige Interpretation das Ziel sein soll.
Das Auffassungsvermögen der "organisierten Gesellschaft" ist mit ihrer Pauschalisierung bzgl. der politischen Fähigkeiten der Lohnabhängigen noch weit entfernt von einer solchen Differenzierung und setzt ein nachholendes Entwicklungsmodell voraus, das von den ihr alliierten ländlichen Gewerkschaftern durchaus nicht als endgültig aufgefaßt worden und auch nicht an deren Lebenserfahrung gebunden ist. Das Sich-politisch-Organisieren allein aber kann für die Landarbeiter besonders der zweiten Gruppe auch keine faßbare Garantie für ihre formale gesellschaftliche Integration erwirken, wenn sie diese Integration seit Anfang ihres Sozialisierungsprozesses nur als Pflichterfüllung gegenüber den Institutionen erlebt haben, ohne dadurch "in ihren Genuß gekommen zu sein" und Angebote formaler Rechtlichkeit zu erhalten. Nicht umsonst wird im ersten Interview-Zitat lohnabhängige Arbeit mit Hunger gleichgesetzt.
Seitens der "organisierten Gesellschaft"[277] werden dann einerseits die semi-lohnabhängigen "reinen" Landarbeiter, die z.B. dauerhaft Land für ihre Produktion und Reproduktion haben wollen und sich dennoch häufig dem "kämpferischen Syndikalismus" anschließen, nur mit dem Versprechen nach der Einhaltung von Arbeitsrechten abgespeist. Das ist zunächst kein Problem, weil diese Landarbeiter sich solche Einhaltung auch wünschen und dafür Kampfbereitschaft und Einsatz zeigen. Was sie sich aber nicht wünschen, ist, ihre Zukunft als eine lohnabhängige zu planen, weil sie eben die lohnabhängige Arbeit ablehnen. Ihr Engagement für eine breitere Verrechtlichung in bezug auf die Landarbeiter der Zuckerplantagen - nämlich Registrierung der Arbeit, allseitige Erfüllung der Tarifvereinbarungen usw. - ergibt sich weniger aus ihrer eigenen Betroffenheit als

[277] Siehe das im letzten Abschnitt angeführte Beispiel über das Agrarreformprogramm der "Parallelen Regierung".

Landarbeiter selbst als aus ihrer ethischen Einstellung zu den Institutionen bzw. zur gegebenen formalen Ordnung. Bei ihnen haben Rechte und Pflichten heiligen Wert. Und da sie diese "Kultur" besitzen, können sie es nicht ertragen, daß es so viele Verstöße gegen die Arbeitsschutzbestimmungen gibt. Für sie ist dies die Weltsicht, auf deren Grundlage sie bereit sind, ihre Freizeit, ihre eigene Produktionszeit zu opfern bis hin zum Einsatz ihres eigenen Lebens[278]. Dabei ist es für unsere Betrachtung gleichgültig, ob sich diese Haltung aus religiöser oder politischer Überzeugung herleitet. Der Einsatz dieser Gruppe engagierter Landarbeiter ist sowohl für die staatlicherseits strukturierte Gewerkschaftshierarchie, wie für die "alternativen" Dachverbände (*Centrais Sindicais*) und auch für die Kirche und die politischen Parteien bzw. Gruppierungen von hohem Wert.
Andererseits wird den anderen, den "reinen" Landarbeitern, die in einem angeführten Beispiel von der "organisierten Gesellschaft" als "*lumpensinato*" bezeichnet werden und denen Unfähigkeit vorgeworfen wird, sich in die Volkswirtschaft zu integrieren, ein soziales Agrarreformprogramm verprochen. Mit dem ihnen zuzuteilenden Land sollen sie ihre Subsistenz sichern. Obwohl dies Versprechen in dieser Form keineswegs einmütig von der gesamten "organisierten Gesellschaft" getragen wird, bleibt vieles von den Zukunftsvorstellungen dieser Landarbeiter dabei unberücksichtigt. Grundsätzlich wollen sie weder auf dem Land arbeiten noch leben. Deswegen sind viele von ihnen schon in die Städte umgezogen. Wollten sie weiterhin mehrheitlich auf den *engenhos* wohnen als registrierte Landarbeiter der Zuckerrohrplantagen, würden sie dann überhaupt keine Widerstandsbereitschaft gegen die aggressive Entlassungspolitik der Zucker-Unternehmer zeigen? Würden sie über keinerlei Bewußtsein von der Notwendigkeit der Arbeitsschutzbestimmungen verfügen, wenn sie wüßten, daß solche von den Unternehmern zum größten Teil nicht eingehalten werden?
Erst nachdem ich mir solche Fragen gestellt hatte, war mir klar, daß es den Begriff "reine" Landarbeiter gar nicht geben konnte: er bedurfte dringend der Differenzierung. So richtete ich mein Forschungsvorhaben danach ein, ohne dabei großartige Änderungen an meinem Fragenbogen machen zu müssen. Es war nur verstärkte Aufmerksamkeit auf die Fragen nach den Formen der Einkommensbeschaffung und nach den privaten Begründungen dieser Formen zu richten; ferner erkundigte ich mich nach den persönlichen und familiären Wünschen und Planungen, wenn plötzlich eine zusätzliche Geldmenge in den Haushalt fließen würde. Die oben erwähnten verschiedenen ethischen Einstellungen wurden dabei deutlich: Arbeit, Haushalt, Freiheit, Unabhängigkeit, Würde, formale Gesellschafts-

[278] Es handelt sich hier um keine übertriebene Heroisierung, sondern um die Wirklichkeit des bis heute häufigen Gewaltgebrauchs der Klientel ländlicher Unternehmer.

ordnung werden unter den Landarbeitern verschieden gewichtet; und diese unterschiedliche Rangordnung bestimmt zum Teil ihr Verhältnis zu den mit ihnen verbundenen gesellschaftlichen Institutionen. Um die Worte des Interviewpartners nochmals zu zitieren: es stellt sich die Frage, warum ein Teil der Landarbeiter diese "andere Kultur" nicht besitzt und was hier überhaupt mit der "anderen Kultur" gemeint ist; das wurde zum roten Faden dieser Untersuchung in der Waldregion.

Es wäre allzu vereinfachend, wenn die erste Frage allein mit dem Sozialisierungsprozeß und mit anderen Zusammenhängen der weiteren Persönlichkeitsbildung beantwortet werden würde. Die schwierige, wenn auch zu leistende Beschreibung dieser Prozesse als alleiniger Erklärungsansatz würde die Beantwortung der zweiten Fragestellung überflüssig erscheinen lassen und damit die gewünschte vielschichtige Interpretation verhindern. Der Schwierigkeitsgrad einer solchen Interpretation nahm also weiter zu: einerseits sollten, um eine Differenzierung des Begriffs "Landarbeiter" zu erreichen, deren ethische Einstellungen als Ausgangspunkt gelten. Doch sollte sich keineswegs ein gesellschaftliches Moralproblem ergeben. Andererseits könnten, wollte man diese Differenzierung auf die historische (vor allem wirtschaftliche) Entwicklung zurückführen, die Begriffe "vorkapitalistische und vorindustrielle Gesellschaft" mit großer Wahrscheinlichkeit wieder auftauchen, wenngleich sie die postkoloniale Gesellschaftsentwicklung nur unbefriedigend wiedergeben können.

So entschloß ich mich, als Einstieg die Gemeinsamkeit der Landarbeiter in Bezug auf ihren geschichtlichen Prozeß, besonders den der Entstehung der ländlichen Gewerkschaft, zu analysieren und danach wieder zur Differenzierung zurückzukehren. Die Antworten der Interviewpartner ergaben vielfach, daß die existierenden Institutionen dabei - wenn auch nicht immer - einen fremdartigen Konstitutionsanteil darstellen. Diesen Institutionen wohnt eine Dynamik inne, die insgesamt nicht aus der Gesellschaftsentwicklung heraus entstanden ist, deren Teil die Landarbeiter zwar sind, durch die sie gleichzeitig aber behindert werden können. Die historische Zusammenfassung über die Entstehung der Landarbeitergewerkschaft im 5. Kapitel wird hier in Erinnerung gerufen, um die folgende Bewertung in einen faktenbezogenen Zusammenhang zu stellen.

Die verschiedenen Gruppentypen von Landarbeitern vereinigten sich zur Bildung der *ligas camponesas*. Zum ersten Mal brachten sie es gleichzeitig zu politischen Organisationsprozessen und formaler Integration. Sie schufen sich dadurch ein politisches Instrument, von dem sie trotz aller persönlichen Schicksale und Gruppendifferenzierungen Gebrauch zu machen beabsichtigen, um eigene Zukunftsvorstellungen in die ablaufende Gesellschaftsentwicklung einzubringen. Die *ligas camponesas* wurden unter Berücksichtigung verschiedener lokaler Gegebenheiten gegründet und sind deshalb nicht ausschließlicher Interessenverband einer bestimmten Gruppe, etwa der Semi-Lohnabhängigen, geworden. Obwohl sie am stärksten in Gebieten waren, wo es die ausbeuterischen Arbeitsformen mit kleinem Ackerbau der Landarbeiter in unterschiedlichen Formen gab (z.B. *cambão*) und die Landfrage an Bedeutung gewonnen hatte, grenzten sie die Forderungen der eher lohnabhängigen Landarbeiter nicht aus, sondern umgekehrt wurden solche Forderungen in manchen Stadtkreisen sogar in den Vordergrund gestellt. Obwohl die Bewegung der *ligas camponesas* von einem Teil der öffentlichen Meinung als Vertretung mit sozial explosivem Charakter bezeichnet, von einem anderen eines konservativen oder auch revolutionären Status beschuldigt wurde, so stellten sie sich doch der postkolonialen Form der Landverteilung vor allem des Nordostens, der exportorientierten Wirtschaft als Entwicklungsstrategie sowie den Klientelstrukturen des brasilianischen Staats, zumindest implizit, entgegen. Keine etablierte Gruppe innerhalb der formalen Gesellschaft bot aber den Landarbeitern zu dieser Zeit die Gelegenheit, ihre gesellschaftliche Integration mit ihren organisatorischen Mitteln innerhalb der gegebenen Ordnung zu versuchen.

Wenn dagegen die Landarbeiter entweder einen Platz als anerkanntes Wirtschaftssubjekt in der Gesellschaft einnehmen und auf längere Sicht *citoyen* (*cidadão*) werden (so eine kirchliche politische Partei) oder aber als eine "tatsächlich" revolutionäre politische Kraft in das linke Szenario eingeordnet werden wollten (so eine sozialistische Partei), sollten sie ihre "primitiven und personalistischen" *ligas camponesas* besser hinter sich lassen und sich für die durch staatliche Vorgaben anerkannten Landarbeitergewerkschaft einsetzen, wie zeitgenössische Vermittlerinstanzen es haben wollten[279]. Auf diese Form von Gewerkschaft hin, die bis zu diesem Zeitpunkt nur den städtischen Arbeitern und Angestellten einen gesetzlichen Vorrang eingebracht hatte, wurde der Organisationsbedarf der Landarbeiter geleitet.

Die politische Organisation *ligas*, die die Landarbeiter zwischen lokalen, auf Vertrauensebene basierenden sozialen Gruppen und der staatlich anerkannten Organisation bürgerlichen Rechts geschaffen hatten, gefiel keiner etablierten Gruppe bzw. Institution, die sich als Träger der Moderne, Ordnung, christlichen Werte, Revolution, des Eigentums usw. in der damaligen Gesellschaft verstand bzw. aufspielte. Hier ist es wichtig, auf den eben erwähnten fremden Konstitutionsanteil der Institutionen einzugehen. Da sind zunächst die beiden Institutionen - Kirche und KP -, die sich am stärksten für die Alternative "Gründung von ländlichen staatlichen Gewerkschaften" gegen die *ligas camponesas* eingesetzt haben, beide bekannt für ihre jeweilige theoretisch-ideologische Zentralsteuerung aus Rom bzw. Moskau. Es mag der Einsatz für diese Form politischer Organi-

---

[279] Vgl. Partido Democrático Cristão e as Reformas de Base (1963) und Partido Socialista Brasileiro - Convenção - (1961): bei Carone (1981): Quellensammlungen, S.237ff. und 274ff.

sation von Landarbeitern - nämlich die staatliche Gewerkschaft, aus welchen Gründen auch immer - besonders ein lokal beschränktes Zusammentreffen sein aufgrund der brasilianischen Spezifizierung beider Institutionen. D.h., daß ihr lokales Handeln mit Strategien ihrer lokalen Führung zu tun hatte - Strategien, die dennoch keineswegs von beiden Steuerungszentralen abgelehnt wurden.

Abgesehen vom Fremdcharakter der beiden Institutionen selbst kämpften Kirche und KP - zugleich konform und gegensätzlich - für die Errichtung einer anderen Institution, nämlich der Gewerkschaft auf dem Land, die den Landarbeitern noch befremdlicher erschien. Zumindest theoretisch sollte die zu bildende Institution für die Landarbeiter und die der Landarbeiter sein. Ohne eindeutig zu begreifen, ob diese Gewerkschaft überhaupt - und zudem gerade in dieser Form - tatsächlich ein besseres politisches Instrument als die *ligas camponesas* sein könnte, wie damals propagiert wurde, übernahm eine bedeutende Zahl von Landarbeitern die Aufgabe, die ländliche Gewerkschaft zu organisieren. Nach vielfachem Kampfeinsatz und Verhandlungen erließ die Regierung das Gesetz zur Regelung der Anerkennung der Landarbeitergewerkschaften, denen gestattet wurde, sich nach dem Muster städtischer Gewerkschaften zu organisieren. Dieses Modell war wiederum eine für die Arbeiter städtischer Branchen adaptierte Musterübernahme aus dem italienischen Faschismus der 30er Jahre.

Die Kirche, die KP und andere Vermittlungsinstanzen, die auch später in den Kampf für die ländliche Gewerkschaft einbezogen waren, obgleich aus ganz unterschiedlichen Gründen, konnten ihre vorläufig gleichlautenden Interessen vertreten, nämlich auf verschiedene Weise die gegebene Ordnung aufrechtzuerhalten, wodurch ihre Machtposition gesichert sein würde, während eine populistische Reformphase innerhalb der Gesellschaft im Gang war. Bis zum Militärputsch von 1964 wurden diese Interessen erst nach und nach deutlich. Als schließlich das Verhältnis der Fremdsteuerung zu den Interessen der Landarbeiter innerhalb der ländlichen Sozialbewegung offenkundig wurde, war alles zu spät: keine *der ligas* durfte weiter existieren, und die staatliche Landarbeitergewerkschaft bekam plötzlich bestellte Funktionäre - Interventoren vom Arbeitsministerium. Nach dem Putsch traten die Vermittlungsinstanzen mit Ausnahme der Kirche ab, und die Landarbeiter blieben mit der staatlich sanktionierten Gewerkschaft zurück, die in dieser Form niemals direkt aus ihren eigenen Reihen entstanden wäre und die zudem von einer Kaste frischgebackener Gewerkschafter geführt werden sollte, die die Gewerkschaft in der Regel für ihre eigenen Zwecke betrieben und zur Selbstbedienung mißbrauchten. Die von der Richtung des Militärregimes enttäuschte Kirche begann ein paar Jahre später, die Landarbeiter zur Opposition gegen die etablierten Gewerkschafter aufzurufen.

Knapp zwei Jahre vor dem Putsch war es zum Landarbeiterstatut, zur Gründung und staatlichen Anerkennung der ländlichen Gewerkschaft, zur

Kampagne für den Schutz der Arbeitsrechtsbestimmungen des pernambucanischen Gouverneurs Arraes und zum Agrarreformprogramm der Regierung Goulart gekommen. Damit wurden zunächst Breschen für die formale Integration der Landarbeiter geschlagen, zugleich aber für deren Differenzierung; die danach folgende Industrialisierung und Ausweitung von Dienstleistungen förderte die Differenzierung noch. Wie in dieser Arbeit ausführlich dargestellt wurde, war damals die Zeit, in der die interviewten Landarbeiter trotz allem eine deutliche wirtschaftliche Verbesserung spürten und sich einigermaßen ernst genommen sahen.
In den Bereich der Spekulation gehört heute, ob die Landarbeiter mit ihren *ligas camponesas* ohne die Intervention der Vermittlungsinstanzen zu einer die Typen-Differenzierung umfassenden Organisation gekommen wären und solche übergreifenden Vertretungsorgane geschaffen hätten, die ihrerseits zu tatsächlichen Selbsthilfevereinigungen hätten werden können. Wenn der Begriff Entwicklung hier im weitesten Sinn für die Analyse der ländlichen Gewerkschaft gebraucht wird, muß die fehlende Chance zur politischen Entwicklung der Landarbeiter in der Phase der Bildung einer solchen Gewerkschaft angedeutet werden. Wenn die Voraussetzungen für die Entwicklung der Beteiligten vielseitiges Lernen innerhalb des sie umgebenden vielschichtigen gesellschaftlichen Prozesses sowie deren individuelle und kollektive aktive Beteiligung sind, da unterschiedliche Traditionen, Erfahrungen, Zukunftsvorstellungen sowie unterschiedliches Fassungsvermögen in dynamischen gesellschaftlichen Auseinandersetzungen zu jeweils hiervon abhängigen verschiedenen Veränderungen führen können, dann war die paternalistische, teilweise an Privatinteressen orientierte Intervention von etablierten Institutionen wie Kirche und KP für die politische Entwicklung der Landarbeiter kontraproduktiv. Letztere sind als politische Akteure nicht ernst genommen worden. Ihre *ligas camponesas* wurden gleichzeitig als viel zu bedrohlich für die erwünschte Einflußnahme eingeschätzt, um ihnen eine Chance zur eigenständigen Entfaltung zu geben.
Die ländlichen Gewerkschaften existieren bereits ca. 30 Jahre, und sie wurden und werden von den Landarbeitern benötigt, was keineswegs heißt, daß sie sie so angenommen haben, daß große Energien der Mehrheit in den Versuch investiert worden wären und werden, diese Institution als Selbsthilfeorganisation nutzen zu können. Die Landarbeiter haben weiterhin Schwierigkeiten, die ländlichen Gewerkschaften zur Erreichung einer breiteren Basis zu durchdringen. Der erwähnte fremde Konstitutionsanteil der Gewerkschaften läßt sich aber nicht nur durch ihre gesetzliche Stellung, die Vormundschaft der Vermittlungsinstanzen und die ständige Einmischung des Militärs erklären, obwohl diese Einflüsse bzw. Interventionen eine wesentliche Rolle spielen. Die Interventionen entsprechen gleichzeitig den kulturellen Merkmalen einer zentralisierten Gesellschaft und festigen allein schon den "Extensionsapparat" des aktuellen brasiliani-

schen Staatswesens als einer in sich mangelhaften, doch bereits sedimentierten Organisation, die eigene lokale und regionale Abhängigkeitsstrukturen erzeugt hat.
Unzweifelhaft ist die erwähnte Gewerkschaftssteuer ein eindeutiges Mittel für diese institutionelle Festigung gewesen. Knapp zwei Jahre nach der Abschaffung dieser Steuer waren die staatlich strukturierten Landarbeitergewerkschaften zwar geschwächt, zeigten jedoch keine Symptome eines völligen Niedergangs. Die Gewerkschaftsmaschinerie der Gewerkschafterkaste, die sich vom kleinsten Ortsverband, durch die Föderation *FETAPE* bis hin zur Konföderation *CONTAG*, gebildet hat, ist durch "Eigen-Energie" und Selbst-Zweck überlebensfähig geworden, etwa durch gesammelte Mittel aus der Landarbeiterkasse, aus staatlichen Zuwendungen oder aus internationalen Solidaritätsbeiträgen. Der oft deutliche Unterschied in der Form der politischen Tätigkeit zwischen den während der Militärdiktatur aufgestiegenen Funktionären und z.B. denen des "kämpferischen" Syndikalismus nivelliert sich oder wird doch geringer insbesondere im Bereich der Pflege des ländlichen Gewerkschaftsapparats. Man kann diese Funktionäre nicht einfach "gewerkschaftliches Establishment" benennen, so wie Schrader (1983) die in dem Bildungssektor Brasiliens tätigen Funktionäre als "pädagogisches Establishment" bezeichnet, weil die ersteren im Unterschied zu den zweiten trotz aller vergleichbaren Machtsicherungsmechanismen abgewählt werden können, da sie keine Sicherheit als staatliche Beamte genießen[280].
Der Aufbau der ländlichen Gewerkschaft in der erwähnten Form traf auf ein kulturelles Merkmal, das bis dahin in der Konstitutionsgestalt der Bewegung der *ligas camponesas* kaum anzutreffen war und infolgedessen manche Veränderung des sozialen Handelns verlangte: nämlich die passive Erwartungshaltung. Die Kirche und die KP schlugen den Landarbeitern nicht nur vor, daß sie eine staatliche Gewerkschaft für sich organisieren sollten, sondern sie schickten ihnen eigene Aktivisten, Juristen und andere Berater, die den Weg dafür bereiten sollten, diesen Vorschlag umzusetzen. Dies bestätigt die Feststellung, daß nicht die gesetzliche Lage allein dazu beitrug, daß die Landarbeitergewerkschaft von vorneherein einen übergroßen Apparat bildete. Die Gründung eines Ortsverbands brachte automatisch eine gewisse Zahl von Angestellten und Vertretungsfunktionären mit sich, über deren Größe sowenig wie über deren Qualifikation mit den Landarbeitern an der Basis diskutiert wurde. In den ersten Stunden der

[280] Es mag sein, wie es z.B. 1983 in Cabo der Fall war, daß der wegen Korruptionsvorwürfen abgewählte Gewerkschaftspräsident vom damaligen Präfekten eine Stelle in der Stadtverwaltung angeboten bekommen hat und nicht wieder als Landarbeiter schuften mußte, aber er hatte in der ländlichen Gewerkschaft keine Chance mehr zur Rückkehr und direkten politischen Einmischung. (Int. Nr. 18, 19, 24 und 25).

Euphorie schien das kein Problem zu sein. Nach dem Militärputsch 1964 tauschten jedoch die neu von Arbeitsministerium und Militärjunta gestellten Vertretungsfunktionäre die Angestellten nach ihrem Belieben aus und bildeten unter den Landarbeitern ihre eigene Klientel, die in besonderem Maße in den Genuß der Dienste der Gewerkschaft kam. Die Klientelbildung der Interventoren wurde von der gewerkschaftlichen Opposition seit Ende der 70er Jahre kritisiert. Sobald es ihr aber gelungen war, einen Ortsverband zu erobern, schuf auch sie sich bis auf wenige Ausnahmen eine eigene, wenn auch kämpferische Klientel mithilfe eines "Ressourcenverteilungsmusters", das soziale Ähnlichkeit mit den *pelegos*-Gewerkschaftern oder auch mit der Art hatte, mit der sich *engenhos*-Besitzer den Staatsapparat anzueignen pflegten.
All das wurde von den Landarbeitern beobachtet, die daran in Teilen partizipierten. Verstärkt aber wurde dadurch die passive Erwartungshaltung, die ein Hindernis für die Entfaltung der Rechte der Landarbeiter selbst darstellt. Man erwartete eben, daß ein "starker Mann" an die Spitze der Gewerkschaft treten und für "die armen (wenn nicht) sogar miserablen Menschen" an der Basis etwas tun würde, um "sie aus der Vergessenheit" dieser Gesellschaft herauszuführen. Eine solche historisch gegenüber Politikern, Patronen, Beamten, Bischöfen, Priestern enstandene Haltung prägte vom Beginn an die Beziehung zwischen Landarbeitern und ihrer Gewerkschaft, weil die letztere keine Idee war, die von ihrer Ausgestaltung an tatsächlich die eigene Sache repräsentierte. Es mag als zwei Seiten einer Medaille erscheinen, wenn die Landarbeiter diese passive Erwartungshaltung hegen, aber gleichzeitig eine solche Einordnung zurückweisen. Einerseits verlangen sie, daß die Gewerkschaft sich für die Verbesserung ihrer Lebenslage einsetzt, und sie bewundern die Gewerkschafter, die dafür ihr Leben riskieren, bezahlen sie oder versuchen sie zu bezahlen, vielleicht den Mitgliedsbeitrag zu entrichten, und in punktuellen Momenten mobilisieren sie sich auch für einen harten Kampf bei Tarifverhandlungen; andererseits beschimpfen sie die Gewerkschafter als Parasiten und Korrupte, räumen ihnen informelle Mechanismen für ihre Reproduktion ein, vertrauen dabei aber keiner Institution, weil sie keinerlei Kontrolle über diese ausüben können.
Dieses Bild der ländlichen Gewerkschaft verlor seine Einheitlichkeit mit der Entstehung des "kämpferischen Syndikalismus". Zumindest in der ersten Zeit schien dessen viele Erwartungen weckende politische Erscheinungsform, schienen die von ihm vorgeschlagenen Reformen für die staatliche Gewerkschaft allgemeine Sympathie zu erwecken, ja das tatsächliche Engagement einer Minderheit zu erreichen, die in der Regel durch die "Kirche der Armen" beeinflußt worden war. Die Generation von Gewerkschaftern, die sich zu dieser Zeit gebildet hat, war in bezug auf die erwünschte Ehrlichkeit im Umgang mit ihrer Institution noch ungeprüft, deswegen vertrauenswürdig und wurde mehrheitlich angenommen. Diese

Gewerkschafter aber haben bis heute weder auf lokaler, regionaler noch Bundesebene die versprochene Abkopplung der Gewerkschaft von der alten staatlichen Struktur vollziehen können. Im Gegenteil nähern sie sich in ihren politischen Strategien und Taktiken immer mehr den *pelegos*-Gewerkschaftern in der *FETAPE* und *CONTAG* an. Zudem sind wichtige Erfolge der mittlerweile zahlreichen Kämpfe vor Ort wieder rückgängig gemacht worden. Arbeitsrecht und Tarifabkommen unterliegen immer noch dem Willen der Unternehmer. Schließlich ist das Verhalten der neuen Gewerkschaftergeneration kaum durchschaubar gewesen und undurchschaubar geblieben. Hier haben sich einige eher um ihre persönlichen Belange gekümmert, eigene Kientel gebildet oder bilden lassen. Andere radikalisierten den Kollektivismus derart, daß er der Landarbeiterkultur entfremdet wurde[281].
Bevor ich auf das Thema über Landarbeiterkultur zurückgreife, um mit der erwähnten Differenzierung dieses Kapitel zu beenden, möchte ich den folgenden Fall, das Projekt "*chapéu de palha*", kurz beschreiben in bezug auf einen sehr aktuellen Punkt, mit dem die ländliche Gewerkschaft in der Waldregion sich auseinandersetzen mußte. So können vielleicht durch ein konkretes Beispiel sämtliche Bewertungsversuche der "Landarbeiter und ihrer Gewerkschaft" anschaulich zusammengefaßt werden.

7.3.1. Das Programm "*Chapéu de Palha*" ("Strohhut")

Der von 1989 bis März 1991 regierende Gouverneur von Pernambuco, Carlos Wilson Campos[282], beschloß 1990 das Programm *chapéu de*

---

[281] Mit diesem letzten Thema kann ich mich leider nicht ausführlicher befassen, aber es scheint mir einen gewichtigen Punkt zu betreffen. In jeweils drei der Interviews werden diese Probleme angesprochen, die es wert wären, einmal eingehender untersucht zu werden; nicht nur wegen der Frage nach der Rekrutierung neuer Aktivisten, sondern wegen des widersprüchlichen Bildes der Gewerkschaft: hier Kampf für besseres Leben und Freiheit, dort die davon sehr unterschiedliche Praxis. Zwei Beispiele mögen dies in aller Kürze verdeutlichen. Erstens die Charakterisierung eines sehr engagierten Gewerkschafters: "Er hat niemals Freizeit, er ist immer unterwegs; hat immer was zu organisieren, ein Treffen nach dem anderen; er pflegte nicht mehr richtig die Beziehung zu den Freunden und der Familie; er reagiert übertreibend, verbittert mit allen Leuten, die mit ihm zu tun haben". (Int. Nr.4, 15, 20). Zweitens gab es da Bemerkungen über eine politische Gruppierung, *corrente sindical independente*, die sich zum "kämpferischen" Syndikalismus bekennt, aber keine politische Partei anerkennt und bis ca. 1985 eine wachsende Kraft innerhalb der gewerkschaftlichen Bewegung in der Waldregion repräsentierte, deren Bedeutung gegenwärtig allerdings etwas zurückgegangen ist: "Ich bin abgesprungen, weil sie sogar bestimmen wollten, wen und aus welchem *engenho* ich heiraten müßte; sie wollten bestimmen, mit wem ich mich treffen dürfe; ich glaube sogar, daß ein Anwalt der *corrente* meine Schritte verfolgte". (Int. Nr. 25, 34 und 37).

[282] Er war Vize-Gouverneur der gleichen Partei und Nachfolger des wiedergewählten Gouverneurs Miguel Arraes, der Pernambuco vor dem Militärputsch 1964 regierte und nach seinem Exil 1987 wieder ins Amt kam. Wegen bundesweiter politischer Interessen verließ Arraes in der ersten Hälfte 1989 seinen Posten, und Carlos Wilson

palha, das Beschäftigung für die *clandestinos* - nicht-registrierte Landarbeiter der Zuckerplantage im "Ernteloch" von März bis August - zu schaffen suchte, indem aus bundesstaatlichen Mitteln ein Mindestlohn für jede(n) Unbeschäftige(n) zu bezahlen war, während ihre Arbeitskraft für "soziale und infra-strukturelle" Bauwerke eingesetzt werden sollte. Über dreißigtausend Landarbeiter haben laut einer Werbebroschüre der Regierung von diesem Programm im ersten Jahr profitieren können, zugleich sollten wichtige Bauwerke für die pernambucanische Bevölkerung fertiggestellt werden[283].
Das Programm ähnelte dem bereits erwähnten "Arbeitsfrontprogramm", das für die Semiariden-Regionen im Nordosten während langer Trockenperioden aktiviert wird. In allererster Linie sollte es zur Beruhigung der Gewerkschaftsfunktionäre der *FETAPE* dienen. Im Vergleich zur Politik ihres Parteiführers Arraes, der 1963 die Polizei auf das Land geschickt hatte, um die Arbeitsrechte zu garantieren, ist die "Regierung mit dem Volk" nun nicht so energisch gegen die Verstöße der Zuckerrohrunternehmer vorgegangen. Darüber hinaus wollte die Regierung die Immigration ins Ballungszentrum Recife stoppen, weil sich die sozial explosive Lage in der Hauptstadt durch die Rezessionspolitik Collors auch ohne weitere Migranten bereits zugespitzt hatte. Die Saison-Arbeiter, die nicht mehr aus dem weit entfernt gelegenen Landesinneren kamen, sondern, von den Entlassungswellen der Recife relativ nahegelegenen Zuckerplantagen erfaßt, in die Großstadt strömen könnten, sollten davon abgehalten werden. Schließlich erhoffte sich die Partei des Gouverneurs durch dieses massenwirksame Programm bei der Bundesstaatswahl im Jahre 1992 bessere Chancen.
Die Bereitstellung versteckter öffentlicher Gelder über Notstandsprogramme zur Arbeitsbeschaffung, wie sie hier beschrieben werden, für, wie in der Werbebroschüre angekündigt, "soziale und infra-strukturelle Baumaßnahmen" ist fragwürdig, wenn sie mit dem schon vorgesehenen Haushaltsanteil für Bundesstaat und Gemeinden bereits in gutem Zustand erhalten werden könnten. Dies im Einzelfall nachzuprüfen, ist hier nicht möglich. Die Interviewpartner stellten sich aber bereits selber diese Frage, etwa: "Die Bauvorhaben des *chapéu de palha* sind im Grunde genommen Pflege und Reparatur von Verkehrsstraßen, Krankenhäusern oder Schulen, die normalerweise mittels Steuergeldern und vielen staatlichen Angestellten in Ordnung gehalten werden müßten. Aber viele Bekannte von hier haben (durch das *chapéu de palha*) zumindest etwas gekriegt, um Essen zu

---

Campos setzte den *"governo popular"* fort. Diesen politischen Werbeslogan als "Regierung mit dem Volk" zu übersetzen, greift zwar zu kurz, aber diese Übersetzung ermöglicht dennoch, eine Dimension des Populismus der 80er Jahre in Brasilien auszudrücken.

[283] Governo de Pernambuco März 1991: "Fundo Da Palha", S.1.

kaufen" (Int. Nr.1). Zuletzt aber spielt dies die entscheidend wichtige Rolle: in manchen Familien haben zwei bis vier beim *chapéu de palha* eine Beschäftigung für die Zeit zwischen den Ernten im Jahr 1990 bekommen können. Den Interviews zufolge sollte jeder und jede in diesem Jahr, der oder die "überhaupt arbeiten wollte", die Möglichkeit dazu bekommen können. Die Ortsverbände der ländlichen Gewerkschaft haben das "Bewerbungsformular"[284] verteilt, beim Ausfüllen geholfen und es an die bundestaatliche Bezahlungsstelle weitergeleitet. Die Leitung und Kontrolle der Landarbeiter übernahmen Bauaufseher des Staates und der Gemeindeverwaltung der jeweiligen Arbeitsstelle.
Trotz seines Programms *chapéu de palha*, seiner "Regierung mit dem Volk", gelang es Wilson Campos in der Bundesstaatswahl Ende 1990 nicht, "den gewünschten Nachfolger zu machen". Kurz vor seiner Amtsübergabe an den neu gewählten konservativ-liberalen Gegner - am 11. März 1991 - legte er dem Abgeordnetenhaus Pernambucos einen Gesetzesentwurf[285] vor, der eine pernambucanische Verfassungsänderung vorwegnehmen sollte, um einen "Strohfond" *(fundo da palha)* genannten Haushaltsfond für dieses Programm festzulegen. Neben der finanziellen Sicherung des Programms sollte der eingebrachte Entwurf eine Garantie für die Fortsetzung des Programms unabhängig von Regierungswechseln schaffen und mit der Gründung einer Kommission von Regierungs- und zwei Landarbeitervertretern der *FETAPE* eine Kontrolle gegen den Klientelmißbrauch im Rahmen dieses Programms aufbauen.

> "Der 'Strohfond' ist nicht zuletzt ein Aufruf zur Mobilisierung insbesondere der Landarbeiter, aber auch der städtischen Arbeiter, um seine Verabschiedung im 'Abgeordneten-Haus von Pernambuco' gerade deshalb zu erzwingen, weil er einen Grundstein der Bürgerrechte betrifft, der zur Kontrolle der öffentlichen Mittel durch die organisierte Gesellschaft führt"[286].

Am Anfang ihrer Amtszeit hätte die Regierung Arraes/Wilson Campos vielleicht über die politische Stärke verfügt, diesen Entwurf parlamentarisch durchzusetzen. Aber drei Tage vor der Amtsübergabe an einen gewählten Gegner ist die Vorlage eines solchen Gesetzentwurfs als demagogisch zu bewerten. Dafür sollen hier zwei Gründe benannt werden: 1.) Das erwähnte Gesetz benötigte eine 2/3-Mehrheit im Bundesstaatsparlament, wo die Regierung Arraes/Wilson Campos bereits vor der Wahl 1990 nur über eine einfache Mehrheitskoalition mit sechs verschiedenen Parteien hatte punktuell zusammengehalten werden können. 2.) Die zur Durchsetzung benötigte außerparlamentarische Mobilisierung geschah in einem

---

[284] *ficha do chapéu de palha.*

[285] Mensagem Nr.08 und 09/91.

[286] Raul Jungmann, "Bundesstaat-Planungsminister". Governo de Pernambuco, op cit.

Moment, in dem die Gewerkschaftsfunktionäre bereits wußten, daß kein erfolgreicher Ausgang zu erwarten gewesen wäre.
Der neue Gouverneur, Joaquim Francisco, drohte zunächst mit dem Argument der Reduzierung des öffentlichen Defizits 1991, gar keine Mittel mehr für das *chapéu de palha* zur Verfügung zu stellen. Die *FETAPE* schickte einige Busse zu den Ortsverbänden, ließ ca. 300 Landarbeiter zum Regierungspalais fahren und erzwang ein Treffen mit Regierungsvertretern, die sich auf einen Kompromiß einigten und ein anderes Programm als Ersatz für *chapéu de palha* aushandelten.
Das neu ausgehandelte "Programm für Beschäftigungsnot" hat außer dem neuen Namen auch einen ganz anderen Inhalt gewonnen. Alles das, was zumindest auf dem Papier der Regierung Carlos Wilson Campos an lobenswerten Worten über die Unabhängigkeit der organisierten Landarbeiter gestanden hatte, verschwand in der ausgearbeiteten Form der Beschäftigungshilfe für das "Ernteloch" 1991. Erstens beabsichtigte die Regierung Joaquim Francisco, nur die geringe Zahl von fünftausend *clandestinos* in der gesamten Waldregion zu beschäftigen; eine Erhöhung dieser Zahl wurde vom Anstieg der Steuereinnahmen abhängig gemacht, die wegen der Rezession zu niedrig seien. Zweitens sollte die Verteilung der Plätze in der jeweiligen Gemeinde zwischen dem ländlichen Ortsverband und der Stadtverwaltung ausgehandelt werden. Um sich überhaupt bewerben zu können, mußten die potentiellen Nutznießer irgendeine, mindestens innerhalb der letzten zwei Jahre liegende ordungsgemäße Registrierung im Arbeitsausweis nachweisen.
Die Verteilung der Plätze für die Beschäftigungshilfe zwischen Ortsverbänden und Stadtverwaltung ermöglichte den lokalen Politikern, ihre Quote für die eigene Klientel bzw. deren Erweiterung zu nutzen, indem sie mit der gezielten Arbeitskräfterekrutierung für das Programm auf Stimmenfang für die Gemeindewahl 1992 gingen.
Die Ortsverbände sahen sich zusätzlich zu ihrer Krisensituation nun mit weiteren Problemen konfrontiert: Neben dem erwähnten bürokratischen Hindernis des Nachweises einer früheren Registrierung gelangte nur eine völlig unzureichende Anzahl von Bewerbungsformularen in ihre Büros. Von ca. 12 bis 16 *clandestinos*-Landarbeitern, die Anspruch auf einen Beschäftigungsplatz erheben konnten, konnte nur einer einen solchen erhalten[287]. Das gegenüber dem Vorjahr wesentlich geringere Beschäfti-

[287] Von Stadt zu Stadt schwankte die Zahl der Bewerber aus den Reihen der Landarbeiter für das Programm "Beschäftigungsnot" der neuen Regierung Joaquim Francisco. Z.B. in Água Preta wurden drei bis viertausend Bedürftige geschätzt, diese Stadt bekam aber 400 Bewerbungsformulare, von denen die ländlichen Ortsverbände nur 180 Stück erhielten. Da die Verteilungskriterien der Stadtverwaltung sich auf die persönlichen Beziehungen der "konservativ-liberalen" Politiker beschränkt haben, suchte dann die überwiegende Mehrheit der Bedürftigen ihre Chance bei dem ländlichen Ortsverband, der die sich ausbreitende Enttäuschung und den Zorn der Unberück-

gungsangebot wurde von vielen als Versagen - bis hin zur Betrügerei - der ländlichen Gewerkschaft angesehen. Die Ortsverbände und die Föderation, die 1990 zusammen mit der "Regierung mit dem Volk" von Wilson Campos die Errungenschaften der "ungeschützten Landarbeiter" gefeiert hatten, gerieten 1991 in Verruf, die Misere des Staates verwalten zu helfen, und ernteten dafür die zunehmende Unzufriedenheit und das steigende Mißtrauen der Basis.
Die Situation für die von Anhängern des "kämpferischen Syndikalismus" kontrollierten Ortsverbände sah noch schwieriger aus. Sie mußten sich zwei Widersprüche vorwerfen lassen. Erstens erschien ihr Bestreben nach Abkoppelung der Gewerkschaft von der Vormundschaft des Staates an diesem Punkt fragwürdig. Zweitens war die Verteilungsweise der sehr knappen Beschäftigungsplätze außer in dem gleich darzustellenden Fall in Cabo längst nicht so demokratisch, wie sie es für ihre Arbeit gerne darstellten.
In Cabo hat sich der Ortsverband bemüht, seine bis Mai 1991 zugeteilte Quote von 150 Stellen unter den ersten 500 anspruchsberechtigen Bewerbern nach festgelegten Kriterien zu verteilen. In einem Gespräch mit Vertrauensleuten der Gewerkschaft konnten die *clandestinos* ihre Lage schildern; sie mußten 5-6 Familienangehörige (wenn sie nur *clandestinos* waren) nachweisen und mehr als sechs, wenn sie einen einzigen *fichado* in der Familie hatten. Auch solche Kriterien retteten den Verband von Cabo aber nicht vor scharfer Kritik, da schon allein wegen der unzureichenden Zahl von Plätzen und der Diskriminierung des *clandestinos* ohne Arbeitsausweis die Landarbeiter durch einfachen Vergleich einen deutlichen Rückgang im Vergleich zum Programm *chapéu de palha* feststellen konnten.
In den Ortsverbänden vier anderer Städte war die Unzufriedenheit sogar engagierter Landarbeiter spürbar. Obwohl sie dies während der Interviewsituation zunächst nicht zugeben wollten, übten sie in den Gesprächen im Anschluß an die Interviews doch harte Kritik an den Verteilungskriterien ihrer Gewerkschaftsvertreter. Auch in den drei Ortsverbänden, die mit der *CUT* sympathisierten, also Anhängern des "kämpferischen Syndikalismus", verteilten die Gewerkschafter die wenigen Formulare an die Landarbeiter des ihnen nahestehenden Bekanntenkreises. So erhielt die Familie der Schwägerin des Ortsverbandspräsidenten in der Stadt Água Preta gleich drei Bewerbungsformulare, und es blieb kein Formular übrig für zwei Familien mit neun Mitgliedern, die diesen Präsidenten bei der Ortsverbandswahl unterstützt hatten, weil er eine demokratische gewerkschaftliche Opposition vertreten hatte[288].

---

sichtigten allein tragen mußte.

[288] In einer Studie aus den eigenen Reihen veröffentlichte die Arbeiterpartei *PT*

7.4. Die Existenz sichern und gewerkschaftliches Handeln. Ein Widerspruch?

Hier könnte eine lange Liste von ähnlichen Beispielen aufgestellt werden, in denen persönliche Enttäuschungen der Landarbeiter eine Rolle spielen; Enttäuschungen, die einerseits durch die verbreitete Unsicherheit bzw. die nur scheinbaren staatlichen Sicherheitsgarantien, oder andererseits wegen des "Kurswechsels" bzw. des Rückfalls in traditionelle Verhaltensweisen (etwa Klientelbildung) gerade solcher Strömungen und Gruppen, die sich als progressive Alternativen anboten, hervorgerufen wurden. Besonders relevant ist dabei die gesellschaftliche Reproduktion von patriarchalischen Klientel-Systemen auf Mikro- und Makroebene, von denen man sich zu befreien strebte und die dennoch wiederholt abhängig machen können.
Dabei kommt also eine zwiespältige Erfahrung der Landarbeiter, der Lohnabhängigen sowie der Semi-Lohnabhängigen, mit den Institutionen, hier besonders mit "ihrer" Institution, der ländlichen Gewerkschaft, heraus: Passive Erwartungen an die Institution Gewerkschaft mischen sich mit der Kampfbereitschaft für sie, um eine Gesellschaftsordnung zu erreichen, in der sie sich als gleichberechtigte Mitglieder fühlen können. In eine ganz andere Richtung geht eine den Landarbeitern, Lohnabhängigen und Semi-Lohnabhängigen innewohnende Kraft, die die Resignation in unverwüstlichem Überlebenswillen hinter sich läßt. Diese Energie hilft ihnen, einen Weg zu finden, mit Findigkeit und Schläue in unermüdlichem Einsatz den Alltag zu bestehen, sich und die Ihren mit Zweit- und Dritt-Jobs durchzubringen.
Dieser Weg sichert vielen Landarbeitern auf informelle Art, was sie unter freier und selbst-kontrollierter Lebensführung verstehen, und der, gleichgültig, ob er auf gesetzeskonformer Bahn oder auch illegalem Weg verläuft und den Konsumbedarf deckt oder auch nicht deckt, doch als legitime Form der eigenen Reproduktion unter Gleichen erfahren wird.
Da Landarbeiter, Lohnabhängige und Semi-Lohnabhängige der ländlichen Bevölkerung diese gemeinsame Erfahrung teilen, gewinnt eine Differenzierung der Landarbeiter in Bezug auf ihre ethischen Einstellungen zu Arbeit, Haushalt, Freiheit, Unabhängigkeit, Würde, formaler Gesellschaftsordnung eine wesentliche Bedeutung, um vorhandene Unterschiede deutlich machen zu können. Dies ist wichtig für die Interpretation der differenzierten

---

neulich eine selbstkritische Untersuchung, in der die "Alternativform, Politik mit Transparenz zu machen" unter die Lupe genommen wird. Das Ergebnis deutet auf dunkle Flecken hin, wo z.B. kleinere Korruptionsfälle und Nutzung des Parteiapparates für persönlichen Bedarf festgestellt worden sind und dies Verhalten zu "einer Kultur innerhalb der Partei zu werden droht". Dies zeigt, wie schnell die Ansprüche, alternativ zur traditionellen Politik mit Transparenz arbeiten zu wollen, zu leeren Worten werden können. Sh. Gilberto Carvalho, "Ética doméstica", in: Teoria & Debate Nr.19, 3.Quartal 1992. S.40-43.

Haltungen zu den "eigenen" Lösungsmöglichkeiten und der unterschiedlichen Akzeptanz von Lösungsvorschlägen der "organisierten Gesellschaft".

7.4.1. Die semilohnabhängigen Familien

Die Arbeitszeit für die *moradores*-Landarbeiter, die zusätzliches Ackerland bebauen, wird zum Teil durch den Tagesablauf und die Bedingungen der Natur - z.B. Sonnenauf- und -untergang - und zum anderen durch den Arbeitseinsatz der Familie für den Haushalt bestimmt. Dazu zählt der Arbeitszyklus auf den Zuckerplantagen, in dem unregelmäßige Intensität mit unregelmäßiger Entlohnung kombiniert wird[289]. Die ganztägige Beschäftigung ist mit der Nahrungsaufnahme von mindestens ca. 1.400 Kalorien (5-10g Eiweiß) täglich pro Erwachsenem in den ersten Monaten nach der Zuckerernte und bis zu ca. 3.000 Kalorien (40-50g Eiweiß) während der Ernte zu leisten[290]. Der einheimische Spruch heißt: "Man arbeitet, um nicht Hunger zu leiden"[291]. Arbeit ist gleichgesetzt mit der Vermeidung oder doch der Bändigung des Hungers. Die Produktion des *roçados* trägt zur Befriedigung der Ernährungsbedürfnisse der Familie bei, die mit dem mageren Lohn des Landarbeiters auf dem wöchentlichen Markt nicht gedeckt werden können. Alle Interviewpartner bestätigen, daß früher wilde Früchte, Jagd und Fischfang sichere zusätzliche Ernährungsquellen gewesen sind. Sie alle haben die Anbaumethoden für den *roçado* von ihren Eltern gelernt. Arm seien sie, aber sie hungerten nicht, weil sie keine Angst vor der Arbeit hätten; heißt es. "Wir besitzen keinen Komfort. Wasser muß man holen. Spülen und Wäschewaschen können die Frauen nur im Bach. Der Boden von gestampftem Lehm kann von armen Leuten aber sauber gehalten werden" (Int. Nr.3). Der Arbeitseinsatz eines jeden Familienmitglieds über 14 Jahren (oder darunter, wenn sie nicht zur Schule gehen müssen) liegt um ca. 12 bzw. 14 Stunden täglich für Mann und Frau jeweils (um 5-7 bzw. 8-9 für Jungen und Mädchen)[292], wenn die Gesundheit es ihnen ermöglicht.

Um dennoch die Gesundheit der Familie mit dieser immer noch unzureichenden Ernährung[293] auf einem befriedigenden Niveau zu erhalten, ist der Arbeitseinsatz der Frauen und ihre weitgehende Verzichtleistung

---

[289] Siehe 2. Kapitel.

[290] Errechnet mit der Ernährungswissenschaftlerin der Bundesuniversität von Pernambuco - *UFPE*; Frau Emília Perez. Siehe auch Abschnitt 2.1.

[291] "*Se trabalha pra num passá fome*".

[292] Sechs Tage in der Woche; der Sonntag verläuft sehr unterschiedlich von Familie zur Familie. Die Arbeitszeit beträgt bis ca. zur Hälfte der Dauer an anderen Tagen.

[293] Auch wenn sie meinen, daß sie nicht hungern, ist diese Nahrungsmenge unzureichend. Siehe 2. Kapitel.

notwendige Voraussetzung. Ihre Kenntnisse der Essenszubereitung und Vorratshaltung ohne die Konservierungsformen, die z.B. ein Kühlschrank bietet, und ihre Gewohnheit, nur die Essensreste zu sich zu nehmen, nachdem die Kinder und der Mann einigermaßen satt geworden sind, garantieren ihrer eigenen Familie die Kompensation des Lebensmittelmangels in Zeiten des niedrigsten Familieneinkommens.
Arbeit hat für diese Gruppe von Landarbeiterfamilien die Bedeutung von Freiheit und Würde. Sie wissen, daß der Patron sie ausbeutet. Die Kämpfe der Gewerkschaftsbewegung und die von Politikern sollen dazu führen, diese Ausbeutung abzuschaffen. Andererseits, so sagen sie, hätten sie ihre Aufgabe als Arbeiter trotzdem zu erfüllen. Diese Lohnarbeit sei notwendig, um zu dem Geld zu kommen, das man für viele Dinge braucht. Die Monokultur biete dennoch keine Zukunft für das Land und dessen Menschen, weil "man immer mehr volle Zuckersäcke gegen bodenlose Säcke tauschen muß"(Int.Nr.24). "Besser wäre es, alle diese Ländereien für den Anbau gesunder Lebensmittel aufzuteilen" (Int.Nr.6); "man würde gesünder essen, wenn man wüßte, wie die Nahrungsprodukte aus der Natur gewonnen worden wären und wenn sie nicht aus unbekannten Regionen stammten, obwohl es hier Land genug gibt" (Int.Nr.18). "Wenn ich, was das Essen angeht, nur vom Lohn abhängig wäre, würde ich schon als Kadaver herumlaufen, weil alles das, was ich auf dem Markt für die Familie kaufen könnte, sowohl unzureichend als auch ungesund wäre. Ich komme aus den Plantagen nach Hause, und meine Frau wartet schon auf mich mit einem warmen Mahl, für das ich selbst geerntet habe. Ich stehe gesättigt vom Tisch auf, suche die Werkzeuge zusammen und laufe zu meinem *roçado*, und da bleibe ich, bis die Sonne sich versteckt. Ich komme zurück, wasche mich und setze mich wieder zum Essen. Wir hören Radio und spielen gemeinsam mit unserer Tochter. Auch meine Frau kommt ab und zu mit zum *roçado*, geht aber früher zur Hausarbeit. Am Abend helfe ich ihr spülen, und wir gehen ins Bett. Der nächste Tag fängt bald wieder an." (Int. Nr.19)
Es wird also rund um die Uhr gearbeitet. Dadurch ist ihre Freiheit und Würde gesichert. Wenn etwas fehlt, können solche Familien sogar beim Krämer bar einkaufen; dort machen sie keine Schulden. An Kerosin für die Lampe und an Kerzen fehlt es ihnen nicht. Wohl hören sie Radio im Dunkeln, aber wenn ein Besucher (wie ich als Interviewer) kommt, kann man sich schon bei Licht unterhalten. Bei vielen *clandestinos*, wenn sie nicht in der Stadt wohnten und mit Strom beliefert werden, mußten wir unser Interview mit Hilfe meiner eingeschalteten Taschenlampe durchführen. Die Landarbeiterfamilien mit *roçados* können z.B. Verwandte an einem Sonntag oder Feiertag besuchen, d.h., nur die, welche in ziemlicher Nähe wohnen.

> "Die Kinder in São Paulo habe ich einmal in meinen Ferien besucht (...) ja, da habe ich Ferien gehabt. Seitdem ich vors Gericht gegangen bin, gibt mir der

Patron jedes Jahr 20 Tage Urlaub oder zahlt mir dafür. Für mich macht er das schon; er weiß, daß ich zu klagen weiß. Ich könnte mich schon dem verrückten Leben des Südens anpassen, mein Mann nicht. Er war nicht mitgefahren. Nach einer Woche hätte ich schon an Heimweh sterben können. Ich bin auch nie wieder da gewesen. Dafür besuche ich an einem Sonntag pro Monat meine Tochter in Catende." (Int.Nr.27)

Freiheit und Würde bedeutet es auch, wenn sie nicht unmittelbar hungern müssen, wenn einer/eine in der Familie krank ist; sie haben eine kleine Reserve für ein Medikament.

"Wenn sich das dann zu lange hinzieht, muß man schon entscheiden, ob man essen will oder die Behandlung weiter machen kann. Zum Glück haben wir noch Dr. José de Montenegro (...), einen sehr hilfsbereiten engagierten Politiker im Stadtrat Palmares ['der einzige derartige Politiker auf dieser Erde, den ich kenne - wir haben Gott im Himmel und ihn auf Erden, sonst wären wir schon verwüstet', fügte die Frau hinzu]. Dr. Montenegro besorgt uns Medikamente, wenn die Situation zu schwierig ist. Er behandelt uns aber auch nicht wie Tiere; er kennt alle mit Namen, und wir müssen ihm nicht in den Arsch kriechen, um Hilfe zu bekommen. Wenn wir hier im *engenho* einen Halt [Streik] machen, kommt er mit seinem Wagen voller Lebensmittel; dann können wir den Kampf länger aushalten". (Int.Nr.8)

Die wirtschaftliche Unabhängigkeit vom Staat, vom Patron oder irgendeiner Klientel möchte diese Gruppe von Landarbeitern behalten, indem sie tüchtig arbeiten, um zumindest "gut" essen zu können. Dies ermöglicht einigermaßen die Gesunderhaltung des Körpers. Als Gesunder kann man weiterhin tüchtig arbeiten, und wenn man arbeitet und hat seinen eigenen *roçado*, muß man nirgendwo Schulden machen. Wenn man schuldenfrei ist, bestimmt man sein eigenes Leben. "In mein Haus wird nie ein *engenho*-Verwalter eintreten und von mir verlangen, mit ihm ins Bett zu gehen, wenn zwei *clandestinos* der Familie am nächsten Tage Arbeit bekommen sollen." (Int.Nr.5).
Für diese Gruppe haben die Ausdrücke "den Kopf in allen Fällen hoch halten" und "immer in die Augen der anderen schauen können" unaufgebbare Bedeutung für ihre Sozialisation behalten. Der persönliche Machtmißbrauch, der Egoismus und die Ausbeutungssucht der *usineiros* tragen dazu bei, die Gesellschaft in Unordnung zu halten. Die Verpflichtung des Arbeiters ist es, seine Arbeit zu machen, die des Patrons, die Rechte der Arbeiter zu achten. Dies zu erzwingen, soll jeder/jede der Gewerkschaft angehören. Um eine Ordnung zu erlangen, muß man sich organisieren und politisch kämpfen. Eine solche Gesellschaftsordnung soll nicht geschaffen werden, damit die Faulenzer alles auf ihrem Tisch haben, ohne arbeiten zu müssen, sondern sie soll sie motivieren, tatsächlich durch ihre Arbeit zu beschaffen, was sie zum Leben brauchen.
Ihre Ängste kamen zum Ausdruck, wenn sie über ihre Jugendlichen gesprochen haben. Die wollen meistens nicht mehr zum *roçado*. "Ent-

schuldige mich, Marcos, aber ich muß dir sagen, daß die jungen Generationen mit zu viel Freiheit erzogen werden. Sie wollen früh keine Verantwortung für die Arbeit übernehmen. Bei meinen Jungen habe ich große Schwierigkeiten, sie zu überzeugen, zum Haushalt mehr dazuzutun. Das Geld, das sie verdienen, geben sie uns nur ungern, und andere Arbeit, außer der auf den Plantagen, wollen sie nicht leisten. Sie nehmen ihre Freizeit als solche und gehen zur ihren Vergnügungen - Fußball spielen und mit den Mädchen flirten. Ich kann kaum glauben, daß sie eine gute Zukunft vor sich haben werden." (Int.Nr.20).
Diese Kritik am Verhalten der Jugendlichen kann auf der anderen Seite auch als eine Projektion der älteren Generation interpretiert werden, die, obgleich sie durch ihren unermüdlichen Arbeitseinsatz ihre Freiheit und Würde wahrt und gewahrt glaubt, merken muß, daß die soziale und finanzielle Lage sich im Lauf der Modernisierung bzw. Umweltzerstörung weiter verschlechtert. Die Institutionen, besonders die Gewerkschaft, an die sie als "Werkzeuge für die Ordnungsbeschaffung" glauben und gegen deren Vernichtung sie einen Teil ihrer "Freizeit" eingesetzt haben (und einige weiter einsetzen), konnten diese Verschlechterung bis heute nicht verhindern.
Trotzdem war in den Häuschen dieser Gruppe mehr als das zu beobachten, was sie immer als das wichtigste betonen, nämlich daß es genügend zu essen gibt. An den einfachsten Möbelstücken fehlt es ihnen nicht. Geschirr und Betten (sogar in manchen Häusern für einen Gast) waren zwar einfach, aber für die ganze Familie vorhanden. Die meisten empfingen mich in Arbeitskleidung, aber gaben zu verstehen, daß sie vielleicht besseres zum Anziehen im Schrank hätten, und einige zogen sich um, wenn ich sie zum Fotografieren eingeladen habe. Avon-Kosmetika lagen auf einem kleinen Regal unter einem aufgehängten Spiegel um die Ecke. Wenn ich die Toilette benutzen wollte, boten sie mir ein Grube, geschützt mit Häuschen, in dem ich sauberen Boden und Klopapier finden konnte.
Die Beschreibung solcher Details ist von enormer Wichtigkeit gerade deshalb, weil man in der heutigen Entwicklung mit Selbstverständlichkeit dazu neigt, diese grundlegenden Einrichtungen in einem Haus als Muster zu verstehen. In den meisten Häusern von *clandestinos* und anderen Lohnabhängigen waren solche Grundeinrichtungen, wenn überhaupt etwas da war, für die Familie unzureichend. Damit möchte ich zu der folgenden Beschreibung der ethischen Einstellungen dieser zweiten Gruppe von Landarbeitern überleiten.

7.4.2. Die lohnabhängigen Familien

Die Arbeitszeit ist in dieser Gruppe beim männlichen Geschlecht wesentlich kürzer im Vergleich zu der in der anderen: durchschnittlich 6-7 Stunden täglich 5-6mal in der Woche. Die Frauen haben dagegen in der

Regel ähnlich lange zu arbeiten wie die der anderen Gruppe. Dieser Durchschnittswert gilt aber nur, wenn man die Landarbeiter betrachtet, die entweder *fichados* sind oder *clandestinos*, die wegen ihrer handwerklichen Begabungen und Kenntnisse auch während des "Erntelochs" regelmäßig entlohnte Beschäftigung finden. Auch hier kann wegen der Unsicherheit ihrer Situation eine befriedigend exakte Durchschnittszahl für die tägliche Nahrungsaufnahme kaum angegeben werden. Im besten Falle werden 3.000 Kalorien und 40-50g Eiweiß täglich erreicht, und nur dann, wenn zwei aus einer Fünfer-Familie oder drei aus einer Familie von sechs oder sieben Mitgliedern usw. in der Zucker-Ernteperiode voll beschäftigt sind. In der Regel aber wird die Grenze von ca. 1.400 Kalorien und 6-10g Eiweiß in Zweidrittel bis zur Hälfte eines Jahres hier kaum überschritten. Die Motivation für die Arbeit als Landarbeiter ist somit gleich Null. Mit den Ackerwerkzeugen, etwa Hacke und Buschmesser, verbunden ist ihre Perspektivlosigkeit im Leben.

> "Ich bin hier geboren worden, im Zuckerrohr, und ich weiß, daß man von vornherein dann auch hier zu sterben bestimmt ist ... raus von hier? wen wirst du treffen, der nicht weg wollte? Aber was kann man schon in den Städten machen? Verbrecher werden? Und danach von den Kugeln der 'Männer des Gesetzes' sterben ... Ich sage dir, daß ich an das Gesetz glaube sowie an die Versprechung des Patrons und der Gewerkschaft, genauso wie ich dir sage, daß ich Katholik bin. Man sagt das als Fassade, als Schutz, weil, wenn man die Wahrheit sagt, man sehr schnell zum Futter für die Würmer wird... Die freien Arbeitskraftkontraktor [*empeleiteiro* - korrekt *empreiteiro*] sind zum Teil nett, aber sie wollen mit deinem Blut Geld machen und hören nie auf, dich ständig zu erniedrigen. Ich sage dabei nichts, ab und zu lächle ich in ihre Gesichter. Wenn sie mir dann den Rücken kehren, betrüge ich sie auf meine Art: ich tue nur das, was sie davon überzeugt, daß ich meinen Tageslohn verdiene. Wenn manche Arbeitsverwalter von weit her kommen, gehe ich nicht mit. Man hört nur Schlimmes darüber, weißt du, Sklaverei und solche Dinge. Mir knurrt der Magen einen Tag, oft sogar eine Woche lang, aber mit solchen fahre ich nicht. Ich betrüge meinen Magen mit Maniokmehl und Wasser. Aber das macht mir nichts. Ich weiß, daß ich sowieso sterben muß ... Ich wäre gern *fichado* geworden, obwohl ich mir nicht ganz sicher bin, ob ich mich dadurch nicht endgültig in dieser Misere hier festgesetzt haben würde". (Int. Nr. 34)

Schon am Beispiel dieses Interviewpartners ist es möglich, die unterschiedlichen ethischen Einstellungen im Vergleich zu denen der anderen Landarbeitergruppe zu erkennen. Diese Form der entlohnten Arbeit wird eher als eine Art der Bestrafung denn als Freiheit angesehen, weil man nicht glauben kann, seinen eigenen Tod anders erreichen zu können, als immer zu hungern. Unvorstellbar ist, daß das Hungern nicht signifikant sein muß. Die Perspektivlosigkeit aber, die es bedeutet, Landarbeiter zu sein, spielt in dieser Form von Sozialisation die wichtigere Rolle als das Leiden am Hunger selbst. Wenn man zudem eine Familie hat, bedeutet das für Frau und Kinder einerseits die Einbindung in den gleichen Sozialisationsprozeß wie den des Vaters und andererseits eine dauerhafte Spannung innerhalb der familiären Beziehungen, die zum Abbau dieser Perspektivlosigkeit führen könnte. Die Frauen haben es in der Regel schwerer, die hungernden Kinder, die noch nicht einmal die Schule kennen, ansehen zu müssen, weil sie fühlen, daß sie kaum Chancen haben, die Zukunft zumindest für ihre Kinder ein wenig zu ändern. Einigen Eltern macht es dagegen nicht viel aus, ihre Kinder wegzuschicken, damit sie ihren eigenen Überlebenskampf führen. Bei den Familien, die am Rand der Städte wohnen, ist dies ein traumatischer Prozeß. Die Kinder werden nach mehreren Versuchen, auszubrechen wieder in die Familie aufgenommen. Dort müssen sie einen Teil ihres Tages- bzw. Wochen-Verdienstes der Familie zukommen lassen. Deshalb müssen sie sich entscheiden, wo sie besser überleben können oder überleben wollen, in der Familie oder auf der Straße. In den meisten Fällen fallen diese Entscheidungen zugunsten der Straße, wo sie sich "sicherer fühlen und mehr Zuwendung von anderen finden". (Int.Nr. 146) Die formale Gesellschaftsordnung ist hier weiterhin eine unbedeutende Sache; sobald man sie aber für das tagtägliche Überleben braucht, wird sie gesucht bzw. befolgt und von ihr etwas verlangt. Gleichzeitig bleiben die Landarbeiter dieser Gruppe ihr gegenüber mißtrauisch. Es wäre schon besser, wenn die Gewerkschaft, die Politiker, das Gesetz, usw. ihnen entgegenkämen, aber alles das ist weit entfernt von ihnen und ihrem Alltag.

> "Für uns ist alles das, was auf einem Papier steht, ein Nichts. Zuerst verstehen wir sowieso nichts, weil wir nicht lesen können, und auch wenn schon, zu unseren Gunsten ist das sicherlich nicht gemacht worden. Armsein hat keinen Wert. Wenn du zu ihnen gehören willst, muß du uns verachten wie sie. Und es nutzt dann euer Mitleid zu unserer Lage nicht ... Mitleid ist auch so ein Ding wie Verachtung... Die Schweine werden auch gefüttert, wozu? Kannst du mir sagen, wozu denn? Weil sie später geschlachtet werden! Deswegen, wenn einer mir was verspricht, glaube ich dem nie. Ich lachle ihm zu, damit er glaubt, daß ich ihm vertraue. Wenn irgendein Rest dadurch noch auf meinen Tisch fällt, esse ich den natürlich auf. Morgen aber kommt wieder nichts, dann weißt du schon, du bist schon wieder vergessen worden. Das ist die einzige Wahrheit, ich sage es dir, das ist der Lauf der Welt". (Int.Nr.36)

Das Fehlen von Würde und Unabhängigkeit, die keine große Bedeutung im Zusammenhang mit der Reproduktion haben können, wenn um Arbeit und Entlohnung ständig gebettelt werden muß, wird für diese Gruppe der Landarbeiter in kleinen Bars durch unendliche Diskussionen beim Schnapstrinken kompensiert. Um Themen wie Politik, Fußball, Frauen usw. wird auf einer oberflächlichen Ebene unter den Männern gestritten bis hin zu körperlichen Auseinandersetzungen, die mit krankenhausreifen Verletzungen oder gar Todesfällen enden können. In der Stadt Ribeirão (ca. 42.000 Einwohner: *FIPE*) registrierte die Ortspolizei z.B. etwa 10-12 Streitereien wöchentlich in Tanzlokalen und Bars am Stadtrand, die meistens von

Landarbeitern besucht werden. In der Regel gibt es dabei im Monat einen Todesfall zu beklagen. Während des "Erntelochs" der Zuckerrohrproduktion nahmen die Häufigkeit dieser Art von Streitereien um 70 % zu[294]. Das Lächeln ins Gesicht des Patrons wandelt sich hier während der Freizeit - "übergossen vom Schnaps" (*regado em cachaça*) - zur Härte der "eigenen Prinzipienverteidigung", manchmal bis zum tödlichen Ende.
Ein interviewter Gewerkschafter aus der anderen Gruppe der Landarbeiter bezeichnet dieses Verhalten mit dem Wort "*submissão à formas de exploração*"; wenn er einen Schnaps trinken wolle, mache er das lieber zu Hause, zusammen mit der Familie und nicht "verloren in Bars". Er brauche keinen Alkohol, um mit erhobenem Kopf herumlaufen zu können.

> "Solche [s. oben] Vergnügungen sind für den Menschen zerstörerisch. Seitdem ich mich entschlossen habe, eine Familie mit der Frau zu gründen, mit der ich nun 53 Jahre zusammen bin, habe ich sowas nicht mehr gemacht. Dort lenkt man den Klassenfrust gegen die eigenen Kumpels, genau so wie jene Männer [*os homens* - die Patrone] es wollen, weswegen Schnaps [*cachaça*] auch sehr billig ist und er auf dem Markt nie fehlen wird. Ach! ich versichere dir: eine Revolution würde sicherlich passieren, wenn es keine *cachaça* und Tanzlokale mehr geben würde. Dort werden die demütigen Landarbeiter doch nur brav, bis sie mit den Gesichtern auf den Boden fallen, und von dort kriechen sie mit Katzenjammer zum nächsten Ausbeuter hin, der ihnen irgendein Krümelchen anbietet." (Int.Nr.18)

Das Wort *submissão* wird im Deutschen mit den beiden verschiedenen - scheinbar antagonistischen - Wörtern: Unterwerfung und Unterwürfigkeit übersetzt. Das erste ähnelt eher der verbalen Form im reflexiven Sinn "sich unterwerfen" (sich fügen), das zweite entspricht dem Sinn nach "unterwürfiger [kriecherischer] Gesinnung". Vorwürfe im letzteren Sinn machen die *clandestinos*-Landarbeiter denen der ersten Gruppe auch, wenn diese sich für die politische Zusammenarbeit mit den höheren Funktionären der Föderation, Anwälten, Kirchenleuten u.a. Beratern der "organisierten Gesellschaft" unter deren Leitung stellen. Politische Lösungsfindungen und die dafür existierenden sozialen Bewegungen würden eher gemäß den Interessen der Vermittlerinstanzen gesteuert als nach denen der Landarbeiter selbst.
Der gegenseitige Vorwurf von "*submissão*" bleibt an der Oberfläche, auch von der Gruppe her, die gewerkschaftlich engagiert ist und in anderen Bereichen mit tiefschürfenden Gesellschaftsanalysen arbeitet. Die nicht engagierte Gruppe projiziert ihre Wünsche nach Mannestum [bzw. "Würde"] ("*hombridade*") z.B. auf die Wahl und die öffentliche Unterstützung von Politikern, die mit ihrer gewichtigen Stimme "den Tisch

---

[294] Aus: *Livro de Ocorrências da Delegacia de Policia de Ribeirão*. 1991. Die hier zugrunde liegenden Seiten wurden vom Vertreter des Polizeirevierchefs ausgewählt, der seinen Namen hier nicht gern zitiert haben wollte.

umzuwerfen" versprechen wie in den Fällen von Collor de Mello als Bundespräsidenten oder Joaquim Francisco als pernambucanischen Bundesstaatsgouverneur. Und wenn solche Politiker noch gutaussehende Männer sind, bekommen sie auch massive Wahl-Unterstützung von den Frauen hauptsächlich dieser Gruppe[295]. Andererseits tragen die semi-lohnabhängigen und engagierten Landarbeiter das Stigma, zur "organisierten Gesellschaft" zu gehören. Integrativer Bestandteil dieses Stigmas ist die Ablehnung des materiellen Komforts und der "bürgerlichen Ästhetik" als Ganzer durch viele Berater der Vermittlerinstanzen, die ihre eigene Mittelschichts-Wohlhabenheit verbergen, und durch andere, die darüber zwar nicht verfügen, ihre Sehnsucht danach aber in radikalisierten Parolen abzureagieren versuchen.

Die Kluft zwischen den oben differenziert dargestellten Landarbeitergruppen, die der immer noch geltenden Marxschen Klassentheorie nach einer gleichen Sozialstellung zuzuordnen sind, wird zeitweise durch ihre Gewerkschaft und viele Vermittlerorganisationen überbrückt, aber paradoxerweise auch vertieft. Scheinbare politische Unterschiede zwischen den Vermittlern, die zur Aufteilung von Einflußgruppen unter den Landarbeitern führen und auf deren sogenannte Selbsthilfe-Organisationen weiter übertragen werden, haben in einem fragmentierten sozialen und vor allem politischen Bild nicht nur etwas mit politisch-ideologischen Konflikten solcher Akteure, sondern vielmehr mit den persönlichen Interessen dieser Akteure zu tun. Um es konkreter auszudrücken: Mitglieder der Landpastoral-Kommission, der *NGO*s, anderer Entwicklungshilfeprojekte und die Entwicklungshelfer selbst erleben eine Phase, in der ihre Tätigkeiten von

[295] "Die Frauen, die häßliche Männer mögen, wollen für mich nicht glücklich sein. Ich habe Collor gewählt, weil er ein schöner und starker Mann ist... Lula sprach uber Arbeiterorganisation, Opfer und ist so häßlich wie eine bärtige Kröte". (Int. Nr. 22). Collor de Mello wußte von dieser Eigenschaft guten Gebrauch zu machen. In zwei öffentlichen, von Medienforschungsinstituten vorbereiteten Auftritten hatte er z.B. das Anwachsen seiner Unpopularität vorläufig verhindern können. Im ersten Beispiel, als er am 3. April 1991 eine Rede im Bundesstaat Maranhao wegen einer lauten Demonstration der Opposition nicht hatte fortsetzen können, schickte er einen Teil seiner Sicherheitsmänner, die Gegner zu verprügeln, und sagte während der gewalttätigen Aktion: "Mein Vater hatte mir schon gesagt, daß ich 'ein violettes Sexualglied' [*"aquilo roxo"* - Bezeichnung für virile bzw. starke Männer] habe". Ende 1991 streckte er seinen Mittelfinger den im Streik befindlichen Demonstranten des öffentlichen Dienstes während einer jeden Freitag stattfindenden Zeremonie: "das Verlassen des Regierungspalais" entgegen und ließ die Presse dies sogar fotografieren. Während des ersten Falles befand ich mich gerade auf meiner Forschungsreise und habe von vielen Interviewpartnern erfahren, die ihn 1989 gewählt haben und sehr enttäuscht von der Wirkung seiner Rezessionspolitik waren, daß sie dem "Mannestum" Collors bzw. seinem Willen, "Brasilien emporzuführen", spontanen Beifall schenken wollten. "Collor ist ein Macho, und so einen brauchen wir, um unsere Probleme zu lösen. Lula, damals, weinte vor laufenden Kameras. Sowas können wir nicht gebrauchen, obwohl Lula ehrlicher ist". Solche und ähnliche Sätze waren überall unter Collors WählerInnen zu hören.

eifersüchtigem Gehabe wegen unterschiedlichen Lebensstandards beeinträchtigt werden. Unter den Angehörigen verschiedener Gruppen und innerhalb der Organisationen selbst wird neidisches Verhalten des Wohlstands wegen, durch organisatorisch-politische Meinungsverschiedenheiten verdeckt. Vom besseren Wagen dieser oder jener Organisation bis hin zu harten Einzelkämpfen um Stellen wegen Verknappung von Projektgeldern und komplexen Streitereien zwischen ehrenamtlichen und unterbezahlten Angestellten einer Pastoral usw. beeinflußt alles die Arbeitsformen der Vermittlerinstanzen mit den Landarbeitern und ihre staatliche gewerkschaftliche Organisation. Diese bemerken - nicht immer sehr deutlich bewußt - die hintergründigen Motivationen vieler Streitereien und fahren ihrerseits auf ihrem finanziell dürftigen bzw. miserablen Niveau fort, solche persönlichen Konkurrenzkämpfe zu reproduzieren, was zu weiteren Fragmentierungen führt.
Eine Ausnahme bilden die *clandestinos*-Landarbeiter, die in dem Zustand als nicht-registrierte Landarbeiter bleiben wollen, weil "es ihnen relativ gut geht" und sie sich so als "freie Menschen" fühlen können. Zwei von dreizehn Interviewpartnern, die am Stadtrand als *clandestinos* wohnen, haben diese Einstellung zum freien Arbeiten geäußert. Es geht hier nicht darum, eine Form von Freiheit und Überlebenskreativität innerhalb einer so unsicheren finanziellen bzw. sozialen Lage zu romantisieren. Hinter solch einer Einstellung steht die Tatsache, daß diese beiden, die während der Zuckerernte Landarbeiter sind, während zahlreicher Migrationsversuchen in die Großstädte unterschiedliche handwerkliche Begabungen haben erwerben und entwickeln können. Dort als Maurer, hier als Installateur, da als Elektriker behaupten die beiden, immer Beschäftigung finden zu können, wenn sie eine solche benötigen. Die Entlohnung sei zwar nicht immer fest und sicher, weil die Interviewpartner auch keine anerkannte Ausbildung für irgendeine Registrierung solcher Tätigkeiten besitzen. Sie sagen aber, daß solche Dienste sowohl auf dem Land wie in der Stadt in großem Maße gesucht seien. Arm seien sie schon, aber hungern, wie viele ihrer Kumpel, müßten sie nicht. Diese beiden Fälle sind hier als Differenzierungsversuch wichtig, einerseits, um noch einmal die Fragmentierung unter den Landarbeitern zu verdeutlichen. Andererseits zeigen sie mit den speziellen Formen ihrer Überlebenssicherung, der vorherrschenden Perspektivlosigkeit dieser so sehr marginalisierten Sozialschicht in Brasilien zum Trotz, daß es positive Möglichkeiten zur Selbstbehauptung gibt.

7.5. Landarbeitergewerkschaften im *Sertão*. Fallbeispiel des Stadtkreises Ouricuri.

Ouricuri ist eine Stadt des pernambucanischen *Sertão* (632 Km von Recife; Höhe 451 m) mit ca. 75.500 Einwohnern, von denen ca. 57.400 auf dem

Land leben. Das Stadtgebiet ist 5.021 Km^2 groß (ca. zweimal die Fläche des Saarlandes - 2.571 Km^2), dem eine dünne Bevölkerungsdichte von ca. 12,5 Einwohner/Km^2 entspricht[296]. Die Fläche des Wassereinzugsgebiets entspricht der des Stadtterritoriums, das von zwei Flüssen - São Pedro und São João (Nebenflüssen des Rio São Francisco) - durchquert wird. Sie haben in diesen Stadtgrenzen jeweils fünf bzw. sechs Nebenflüsse oder -bäche, die teilweise (September-Dezember) austrocknen, wenn der Grundwasserspiegel sich während der niederschlagsfreien Periode zu schnell absenkt. Nach offizieller Statistik lagen die Niederschlagswerte der Stadt im guten (Regen-)Jahr 1987 bei 699 mm. mit einer Durchschnittstemperatur zwischen 22,8° (Jun.) und 28° Celsius (Okt.), was die Verdunstungshöhe nach oben treibt. Die Niederschlagswerte, soweit sie in einigen der zehn Landgemeinden von Ouricuri regelmäßig gemessen wurden, verzeichnen im gleichen Jahr große Variationen von einer Gemeinde zur anderen (z.B. in Jatobá 288,5 mm, in benachbarten Bezerro 459,6 mm)[297]. Ein sehr schlechtes (Regen-)Jahr ist, wenn die Niederschlagswerte allgemein im Stadtgebiet unter 200 mm liegen. Schlimmer noch ist, wenn dies mehrere Jahre hindurch (wie 1990-91) geschieht, wann das Wasserspeicherungsvermögen für die Landwirtschaft unzureichend ist und die Wasservorräte in den ausgehobenen Gräben für viele dieser Landgemeinden nicht einmal für das Trinkwasser ausreichen (Int.Nr.40, 52-116).

> "In diesen harten Trockenzeiten überleben, wie ein volkstümlicher Spruch heißt, nur Großgrundbesitzer und Eidechsen" (Int.Nr.79).

Die Trockenheitsphänomene sind chronisch und allen Einwohnern des *Sertão* bekannt (Int.Nr.79, 81, 84 usw.). Haroldo Schistek, ein Schweizeragraringenieur, der seit ca. 20 Jahren im Nordosten lebt, die Bedingungen des Semiarides für die Landwirtschaft erforscht und Schulungen für Kleinproduzenten in Rahmen der Pastoralarbeit der Diözese Juazeiro(BA) anbietet, sagt dazu in einem Gespräch am 17. Juli 1991:

> "Aber Wasser ist doch da. Im Regen, in den Flüssen, auch in tiefen unterirdischen Brunnen findet man genügend Wasser, zumindest, um die katastrophalen Folgen der letzten Dürre, präziser ausgedrückt, zu mindern, wenn es eine Wasserhaushaltspolitik gäbe, die einerseits der ökonomischen Ressourcenkonzentration dieser Gesellschaft nicht folgen und die andererseits den Umweltbedingungen dieser Region angepaßt werden würde...
> Natürlich machen solche niedrigen Niederschlagswerte den Ackerbau unmöglich, wenn keine Bewässerung erfolgt. Man weiß auch aus Erfahrungen wie z.B. in Kalifornien - USA, daß eine systematische Bewässerung mit Beregnungsanlagen den Boden wegen Versalzung schnell zur Wüste macht. Wenn der Regen gänzlich fehlt, können bestimmte Bewässerungstechniken eingesetzt

[296] FIPE 1991: AEPE 1988: Estimativa da População Residente. S. 56 und IBGE 1992: Censo 1991: Resultados Preliminares.

[297] FIPE 1991: AEPE 1988: S. 35 37.

werden, die durch aus den dem natürlichen Wasserkreislauf entnommenen Vorräten ermöglicht werden und für Kleinproduzenten am geeignetsten sind. Solche Bewässerungstechniken kosten ein Fünftel des Preises pro Hektar für eine Beregnungsanlage (ca. 30.000 US-Dollar), die normalerweise am Fluß São Francisco durch die staatlichen Behörden (*CHESF*, *CODEVASF*) für die großen Agroindustrien mit hohen Subsidien installiert werden. Die Probleme dieser kostengünstigen und für Kleinproduzenten geeigneten Bewässerung sind technisch längst gelöst und wirtschaftlich sinnvoll. Sie würde aber die sozialen Strukturen des *Sertão* umwandeln und der sogenannten Trockenheitsindustrie ein Ende setzen. Also gibt es tatsächlich kein politisches Interesse, die Kleinproduzenten (*sertanejo*) aus der Misere zu holen...
Mit Trockenheitsindustrie ist gemeint, daß die ländliche Bevölkerung des *Sertão* sich z.B. in Trockenzeiten fügsam gegenüber der Despotie lokaler Machthaber verhalten muß, um auch nur Zugang zum Trinkwasser aus den mit öffentlichen Geldern gebauten Wasserreservoiren und den von der Behörde verteilten Tankwagen zu erhalten." (Int.Nr.162)

Obgleich der mit den Bedingungen des *Sertão* sehr vertraute Agraringenieur sich eher auf Bewässerungstechniken für das Gebiet am Ufer des Flusses São Francisco bezieht, gelten seine Analysen des Wasserhaushalts und der politischen Mißbräuche in Zusammenhang mit dem Wassermangel in Trockenzeiten auch für den nördlicher gelegenen Stadtkreis Ouricuri. Die veröffentlichten Bücher des katholischen Werks *IRPAA* der Diözese Juazeiro-BA, das er seit deren Gründung koordiniert, weisen durch vereinfachte Schrift- und Bildsprache auf einfache Methoden für die Landwirtschaft hin, unter anderem darauf, wie man z.B. Regenwassersammlung von den Hausdächern in Zisternen konzipiert bzw. solche Anlagen selbst bauen kann usw. Also wird nicht nur seitens dieser Diözese über die sozialen Abhängigkeitsstrukturen im *Sertão* aufgeklärt, sondern es werden auch durch Erfahrung gewonnene Agrartechniken vermittelt, durch die Kleinproduzentenfamilien ihre Selbständigkeit aufbauen könnten.
Dieses Engagement der katholischen Kirche hat mit der Entwicklung in den 50er und 60er Jahren des 20. Jahrhunderts zu tun, wie sie in dieser Arbeit behandelt wurde[298].
Die Nachbardiözese von Juazeiro(BA) nördliche Petrolina(PE), zu welcher der Stadtkreis Ouricuri(PE) gehört, versuchte unter dem Bischof D. Geraldo 1978, auch ihre Evangelisationsarbeit mit Selbstbewußtseinsbildung zu verbinden. Die Enzyklika "Mater et Magistra" sowie die Verlautbarung der Generalversammlung des Lateinamerikanischen Episkopats (Sh. Ab. 6.1) inspirierte dann die Gründung der Evangelisationsbewegung (*Movimento de Evanzelização - Encontro de Irmãos*) der Diözese Petrolina(PE). Diese Bewegung sollte in den Städten und auf dem Lande wirksam werden, um die Menschen des *Sertão* dazu zu motivieren, ihre Würde

[298] Sh. 4., 5. und 6. Kapitel.

wiederzugewinnen und die ungerechten Sozialstrukturen zu verändern (Int.Nr.78, 82, 161).

"Die Kirche, die das menschen-zerstörerische Vorgehen der Kolonisatoren dieses *Sertão* zumindest legitimiert, sollte ihre Pastoralarbeit dafür einsetzen, die zerstörten Lebensgrundlage wieder zu restaurieren, statt auf der Seite der lokalen Machthaber zu stehen. Die *Cariris-indios* nannten einen Palmbaum Ouricuri, der als sehr resistent gegen die Trockenheit gilt. Sie konnten früher trotz Dürre in diesem Gebiet durch aus leben, warum müssen die *sertanejos* (Menschen des *Sertão*) bei Dürre immer abwandern oder an Hunger sterben? Die Bibelarbeit sollte nun dazu dienen, diese Menschen zu befreien und autonom zu machen" (Int.Nr.161).

Der Bischof von Petrolina bildete dann eine *equipe* (Arbeitsgruppe), unter anderen mit João Genésio und Abdalaziz Moura, die die Evangelisationsbewegung vorantreiben und auch den letzten Winkeln dieses Gebietes erreichen sollte (Int.Nr.78). Die Veränderung, die die Arbeit der *equipe* bewirkt hat, kommen in den folgenden Äußerungen von Interviewpartnerinnen und Interviewpartnern neu zum Ausdruck:

"Ich war eher ein Intellektueller. Ich hatte sogar drei Jahre in Rom studiert und mich später in Recife unter D. Helder Câmara weiter mit dem Thema der evangelikalen Sekten beschäftigt, während ich dort Basisarbeit machte. Dann ging ich in den *Sertão*. Dort, in der Diözese, lernte ich João Genésio kennen. Er kam aber aus der Kleinbauernschaft, aus dem Bundesstaat Paraíba. Wir zogen in die Landgemeinden, und wegen der Entfernung übernachteten wir bei den Leuten. Ich habe sehr viel über das Leben mit ihnen gelernt... Wir sprachen über die Bibel, aber auch über Vermarktungsformen, Transport usw... Ouricuri hatte schon eine Landarbeitergewerkschaft (*STR*), die aber in den Händen von *pelegos* war und unter Kontrolle der Großgrundbesitzer stand, die Genossenschaft ebenso. Wir wollten mit den Leuten nicht nur über die Bibel reden, sondern mit ihnen die Formen diskutieren, um Autonomie zu erreichen. Die Ortsverbände und Genossenschaften sollte man schon organisiert von den *pelegos* übernehmen" (Int.Nr.161).

"Damals kamen Moura und João, um uns die Augen über die Situation zu öffnen. Dann sammelten sich in den Landgemeinden Gruppen, die zum Kämpfen bereit waren. Hier in Ouricuri bildeten wir eine Oppositionsliste, und bei der Ortsverbandswahl des *STR* kippten wir die Arschkriecher der Großen aus der Landarbeitergewerkschaft raus" (Int.Nr.56).

"Ich finde sehr gut, daß der Bischof Leute zu uns geschickt hat, die uns durch Gottes Wort auf Gerechtigkeit aufmerksam gemacht haben. Ich habe früher an allen Festen der Kirche teilgenommen, sogar sie mitgestaltet. Aber in der *equipe* der Diözese sah ich eine Mission für mich. Wenn wir litten, hatten wir zu Gott zu beten, und die Großen (lokalen Machthaber) nützten unsere Leiden aus. Wir beugten den Kopf noch tiefer und warteten auf die Hilfe des Himmels. Danach war es mir klar, daß wir auf Erden um Gerechtigkeit kämpfen müssen, um uns selbst Christen nennen zu dürfen" (Int.Nr.52).

"Ich gehe nicht mehr in die Kirche, weil Priester, Laien und Ministranten statt über Gott und Himmel über Gewerkschaft und schlechte lokale Politiker sprachen. Ich fand das zu viel, eine Sünde. Da gehe ich deshalb nicht mehr hin" (Int.Nr.57).

"Die beiden (Moura und João Genésio) haben mich von vornherein zu Treffen in Recife eingeladen. Die Fahrtkosten übernahmen sie; das fand ich komisch. Dann allmählich merkte ich, daß es sich um eine Untergrundorganisation (*MER - Movimento de Evangelização Rural*) handelt, die ihre und unsere politische Meinung steuert... Das fand ich absurd: die Maschine der Kirche zu benutzen, dennoch eine andere Organisation aufzubauen. Sie wollten weiter innerhalb der Kirche Geld verdienen usw., aber die Basisgruppen in Ouricuri sollten sich von der Kirche Autonomie verschaffen. Moura, ein Intellektueller, wollte sich fester an die Institution halten, während João Genésio, der über das ganze Gebiet mehr Kontrolle hatte, immer an der Grenze der Konfrontation war...
Ich habe bis zu meinem Hals in *MER* gesteckt, mein Lebensunterhalt zusammen mit dem der Familie war anders als im Fall der beiden mit der Produktion des Hofs gesichert worden. Als ich merkte, daß sie die Basisgruppen der Region hier zu dieser Organisation ablenken wollten, ging ich zu dem Bischof D. Paulo, denn mittlerweile war ja ein anderer Bischof in der Diözese Petrolina - D. Geraldo befand sich in Patos. Ihm, D. Paulo, erzählte ich alles das, was ich wußte. Er instruierte mich, weiter bei *MER* zu bleiben, um alle möglichen Informationen herauszubekommen. Unmittelbar darauf reagiert er auch: mit den Priestern Pedro Paulo, Norberto, später Adriano und Bruno und den Schwestern Elvira, Idalina und Socorro fing er an, die Arbeit der beiden zu überwachen, um später eine neue *equipe* bilden zu können. Die *equipe* sollte dann *Pastoral Rural* (Landpastoral) genannt werden, die unter direkter Leitung des Bischofs stehen sollte. João Genésio und Moura wurden aufgefordert, erst die Sache zuzugeben, danach ihre Untergrundorganisation zu verlassen und von nun an der neuen *Pastoral* zu dienen oder zu gehen. Sie haben die Sache nicht schnell zugegeben und sind herausgeflogen. Moura ging, ohne viel Widerstand zu leisten. João Genésio blieb und versuchte, die Landgemeinden zu sich herüberzuziehen. *Padre* Pedro Paulo hat in Recife gewohnt und verstand also die Sache sehr gut. Er hat es immer verstand, die beiden so gegen die Wand zu drücken, bis sie sich offenbarten. *Padre* Adriano und Pedro Paulo besuchten die Leute der Gemeinden, um sich über die Lage zu erkundigen und ihnen Mouras und Genésios Absichten zu erläutern" (Int.Nr.79).

Padre Adriano bezeugte mir persönlich in einem Gespräch:

"Ich ging, die Familien zu besuchen und ihnen zuzuhören. Dort hörte ich nur Schlimmes über die beiden. Welchen Mißbrauch haben die beiden mit der Kirche getrieben" (Int.Nr.82).

"Einmal kam *Padre* Paulo zu mir, das war sehr schön. Früher hörte man, daß ein Pfarrer nur die Großen besuchte. Aber er erzählte böse Sachen über Moura und João, an die ich kaum glauben konnte... Z.B., daß sie zu einer atheistischen Organisation gehörten. Moura schien mir wie ein Heiliger, wenn er über die Dinge der Bibel sprach. Nein, ich kann es kaum glauben" (Int. Nr. 52).

Moura äußerte sich über seine Ansicht so:

"Ich bin dahin gegangen um nur drei Jahre zu bleiben; es wurden dann sechs, fast sieben. 1984 befanden wir uns in einer Evaluationszeit, die plötzlich von dem Bischof unterbrochen wurde. Man hat uns Vorwürfe wegen unserer Arbeit gemacht. Dann entschied ich mich dafür, meine Arbeit in der Diözese Petrolina zu verlassen. Die neue *equipe* hat uns beschimpft, gleichzeitig aber alle Strukturen übernommen, die wir aufgebaut haben. Ich möchte, daß die Leute autonom werden, denn *equipe* kam, *equipe* ging, und die Bewohner müssen dort arbeiten, produzieren und leben, ohne ein Gehalt von der Kirche oder ein Projekt für ihr Unterhalt zu bekommen. In Ouricuri, Exu, Bodocó, Petrolina... ich glaube, in Araripina war nur noch eine Oppositionsgruppe der Gewerkschaft. In allen anderen Stadtkreisen dieser Diözese ließen wir kämpferische Leute in den Ortsverbänden der Landarbeitergewerkschaft. Diese Leute hatten Beziehung zu den Gemeinden, die wir betreuten. Sie waren gut z.B. bei dem Kampf für Rentengeld älterer Menschen. Die neue *equipe* wollte jedoch unsere Köpfe; sie haben uns gewaltig verfolgt. Wir wurden zu Verdammten" (Int.Nr.161).

"In der Landgemeinde Passagem da Pedra gehören die Leute immer noch dem Herzen nach zu João Genésio. Wir haben echte Schwierigkeiten mit der *equipe* der *Pastoral Rural*, dort einzudringen... João Genésio war nicht wie Moura. Er war von *MER*, doch, aber von einem Flügel, der später eine breite Basis im Zuckerrohrgebiet gefunden hat. *Corrente Sindical Independente* heißt er, syndikalistisch, zentralistisch, stalinistisch und etwa anarchistisch, weil seine Anhänger immer von Nicht-Beteiligung an offiziellen Wahlen für das Parlament usw. sprachen. Komisch, trotzdem versuchen sie die offiziellen Gewerkschaften zu erobern. Moura stritt sich mit Genésio z.B. 1982, als Parlaments- und Bundesstaatswahl war. Moura unterstützte die Politiker Marcos Freire und Monsueto de Lavor, Senatskandidat der *PMDB*, während Genésio das Annulieren des Stimmzettels verteidigte. Die Gemeinde Santa Filomena stand hinter Moura und Passagem de Pedra hinter João Genésio. Auch sie haben also für Spaltung unter den Leuten gesorgt und nicht nur wir. Nach der Versammlung der Diözese Ende 1984 entschlossen wir uns zur Gründung der *Pastoral Rural* ab 1985 mit einer neuen *equipe*. Wir hätten die beiden nicht so kritisieren sollen, wie es getan wurde. Keine Basisgruppe ist seitdem neu gebildet worden, einige haben wir sogar verloren...

Durch ein Projekt bei Misereor haben wir eine größere *equipe* als damals zusammenstellen können, zwei DED-Techniker kamen dazu. Wir haben in der Tat nur verwaltet, was Moura und João Genésio hinterließen. Das muß ich schon zugeben...

Natürlich hat unsere neue Arbeit an Qualität gewonnen: Gesundheits-, Frauen-, Wirtschafts- und Agrarberatung. Richtige Gemeinschaftsgefühle unter den Leuten sind aber nicht immer zu spüren. Vielleicht sollten wir die Streitigkeiten der Vergangenheit vergessen und sachlicher arbeiten...

João Genésio ist Gewerkschafter in der Waldregion - Nazaré da Mata (PE) geworden. Moura ist, glaube ich, heute bei *Pró-Rural* mit einem katastrophalen Zwischenaufenthalt bei *CECAPAS* (*Centro de Capacitação e Acompanhamento*

> *a Projetos Alternativos*[299]), einem Zentrum für Landwirtschaftliche Schulung der Bischofskonferenz. Der Leiter dort war *Padre* Crespo... derjenige, der bei der Gründung der Landarbeitergewerkschaft in den 60er Jahren entscheidenden Einfluß hatte und dem heute vorgeworfen wird, daß er damals zusammen mit der *CIA* für den Militärputsch gearbeitet hatte.
> Als ich die Koordination der *equipe* erst nur für den Stadtkreis Ouricuri übernahm, hatten wir einen selbständigen Radiosender und ein Übergangsprojekt bei Misereor, CRS und OXFAM (1985-86), das zwischen 1986-91 entschlossener von Misereor weitergetragen worden ist. Ich weiß es nicht, ob es 1992 weiter finanziert wird. Wir entschlossen uns, die Arbeit in andere Gebiete der Diözese zu expandieren und uns auch um städtische Bereiche zu kümmern" (Int.Nr.78).

Die Konflikte zwischen alter - *Movimento de Evangelização Encontro de Irmãos* - und der neuen *equipe* - *Pastoral Rural* - schienen während der Interviews noch keineswegs öffentlich verarbeitet zu sein. Die Parteien äußerten sich in der Regel in einer Bandbreite, die von bedauernd bis zu harten gegenseitigen Vorwürfen reichte, oder es herrschte Stille. In Ouricuri, wo die Basisgruppen der Kleinproduzenten deutlich Abhängigkeiten von den verschiedenen Instanzenträgern zeigten, wurde die *equipe* der *Pastoral Rural* durch die Zahl der Mitglieder verstärkt, die sich von Petrolina dorthin begaben.
Im politischen Jargon heißt es, diese "Hexenjagd" sei aber von den besonders Betroffenen innerhalb der Basisgruppen verdrängt worden. Bezüglich des schwierigen Übergangs von einer zu anderer *equipe* antworteten nur wenige nach beharrlich wiederholender Befragungen. Zu beobachten war, daß viele versuchten, sich an die neue Situation eher konfliktfrei anzupassen.
Der durch die neue *equipe* an der alten geübte Kritik hörten die ländlichen Bewohner stumm zu, obgleich sie dieser nicht völlig zustimmen würden. Die gewählten Vertreter des Ortsverbandes behaupten, den Weg zum kämpferischen Syndikalismus weiterhin zu verfolgen. Ihnen fehlt aber das Instrumentarium politischer Strategien und Handlung auf Stadtkreis-, Bundesstaats- und Bundesebene - um sich jeweils mit der Föderation, Konföderation und den Dachverbänden selbständig vertreten zu können.
Um die Landarbeitergewerkschaft von ihrem staatlichen Kurs (des *assistencialismo*, des *peleguismo* - Sh. 4. Kap und Ab. 5.2) abzubringen, hatten die unter Einfluß der Diözese politisch herangebildeten Kleinproduzenten sich engagiert. Wenige aber haben das hegemonische, durch die politische Bildung übermittelte Gesellschaftsbild nun flexibel in Richtung auf eine eigene, mit ihnen selbst übereinstimmende Lösungsfindung umwandeln können.

[299] "Zentrum für Befähigung und Begleitung alternativer Projekte". Unterlag der Brasilianischen Bischofskonferenz (*CNBB*), und 1984-89 lief es hauptsächlich mit Projektgeldern von Misereor.

"Die Ortsverbandsmaschinerie gehörte den Arbeitenden auf dem Land und nicht den Blutegeln und ihren Arschkriechern, wie es in vielen Städten des Landesinneren der Fall ist. Nun, was konnten wir schon damit anfangen. Politisches Organisieren verlangt Erfahrung, von der wir zu wenig hatten. Sogar einen Forderungsbrief an die Regierung des Bundesstaats, um Unterstützung für die Produktion der Kleinproduzenten zu verlangen, konnten wir nicht allein schreiben. Da sind wir noch auf die Hilfe der *Pastoral* angewiesen...
Wenn wir zu Versammlungen oder Treffen der *FETAPE* und der *CUT* fuhren, versuchten wir, bei den guten Leuten zu sitzen, die weder den *pelegos* noch den linken organisierten Tendenzen angehörten; also nur bei denen, die uns durch die Kontakte der *Pastoral Rural* vorgestellt wurden" (Int.Nr.74).

Andererseits muß dabei eine Inkongruenz beobachtet werden: Die Kirche als Institution hat natürlicherweise ihren Status zu schützen. Freigesetzte politische Energien der Kleinproduzenten, die in diesem Prozeß den Interessen der Kirche auch auf lokaler Ebene entgegenstehen, müssen von ihr und ihren engagierten Laien bekämpft werden. Dies führt zu Streitigkeiten untereinander, die Gelegenheiten zu lebenswichtigem lokalem Solidaritätsaustausch im Alltag der Landgemeinden verhinderten. Die Existenz wird in manchen Fällen unträglich durch die zerbrochene Bindung, weil propagierte Absichten, das Leben für alle besser zu machen, durch die Art ihrer Durchsetzung oft eher Interessenkonflikte bewirken.
Die Kleinproduzenten in Ouricuri, die nur geringe Befähigung für Verwaltung und Führung besaßen, um so die neue, für sich gewonnene Institution - nämlich den Ortsverband der Landarbeitergewerkschaft - zur Selbsthilfeinstanz zu machen, wurden sich nicht immer bewußt, wie sehr sie sich im Verhältnis zu den Vermittlungsinstanzen an neue, lokal entstandenen Abhängigkeitsstrukturen anpaßten. Die neuen Abhängigkeiten stammen nun aus anderen Motivationen und von anderen Trägern, jedoch reproduzieren sie Elemente der Abhängigkeit von lokalen Machthabern.

"Nach meiner Meinung haben wir durch unsere Arbeit mit den Landbewohnern in Ouricuri viel von den patriarchalischen familiären Strukturen unbewußt unterstützt. Die Basisgemeinden sollten für diese Menschen zur Alternative gegenüber der Macht lokaler *clan*-Chefs (*coronel*) werden; bis 1986 aber gehörte die Verteilung von bestimmten Gütern zu unserer Praxis. Dies sollten selbstverständlich zu deren Unabhängigkeit beitragen... Dann gab es viele Projekte, z.B. São Vicente, durch die wir den aktiven Gemeindemitgliedern einen Häcksler, Saatgut, Maschinen für *casa de farinha* vermitteln konnten. Lange Zeit haben wir es nicht bemerkt, daß diese bloße Verteilung einer sehr engstirnigen Sozialanalyse entsprach. Unter den Kleinproduzentenfamilien gab es zahlreiche Konflikte aufgrund des Umgangs mit diesen Gütern. Diese Konflikte haben wir bei unseren gelegentlichen Besuchen bei den Leuten nicht registrieren können. Noch weniger haben wir es registrieren können, daß durch hektische Besuche irgendeines Mitglieds der Basisgruppe eine gesteigerte Wut zwischen den Streitenden ausgelöst wurde. Also fehlte uns eine ernsthaftere sozio-ökonomische Analyse der Umgebung, damit wir mit unserer Pastoralarbeit nicht zerstörerisch auftreten. Um die Leute aus ihren familiären und persönlichen Konflikten herauszuholen, müssen wir sie mit Engagement für

externe Kämpfe motivieren. Auch mehr Autonomie in der Ortsverbandsaktion muß geschaffen werden. Der zu starke Einfluß der *Pastoral Rural* muß abgebaut werden. Sie müssen ihre Vorschläge selbst definieren können, so daß wir - Berater, Unterstützer usw. - uns überflüssig machen können ...
Ob die ganze *equipe* so denkt, ich weiß es nicht, es gibt aber eine Bestrebung dahin, obgleich meine Familie und ich den *Sertão* bald verlassen werden, um in der Umgebung von Recife zu arbeiten. Nach Mouras Weggang bin ich schon fünf Jahre hier und verschlissen. Das Projekt bei Misereor geht bald zu Ende. Hinter der Fortsetzung steht eine Fragezeichen, so fange ich mit Beratung der Basisgemeinden irgendwo anders an, wo man mich auch gebrauchen kann" (Int.Nr.78).

"Also dann, nach der schlimmen Verfolgung innerhalb der Diözese, landete João Genésio in der Waldregion, und ich wurde eingeladen, das *CECAPAS* zu koordinieren. Dieses Zentrum wurde schon 1984 in Pernambuco durch die *CNBB* formiert, aber ich bin erst Ende 1985 dort eingetroffen, weil ich nach der großen Konfusion in Ouricuri Urlaub mit der Familie genommen habe ... Ich bin mehrmals nach Ouricuri zurückgefahren. Einmal traf ich auf dem *sítio* einer *companheira* aus der Diözese-Petrolina-Zeit ein. Er sah verlassen aus. Mais wuchs inmitten des Unkrauts. Ich fragte sie, warum ihr *roçado* keine Pflege mehr gehabt hätte. Sie antwortete mir, daß sie keine Zeit dafür gehabt habe. Dann fragte ich, was sie und die beiden Kinder zu essen hätten, ach ich schämte mich, ihre Antwort hören zu müssen. So eine intelligente Frau mit Land hungerte, weil sie zu Treffen der *Pastoral Rural*, der Basisgemeinde, der Gewerkschaft, der Arbeiterpartei gehen mußte und dabei nicht zum Produzieren kam. Die Organisationen, gerade solche, die nicht direkt von der Agrarproduktion abhängig sind, kennen keinen politischen Kalender, der die politische Betätigung in den ländlichen Produktionsprozeß miteinbezieht ...
Auf diese Weise habe ich gemerkt, wie falsch wir damals mit den Kleinproduzenten umgegangen sind. Während unserer Pastoralarbeit in der Diözese von Petrolina sprachen wir schon mit den Leuten über die Wichtigkeit eines Pfluges, des Konturpflügens, der rationalen Vermarktung der Überschüsse usw. Ja, aber was verstanden wir davon? Wenn ich eine Bilanz ziehe, sprachen wir eigentlich mehr über die Sache der Kirche und der Politik. Mit der konkreten lokalen Wirtschaftssituation der Leute setzten wir uns nur wenig auseinander, und wenn, dann eher mit politischen Parolen. Ab und zu konnten wir einen Pflug dorthin, einen Häcksler dahin verteilen, aber was macht schon das im Ganzen? Gar nichts ... Als ich bei *CECAPAS* war, habe ich ein Praktikum bei katholischen Bauernorganisationen in Frankreich gemacht. Dort habe ich eine Menge gelernt, z.B., daß die lokale Führung aus den Kleinbauern gewählt wird, die die erfolgreichsten Produzenten sind. Hier war es umgekehrt; die Führung stammte aus denen, die am meisten bei Treffen und beim Organisieren sind und kaum Zeit haben, ihre eigene Nahrung zu produzieren ... In der Phase bei *CECAPAS* habe ich mir die Dinge angeeignet, die ich damals in der Diözese Petrolina hätte wissen müssen; als wir finanzielle Mittel, Autos, Radiosender, gute Mitkämpfer hatten, dann hätte ich effektiver den Bauern helfen können. Vom diesem Zeitpunkt an habe ich mein Leben verändert. Ich wollte Lebenserfahrung gewinnen, die zählt jetzt bei mir. Viel habe ich dann über unsere Arbeit in Ouricuri nachgedacht. Meine Arbeit mit den Kleinproduzenten hatte mit Dingen zu tun, die eine mehr moralische, ideologische, religiöse, politische

Basis hatten. Die Arbeit erfüllte viel mehr eine Funktion für die Kirche, z.B. für das Organisieren. Dann haben wir den Bauern die Dinge der Bibel nahegebracht. Wir motivierten Aktivitäten, die viel mit der Gesetzgebung zu tun hatten. Diese Gesetzgebung, ach mein Gott im Himmel, die die Landarbeitergewerkschaft steuert. Zu der Gewerkschaft haben wir die Leute gebracht. Eine Befähigung für die wirtschaftliche Basis, ach das war zu wenig ... Bei *CECAPAS* hatte ich die Chance, darüber zu diskutieren, sie zu analysieren. Meine ganze Haltung den Kleinproduzenten gegeüber habe ich geändert, verstehst Du, meine ganze Haltung: welche Themen ich mit ihnen bespreche und dic Formen, die ich dabei anwende usw. ... Wir haben dann angefangen, Agrartechniken zu vermitteln. Es gab so was wie eine Wochenübung mit Bauernfamilien, bei der man sich mit den konkreten Dingen der Landwirtschaft beschäftigen konnte ...
Diese Arbeit hat sehr viel an Bedeutung gewonnen, und wir machten damit weiter. Als wir 1988-89 mit der Evaluation des *CECAPAS* anfingen, um ab 1990 eine Vertragsverlängerung bei Misereor zu beantragen, löste das eine ganze Serie von Problemen aus: zwischen dem Direktor des *CECAPAS* (Paulo Crespo), der Misereor und dem lokalen Bischof; Probleme mit der Verwaltung, Probleme mit schlechten Informationen, die ein Techniker des *DED* verbreitete. Dieser Mann des *DED* hat nur Konfusion angerichtet, so daß wir ihn dem *DED* haben zurückschicken müssen, weil er ein sehr problematischer Kerl war. Er hat geschworen, einen Prozeß gegen uns einzuleiten (Lachen), um uns zu vernichten. Also, bei solchen internen Problemen, hatte derjenige, der außerhalb dieser Tratscherei stand, damit begonnen, unserer Arbeit zu mißtrauen. Wir haben keine große Beachtung darauf verwenden wollen. Der Vertrag wurde schließlich nicht verlängert. 1989 blieb nur Geld, um die Gehälter zu zahlen und einige geplante Übungen zusammen mit den Bauern durchzuführen. Wir wurden kritisiert, daß wir technizistisch wären und keine politischen Ideen hätten - in Deutschland sprach man sowas über uns, obgleich niemand von denen bei *CECAPAS* vorbeigeschaut hatte; wir erhielten dann Kritik, daß wir für die Bundesstaatsregierung Arraes arbeiteten (Lachen) und diese Regierung diese Volksbeteiligung nicht verdiente; daß wir Geld von dieser Regierung erhalten sollten, um für sie bei den Leuten zu werben (Lachen); daß wir auf der Seite von Paulo Crespo wären und er mit der *CIA* Kontakt hätte; daß wir die Leute von der Gewerkschaft, von der *CUT* ablenkten (Lachen) ... Wir haben mit den Bauern darüber gesprochen, über die Diskussion mit dem lokalen Bischof, mit Misereor in Deutschland usw. Sie haben uns Mut gemacht, die Arbeit fortzusetzen. 1989 trennten wir uns von *CECAPAS* und gingen ohne externe Finanzmittel mit dem "Programm für Verbreitung und Befähigung alternativer Technologie" unseren eigenen Weg ...
Nein, in das Gebiet von Ouricuri, wie ich dir schon erzählt habe, versuchte ich, durch die Arbeit des *CECAPAS* am Anfang wieder einzudringen. Die Unterdrückung meiner Person war untragbar, dann ließ ich es sein, obwohl ich Sehnsucht nach den Leuten habe" (Int.Nr.161).

Ein Versuch, Vorwürfe und Gegenvorwürfe dieses Interviewabschnitts während der Forschungszeit genauer zu dokumentieren und zu belegen, hätte eine grundlegende Abweichung von meinem Forschungsvorhaben in Ouricuri bedeutet. Nach langfristiger Suche nach nur einem Mitarbeiters

Mouras bei *CECAPAS*, der kritisch diese Erfahrung assistiert hatte, habe ich einen Agrartechniker, Mario Lemos, gefunden, mit dem ich ein schwieriges, mit Emotionen beladenes Gespräch führte. Er ergänzte nur wenig die Kritiken, die Moura gegen sich selbst formuliert hatte. Einige Details, z.B. daß Moura und Paulo Crespo einige persönliche Vorteile durch ihre Verwaltung des *CECAPAS* erzielt hatten, fügte Mario Lemos hinzu. Diese Kritiken weiterzugeben und zu beweisen, ohne Zugang zu der Dokumentation des *CECAPAS* und ohne weitere Interviews mit den Betroffenen, schiene mir eine Fortsetzung der erwähnten Tratscherei zu sein. Wenn ich diese hier überhaupt veröffentliche, möchte ich übermitteln, was die Kleinproduzenten mir als das wahre Problem zu nennen versuchten: die Verwirrung und die "perspektivenberaubenden" Wirkungen, die ihnen deutlich bewußt werden, wenn die Initiativen der Vermittlungsinstanzen unter solchen Umständen zu Ende gehen.
Zweitens war in den verschiedensten Winkeln des *Sertão* der neue Trend zu beobachten, daß sich Gruppen, insbesondere *NGO*s, von unterschiedlichen Trägern gebildet haben, die sich für landwirtschaftliche Schulungen, Beratungen usw. einsetzen wollten. Einerseits stellt man eine Entlarvung des politischen Engagements fest, das, wenn nicht planvoll und bedachtsam in kleinen Schritten der Weg zur wirtschaftlichen Unabhängigkeit hin innerhalb einer noch patriarchalischen Gesellschaft angestrebt wird, schon wegen fehlender Basis erfolglos bleiben kann. Andererseits ist die Nachfrage der Kleinproduzenten nach vor Ort "nachhaltigen" technischen Neuerungen so gestiegen, daß viele Agrartechniker, Tierärzte, Agraringenieure hier eine Chance für ihren Einstieg in den Arbeitsmarkt im Hinblick darauf als Möglichkeit wahrnehmen, sei es in den *NGO*s oder in Regierungseinrichtungen. Sie bringen aus den Städten ihren politischen Radikalismus mit, den sie mit der geleisteten politischen Bildung durch die Kirche in der jüngsten Vergangenheit zu verknüpfen versuchen.
In Ouricuri gründeten am 5. Juni 1987 eine Soziologin, ein Biologe, ein Tierarzt, ein Agraringenieur aus ganz anderen Regionen zusammen unter anderen mit einer Erzieherin ("Austeigerin" aus einer Großgrundbesitzerfamilie) ein "Zentrum alternativer Technologien" *CAATINGA - Centro de Assessoria e Apoio aos Trabalhadores e Instituições Não Governamentais Alternativas*[300]. Die in diesem Namen enthaltene Bezeichnung "Arbeiter" für die Kleinproduzenten läßt den Einfluß von Sympathisanten und Angehörigen der Arbeiterpartei (*PT*) erkennen.

> "Nach dem konventionellen Tierarzt-Studium, das deutlich dazu da ist, dem kapitalistischen System zu dienen, habe ich das Glück gehabt, zwei Jahre lang mit Leuten in einer Gruppe für Biolandwirtschaft zu arbeiten. Diese Leute hatten langfristige Erfahrung im Ausland erworben. So etwas wie Biolandwirt-

---

300 "Zentrum für Beratung und Unterstützung der Arbeiter und der alternativen Nicht-Regierungsinstitutionen", finanziert u.a. durch Foundation Ford und OXFAM.

schaft kannten wir noch nicht. Durch diese multidiziplinäre Erfahrung bin ich zu den Leuten gekommen, die heute das *CAATINGA* im Grunde tragen. Wir haben noch viel über die semiariden Regionen und über die Kommunikationsformen zu lernen, welche für die technischen Vermittlungen an Kleinproduzenten am sinnvollsten sind. Hier haben wir zwei feste Ziele im Auge: 1) Agrartechnologie für die semiariden Regionen zusammen mit den Bauern zu erforschen. Das Wichtige dabei ist der Prozeß und nicht die Ergebnisse. 2) Den Widerstand der Kleinbauern gegen Neuerungen zu brechen, nicht damit sie sich dadurch bereichern, sondern damit sie gut überleben können...
Eine Zusammenarbeit mit der *Pastoral Rural* hat zwei Seiten: zum einen erreichen wir die organisierten Kleinproduzenten, denen als Multiplikatoren unserer Beratungen und Schulungen gelten, und dies ist ein wichtiges Ziel für uns. Zum anderen aber verwickeln wir uns in Streitereien der Kirche, die die Dimension unserer technischen und politischen Arbeit behindern, ohne das Problem anzugehen, so das viele zu evangelikalen Sekten gehen... Sehr schlimm war die kriterienlose Verteilung von Maschinen durch die Diözese; z.B., dabei wurden dabei Familien teils geeint, teils aber auch entzweit. Davon sollte das *CAATINGA* abrücken. Wir versuchen, technische Erfahrungen nur denen zuzuteilen, bei denen wir sicher sind, daß sie sie multiplizieren werden" (Int.Nr.158).

Ein auffälliger Widerspruch zwischen den Zielen und den dafür eingesetzten Praktiken des *CAATINGA* ist hier anzuzeigen, daß nämlich der Rhythmus ihrer politischen Arbeit auf lokaler, bundesstaatlicher und Bundes-Ebene nicht mit dem von ihnen selbst festgestellten Rhythmus der Kleinproduzenten übereinstimmt, politische und technische Neuerungen zu akzeptieren bzw. für sich einzusetzen. D.h., die Vorsitzenden des *CAATINGA* meinen, daß die Kleinproduzenten Neuerungen widerstehen, wenn sie sich selbst durch jahrelange Ergebnisvergleiche nicht davon haben überzeugen lassen. Gleichzeitig engagierten sie sich nach nur vierjährigem Bestehen dieses Zentrums überall außerhalb des Gebietes, welches sie sich zunächst vorgenommen hatten. Die erste Vorsitzende, Telma Castello Branco, befand sich überwiegend in Rio de Janeiro (RJ), weil sie eingeladen war, den parallelen Weltgipfel der *NGO*s mitzukoordinieren. Der zweite Vorsitzende, Maurício Lins Aroucha, hielt sich mehr in Recife auf, wo er den Aufbau der Arbeiterpartei auf bundestaalicher Ebene besser führen und die Gründung des "Pernambucanischen Forums für die Bekämpfung der Problematik der Dürre" vorbereiten konnte. Die anderen Mitglieder übernahmen dafür ihre Verwaltungsaufgaben, während die Kleinproduzenten auf die warten, welche wichtigere Dingen zu erledigen haben.
Daß sich Ziele und Arbeit des *CAATINGA* teilweise mit denen der *Pastoral Rural* deckten, war in mehreren Interviews zu bemerken (Int.Nr.40, 78-81, 84, 116 usw.). Das Kriterium, mit organisierten Bauern zu arbeiten, führt unausweichlich dazu, zumindest Teile der organisatorischen Strukturen, die Moura und João Genésio hinterließen, zu übernehmen.

Dies behauptet die "exekutive Gruppe" des *CAATINGA* (Int.Nr.156-60) anzuerkennen, die andererseits durch ihre "ganz anderen qualitativen Methoden und Strategien" davon abzuweichen meint. Da sie aber für den politischen Teil ihrer Ziele - nämlich den Ausbau des lokalen Gremiums der Arbeiterpartei - durch ihre Kontakte zum lokalen Ortsverband der Landarbeitergewerkschaft die gleichen Landgemeinden erreichen, kann kein deutlicher Bruch mit den alten Beziehungsstrukturen festgestellt werden. Wenn die Kleinproduzenten darüber hinaus zwischen politischer und landwirtschaftlicher Bildung des *CAATINGA* unter den örtlichen Voraussetzungen wenig unterscheiden können, ist es für sie zwar keine Fortsetzung der Arbeit der alten und/oder der neuen *equipe* der Diözese, aber es begünstigt weithin geschlossene Kreise, die sich aus den engagierten Gemeindenmitgliedern seit der Zeit Mouras und João Genésios gebildet haben (Int.Nr.56, 57, 63 und 79).

Im Gespräch mit dem Vorstand des *STR* - *Ouricuri* erkannten die Vorsitzenden das Problem ausnahmslos. Sie fühlten sich machtlos, weil kein Brief dieses Ortsverbands praktisch ohne Hilfe entweder der *Pastoral Rural* oder des *CAATINGA* geschrieben werden kann. Durch eine autonome Auseinandersetzung mit den beiden Organisationen fürchteten sie, die Unterstützung beider zu verlieren. Da die Vorsitzenden schon durch die Tatsache in Panik gerieten, daß seit dem Ende des Vertrags von *FUNRURAL* (Sh. Abschnitt 7.1) immer weniger Mitglieder dem Ortsverband ihren monatlichen Beitrag zahlen und dort nicht mehr erscheinen, befürchteten sie, den "Konkurs des von ihnen geführten Ortsverband melden zu müssen" (Int.Nr.114-17).

> "Früher hörten wir von Priestern, daß Arbeitende auf dem Land sich nicht in die Politik einmischen dürfen. Also Politik wäre ein Ding der Großen (*coronéis*). Wir versuchten, unsere Existenz zu sichern und gingen, die Augen auf den Boden gerichtet, genau dahin, wo wir nach dem Tod enden müssen. Dies war schon von vornherein ein Blick in Richtung des Sterbens. Dann kamen andere, auch mit einer Bibel in der Hand, und belehrten uns, lokale Machthaber in gleicher Höhe anzusehen. Ich glaube, sie hatten doch gute Absichten. Aber einer tat so, der andere nahm es auseinander und umgekehrt. Die Gemeinden stritten sich untereinander. Danach kam noch eine Gruppe, auch mit der Bibel in der Hand. Sie sagten, daß alles von den Vorgängern falsch war. Kannst Du mir glauben, daß dies die Leute verrückt gemacht hat? Wahrscheinlich hatten sie auch gute Absichten, aber sie zerstörten wichtige und nicht-abgeschlossene Etappen. Dadurch entstanden weitere Streitereien. Wo viele sind, gibt es natürlich Streit. Streit ist seinerseits die Wurzel der Misere. In der Folge kam noch eine weitere Gruppe, die die Bibel nicht in der Hand hatte, stattdessen ein Parteiprogramm. Sie motivierten die Leute, sich parteipolitisch zu engagieren. Wieder mal war alles zu schnell. Bei der Gemeindewahl kandidieren viel zu viele für den Gemeinderat. Kannst Du Dir das vorstellen? Eine Familie, zwei Kandidaten in einer Partei. Macht dies die Leute nicht verrückt? Wir haben doch gerade die Eierschale der Militärdiktatur abgeworfen und alles, so das... Keine Zeit für eine Querverbindung der verschiedenen Gruppen. Eine Partei trennt eine Familie. Eine getrennte Familie, gerade im *Sertão*, ist Synonym des

Hungers. Gute Absichten zählen dann nichts. Unsere Arbeit, jetzt spreche ich als ein engagierter und zugleich betroffener Kleinproduzent, muß einen gemeinsamen Punkt finden. Es ist egal, aus welchen Gruppen man stammt. Diese Konzentration von Institutionen hier in Ouricuri ist für uns sehr gefährlich, erstens weil sie ihr Brot nicht auf diesem ausgetrockneten Boden produzieren müssen, zweitens weil sie vorgeben, die Arbeitsprobleme zu artikulieren, jedoch weit von diesen Problemen entfernt sind. Denn wir, die Arbeitenden, dürfen weder alles noch einmal in die Hand Gottes geben, noch uns von diesen Gruppen verrückt machen lassen. Wir müssen lernen, den Bauch mit dem Kopf zu verbinden, ohne den Standpunkt zu verlieren, um von allein sagen zu können, wer hier tatsächlich willkommen ist und wer nicht... Kleinprojekt, ja, alles was mit Gütern oder finanziellen Interessen zu tun hat, muß genauer erwogen werden, vorbereitet usw. Nur auf diese Weise sehe ich eine Chance zum Erfolg. Wir müssen auch lernen zu verzichten, gerade auch, wenn man uns ein Danaergeschenk auf unseren Hof, auch unter guten Absichten bringen will..." (Int.Nr.79).

Schlußbemerkungen

Die ländliche Gewerkschaft in der Waldregion, deren Entstehung mit den gesellschaftlichen Modernisierungs-, Säkularisierungs- und ordnungsgarantierenden Prozessen Brasiliens zu verbinden ist, kann sich heute weder von ihrer staatlich geregelten Struktur unabhängig machen noch politische Strategien planen, um sich als Vertretungsinstanz der Landarbeiter weiterhin als einheitliche Gruppe zu behaupten.
Durch den Gründungsprozeß dieser Institution war die eigenständige Politisierung der Landarbeiter durch die *ligas camponesas* am Ende der 50er und Anfang der 60er Jahre unterbrochen worden. Die Vermittlungsinstanzen - in diesem Fall besonders die Kirche und die KP, die sich damals trotz ihrer verschiedenen Interessen für die Koppelung von sozialen Bewegungen auf dem Land und Verstaatlichung der Interessenvertretung ländlicher Akteure einsetzten - eröffneten damit der kurz danach installierten Militärdiktatur die Möglichkeit, diese zunächst auf populistischer Basis geschaffene Vertretungsform zu bürokratisieren und als Kontrollinstanz zu nutzen.
Anders als es bei den Frauen war, die seit 1964 ihre Arbeitsrechte zum großem Teil wieder verloren, etablierten sich die Männer, die für eine politische Organisation nicht gerade allzu engagiert waren, in zwar ärmlichen, aber nicht miserablen geregelten Arbeitsverhältnissen. Teile dieser sowie der nachfolgenden Generation, die in die Städte emigrieren mußten oder wollten, fanden dort noch bis Mitte der 70er Jahre geregelte Arbeit, die in den meisten Fällen im Vergleich zu den Bedingungen auf den Zuckerplantagen in den 50er und Anfang der 60er Jahre eine relative Verbesserung der Lebensqualität bedeutete.
Die Öffnung eines kirchlichen Teilbereichs für "aufklärerische" politische Bildungsarbeit, die Unzufriedenheit der noch nicht integrierten jungen heranwachsenden Landarbeitergeneration mit der Verknappung der verfügbaren Gelegenheitsjobs, das steigende Selbstbewußtsein der während der Diktatur - besonders wirtschaftlich - beiseite geschobenen Landarbeiterinnen und die allgemeine Unzufriedenheit mit dem Kaufkraftverlust des Mindestlohnes und mit dem den Arbeitsrechten zuwiderhandelnden Vorgehen der Großgrundbesitzer am Ende der 70er Jahre sind entscheidende Faktoren gewesen, die mit oder ohne Zutun der "eingebundenen" Gewerkschafter einen großen Teil der ländlichen gewerkschaftlichen Ortsverbände der Waldregion in Bewegung brachten.
Die Militärdiktatur zeigte dem wachsenden "kämpferischen" Syndikalismus zwar die Zähne. Nach dem Verlust der Kontrolle über das sich nicht fortsetzende "Wirtschaftswunder", nach den teilweise spontanen, teilweise organisierten bundesweiten Streikbewegungen der Arbeiter aus verschiedenen Branchen und nach der überparteilichen Kampagne für "die unmittelbare Direktwahl des Präsidenten" mußte sich das Militär allmählich damit

abfinden, wieder in die Kasernen zurückzukehren. Dieses sowie die politischen konservativen Kräfte mußten Konzessionen machen: 1984/85 wurde noch keine Präsidentschaftswahl erlaubt, aber es entstand ein Mehrparteiensystem, und ein Prozeß fand statt, der in die Bildung einer verfassungsgebenden Nationalversammlung mündete, die die neue Verfassung von 1988 verabschiedete. Diese Verfassung enthält den am weitesten entwickelten Sozial- und Arbeitsrechtskodex, den es je in Brasilien gegeben hat.

Auf dem Lande blieben die Gewaltstatistiken über Landkonflikte und Racheakte der *clan* Herren gegen Arbeiterorganisationen trotz des Demokratisierungsprozesses fast unverändert hoch. Die politischen Gegensätze zwischen kämpferischen (*combativos*) und gelben (*pelegos*) Gewerkschaftern, die die Arbeiterbewegung in den Städten stark prägten und zur Gründung von mehreren Dachverbänden neben der staatlichen Gewerkschaftsstruktur führten, schwächten sich innerhalb der ländlichen Gewerkschaftskonföderation (*CONTAG*) und den ländlichen Föderationen (bspw. *FETAPE*) ab. In diesen koalieren heute Anhänger aller Dachverbände und die sogenannten Unabhängigen miteinander. Die politischen Auseinandersetzungen finden eher hinter den Kulissen der Vermittlungsinstanzen statt.

Seit Beginn des Demokratisierungsprozesses haben sich die Vermittlungsinstanzen bedeutend vermehrt. Das "Schutzdach Kirche" für die politischen Gruppierungen und die Kirchengruppen selbst, die sich z.B. in der Evangelisationsbewegung *MEB* zusammentaten, fragmentierten sich desto unaufhaltsamer, je weiter sich der sogenannte Öffnungsprozeß der brasilianischen Gesellschaft ausweitete. Sozialdemokratie, christliche Demokratie, aber besonders die unterschiedlichsten Marxisten, die ab und zu unter dem sogenannten progressiven Spektrum koalierten und gelegentlich der Kandidatur Lulas für die Arbeiterpartei gegen Collor de Mello beim zweiten Gang der Präsidentschaftswahl 1989 ihr Höchstmaß an politischer Zusammenarbeit erreicht haben, zersplitterten sich wieder nach der Wahlniederlage Lulas. Da widmeten sich die Marxisten einerseits der Debatte über die Veränderungen in Osteuropa, andererseits erhoben sie Vorwürfe gegen die Sozial- und Christdemokraten: diese hätten sich für den unsozialen Neoliberalismus der Konservativen begeistert. Diese politischen Strömungen werfen ihrerseits den Marxisten vor, sie seien primitiv, nationalistisch und dogmatisch geblieben.

"Diese 'einigen' progressiven Kräfte" schauten auf die Wähler Collors aus den unteren Schichten herab; sie bezeichneten sich als "organisierte Gesellschaft" - gleichwertig den traditionellen politischen Klassen. Die "organisierte Gesellschaft" zeigt heute so viel politisches Bewußtsein und Engagement wie auch weitere Fragmentierungen ihrer Zellen. Die Gründe dafür, unter die Lupe genommen, sind zum Teil weit davon entfernt, von verschiedenen theoretisch-ideologischen Konzepten herzurühren. Sie entstammen (während der 80er Jahre zunehmend) wirtschaftlichen Krisenzeiten, in denen ein politischer Sieg nicht nur mehr Macht, sondern auch die Sicherung von Arbeitsplätzen, Projektgeldern und anderen Privatinteressen bedeutet. Gleichzeitig können diese progressiven Kräfte trotz allem unbestritten auf enorme Verdienste um die weitere politische und wirtschaftliche Demokratisierung Brasiliens hinweisen. Das gilt vor allem für den Fall der Verurteilung Collors wegen Korruptionsaffären und die dadurch ermöglichte Regierungsbildung des Präsidenten Itamar Franco, die bis jetzt einige Zeichen in Richtung einer Politik des Wirtschaftswachstums, der Umverteilung und der prioritären Investition in Bildungs- und Sozialwesen gesetzt hat.

Die Landarbeiter, die kurz vor und während der Militärdiktatur mittels geregelter Arbeitsverhältnisse integriert worden waren und zum großen Teil neben der Arbeit in den Zuckerrohrplantagen *roçados* bebauen (also *fichados* und Semi-Lohnabhängige sind), nahmen auch an dem erwähnten Demokratisierungsprozeß teil. Ihr durch die "Befreiungskirche" motiviertes Engagement für die Wiederpolitisierung der ländlichen Gewerkschaft strebte mehrmals einen "Klassencharakter" unter den gesamten Landarbeitern an, indem sie diese in formelle staatliche Garantien einzubinden und dadurch eine Überbrückung zwischen der "organisierten Gesellschaft" und den *clandestinos*, Landarbeitern ohne geregelte Arbeitsverhältnisse, zu schaffen versuchten.

Einerseits schwächt die Wirtschaftskrise, in der es häufig zur Verkürzung des von den registrierten Landarbeitern verdienten Mindestlohnes seitens der Regierung und zu Verstößen gegen ihre in die neue Verfassung eingeschriebenen Rechte seitens der Unternehmer kommt, die Kampfbereitschaft sämtlicher Landarbeiter, die sich - statt um ihre politische Organisation - eher um ihr Überleben kümmern müssen. Die Sicherheit der "Formalität", registrierte Arbeit zu haben, wird von den *fichados* immer noch geschätzt und von Teilen der *clandestinos* gesucht, obwohl es beiden Gruppen allmählich sehr deutlich geworden ist, daß dadurch ihre Grundbedürfnisse im aktuellen Sozialverhältnis der "Zuckerrohrgesellschaft" nicht befriedigt werden. Auf genügendes Essen, menschenwürdiges Wohnen, eine abgeschlossene Grundschulbildung und effektiv funktionierende Arbeits-, Gesundheits- und Rentenversicherung wird gehofft. Diese "Utopien" zu konkretisieren, sehen die Generationen der über 30jährigen als für ihre Kinder nur dann erreichbar an, wenn sie irgendeinen Beruf erlernen können, der nichts mit der Zuckerproduktion zu tun hat.

Andererseits läßt sich die erwähnte Fragmentierung innerhalb der "organisierten Gesellschaft" auch unter den Landarbeitern beobachten: Die Engagierten haben zum Teil die Spaltung in die politischen Tendenzen übernommen, die sich im Demokratisierungsprozeß während der 80er Jahre vermehrt und immer weiter voneinander entfernt haben. Politische Intoleranz bis hin zu gebietsweiser Machtverteilung behindern die Organisationsarbeit. Klientelbildungen - auch in Bezirken von "kämpferischen"

Gewerkschaftern - und der immer noch staatliche und bürokratisierte Gewerkschaftsapparat stehen dem Engagement der Landarbeiter im Weg bzw. schränken die Chance für weitere politische Rekrutierung unter den *fichados* und für deren Annähung an die *clandestinos* ein. Diese Trennung unter den Landarbeitergruppen vertiefte sich seit Anfang der 90er Jahre mit der Rezessionspolitik Collors. Zum einen ging die Schuldzuweisung für die Verschlechterung der wirtschaftlichen Lage für sämtliche Arbeiter an Collors Wähler aus den Reihen der *clandestinos*, und zum anderen spielten die relativ besseren Überlebenschancen der *fichados* mit *roçado* eine Rolle dabei. Die Letzteren nahmen Handelstätigkeiten auf, die ihnen entweder durch die Produktionsüberschüsse ihres *roçado* oder durch den Ankauf z.B. von Süssigkeiten in der Stadt und deren Verkauf auf den *engenhos* ein im Vergleich zum Mindestlohn erhebliches zusätzliches Einkommen sichern. Dies führt oft zu rücksichtslosen oder gar heimtückischen Handlungen unter den Landarbeitern. Im Krisenjahr 1991 war kaum ein Gefühl für Klassenzugehörigkeit im Gesellschaftsbild der Landarbeiter wahrzunehmen, außer einigen Solidaritätsspenden in dem einen oder anderen Mitleidsfall, wenn z.B. diese oder jene Familie jemanden zu begraben hatte oder deren Hauptverdiener krank war. Da die Landarbeiter als solche im Vergleich zu anderen Gesellschaftsgruppen bzw. -schichten der niedrigsten Einkommensstufe zuzuordnen sind, können sie selten auf konkrete Zukunftsperspektiven hinweisen, die über die individuell gehegte Hoffnung hinausgehen, daß wenigstens die Kinder die Arbeit auf den Plantagen werden hinter sich lassen können.
Von den konservativen Kräften der Gesellschaft erwarten sie - gemäß der von diesen Klassen bis heute betriebenen Sozial- und Wirtschaftspraxis besonders im Nordosten - gar nichts. Die "progressiven" Kräfte in der "organisierten Gesellschaft" können heute wegen ihrer immer noch abendländisch geprägten politischen Vorstellungen und dogmatisierten Grundsätze über die ländlichen Sozialschichten mit ihren Pauschalangeboten von Agrarreform und weiteren Verbesserungen der arbeitsrechtlichen Lage keine bedeutende Mobilisierung zu tatsächlich wirksamen Veränderungen auf dem Land leisten. Ein Hindernis ist z.B. ihr Umgang mit dem von ihnen "verteufelten" Markt. Der erspart den "progressiven Kräften" die Debatte, warum neben vielen Arbeitern, die nur durch ihre geregelte und gesicherte Tätigkeit ihren Lebensunterhalt sichern wollen, zahlreiche andere durch Handel ihr Einkommen zu steigern versuchen; warum Kleinproduzenten faire Handelsbedingungen und technische Unterstützung fordern; warum sie wünschen, das Landeigentum zu erlangen bzw. zu behalten. Die Beschäftigung mit solchen Fragen ist, wenn auch nur sehr langsam, allmählich in Gang gekommen. Dies wird für die Entwicklung des Nordostens bzw. ganz Brasiliens entscheidend sein, obwohl hier weder der Ort ist für katastrophale Voraussagen noch für blinde Aufschwungsverheißungen.

Eine weitere Fragmentierung unter den Landarbeitern ist begründet in den Generationskonflikten. Die Form, in der diese bewältigt werden, wird ein grundlegender Faktor in der Frage nach den Überlebenschancen der Landarbeiter in der heutigen Zeit sein. Obwohl die Landarbeiter (*moradores*) keinen Fernseher besitzen und auch nur in geringer Zahl die am Standtrand lebenden Landarbeiter, zeigt sich doch in der jüngeren Generation ein starker Einfluß der Massenmedien. Auswirkung davon ist, daß die Jugendlichen den starken Einfluß der Eltern bei Entscheidungsfindungsprozessen eher ablehnen.
Das Gesellschaftsbild dieser Generation ist dadurch gekennzeichnet, daß die eigene Situation sehr brüchig wahrgenommen wird. Die Wünsche werden genährt von Stereotypen der Massenmedien, insbesondere der aus dem industrialisierten Süden ausgestrahlten telenovelas, die keinen Bezug zur gesellschaftlichen Realität der Jugendlichen haben.
Um diesen Widerspruch zwischen der Welt der schönen Bilder des Fernsehens und ihrer eigenen, als unverändert und unattraktiv erlebten Wirklichkeit aufzulösen, ändern die Jugendlichen ihr soziales Handeln und richten dieses aus auf das als begehrenswerter erscheinende Verhalten der Filmhelden.
So haben die Massenmedien entscheidenden Einfluß auf Prozesse familiärer Verantwortung. Auf diese Weise erfährt z.B. die Hilfe beim *roçado* oder die Verteilung des verdienten Geldes im Haushalt eine neue Bewertung. Alte Selbstverständlichkeiten lösen sich auf, neue Verhaltensweisen entsprechen aber noch nicht den Anforderungen der gesellschaftlichen Realität. Offen ist, ob der hier formulierte Konflikt ein eher biographischer ist - dann bliebe zu hoffen, daß er bei gleichbleibender Produktions- und Lebensweise lösbar ist, obgleich er heute schon die Existenzsicherung der Familien bedroht; oder ob es sich um einen gesellschaftlichen Konflikt handelt, der die familiäre Produktions- und Lebensweise ändern wird.
Abschließend zu den hier behandelten Fragen sozialer Fragmentierung unter den Landarbeitern bleibt noch ein Aspekt besonders zu nennen: das Selbstbewußtsein der Landarbeiterinnen. Obgleich die Frauen von allen genannten Phänomenen der Fragmentierungen gleichermaßen betroffen sind wie die Männer, so verfügen die Frauen doch aufgrund ihrer unterschiedlichen gesellschaftlichen Stellung über eine andere Kompetenz, ihre Probleme zu artikulieren. Die Landarbeiterinnen setzen sich in der Regel konstruktiver und vehementer für die Lösungen der drängenden sozialen Probleme ein. Bemerkenswert sind ihre differenzierten Anschauungen und deutlichen Äußerungen. Einschränkend muß allerdings darauf hingewiesen werden, daß Frauen sich in der Regel nur äußern, wenn die Ehemänner abwesend sind. Dann aber sind die Beschreibungen ihrer Lage und die ihrer Familien von dem klaren Interesse geleitet, sich mit diesen konkreten Bedingungen auseinanderzusetzen. Die Landarbeiterinnen können die

Frage nach den Lebensperspektiven viel präziser beantworten. Es fehlt das Schulterklopfen der Männer, die es offensichtlich leichter haben, die Probleme zu verdrängen. Sie überlassen die Erziehungsaufgaben, die Hausarbeit und -verwaltung den Frauen, gelten aber als Familienoberhaupt. Fußball - oft gespielt auf den von den Patrons eingerichteten Fußballfeldern - bietet eine gute Fluchtmöglichkeit. Darüber hinaus gibt es die - auch gesellschaftlich für Männer im Unterschied zu Frauen nicht völlig diskreditierte - Möglichkeit, in Kneipen zu trinken, zu rauchen. Oft wird dabei das Familieneinkommen verspielt.
Nahmen die Landarbeiterinnen der älteren Generation ihr Schicksal schweigend hin, oft versunken in ihrer Religiösität und alles Gottes Hand überlassend, so revoltieren die jüngeren Frauen eher. Sie fügen sich nicht mehr ohne weiteres den Brüdern, die sie umsorgen sollen. Für die Frauen ist eine Zeit des Aufbruchs gekommen: wie ihre Kinder werden sie erwachsen, entfliehen der Ausbeutung der Zuckerplantagen, verteidigen ihre Rechte und die Lebensinteressen ihrer Familie. Der Kampf um eine gute Schulbildung für die Kinder ist häufig Ausdruck des Wunsches nach eigener Schulbildung und kultureller Unterhaltung, die Forderung nach Elektrifizierung ihrer Hütten ist Symbol ihres Traumweges aus der bitteren Gefangenschaft des Zuckers.
Im Fall des lokalen Ortsverbandes der Landarbeitergewerkschaft (*STR - Ouricuri*) haben die Kleinproduzenten erstens keinerlei Beziehung zur Gründung jener staatlichen strukturierten Gewerkschaft, die Landarbeiter und Kleinproduzenten vereinigte, aber durch eine bürokratische Organisation zugunsten der ersteren - nämlich der Lohnabhängigen; zweitens haben sie auch kaum eine Beziehung zur Gründung des lokalen Ortsverbandes, der 1973 von lokalen Machthabern nur ihrer Interessen halber beim Arbeitsministerium beanstragt wurde. Als der Ortsverband aufgrund des *FUNRURAL*-Vertrags noch eher eine Gesundheitsstelle war, die den politisch Getreuen des *Clan*chefs Leistungen zuteilte, kamen die Kleinproduzenten häufiger zu ihrer "Selbsthilfeorganisation". Die sozial bewußte Kirche schickte ihre Pastoralagenten, um den Kleinproduzenten Mut zu machen, den Ortsverband für sich zu erobern und ihn kämpferisch zu führen. Dort organisierten sie mit Hilfe von Pastoralagenten verschiedene Kämpfe, unter anderen z.B., um die gerechte Entschädigung der von dem Bau des Staudammes *Barragem do Algodão* Betroffenen, die Pensionierung älterer Menschen usw. Sie veränderten damit das lokale politische Bild.
Alte Bezugspersonen der patriarchalischen Gesellschaft und von sozialen Leitideen wurden vor erst abgelehnt. Konjunkturell bedingt verschlechterte sich aber im letzten Jahrzehnt die gesamte soziale Situation. Es blieb kaum noch Zeit übrig, technisch-wirtschaftliche Neuerungen durch die verschiedenen Generationen eindringen zu lassen. Zusammenbrüche des Weltbildes werden unterschiedlich kompensiert: einige treten in evangelikale Sekten ein, andere treiben ihr politisches Engagement bis zur Zerstörung ihrer

eigenen Lebenszusammenhänge, andere kehren zu ihren patriarchalischen Vätern zurück, andere wandern ab, andere bauen Hanf an, und andere versuchen pragmatischer, ihre eigenständige Subsistenzproduktion zu erhalten. Positiv dabei ist, daß solche Erfahrungen relativ ohne Steuerung von außen vor sich gehen. Man äußerte, zunächst ohne über die sozialen und individuellen Folgen nachzudenken, daß es wichtig sei, die eigene Erfahrung auszuleben.

Aufgrund aller Interviews aus Ouricuri kann die politische Bildungsarbeit festgehalten werden, die die Kirche dort geleistet hat, auch daß sie über diese Bildungsarbeit hinaus an der Umwälzung despotischer Strukturen teilgenommen hat, Strukturen, die noch bis in die neuere Geschichte Brasiliens durch die Kirche selbst legitimiert wurden. Das Bild des leidenden Abwanders aus dem *Sertão*, der religiös-ideologisch seine Situation als Strafe Gottes gedeutet bekam und dies glaubte, wurde in diesem Bewußtseinbildungsprozeß allmählich zerstört. Durch dieses mitleiderweckende Bild der "armen *sertanejos*" fühlen viele der Betroffenen sich noch mehr entwürdigt und ihr Selbstgefühl als Menschen noch mehr heruntergespielt. Das Tempo der Veränderung von dem, was ihnen ihr tatsächliches Leiden auferlegt, wollen sie bestimmen, zumindest mitbestimmen. Darüber hinaus haben die kirchlichen Gruppen mit ihrer Bestrebung, die Kleinproduzenten dem Ortsverband der Landarbeitergewerkschaft - nämlich einer legalen politischen Institution, die aber für diese einen fremdartigen Charakter hat - zuzuführen, fragwürdige Ergebnisse erreicht, weil der Vorstand des Ortsverbands in Ouricuri unabhängig keinen weiteren Schritt von den noch aktiven Vermittlungsinstanzen zu unternehmen fähig war.

Zu dem Zeitpunkt der Interviews blieb die Frage unbeantwortet, ob die Kleinproduzenten des Stadtkreises Ouricuri sich untereinander weiter zersplittern und die daraus entstehenden Gruppen, weiterhin abhängig von alten oder neuen *clans*, ihren Überlebenszyklus nach wie vor nur mit Hilfe außerlandwirtschaftlichen Einkommens schließen würden oder ob sie sich weitere Fähigkeiten aneignen könnten, gemeinsame Strategien zu entwickeln, um landwirtschaftliche Existenzsicherung zu behaupten, sei es nur durch eine Subsistenzwirtschaft.

Bei allen Faktoren, seien sie klimatisch, makro-wirtschaftlich, konjunkturabhängig, politisch, die eine wichtige Rolle spielen - so einige Interviewpartner - müssen in einer Zeit, in der das Individuum sich als selbst bestimmendes Zentrum erklärt, auch von den Kleinproduzenten des *Sertão* eigene deutliche Entscheidungen getroffen werden, weil es auch bei ihnen um Haltungsänderung geht.

Literaturverzeichnis

ALTVATER, Elmar 1987: Sachzwang / Weltmarkt. Verschuldungskrise, blockierte Industrialisierung, ökologische Gefährdung - der Fall Brasilien. Hamburg

AMERINDIA 1992: Documentos Nueva Evangelizacion. Un servicio de Amerindia en preparacion a Santo Domingo. Contribucion para la IV Conferencia General del Episcopado Latinoamericano. Nr. 7-14. Buenos Aires/São Paulo/Santiago/Mexico.

ARŠINOV, Petr A. 1923: Geschichte der Machno-Bewegung. 1918-1921. Berlin. [auch Arschinow, Peter].

AZEVEDO, Fernando A. 1982: As Ligas Camponesas. São Paulo.

BARREIRO, José C. 1987: Instituições, Trabalho e Luta de Classes no Brasil do Século XIX. In: Revista Brasileira de História ANPUH, Nr. 14, März/Aug. 1987. São Paulo. S.131-150.

BARREIRO, José C. 1988: O cotidiano e o discurso dos viajantes. Criminalidade, ideologia e luta social no Brasil do século XIX. Dissertation beim Institut für Geschichte der Universidade de São Paulo. São Paulo.

BASTOS, Elide R. 1982: As Ligas Camponesas. Petrópolis.

BENEVIDES, Maria V. de Mesquita 1975: O governo Kubitschek: desenvolvimento economico e estabilidade política: 1956-1961. Rio de Janeiro.

Bischöfliche Aktion Adveniat (Hrsg.) 1968: Dokument von Medellin, Essen.

BLUM, Volkmar 1989: Zur Organisation kleinbäuerlichen Wirtschaftens. Saarbrücken/Fort Lauderdale.

BOITO Jr., Armando 1991: O sindicalismo de Estado no Brasil. Uma análise crítica da estrutura sindical. Campinas/ São Paulo.

BONFIM, Manuel 1935: O Brasil. São Paulo.

BRÜHL, Dieter 1989: A terra era nossa vida. Armut und Familie in Nordostbrasilien. Frankfurt am Main.

BUNKER, Stephen A. 1986: Zentralisierte Planung und die unbeabsichtigte Zerstörung lokaler Exportökonomien im brasilianischen Amazonasgebiet. In: Peripherie Nr.22/23. S.7-28.

ČAJANOV, Aleksandr V. 1923: Die Lehre von der bäuerlichen Wirtschaft: Versuch einer Theorie der Familienwirtschaft im Landbau. Berlin. (Nachdruck der Originalausgabe 1987. Frankfurt am Main/ New York).

Caminhar Juntos. Berichtshefte der Diözese von Juazeiro-BA. Nr. 156-180.

CAMPANHOLE, Adriano (Hrsg.) 1972: Consolidação das Leis do Trabalho e Legislação Complementar. São Paulo.

CANDIDO, Antonio 1980: Literatura e sociedade. São Paulo.

CARDOSO, Fernando H. und FALLETO, E. 1973: Dependencia e Desenvolvimento na America Latina. São Paulo.

CARONE, Edgard 1979: Movimento operário no Brasil. São Paulo.

CARONE, Edgard 1984: Movimento operário no Brasil. São Paulo.

CARVALHO, Abdias Vilar de 1984: A Igreja e a questão Agrária - Alguns elementos para a análise dos pronunciamentos do episcopado brasileiro no período de 1945-1964. in: PAIVA, Vanilda (Hrsg.) 1985: Igreja e Questão Agrária. São Paulo. S.68-109.

CARVALHO, José Murilo de 1987: Os bestializados. O Rio de Janeiro e a República que não foi. São Paulo.

CERQUEIRA, Maria dos Milagres Leite 1986: A ação sindical dos trabalhadores rurais de Pernambuco. Recife.
CHAUÍ, Marilene u.a. 1978: Ideologia e mobilização popular. Rio de Janeiro.
CLT, 1943: Decreto-Lei N.° 5.452. Sh. CAMPANHOLE.
COELHO, Duarte: Cartas ao Rei de Portugal. In: História da Colonização Portuguesa 1922, Bd. III. Porto.
CONSELHEIRO, Antonio 1897: Sh. NOGUEIRA.
CONSTITUIÇÃO. República Federativa do Brasil. 1988.
CORREIA de ANDRADE, Manuel 1980: A terra e o homem no Nordeste. São Paulo. 4. Auflage.
CORREIA de ANDRADE, Manuel 1984: Poder Político e Produção do Espaço. Recife.
COSTA, Emilia Viotti da 1968: "Introdução ao estudo da emancipação política do Brasil", in: Mota, Carlos Guilherme Hrg.: Brasil em Perspectiva. São Paulo.
COUTO e SILVA, Golbery 1981: Conjuntura Política Nacional: o Poder Executivo & Geopolítica do Brasil. Rio de Janeiro. 3ª Edição.
CPT (Comissão Pastoral da Terra). Goiânia.
1989 - Jahresbericht.
1990 - Jahresbericht.
1991 - Jahresbericht.
1992 - Jahresbericht.
CUNHA, Euclides da 1936: Os Sertões. Rio de Janeiro.
CUNHA, D. Luis da 1976: Testamento Político. São Paulo.
DE DECCA, Edgar 1981: O silêncio dos vencidos. São Paulo.
DIEESE (Departamento Intersindical des Estatística e Estudos Sócio-Econômicos. São Paulo.
1992 - Pesquisa DIEESE, Nr. 4: "O salário mínimo". April.
D'INCAO, Maria C. 1975: O bóia fria. Acumulação e Miséria. Petrópolis.
DREIFUSS, René Armand 1986: 1964 - A conquista do Estado - Ação Política, Poder e Golpe de Classe. Petrópolis.
DURKHEIM, Emile 1986: De la division du travail social. Paris. S.343-391. 11. Auflage.
ESTATUTO DO TRABALHADOR RURAL, 1963: Lei N.° 4.214. Sh. CAMPANHOLE.
FACÓ, Rui 1983: Cangaceiros e Fanáticos: gênese e lutas. Rio de Janeiro.
FALCON, Francisco J. C. 1982: A Época Pombalina. São Paulo.
FAO (Food Agriculture Organization of The United Nations). Roma.
1988 - Yearbook, FAO Statistics Series No. 88: Procution Bd. 42.
FAORO, Raymundo 1957: Os Donos do Poder. Porto Alegre/Rio de Janeiro.
FARIA, Antonio A./BARROS, Edgard L. de 1984: O retrato do velho. São Paulo.
FARIA, Vilmar E. 1991: "A conjuntura social brasileira. Dilemas e Perspectivas". In: Cadernos de Conjuntura. Dez./1991. Nr. 47. IUPERJ - Rio de Janeiro. S.21-40.
FAURE, Denise Hrsg. u.a. 1990: Porque trabalhar com mulheres. Oxfam/SOScorpo u.a. Recife.
FEDER, Ernest 1979: Regeneration und Degeneration der Kleinbauernschaft. Drei zwar voneinander abweichende, aber einander nicht widersprechende Auffassungen über die Zerstörung der ländlichen Gebiete. In: Elsenhans, H. (Hrsg.): Agrarreform in der Drittewelt. Frankfurt am Main/ New York. S.55-87.

FEDER, Ernest 1973: Agrarstruktur und Unterentwicklung in Lateinamerika. Frankfurt am Main.
FERNANDES, Florestan 1975: A Revolução Burguesa no Brasil - Ensaio de Interpretação Sociológica. Rio de Janeiro.
FIBGE o. IBGE (Fundação Instituto Brasileiro de Geografia e Estatística). Offizielle Bundesorgane für Datenerhebungen und Bewertungen Brasiliens. Rio de Janeiro.
1985 - Sinopse Preliminar do Censo Agropecuário.
1989 - Anuário Estatístico do Brasil.
1990 - Pesquisa Nacional de Amostra de Domicílio (PNAD).
1991 - Dados Econômicos.
1992a- Resultados Preliminares do Censo 1991.
1992b- Primeiro Levantamento do Setor Informal. Nov.
FIPE (Federação Instituto Pernambuco). Offizielle Organe für Datenerhebungen und Bewertung des Bundesstaats Pernambuco. Recife.
1990 - Desempenho da Economia de Pernambuco. Hefte: Jan./Jun.; Jan./Sept. und Jan./Dez.
1990 - Anuário Estatístico de Pernambuco (AEPE) 1987.
1990 - Sondagem Conjuntural na Indústria de Transformação. Hefte Jan./März; April/Juni und Juli/Sept..
1991 - Avaliação e Perspectivas da Agroindústria Canavieira em Pernambuco. Bd. 1 - Análise do Dirigismo Estatal; Bd. 2 - Estudo Exploratório sobre a Diversificação Agropecuária na Zona da Mata de Pernambuco; und Bd. 3 - Análise Evolutiva e Prospectiva dos Mercados Interno e Externo do Açúcar.
1991 - Anuário Estatístico de Pernambuco (AEPE) 1988.
FORMAN, Shepard 1979: Camponeses: sua participação no Brasil. Rio de Janeiro.
FORSCHUNGSPROJEKT 1986: Movimentos Sociais no Campo em São Paulo (1969-1984). Leitung der Professorin Zilda M. Yokoi des Fachbereichs Geschichte der PUC-SP. São Paulo. Unveröffentlich.
FREYHOLD, Michaela v. 1981: Dependenztheorie/Dissoziationstheorie - oder Theorie der Produktionsweise/Theorie der sozialen Kämpfe?. In: Peripherie, Nr. 5/6.
FREYRE, Gilberto 1984: Casa Grande & Senzala. Rio de Janeiro. 23. Auflage. (1. Auflage 1933).
FURTADO, Celso 1967: "Development an Stagnation in Latin America: a Structural Approach", in: Studies in Comparative International Development, 1(11), S.159-175.
FURTADO, Celso 1984: Formação econômica do Brasil. São Paulo. 19. Auflage.

FURTADO, Celso 1992: "Brasilien - wie Deutschland 1945". Interview mit dem Wirtschaftswissenschaftler C. F. über Brasilien nach Collor und die Zukunft Lateinamerikas. In: TAZ, 14.11.1992.
HGCB - História Geral da Civilização Brasileira. Sammlung zur Geschichte Brasiliense. São Paulo.
Bd. 4 (1978) und 7 (1983) herausgegebenen von Sérgio Buarque de Holanda.
Bd. 8 (1985) und 9 (1986) herausgegebenen von Boris Fausto.
GALVAO, Walnice N. 1977: No calor da hora. São Paulo.
GOMES, Marcos A.O. 1984/5: Forschungsberichte für die Gruppe "Kirche und Bildungssystem in Brasilien" von Professor Alípio Dias Casali, Päpstliche Katholische Universität São Paulo. Unveröffentliches Manuskript.
GORENDER, Jacob 1980: O escravismo colonial. São Paulo. 3. Auflage.

GRAZIANO da SILVA, José 1985 I: "Reforma Agrária, já?". In: LEAL, L. (Hrsg.) 1985: Reforma Agrária da Nova República. São Paulo.
GRAZIANO da SILVA, José 1985 II: Para entender o Plano Nacional de Reforma Agrária. São Paulo.
GRAZIANO da SILVA, José 1991: "Complexos agroindustriais e outros complexos". In: Revista da ABRA. Sept./Dez. 1991. Bd. 21. S.5-34.
HALL, Michel u. PINHEIRO, Paulo S. 1979: A classe operária no Brasil (1890-1930): documentos. Bd.I. São Paulo.
HALL, Michel u. PINHEIRO, Paulo S. 1981: A classe operária no Brasil (1890-1930): documentos. Bd.II. São Paulo.
HARDMAN, Francisco F. u. LEONARDI, V. 1982: História da Industria do Trabalho no Brasil. São Paulo.
HARDMAN, Francisco F. 1983: Nem Pátria, nem Patrão. São Paulo.
HEINEMANN, Klaus (Hrsg.) 1987: Soziologie wirtschaftlichen Handelns. Sonderheft Nr. 28 der Kölner Zeitschrift für Soziologie und Sozialpsychologie.
HOLANDA, Sergio B. de 1933: Raízes do Brasil. Rio de Janeiro.
HURTIENNE, Thomas 1986: Fordismus, Entwicklungstheorie und Dritte Welt. In: Peripherie, Nr. 22/23. S.60-110.
JANOTTI, Maria de Lourdes M. 1986: Os subversivos da República. São Paulo.
JULIÃO, Francisco 1962: O que são Ligas Camponesas?. Rio de Janeiro.
KAUTSKY, Karl 1899: Die Agrarfrage. Berlin.
KÖßLER, Reinhart 1982: Dritte Internationale und Bauernrevolution. Die Herausbildung des sowjetischen Marxismus in der Debatte um die "asiatische" Produktionsweise. Frankfurt am Main/ New York.
KÖßLER, Reinhart 1988: Ein "Sack Kartoffeln", der die Verhältnisse zum Tanzen brachte - Zur Bedeutung von Bauern in der russischen und in der chinesischen Revolution. In: Meyns, P. (Hrsg.) 1988: Agrargesellschaften im portugiesischsprachigen Afrika. Saarbrücken/ Fort Lauderdale. S.9-38.
KÖßLER, Reinhart 1990: Arbeitskultur im Industrialisierungsprozeß. Münster.
KÖßLER, Reinhart 1991/92: Postkoloniale Staaten. Versuch eines Bezugsrahmens. Vorlesungsskript. Frankfurt am Main.
LEITE, Glaciara Lazzari 1976: Estrutura e Comportamentos Sociais: Pernambuco em 1817. Dissertationsarbeit an der USP. São Paulo.
LEITE, Glaciara Lazzari 1984: A Insureição Pernambucana de 1817. São Paulo.

LENIN, Vladimir I. 1917/ 1921: Über das Genossenschaftswesen.
1917: Bauern und Arbeiter. 1917: Der Bündnis der Arbeiter mit den werktätigen und ausgebeuteten Bauern. 1919: Resolution über das Verhältnis zur Mittelbauernschaft. In: Lenin/ Stalin 1955: Zu Fragen der Landwirtschaft. Eine Sammlung ausgewählter Aufsätze und Reden. Berlin. S.7-34; 44-47 und 68-72.
LENZ, Ilse und KÖßLER, Reinhart 1981: Zusammensetzen, auseinander denken... gegen das Denken in Entwicklungs-Einbahnstraßen. In: Peripherie, Nr. 5/6, S.156-170.
LENZ, Ilse und KÖßLER, Reinhart 1984: Das wandelbare Wundertier: "Informeller Sektor", ökologische Zukunft und Herrschaft. In: Freiberg, J. (Hrsg.) 1984: Drei Welten - eine Umwelt: Materialien e. Tagung über Ökologie u. Dritte Welt. S.303-320.

LIEHR, Wilfried 1988: Katholizismus und Demokratisierung in Brasilien - Stimulierung von sozialen Lernprozessen als kirchliche Reformpolitik. Saarbrücken / Fort Lauderdale.
LINHART, Robert 1976: Lénine, les paysans, Taylor. Paris.
LOPES, José S. L. 1978: O vapor do diabo. O trabalho dos operários do açúcar. Rio de Janeiro. 2. Auflage.
LORENZER, Alfred 1988: Das Konzil der Buchhalter - Die Zerstörung der Sinnlichkeit. Eine Religionskritik. Frankfurt am Main.
LOVE, J.; WIRTH, J. und LEVINE, R. 1975: O poder dos Estados. Análise Regio nal. In: HGCB, São Paulo.
MALASSIS, L. 1973: Agriculture et Processus de Développement, Unesco.
MARTINS, José de Souza 1981: O cativeiro da Terra. São Paulo.
MARTINS, José de Souza 1983: Os Camponeses e a política no Brasil. Petrópolis. 2. Auflage.
MARTINS, José de Souza 1984a: A militarização da questão agrária. Terra e poder: o problema da terra na crise política. Petrópolis.
MARTINS, José de Souza 1984b: A Igreja face à política agrária do Estado. in: PAIVA, Vanilda (Hrsg.) 1985: Igreja e Questão Agrária. São Paulo. S.110-136.
MARTINS, José de Souza 1989: Caminhada no chão da noite. Emancipação política e libertação nos movimentos sociais no campo. São Paulo.
MARX, Karl 1849: Lohnarbeit und Kapital. In: MEW 6, S.397-423.
MARX, Karl 1852/1869: Der achtzehnte Brumaire des Louis Bonaparte. In: MEW 8, S.111-207.
MARX, Karl 1881: Brief an V. I. Sassulitsch. In: MEW 19, S.242f. Und Entwürfe einer Antwort auf den Brief von VI. Sassulitsch. In: MEW 19, S.384-406.
MAXWELL, Kenneth 1978: A devassa da devassa. Rio de Janeiro.
MONIZ, Edmundo 1978: Guerra Social de Canudos. Rio de Janeiro.
MONTEIRO, Duglas Teixeira 1974: Os errantes do novo século. São Paulo.
MONTEIRO, Duglas Teixeira 1977: "Um confronto entre Juazeiro, Canudos e Contestado". In: HGCB Bd.9. São Paulo.
MORAGA, Enrique G. 1977: O Estado nas sociedades dependentes. Lisboa.
MOREIRA, Alberto 1988: "'... Doch die Armen werden das Land besitzen'(Ps 37,11) - Eine theologische Lektüre der Landkonflikte in Brasilien". Dissertationsarbeit an der WWU-Münster. 1989 erschien beim Brasilienkunde-Verlag. Mettingen.
MOREIRA LEITE, Dante 1983: O caráter nacional brasileiro. São Paulo. 7.-9. Teil.
MOTA, Carlos Guilherme 1972: Nordeste 1817. São Paulo.
MÜLLER, Geraldo 1985: A terra não é mais aquela: MIRAD nela?. In: LEAL, L. (Hrsg.) 1985: Reforma Agrária da Nova República. São Paulo.
NOGUEIRA, Ataliba 1974: Antonio Conselheiro e Canudos - Obra Manuscrita de Antonio Conselheiro. São Paulo.
NOVAIS, Fernando A. 1979: Portugal e Brasil na crise do Antigo Sistema Colonial. São Paulo.
OLIVEIRA, Francisco de 1985: Elegia para uma Re(li)gião. Sudene, Nordeste, Planejamento e conflitos de classes. Rio de Janeiro. 4. Auflage.
PÉCAUT, Daniel 1990: Os intelectuais e a política no Brasil - Entre o povo e a nação. São Paulo.
PRADO Jr., Caio 1975: Evoluçao Política do Brasil. São Paulo.
PRADO Jr., Caio 1985: História econômica do Brasil. São Paulo. 32. Auflage.

PRANGE, Astrid 1992: Kreisläufe der Armut. Brasilien hat sich mit dem andauernden Elend seines Nordostens abgefunden. In: TAZ, 26.3.1992.
QUEIROZ, Maria I. de 1976: O mandonismo local na vida política brasileira e outros ensaios. São Paulo.
QUEIROZ, Maria I. de 1977: O messianismo no Brasil no Mundo. São Paulo.
Regimento da Assembléia Nacional Constituinte 1987. In: Anuário Parlamentar Brasileiro: Perfil da Constituinte, Ano I, 1988, Semprel. Brasilia.
REYDON, Bastiaan 1985: Síntese crítica do PNRA. In: LEAL,L. (Hrsg.) 1985: Reforma Agrária da Nova República. São Paulo.
RODNEY, Walter 1981: A history of the Guyanese Working People, 1881-1905. Kingston/ Port of Spain/ London.
ROTT, Renate 1988: Fabrikarbeiterinnen in Brasilien. Eine Fallstudie über den Arbeitsmarkt, die Arbeits- und Lebensräume von Frauen in einer Großstadt des Nordostens (Fortaleza, CE.). In: Peripherie Nr.30/31. S.8-31.
SALVADOR, Frei Vicente de 1931: História do Brasil. São Paulo. 3. Auflage.
SAMPAIO, Yoni Hrsg. 1987: Nordeste Rural: Transição para o Capitalismo. Recife. S.253-280.
SCHRADER, Achim 1983: Das brasilianische Bildungssystem in der Reformphase nach 1971 - Eine bildungssoziologische Deutung. In: Anuario - Jahrbuch für Bildung, Gesellschaft und Politik in Lateinamerika Nr.11/83. FB 22 Uni Münster.
SEVCENKO, Nikolau 1983: Literatura como missão - Tensões sociais e criação cultural na Primeira República. São Paulo.
SEVCENKO, Nikolau 1984: A revolta da vacina. São Paulo.
SHANIN, Teodor 1971: Peasants and Peasant Societies. Harmondsworth.
SHANIN, Teodor 1983: The definiton of peasant: Conceptualisation und Deconceptualisation: Old und New in the Marxist Debate. In: Soziological Review 30,3. Aug. 1983. S.407-432.
SIMONIS, Georg 1981: Autozentrierte Entwicklung und kapitalistisches Weltsystem - Zur Kritik der Theorie der abhängigen Reproduktion. In: Peripherie, Nr. 5/6, S.32-48.
SIQUEIRA, Antonio Jorge de 1980: Ilustração e Descolonização - O Clero na Revolução Pernambucana. Dissertationsarbeit an der USP. São Paulo.
SODRÉ, Nelson Werneck 1963: Introdução à revolução brasileira. Rio de Janeiro.
SODRÉ, Nelson Werneck 1964: História da burguesia brasileira. Rio de Janeiro.
SOBRÉ, Nelson Werneck 1982: Formação histórica do Brasil. São Paulo. 11. Auflage.
SPITTLER, Gerd 1987: Tschajanow und die Theorie der Familienwirtschaft. Einleitung zum Nachdruck der Tschajanows Lehre von der bäuerlichen Wirtschaft. Frankfurt am Main/ New York.
STALIN, Josef 1927: Über die Lösung der Diktatur des Proletariats und der armen Bauernschaft in der Periode der Vorbereitung des Oktober. In: Lenin/ Stalin 1955: Zu Fragen der Landwirtschaft. Eine Sammlung ausgewählter Aufsätze und Reden. Berlin. S.218-229.
STOLCKE, V. und HALL, M. 1983: A Introdução do Trabalho livre nas fazendas de café de São Paulo, 1850-1890. In: The Journal of Peasant Studies, Sonder-Nr. "Sharecropping and Sharecroppes", herausgegeben von T. J. Byres, Bd. 10, Jan-April 1983 und in: Revista Brasileira de História, Nr. 6, Sept. 1983.
TAVARES, Muniz 1969: História da Revolução de Pernambuco de 1817. Recife.
TOLEDO, Caio N. 1982: O Governo Goulart e o Golpe de 64. São Paulo.

TSCHAJANOW, Alexander 1923: Die Lehre von der bäuerlichen Wirtschaft: Versuch einer Theorie der Familienwirtschaft im Landbau. Berlin. (Nachdruck der Originalausgabe 1987. Frankfurt am Main/ New York). [Sh. Čajanov, Aleksandr V.]

TSCHAJANOW, Alexander 1924: Zur Frage einer Theorie des nichtkapitalischen Wirtschaftssystems. In: Archiv für Sozialwissenschaft und Sozialpolitik. Tübingen.

UNDP (United Nations Development Programme).
1990 - HDI (Human Development Index) Human Development Report 1990. New York. Oxford University Press.

VALLE SILVA, Nelson do 1991: "A situação social ao fim da 'Década Perdida'". In: Cadernos de Conjuntura. Dez./1991. Nr. 47. IUPERJ - Rio de Janeiro. S.1-20.

VIANNA, Hélio 1973: História do Brasil. 1. u. 2. Bd. São Paulo. 8. Auflage.

VIANNA, Oliveira 1935: Evolução do Povo Brasileiro. São Paulo. 2. Auflage.

WEBER, Max 1980: Wirtschaft und Gesellschaft. Tübingen. Studienausgabe der 5. Auflage. Kap. I, II, III.3 und IX.3.

WEBER, Max 1973: Soziologie. Universalgeschichtliche Analysen. Politik. Stuttgart. S.167-186 und 357-382.

WEFFORT, Francisco 1986: O populismo na política brasileira. Rio de Janeiro. 3. Auflage.

WITTFOGEL, Karl A. 1931: Wirtschaft und Gesellschaft Chinas. Versuch der wissenschaftlichen Analyse einer grossen asiastischen Agrargesellschaft. Leipzig. S.189-300.

ANHANG

Interviewpartner

Tab. 1: 1.Fall von überwiegend semi- und lohnabhängigen Landarbeitern der Waldregion in Pernambuco[301]

Int.Nr.	Stadt	Geschl. w.	m.	Typ 1	2	3	Alter	Ort engenho
01	Palmares		x	x			35	Lajedo
02	Palmares	x			x		64	Lajedo
03	Palmares		x	x			49	Lajedo
04	Palmares	x		x			38	Lajedo
05	Palmares	x			x		43	Lajedo
06	Palmares		x	x			50	Humaitá
07	Palmares		x	x			55	Humaitá
08	Palmares		x	x			55	Humaitá
09	Palmares		x	x			41	Humaitá
10	Palmares	x		x			52	Humaitá
11	Palmares		x	x			61	Humaitá
12	Palmares		x	x			47	Humaitá
13	Catende	x		x			62	Rochedo
14	Catende	x			x		37	Rochedo
15	Cortez		x	x			37	Laranjeiro
16	Primavera		x	x			33	Aurora
17	Cortez		x	x			25	Willian
18	Cabo		x	-	-	-	72	-
19	Cabo		x	-	-	-	26	-
20	Agua Preta	x		-	-	-	56	-
21	Ribeirao		x	-	-	-	33	-
22	Agua Preta	x			x		63	-
23	Agua Preta	x		x			43	-
24	Cabo		x	x			50	em sítio
25	Prim./Cabo	x			x		26	-
26	Palmares	x			x		31	-
27	Palmares	x			x		-	Humaitá
29	Palmares	x		x			-	Humaitá
31	Palmares	x			x		-	Humaitá
32	Catende		x	x			53	Itabaré
33	Catende	x		x			42	Itabaré
34	Amaraji	x				x	38	-
35	Primavera		x	x			59	Aurora

[301] Typen: 1 - *fichado-a/morador-a*; 2 - *clandestino-a/ morador-a* und 3 - *clandestino/a*, der/die am Stadtrand wohnt.

Fortsetzung Tab. 1: (1. Fall)

Int.Nr.	Stadt	Geschl. w.	m.	Typ 1	2	3	Alter	Ort engenho
36	Amaraji		x			x	45	-
37	Amaraji		x			x	24	-
38	Amaraji		x			x	22	-
41	Amaraji		x			x	21	-
42	Amaraji	x		x			58	Bondade
43	Amaraji		x			x	27	-
44	Amaraji	x		x			55	Garra
45	Amaraji		x			x	42	-
46	Amaraji		x			x	52	-
47	Amaraji		x	x			48	-
48	Amaraji		x	x			67	Sete Ranchos
49	Agua Preta	x		x			66	-
50	Agua Preta	x		x			63	-

Interviewpartner
Tabelle 1: 2. Fall überwiegend Kleinproduzenten
Typen: 1 - Eigentümer; 2 - Teilpächter, "Häußler"; 3 - vorübergehend Landlose

Int.Nr.	Stadt	Geschl. w.	m.	Typ 1	2	3	Alter	Ort sitio/bairro
28	Exu		x			x	35	
30	Afogados		x	x				
40	Ouricuri		x	x				STR
51	Chã Grande		x	x	x		54	
52	Ouricuri	x		x			48	/Poço Comprido
53	Ouricuri	x				x	18	/Poço Comprido
54	Ouricuri		x		x		21	/Poço Cumprido
55	Ouricuri	x		x			75	/Poço Comprido
56	Ouricuri		x	x			45	Sta.Fe/Varzin.
57	Ouricuri		x	x			55	/Poço Comprido
58	Ouricuri	x		x			54	/Poço Comprido
59	Ouricuri	x		x				Anginco
60	Ouricuri		x	-	-	-	90	Egito/Jatob
61	Ouricuri	x		-	-	-	82	Egito/Jatoba
62	Ouricuri	x		x			53	Egito/Jatoba
63	Ouricuri		x	x			46	/Jatoba
64	Ouricuri	x		x			46	/Jatoba
65	Ouricuri		x	x				STR

Fortsetzung Tab. 1: (2. Fall)

Int.Nr.	Stadt	Geschl. w.	Geschl. m.	Typ 1	Typ 2	Typ 3	Alter	Ort sitio/bairro
66	Ouricuri	x		x			40	/Poço Comprido
67	Ouricuri		x	x			44	/Poço Comprido
69	Ouricuri		x	x			36	/Serra
70	Ouricuri		x	x			67	/Varzinha
71	Ouricuri		x	x				/Jatoba
72	Ouricuri		x	x			31	/Jatoba
73	Ouricuri		x	x				/N.Esperança
74	Ouricuri		x	x			53	/N.Esperança
75	Ouricuri		x	x			50	/N.Esperança
76	Ouricuri		x	x			31	/N.Esperança
77	Ouricuri		x	x			27	/N.Esperança
79	Ouricuri		x	x				/Nascente
83	Ouricuri		x	x			32	Graciosa
84	Ouricuri	x		-	-	-	33	St.Fe - STR
85	Ouricuri	x		x				Algodao
87	Ouricuri	x		x			54	St.Fe/Varzinha
88	Ouricuri		x		x		29	Baixio/St.Filo
89	Ouricuri	x				x	32	St.Filomena
90	Ouricuri	x			x		53	Baixio/St.Filo
91	Ouricuri		x		x		33	Baixio/St.Filo
92	Ouricuri		x		x		34	Miarim/St.Filo
93	Ouricuri		x		x		64	Baixio/St.Filo
94	Ouricuri	x			x		37	Baixio/St.Filo
95	Ouricuri	x			x		65	Miarim/St.Filo
96	Ouricuri	x			x		30	Miarim/St.Filo
97	Ouricuri		x		x		64	Baixio/St.Filo
98	Ouricuri		x	x			25	Campo Verde/"
99	Ouricuri		x	x			64	Campo Verde/"
100	Ouricuri	x		x			27	Campo Verde/"
101	Ouricuri	x		x			16	Campo Verde/"
102	Ouricuri		x	x			56	Poço Comprido
103	Ouricuri	x		x			38	Tabuleiro/S.Fi
104	Ouricuri		x	x			40	Tabuleiro/ "
105	Ouricuri	x		x			34	Tabuleiro/ "
106	Ouricuri		x	x			39	Tabuleiro/ "
107	Ouricuri	x			x		18	/St.Filomena
108	Ouricuri		x	x			80	Tabuleiro/ "
109	Ouricuri	x		x			75	Tabuleiro/ "
110	Ouricuri		x		x		42	Tabuleiro/ "
111	Ouricuri	x				x	18	Tabuleiro/ "
112	Ouricuri		x			x	17	Tabuleiro/ "
113	Ouricuri	x		x			51	Poço Comprido

Fortsetzung Tab. 1: (2. Fall)

		Geschl.		Typ			Alter	Ort
Int.Nr.	Stadt	w.	m.	1	2	3		sitio/bairro
114	Ouricuri		x	x			57	Barra S.Pedro
115	Ouricuri		x		x		29	Solta/1°Distr.
116	Ouricuri	x		-	-	-	41	STR- Sta.Fé
117	Ouricuri		x		x		46	Impubi/
118	Exu		x	x			42	Serra/
119	Ouricuri		x	x			38	Ranchinho/Jat.
120	Ouricuri		x	x			63	Laranjeira/ "
121	Ouricuri	x		x			38	/Jatoba
122	Ouricuri	x		x			75	Derradeira /"
123	Ouricuri		x	x			40	/Jatoba
124	Belmonte		x	x			45	
125	Belmonte		x	x			37	
126	Belmonte		x		x		55	
127	Triunfo		x	x			43	
128	Triunfo		x		x		51	
129	Triunfo	x		x			42	
130	Triunfo	x		x			38	
131	Afogados	x			x		39	
132	Serra Talhada	x		x			38	
133	Serra Talhada	x		x			45	
134	Serra Talhada		x		x		39	
135	Gravatá	x		x			57	Alto doCaboclo
136	Gravatá		x	x			64	Alto doCaboclo
137	Gravatá		x	x			48	"
138	Gravatá		x	x			42	"
139	Gravatá		x	x			-	

Interviewpartner

Tabelle 1: Gewerkschaftsfunktionäre, Berater und Sonstiges von Vermittlerinstanzen

Int.Nr.	
30	CENTRU - Recife
39	Centro Social da FETAPE - Serra Talhada
68	CPT - Recife
78	Pastoral Rural - Ouricuri
80	Pastoral Rural - Ouricuri
81	Pastoral Rural - Ouricuri
82	Pastoral Rural - Diözese Petrolina
86	Pastoral Rural - Ouricuri
140	Pastoral do Pescador e CPT - Diözese Juazeiro BA

141 PTA - Recife
142 PTA - Recife
143 DED - Recife
144 DED - STR von Serra Talhada
145 DED - STR von Triunfo
146 CEAS-Rural - Recife
147 CEAS-Rural - Recife
148 CPT - Recife
149 CPT - Recife
150 FETAPE-Recife/ Surubim-Polo Sindical Sententrional
151 FETAPE-Recife/ Serra Talhada-Polo Sertão Central
152 CUT-Rural-PE - Recife
153 PT-Rural-PE - Recife
154 ETAPAS - Recife
155 ETAPAS - Recife
156 CAATINGA - Ouricuri
157 CAATINGA - Ouricuri
158 CAATINGA - Ouricuri
159 CAATINGA - Ouricuri
160 CAATINGA - Ouricuri
161 SERPA - Gravatá
162 IRPAA - Juazeiro - BA
163 Hospital Rural - Bezerros - PE

Graf. 1 - PE: Gesamtbevölkerung des Bundesstaates (l.) und ländliche (r.) Bevölkerung: Männer und Frauen nach Altergruppen. 1987. FIPE 1991: AEPE 1988, S.55.

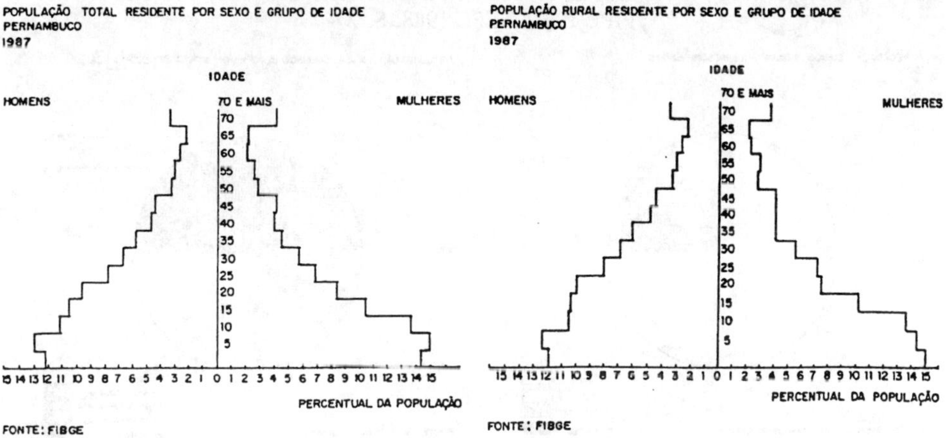

Graf. 2 - PE: Entwicklung der Verstädterung zwischen 1940-90. (städtisch; ländlich; projizierte Daten) FIPE 1991: AEPE 1988, S. 58.

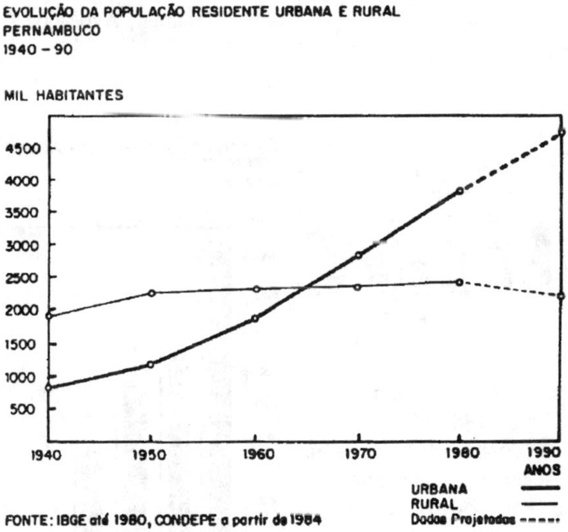

Graf. 3 - PE: ICM-(≅MwSt)Aufkommen nach Regionen - Recife, Waldregion, Agreste, Sertão. **Graf. 4** - PE: ICM-(≅MwSt)Aufkommen nach Wirtschaftsbereichen - Industrie, Einzelhandel, Großhandel, Ohne-Bezeichnung, Landwirtschaft. FIPE 1991: AEPE 1988, S. 274.

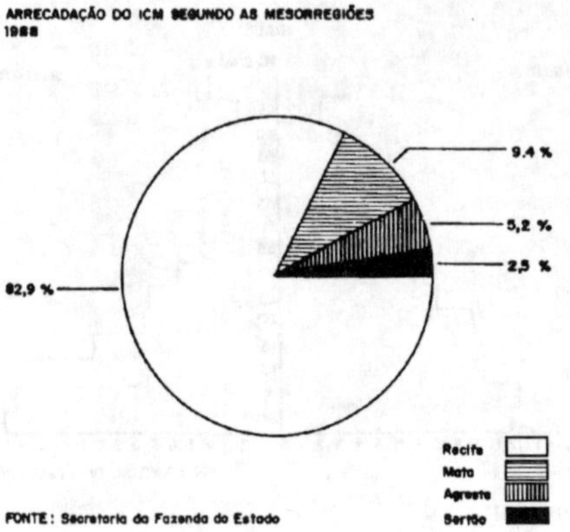

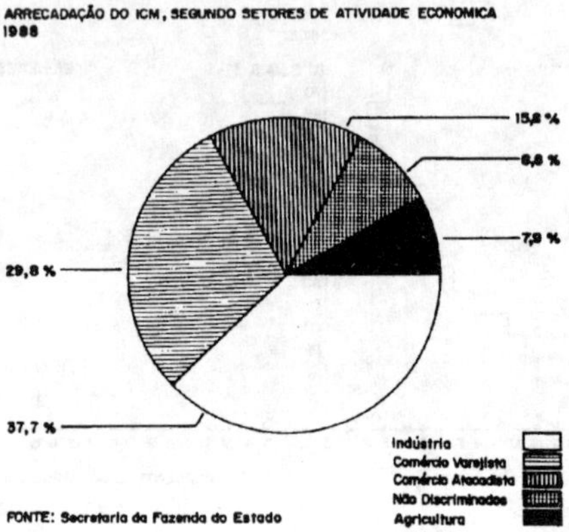

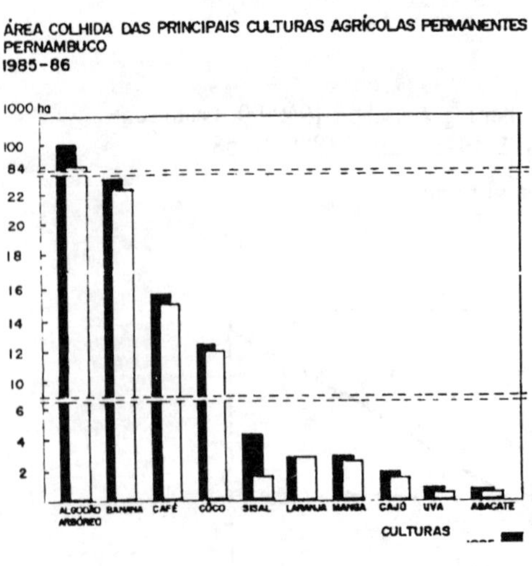

Graf. 6 - PE: geerntete Fläche der Dauerkulturen 1985-86 - Baumwoll (Baum), Banane, Kaffee, Sisalagave, Orange, Mango, Kaju, Trauben, Avocado.

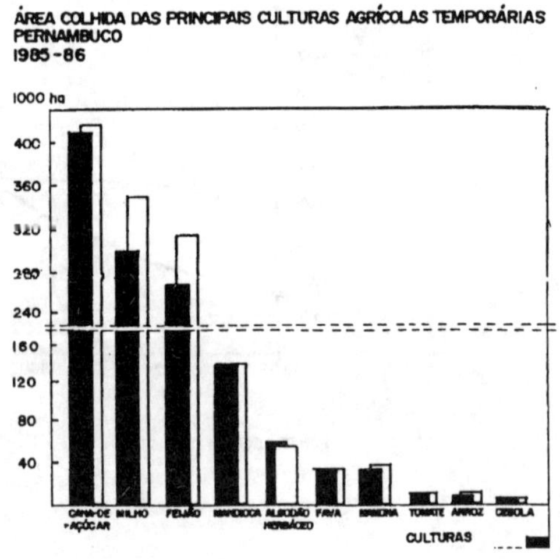

Graf. 7 - PE: geerntete Fläche der Fruchtwechselkulturen 1985-86 - Zuckerrohr, Mais, Bohne, Maniok, Baumwoll (Pflanze), Acker- und Saubohne, Rizinus, Tomate, Reis, Zwiebeln.
FIPE 1990: AEPE 1987, S.196.

Tab. 2 - PE: Entwicklung der Wohnbevölkerung: Gesamt, Männer und Frauen nach den Volkszählungen von 1872-1980. FIPE 1990: AEPE 1987, S.338.

Nº 01 - POPULAÇÃO RESIDENTE POR SEXO NAS DATAS DOS CENSOS
1872-1980

ANOS	TOTAL	HOMENS	MULHERES	ANOS	TOTAL	HOMENS	MULHERES
1872(1)........................	841.539	428.588	412.951	1950..........................	3.395.099	1.648.424	1.746.675
1890(1)........................	1.030.224	503.555	526.669	1960..........................	4.095.379	1.982.782	2.112.597
1900...........................	1.178.150	586.012	592.138	1970..........................	5.160.640	2.489.712	2.670.928
1920(1)........................	2.154.835	1.055.313	1.099.522	1980..........................	6.141.993	2.968.083	3.173.910
1940...........................	2.681.032	1.303.368	1.377.664				

FONTE: Fundação Insituto Brasileiro de Geografia e Estatística - FIBGE.
(1) População Presente.

Tab. 3 - PE: Wohnbevölkerung: Gesamt, Männer und Frauen nach Wohnort (gesamt, städtisch, ländlich) und nach Altersgruppen. 1987. FIPE 1991: AEPE 1988, S.55.

Nº 01 - POPULAÇÃO RESIDENTE POR SITUAÇÃO DO DOMICÍLIO E SEXO, SEGUNDO OS GRUPOS DE IDADE
1987

GRUPOS DE IDADE	PERNAMBUCO									REGIÃO METROPOLITANA DO RECIFE		
	Total			Homens			Mulheres					
	Total	Urbana	Rural	Total	Urbana	Rural	Total	Urbana	Rural	Total	Homens	Mulheres
TOTAL...............	**7.022.190**	**3.334.811**	**3.687.379**	**4.845.200**	**2.248.403**	**2.596.797**	**2.176.990**	**1.086.408**	**1.090.582**	**2.838.082**	**1.336.317**	**1.501.765**
0 a 4 Anos.........	904.873	430.219	474.654	592.849	281.929	310.920	312.024	148.290	163.734	325.698	160.633	165.065
5 a 9 Anos..........	955.841	478.114	477.727	633.328	313.348	319.980	322.513	164.766	157.747	350.802	175.299	175.503
10 a 14 Anos........	838.124	416.244	421.880	545.426	272.827	272.599	292.698	143.417	149.281	314.346	157.738	156.608
15 a 19 Anos.	739.456	356.587	382.869	512.116	240.140	271.976	227.340	116.447	110.893	314.134	152.847	161.287
15 a 17 Anos.....	457.206	221.156	236.050	314.169	145.527	168.642	143.037	75.629	67.408	188.842	93.749	95.093
18 a 19 Anos.....	282.250	135.431	146.819	197.947	94.613	103.334	84.303	40.818	43.485	125.292	59.098	66.194
20 a 24 Anos	652 526	309 781	342.745	470.078	209.318	250.760	182.448	100.463	81.985	296.147	141.745	134.402
25 a 29 Anos.......	528.083	242.177	285.906	379.060	171.742	207.318	149.023	70.435	78.588	236.351	108.622	127.729
30 a 34 Anos........	448.384	209.083	239.301	324.766	146.887	177.879	123.618	62.196	61.422	197.265	91.526	105.739
35 a 39 Anos........	372.613	172 127	200.486	277.096	121.434	155.662	95.517	50.693	44.824	166.417	74.881	91.536
40 a 44 Anos........	303.544	136 476	167.068	218.865	95.849	123.016	84.679	40.627	44.052	133.067	57.090	75.977
45 a 49 Anos........	295.414	137 885	157.529	208.425	95.224	113.201	86.989	42.661	44.328	123.069	51.096	71.973
50 a 54 Anos........	213.750	98.166	115.584	152.508	67.262	85.246	61.242	30.904	30.338	96.203	41.549	54.654
55 a 59 Anos	197.313	87.809	109.504	138.950	61.754	77.196	58.363	26.055	32.308	79.752	34.870	44.882
60 a 64 Anos	172.628	74.286	98.342	127.465	54.386	73.079	45.163	19.900	25.263	71.080	32.431	38.649
65 a 69 Anos........	150.582	69.033	81.549	104.409	47.239	57.170	46.173	21.794	24.379	53.323	25.329	27.994
70 Anos ou Mais.....	249.059	116.824	132.235	159.859	69.064	90.795	89.200	47.760	41.440	80.428	30.651	49.767

FONTE: Fundação Instituto Brasileiro de Geografia e Estatística.

Tab. 4 - PE: Wirtschaftliche Beschäftigte: Gesamt, Männer und Frauen nach Wohnort (gesamt, städtisch, ländlich) und nach Bildungsjahren 1987.

Nº 04 - PESSOAS ECONOMICAMENTE ATIVAS POR SEXO E SITUAÇÃO DO DOMICÍLIO, SEGUNDO OS ANOS DE ESTUDO
1987

ANOS DE ESTUDO	PERNAMBUCO									REGIÃO METROPOLITANA DO RECIFE		
	Total			Homens			Mulheres					
	Total	Urbana	Rural	Total	Urbana	Rural	Total	Urbana	Rural	Total	Homens	Mulheres
TOTAL	**2.745.642**	**1.835.957**	**909.685**	**1.799.415**	**1.151.198**	**648.217**	**946.227**	**684.759**	**261.468**	**1.088.117**	**674.914**	**413.203**
Sem Instrução e Menos de 1 Ano.	810.636	365.005	445.631	573.595	244.314	329.281	237.041	120.691	116.350	142.838	87.970	54.868
1 e 2 Anos	454.068	238.280	215.788	330.205	164.988	165.217	123.863	73.292	50.571	121.071	81.533	39.538
3 e 4 Anos	565.051	413.456	151.595	371.036	271.331	99.705	194.015	142.125	51.890	236.386	154.402	81.984
5 a 8 Anos	461.879	399.803	62.076	297.046	260.297	36.749	164.833	139.506	25.327	269.229	179.488	89.741
9 Anos ou Mais	451.719	417.739	33.980	226.474	209.209	17.265	225.245	208.530	16.715	318.149	171.077	147.072
Anos de Estudo não Determinados e Sem Declaração	2.289	1.674	615	1.059	1.059	-	1.230	615	615	444	444	-

FONTE: Fundação Instituto Brasileiro de Geografia e Estatística.

Tab. 5 - PE: Beschäftigte; Gesamt und nach Beschäftigungsformen ("Angestellte, Selbständige, Arbeitgeber, Nicht-Entlohnte") und nach Wirtschaftsbereichen. 1987. FIPE 1991: AEPE 1988, S.74.

Nº 05 - PESSOAS OCUPADAS POR POSIÇÃO NA OCUPAÇÃO, SEGUNDO RAMOS DE ATIVIDADES
1987

RAMOS DE ATIVIDADES	TOTAL		POSIÇÃO NA OCUPAÇÃO							
			Empregados		Conta Própria		Empregadores		Não Remunerados	
	PE	RMR	PE	RMR	PE	RMR	PE	RMR	PE	RMR
TOTAL	**2.621.929**	**1.005.029**	**1.659.055**	**741.336**	**664.842**	**229.700**	**69.371**	**24.442**	**228.661**	**9.551**
Agrícola	801.716	42.209	415.478	27.104	177.505	11.328	27.238	2.001	181.495	1.776
Indústria de Transformação	317.614	145.273	265.047	133.944	31.286	6.663	10.154	4.000	11.127	666
Indústria da Construção	160.695	67.755	117.383	45.985	39.860	19.548	2.222	2.222	1.230	-
Outras Atividades Industriais	22.425	16.887	22.425	16.887	-	-	-	-	-	-
Comércio de Mercadorias	373.942	181.279	162.045	98.637	172.356	72.645	13.998	5.998	25.543	3.999
Prestação de Serviços	453.849	239.042	258.787	151.070	180.566	80.862	8.068	6.222	6.428	888
Serviços Auxiliares da Atividade Econômica	42.165	33.549	25.417	21.107	14.304	9.998	2.000	2.000	444	444
Transporte e Comunicação	78.655	46.658	53.497	36.883	22.200	8.663	2.735	889	223	223
Social	173.558	107.084	160.760	97.978	8.509	6.663	2.118	888	2.171	1.555
Administração Pública	136.413	82.863	136.191	82.641	-	-	222	222	-	-
Outras Atividades	60.897	42.430	42.025	29.100	18.256	13.330	616	-	-	-

FONTE: Fundação Instituto Brasileiro de Geografia e Estatística.

Tab. 6 - PE: Beschäftigte (≥18jährige), Gesamt und nach Gewerkschaften oder Klassenbündnis (*órgão de classe*); Mitgliedschaft und Nicht-Mitgliedschaft; und nach Altergruppen. 1986.

Nº 19 - PESSOAS OCUPADAS DE 18 ANOS OU MAIS, POR FILIAÇÃO A SINDICATO OU ÓRGÃO DE CLASSE
E SEXO, SEGUNDO OS GRUPOS DE IDADE
1986

GRUPOS DE IDADE	TOTAL (1)			SINDICALIZADAS OU ASSOCIADAS A ÓRGÃO DE CLASSE			NÃO-SINDICALIZADAS E NÃO-ASSOCIADAS A ÓRGÃO DE CLASSE		
	Total	Homens	Mulheres	Total	Homens	Mulheres	Total	Homens	Mulheres
TOTAL	2.149.764	1.431.108	718.656	419.932	334.247	85.685	1.729.592	1.096.621	632.971
18 a 24 Anos	525.652	357.371	168.281	66.682	52.520	14.162	458.730	304.511	154.119
25 a 29 Anos	310.428	210.651	99.777	66.119	51.087	15.032	244.309	159.564	84.745
30 a 39 Anos	544.982	332.020	212.962	111.138	82.466	28.672	433.844	249.554	184.290
40 a 49 Anos	388.934	252.536	136.398	86.136	71.439	14.697	302.798	181.097	121.701
50 a 59 Anos	225.457	151.968	73.529	47.821	41.401	6.420	177.676	110.567	67.109
60 Anos ou Mais	154.271	126.562	27.709	42.036	35.334	6.702	112.235	91.228	21.007
Idade Ignorada	-	-	-	-	-	-	-	-	-

FONTE: Fundação Instituto Brasileiro de Geografia e Estatística.
(1) - Inclusive as pessoas sem declaração de filiação a sindicato ou órgão de classe.

Tab. 7 - PE: Beschäftigte (≥18jährige), Gesamt und nach Gewerkschaften oder Klassenbündnis (*órgão de classe*); Mitgliedschaft und Nicht-Mitgliedschaft; und nach Bildungsjahren. 1986. FIPE 1991: AEPE 1988, S. 81.

Nº 20 - PESSOAS OCUPADAS DE 18 ANOS OU MAIS, POR FILIAÇÃO A SINDICATO OU ÓRGÃO DE CLASSE
E SEXO, SEGUNDO OS ANOS DE ESTUDO
1986

ANOS DE ESTUDO	TOTAL (1)			SINDICALIZADAS OU ASSOCIADAS A ÓRGÃO DE CLASSE			NÃO-SINDICALIZADAS E NÃO-ASSOCIADAS A ÓRGÃO DE CLASSE		
	Total	Homens	Mulheres	Total	Homens	Mulheres	Total	Homens	Mulheres
TOTAL	2.149.764	1.431.108	718.656	419.932	334.247	85.685	1.729.592	1.096.621	632.971
Sem Instrução e Menos de 1 Ano	633.005	450.773	182.232	130.713	107.279	23.434	502.292	343.494	158.798
1 a 4 Anos	761.338	527.189	234.149	123.340	109.585	13.755	637.998	417.604	220.394
5 a 8 Anos	365.975	248.653	117.322	59.459	49.816	9.643	306.276	198.597	107.679
9 a 11 Anos	251.139	134.551	116.588	50.380	32.258	18.122	200.759	102.293	98.466
12 Anos ou Mais	133.699	68.980	64.719	55.077	34.828	20.249	78.622	34.152	44.470
Anos de Estudo não Determinados e sem Declaração	4.608	962	3.646	963	481	482	3.645	481	3.164

FONTE: Fundação Instituto Brasileiro de Geografia e Estatística.
(1) - Inclusive as pessoas sem declaração de filiação a sindicato ou órgão de classe.

Tab. 8 - PE: ≥18jährige Beschäftigte, Gesamt und nach Gewerkschaften oder Klassenbündnis (*órgão de Classe*); Mitgliedschaft und Nicht-Mitgliedschaft; und nach Wirtschaftsbereichen. 1986. FIPE 1991: AEPE 1988, S.81.

Nº 21 - PESSOAS OCUPADAS DE 18 ANOS OU MAIS, POR FILIAÇÃO A SINDICATO OU ÓRGÃO DE CLASSE E SEXO, SEGUNDO OS RAMOS DE ATIVIDADES
1986

RAMOS DE ATIVIDADES	TOTAL (1)			SINDICALIZADAS OU ASSOCIADAS A ÓRGÃO DE CLASSE			NÃO-SINDICALIZADAS E NÃO-ASSOCIADAS A ÓRGÃO DE CLASSE		
	Total	Homens	Mulheres	Total	Homens	Mulheres	Total	Homens	Mulheres
TOTAL	2.149.764	1.431.108	718.656	419.932	334.247	85.685	1.729.592	1.096.621	632.971
Agrícola	617.052	480.777	136.275	159.233	135.911	23.322	457.819	344.866	112.953
Indústria de Transformação	279.357	204.406	74.951	79.803	67.973	11.830	199.314	136.193	63.121
Indústria da Construção	139.033	137.832	1.201	13.936	13.936	-	125.097	123.896	1.201
Outras Atividades Industriais	34.087	30.697	3.390	12.787	11.694	1.093	21.300	19.003	2.297
Comércio de Mercadorias	267.919	170.683	97.236	33.298	23.858	9.440	234.621	146.825	87.796
Prestação de Serviços	346.425	124.411	222.014	19.730	11.955	7.775	326.695	112.456	214.239
Serviços Auxiliares da Atividade Econômica	33.995	28.224	5.771	11.329	10.607	722	22.666	17.617	5.049
Transporte e Comunicação	80.184	75.115	5.069	21.024	19.452	1.572	59.160	55.663	3.497
Social	175.451	49.154	126.297	33.667	13.251	20.416	141.784	35.903	105.881
Administração Pública	122.054	89.724	32.330	16.302	12.935	3.367	105.752	76.789	28.963
Outras Atividades	54.207	40.085	14.122	18.823	12.675	6.148	35.384	27.410	7.974

FONTE: Fundação Instituto Brasileiro de Geografia e Estatística.
(1) - Inclusive as pessoas sem declaração de filiação a sindicato ou órgão de classe.

Tab. 9 - Landwirtschaft in PE: Vergleich der endgültigen Ergebnisse von 1920-75 und der vorläufigen Ergebnisse von 1985: nach Betriebseinheiten, Betriebsfläche (ha), Anbaufläche (ha) - Dauer- und Fruchtwechselkultur; Beschäftigten, Traktoren, Viehbestand - Rinder, Schweine, Geflügel. FIPE 1990: AEPE 1987, S.362.

Nº 01 - CONFRONTO DOS RESULTADOS DEFINITIVOS DOS RECENSEAMENTOS DE 1920, 1940, 1950, 1960, 1970, 1975, E 1980, COM RESULTADOS PRELIMINARES DE 1985

ESPECIFICAÇÕES	RECENSEAMENTOS							
	1920	1940	1950	1960	1970	1975	1980	1985
ESTABELECIMENTOS	23.336	123.266	172.268	259.723	331.409	316.562	330.701	358.879
ÁREA TOTAL (ha)	5.156.332	3.875.789	5.022.682	5.924.630	6.393.597	6.294.682	6.655.796	6.709.957
ÁREA DE LAVOURAS (ha)	250.119	865.923	999.152	1.397.029	1.472.734	1.561.347	1.841.156	1.847.937
Permanentes	...	205.568	93.375	283.755	327.495	307.278	338.729	251.881
Temporárias	...	660.355	905.777	1.113.274	1.145.239	1.254.069	1.502.427	1.596.056
PESSOAL OCUPADO	470.994	747.659	879.844	1.263.146	1.128.264	1.137.787	1.218.871	1.297.909
TRATORES	36	72	142	1.002	1.519	2.570	5.081	4.467
EFETIVOS DA PECUÁRIA								
Bovinos	694.785	606.296	830.346	930.065	1.196.055	1.508.162	1.832.189	1.864.250
Suínos	212.822	324.662	368.155	366.656	290.472	459.251	473.485	545.298
Aves	2.014.501	2.147.059	2.427.886	4.993.136	5.505.306	10.822.190	14.628.872	15.881.691

FONTE: Fundação Instituto Brasileiro de Geografia e Estatística - Sinopse Preliminar do Censo Agropecuário.

Tab. 10 - PE: Landwirtschaftsbetriebe nach Flächengröße (ha) von 1920-1985. FIPE 1990: AEPE 1987, S. 362.

Nº 02 - ESTABELECIMENTOS AGRÍCOLAS POR CLASSES DE ÁREA
1920-1985

GRUPOS DE ÁREA	TOTAIS	MENOS DE 10	10 A MENOS DE 100	100 a MENOS DE 1.000	1.000 A MENOS 10.000	10.000 E MAIS	SEM DECLARAÇÃO
1920	23.336	11.219	...	11.383	733	1	...
1940	123.266	75.685	40.280	6.996	294	1	10
1950	172.268	122.466	41.296	8.008	484	13	1
1960	259.723	199.021	50.627	9.494	544	7	30
1970	331.409	256.982	62.894	10.974	506	4	49
1975	316.562	240.324	65.000	10.753	480	3	2
1980	496.758	421.098	49.079	21.571	2.200	88	2.722
1985	533.906	447.313	57.029	895	2.238	71	4.360

FONTE: Fundação Instituto Brasileiro de Geografia e Estatística.

Tab. 11 - PE: Betriebseinheiten, Betriebsfläche (ha), Anbaufläche (ha) der Dauer- und der Fruchtwechselkultur nach Status der Produzenten - Hofbesitzer, Pächter, Klein- und Teilpächter, Besetzer, Andere, Ohne-Bezeichnung - und nach Flächengröße (ha) 1980-85. FIPE 1991: AEPE 1988, S. 175.

Nº 01 - ESTABELECIMENTOS, ÁREA TOTAL E ÁREA DAS LAVOURAS PERMANENTES E TEMPORÁRIAS, SEGUNDO
A CONDIÇÃO DO PRODUTOR E GRUPOS DE ÁREA TOTAL
1980-1985

CONDIÇÃO DO PRODUTOR E GRUPOS DE ÁREA TOTAL	TOTAL				ÁREA DAS LAVOURAS							
					Permanentes				Temporárias			
	1980		1985		1980		1985		1980		1985	
	Estabelecimentos	Área (ha)	Estabelecimentos	Área (ha)	Informantes	Área (ha)	Informantes	Área (ha)	Informantes	Área (ha)	Informantes	Área (ha)
TOTAL GERAL	**330.701**	**6.655.796**	**358.879**	**6.709.957**	**126.626**	**338.729**	**91.092**	**251.881**	**307.134**	**1.502.427**	**335.186**	**1.596.056**
CONDIÇÃO DO PRODUTOR												
Proprietário	217.418	5.929.274	217.249	5.802.161	95.764	286.103	66.688	207.442	199.235	1.151.755	198.999	1.170.442
Arrendatário	37.514	306.948	34.585	311.720	7.239	7.911	4.189	8.936	36.780	187.579	33.833	200.622
Parceiro	14.803	84.641	18.797	77.666	3.850	11.768	2.424	6.368	14.150	37.324	18.261	44.085
Ocupante	60.966	334.931	86.765	442.674	19.773	32.946	17.390	26.926	56.969	125.766	82.868	161.630
Outra Condição	-	-	348	10.948	-	-	71	316			230	969
Sem Declaração	-	-	1.135	64.785	-	-	330	1.891	-	-	995	17.906
GRUPOS DE ÁREA TOTAL												
Menos de 10	246.686	706.313	273.062	718.692	85.119	78.548	59.505	63.576	230.533	399.684	256.573	433.357
10 a Menos de 100	71.525	2.043.436	72.924	2.110.831	35.788	151.397	27.017	110.715	65.996	459.388	67.709	481.415
100 a Menos de 1.000	11.476	2.939.323	11.767	2.938.291	5.502	92.701	4.412	67.898	10.154	551.993	10.491	580.699
1.000 a Menos de 10.000	509	919.991	470	881.254	216	15.742	157	8.882	449	90.757	411	87.363
10.000 e Mais	2	46.731	2	60.887	1	340	1	809	2	603	2	13.020
Sem Declaração	503	-	654	-	-	-	-	-	-	-	-	-

FONTE: Fundação Instituto Brasileiro de Geografia e Estatística.

Tab. 12 - PE: Systematische Erhebung der Agrarproduktion - Kulturen, geerntete Fläche (ha), Produktion (t), und Durchschnittsertrag (kg/ha): Ananas*, Baumwoll(baum), Baumwoll(pflanze), Knoblauch, Reis, Banane**, Kaffee, Zuckerrohr, Zwiebel, Kokosnuß*, Bohne, Orange*, Rizinus, Maniok, Mais, Sisal, Sorghum, Tomate und Weintrauben. [*Stück/ha; **Büschel/ha]
FIPE 1991: AEPE 1988, S.180.

Nº 03 - LEVANTAMENTO SISTEMÁTICO DA PRODUÇÃO AGRÍCOLA
1987

CULTURAS	ÁREA COLHIDA (ha)	QUANTIDADE PRODUZIDA (t)	RENDIMENTO MÉDIO (kg/ha)	CULTURAS	ÁREA COLHIDA (ha)	QUANTIDADE PRODUZIDA (t)	RENDIMENTO MÉDIO (kg/ha)
Abacaxi (1)	1.088	20.992	19.294	Feijão	262.487	53.281	203
Algodão Arbóreo	58.556	3.893	66	Laranja (1)	2.913	162.942	55.936
Algodão herbáceo	10.952	1.760	161	Mamona	17.237	2.817	163
Alho	36	111	3.083	Mandioca	132.794	1.291.373	9.725
Arroz	7.964	30.148	3.786	Milho	237.440	59.101	249
Banana (2)	23.762	35.452	1.492	Sisal ou Agave	1.653	1.260	762
Café	...	...	...	Sorgo	2.176	1.614	742
Cana-de-Açúcar	431.282	22.786.522	52.834	Tomate	11.783	290.856	24.684
Cebola	4.281	48.141	11.245	Uva	825	11.180	13.552
Coco-da-Baia (1)	12.227	47.112	3.853				

FONTE: Fundação Instituto Brasileiro de Geografia e Estatística.
(1) Produção em mil frutos e rendimento médio frutos/ha; (2) Produção em mil cachos e rendimento médio cachos/ha.

Tab. 13 - Zusammensetzung der Welt-Zuckerproduktion.

(Em 1.000 ton)

SAFRAS	BRASIL	CUBA	OUTROS PRODUTORES	SUBTOTAL	CEE	TOTAL MUNDIAL
1973/74	6.800	6.004	55.915	68.719	9.810	78.529
1974/75	7.221	6.492	55.358	69.071	8.945	78.016
1975/76	6.038	6.279	59.602	71.919	10.190	82.109
1976/77	8.451	6.607	61.197	76.255	10.443	86.698
1977/78	8.180	7.457	68.210	83.847	12.223	96.070
1978/79	7.722	8.048	62.691	78.461	12.301	90.762
1979/80	7.565	6.787	57.118	71.476	13.362	84.832
1980/81	9.195	7.542	58.212	74.949	13.131	88.080
1981/82	8.190	8.279	67.974	84.443	15.753	100.196
1982/83	9.227	7.224	67.314	83.765	14/860	98.625

Tab. 14 - Brasilien-Norden und Nordosten: Entwicklung der Preise in der ZuckerAgroindustrie - input, Zuckerrohr- und Transportpreise (Cr$/t); output Kristallzucker (Sack 50kg-Cr$); Wert des industriellen Produktes; Wert des Subventionen pro Sack (50Kg). FIPE 1991: Avaliação e Perspectivas da Agroindústria Canavieira em PE, S.15 u. 35.

EVOLUÇAO DOS PREÇOS DA AGROINDÚSTRIA AÇUCAREIRA
1971-86

A Preços Correntes

A N O S	PREÇOS DA CANA DE AÇÚCAR NO CAMPO + TRANSPORTES (Cr$/Tonelada)	PREÇOS DO AÇÚCAR CRISTAL STANDARD (Saco de 50Kg) (Cr$)	VALOR DO PRODUTO INDUSTRIAL (Cr$)	VALOR DO SUBSÍDIO POR SACO (Cr$)
1971	24.22	31.24	11.90	4.57
1972	28.67	35.94	14.16	5.26
1973	31.99	40.00	15.96	8.03
1974	40.93	48.38	17.90	11.37
1975	67.79	80.05	29.66	14.03
1976	116.49	135.02	30.97	16.53
1977	174.06	201.76	76.17	24.70
1978	275.69	257.92	238.95	41.73
1979	470.69	423.29	327.10	82.06
1980	1152.60	918.14	660.09	276.82
1981	2320.04	1996.58	1354.77	568.14
1982	4545.01	4286.55	2518.89	1056.54
1983	10974.83	10771.98	6235.11	2614.80
1984	31390.69	36039.43	20890.93	6812.93
1985	114503.84	141583.19	02126.43	22995.40
1986*	151.14	177.07	102.66	28.74

FONTE: Instituto do Açúcar e do Álcool-IAA
NOTA: Preços vigentes em dezembro de cada ano.
*Em Cz$